全国高职高专医药院校课程改革规划教材
高职高专护理专业一体化课程教学用书
供中高职护理、助产及其他医学相关类专业使用

用 药 护 理

（第二版）

主　编　戴长蓉
副主编　金卫华　王　清　李　琴　刘红美
编　委（以姓氏笔画为序）
　　　　王　清　田本滢　刘红美　孙　鹏
　　　　杜　毅　李　琴　李红月　吴玉斌
　　　　张　杨　金卫华　胡　琛　钱洪鑫
　　　　黄　玲　廖作亚　戴长蓉

科学出版社
北京

· 版权所有　侵权必究 ·

举报电话：010-64030229；010-64034315；13501151303（打假办）

内 容 简 介

本教材根据高职护理专业实用型人才培养目标和要求，以综合性、系统性、实用性、科学性和先进性为原则编写，叙述了护理专业用药护理的基本知识及与护理专业密切相关的药物学内容，重点突出了护理专业用药特点，着重论述药物学在护理专业中的基本知识及基本技能，增设临床案例及用药护理程序。详细介绍了代表药物的药理作用、临床应用、不良反应及防治，其他药物则进行概括比较，重点突出对常用药物常见不良反应的观察、判断及防治处理措施，体现护理职业教育的特点。

本书内容丰富、知识性和针对性强，具有创新性，可作为三年制及五年制高职护理专业医学基础课程体系教材使用。

图书在版编目(CIP)数据

用药护理/戴长蓉主编.—北京：科学出版社，2014.1

全国高职高专医药院校课程改革规划教材　高职高专护理专业一体化课程教学用书

ISBN 978-7-03-039308-1

I. 用… II. 戴… III. 临床药学-高等职业教育-教材 IV. R97

中国版本图书馆 CIP 数据核字(2013)第 298979 号

责任编辑：许贵强／责任印制：徐晓晨／封面设计：范璧合

版权所有，违者必究。未经本社许可，数字图书馆不得使用

科学出版社 出版

北京东黄城根北街 16 号
邮政编码：100717
http://www.sciencep.com

北京虎彩文化传播有限公司 印刷
科学出版社发行　各地新华书店经销

*

2007 年 2 月第　一　版	开本：850×1168　1/16
2015 年 1 月第　二　版	印张：13 1/2
2020 年 1 月第六次印刷	字数：436 000

定价：45.00 元

（如有印装质量问题，我社负责调换）

全国高职高专医药院校课程改革规划教材
护理专业医学基础课程模块
建设委员会委员名单

主任委员　　沈曙红

副主任委员　宋金龙　孙光文　胡兴娥

编委会成员　（以姓氏笔画为序）

　　　　　　　王　清　邓尚平　邓惠芳　孙　鹏

　　　　　　　田本滢　李　琴　李红月　刘红美

　　　　　　　张　杨　杜　毅　林治军　吴玉斌

　　　　　　　金卫华　赵　宏　胡　琛　黄　玲

　　　　　　　钱洪鑫　徐　玲　廖作亚　戴长蓉

前 言

为了使我国的护理教育与国际接轨，突出护理专业特色，进一步深化教育教学改革，适应医药卫生行业的发展和对实用型高级护理人才的需求，及时构建适应"以服务为宗旨，以就业为导向"的医学基础课程模块，湖北三峡职业技术学院医学院基础教研室将传统的医学基础教育模式改革成为护理专业专用的基础课程模块。为此，我们编写了护理专业基础课程模块配套教材《用药护理》。

本教材根据"基于护理工作过程的用药护理教学模式"设计，重点突出护理专业用药特点，着重论述药物学在护理专业中的基本知识及基本技能，增设临床案例及用药护理程序。该教材共分两大篇，第一篇为用药护理基础知识，第二篇为用药护理应用。用药护理应用中详细介绍代表药物的药理作用、临床应用、不良反应及防治，其他药物则进行概括比较，重点突出对常用药物常见不良反应的观察、判断及防治处理措施，突出用药监护，体现护理专业职业教育教学的特点，为护理专业学生指导合理用药、防治疾病、做好用药监护提供基本理论依据。

本教材的编写参考了《中华人民共和国药典》（2010年版）、最新版《新编实用药物学》、《护理药物学》、《护理药理学》、《药学》、《内科护理学》、《外科护理学》等全国高等院校及高职院校的规划教材。

由于我们编写经验不足、业务水平有限，在编写过程中难免会出现疏漏和错误，在此恳请广大师生及读者批评指正。

编 者

2013 年 10 月

目 录

第一篇 用药护理基础知识篇

工作任务一　药物基础知识……………1
　工作项目一　药物、药物学及用药护理概念……………1
　工作项目二　用药护理在临床护理中的应用……………1
　工作项目三　护理程序在临床用药中的运用……………1
　工作项目四　学习用药护理的目的和方法……………2

工作任务二　药物对机体的作用——药效学……………2
　工作项目一　药物的基本作用……………2
　工作项目二　药物的作用类型……………3
　工作项目三　药物的作用机制……………4

工作任务三　机体对药物的影响——药动学……………4
　工作项目一　药物的跨膜转运……………5
　工作项目二　药物的体内过程……………5
　工作项目三　血药浓度动态变化规律……………6

工作任务四　影响药物作用的因素……………7
　工作项目一　药物方面的因素……………7
　工作项目二　机体方面的因素……………8
　工作项目三　给药方法方面的因素……………9

工作任务五　药物基础知识实践教学……………10
　工作项目一　处方及医嘱基本知识……………10
　工作项目二　用药护理实验须知……………11
　工作项目三　实验动物的捉拿及给药方法……………11
　工作项目四　药物剂量对药物作用的影响……………12
　工作项目五　给药途经对药物作用的影响……………12

第二篇 用药护理应用篇

工作模块一　传出神经系统药物……………14
　工作任务一　传出神经系统药物概论……………14
　　工作项目一　传出神经的分类与递质……………14
　　工作项目二　传出神经系统受体的类型、分布及生理效应……………15
　　工作项目三　传出神经系统药物的作用机制和分类……………17

　工作任务二　拟胆碱药……………17
　　工作项目一　胆碱受体激动药……………17
　　工作项目二　抗胆碱酯酶药……………19
　　工作项目三　拟胆碱药的用药护理程序……………19

　工作任务三　抗胆碱药……………20
　　工作项目一　M胆碱受体阻断药……………20
　　工作项目二　N_2胆碱受体阻断药……………22
　　工作项目三　抗胆碱药的用药护理程序……………23

　工作任务四　拟肾上腺素药……………24
　　工作项目一　主要兴奋α、β受体药……………25
　　工作项目二　主要兴奋α受体药……………27
　　工作项目三　β受体兴奋药……………28
　　工作项目四　拟肾上腺素药的用药护理程序……………29

　工作任务五　抗肾上腺素药……………30
　　工作项目一　α受体阻断药……………30
　　工作项目二　β受体阻断药……………31
　　工作项目三　抗肾上腺素药的用药护理程序……………32

　工作任务六　传出神经系统药物实践教学……………33
　　工作项目一　传出神经药对兔瞳孔的影响……………33
　　工作项目二　去甲肾上腺素对蟾蜍肠系膜血管的影响……………34
　　工作项目三　传出神经药对血压的影响……………34

工作模块二　麻醉药物……………37
　工作任务一　全身麻醉药……………37
　　工作项目一　吸入性麻醉药……………37
　　工作项目二　静脉麻醉药……………37
　　工作项目三　复合麻醉……………38
　　工作项目四　全身麻醉药的用药护理程序……………38

　工作任务二　局部麻醉药……………39
　　工作项目一　局麻药的作用……………39
　　工作项目二　局麻药的给药方法……………39

工作项目三	常用的局部麻醉药	40
工作项目四	局部麻醉药的用药护理程序	40
工作任务三	麻醉药物实践教学	41
工作项目一	普鲁卡因与丁卡因表面麻醉作用比较	41
工作项目二	普鲁卡因与丁卡因的毒性比较	41

工作模块三　中枢神经系统疾病用药　44

工作任务一	镇静催眠药	44
工作项目一	苯二氮䓬类	44
工作项目二	巴比妥类	45
工作项目三	其他镇静催眠药	46
工作项目四	镇静催眠药的用药护理程序	46
工作任务二	抗异常运动药	47
工作项目一	抗癫痫药	47
工作项目二	抗惊厥药	49
工作项目三	抗帕金森病药	49
工作项目四	抗异常运动药的用药护理程序	51
工作任务三	抗精神失常药	52
工作项目一	抗精神病药	52
工作项目二	抗躁狂症药和抗抑郁症药	54
工作项目三	抗焦虑症药	55
工作项目四	抗精神失常药的用药护理程序	55
工作任务四	镇痛药	57
工作项目一	阿片生物碱类镇痛药	57
工作项目二	人工合成镇痛药	58
工作项目三	其他镇痛药	59
工作项目四	阿片受体拮抗剂	59
工作项目五	镇痛药的用药护理程序	60
工作任务五	解热镇痛抗炎药	61
工作项目一	解热镇痛抗炎药的基本药理作用	61
工作项目二	常用解热镇痛抗炎药	62
工作项目三	解热镇痛抗炎药的复方制剂	64
工作项目四	解热镇痛抗炎药的用药护理程序	64
工作任务六	中枢兴奋药	66
工作项目一	主要兴奋大脑皮质的药	66
工作项目二	主要兴奋延脑呼吸中枢的药	67
工作项目三	促大脑功能恢复药	67
工作项目四	中枢兴奋药的用药护理程序	68
工作任务七	中枢神经系统疾病用药的实践教学	70
工作项目一	药物的抗惊厥作用	70
工作项目二	镇痛药镇痛作用（小白鼠扭体法）	70
工作项目三	尼可刹米对呼吸抑制的解救	71

工作模块四　心血管系统疾病用药　72

工作任务一	抗高血压药	72
工作项目一	抗高血压药的分类	72
工作项目二	常用的抗高血压药	73
工作项目三	其他类型抗高血压药	75
工作项目四	抗高血压药物的应用原则	77
工作项目五	抗高血压药物用药护理程序	77
工作任务二	抗心绞痛药	78
工作项目一	硝酸酯类	79
工作项目二	β受体阻断药	80
工作项目三	钙拮抗药	80
工作项目四	抗心绞痛药的用药护理程序	80
工作任务三	抗心律失常药	81
工作项目一	心脏的电生理与抗心律失常药物的基本作用	81
工作项目二	常用抗心律失常药物	83
工作项目三	抗心律失常药的用药护理程序	85
工作任务四	抗慢性心功能不全药	86
工作项目一	正性肌力药	87
工作项目二	其他抗慢性心功能不全药	89
工作项目三	抗慢性心功能不全药的用药护理程序	89
工作任务五	抗动脉粥样硬化药	90
工作项目一	调血脂药	90
工作项目二	抗氧化药	91
工作项目三	多烯脂肪酸类	92
工作项目四	保护血管内皮药	92
工作项目五	抗动脉粥样硬化用药护理程序	92
工作任务六	心血管系统疾病用药物的实践教学	92

工作模块五　内脏系统疾病用药　95

| 工作任务一 | 利尿药和脱水药 | 95 |

工作项目一	利尿药	95
工作项目二	脱水药	97
工作项目三	利尿药和脱水药的用药护理程序	98
工作项目四	利尿药和脱水药的实践教学	99
工作任务二	抗变态反应药	100
工作项目一	组胺受体阻断药	100
工作项目二	钙剂	101
工作项目三	抗变态反应药的用药护理程序	101
工作任务三	作用于呼吸系统的药物	103
工作项目一	镇咳药	103
工作项目二	祛痰药	104
工作项目三	平喘药	105
工作项目四	作用于呼吸系统药的用药护理程序	106
工作任务四	作用于消化系统的药物	109
工作项目一	助消化药	109
工作项目二	抗消化性溃疡药	109
工作项目三	止吐药和促胃动力药	112
工作项目四	泻药	112
工作项目五	止泻药	113
工作项目六	利胆药	114
工作项目七	肝炎辅助用药和抗肝性脑病药	114
工作项目八	作用于消化系统药的用药护理程序	115
工作项目九	作用于消化系统药的实践教学	116
工作任务五	作用于血液及造血系统的药物	118
工作项目一	抗贫血药	118
工作项目二	影响凝血功能药	119
工作项目三	促进白细胞增生药	121
工作项目四	血容量扩充药	122
工作项目五	调节酸碱平衡药	122
工作项目六	作用于血液及造血系统药的用药护理程序	123
工作任务六	作用于子宫平滑肌的药物	125
工作项目一	子宫平滑肌兴奋药	125
工作项目二	子宫平滑肌抑制药	126
工作项目三	作用于子宫平滑肌药的用药护理程序	126
工作模块六	内分泌系统疾病用药	128
工作任务一	肾上腺皮质激素类药物	128
工作项目一	糖皮质激素	128
工作项目二	促皮质素	131
工作项目三	盐皮质激素	131
工作项目四	肾上腺皮质激素类药物的用药护理程序	131
工作任务二	甲状腺激素及抗甲状腺药	132
工作项目一	甲状腺激素	132
工作项目二	抗甲状腺药	133
工作项目三	甲状腺激素及抗甲状腺药的用药护理程序	135
工作任务三	胰岛素及口服降血糖药	135
工作项目一	胰岛素	136
工作项目二	口服降血糖药	137
工作项目三	胰岛素及口服降血糖药的用药护理程序	138
工作任务四	性激素类药及避孕药	139
工作项目一	雌激素类药及抗雌激素类药	139
工作项目二	孕激素类药	140
工作项目三	雄激素类药和同化激素类药	141
工作项目四	避孕药	141
工作项目五	性激素类药及避孕药的用药护理程序	143
工作模块七	化学治疗药物	147
工作任务一	抗病原微生物药物概论	147
工作项目一	抗病原微生物药物的基本概念	147
工作项目二	抗微生物药物的作用机制	148
工作项目三	病原微生物对抗菌药物的耐药性	148
工作任务二	抗生素	149
工作项目一	β-内酰胺类抗生素	149
工作项目二	大环内酯类、林可霉素类及多肽类抗生素	154
工作项目三	氨基糖苷类抗生素	156
工作项目四	四环素类及氯霉素类抗生素	158
工作项目五	抗生素类药物的用药护理程序	160
工作任务三	人工合成类抗菌药	161
工作项目一	喹诺酮类药物	161
工作项目二	磺胺类药和甲氧苄啶	163
工作项目三	硝基咪唑类	165
工作项目四	硝基呋喃类	165

工作项目五	人工合成类抗菌药的用药护理程序	165
工作任务四	**抗真菌药及抗病毒药**	**166**
工作项目一	抗真菌药	166
工作项目二	抗病毒药	167
工作项目三	抗真菌药及抗病毒药的用药护理程序	169
工作任务五	**抗结核病药及抗麻风病药**	**170**
工作项目一	抗结核病药	170
工作项目二	抗麻风病药	171
工作项目三	抗结核病药及抗麻风病药的用药护理程序	172
工作任务六	**消毒防腐药**	**176**
工作项目一	常用消毒防腐药	176
工作项目二	消毒防腐药的合理选用	179
工作项目三	消毒防腐药的用药护理程序	179
工作任务七	**抗寄生虫药**	**179**
工作项目一	抗疟药	179
工作项目二	抗阿米巴病药及抗滴虫病药	181
工作项目三	抗血吸虫病药和抗丝虫病药	182
工作项目四	抗肠蠕虫药	183
工作项目五	抗寄生虫病药的用药护理程序	183
工作任务八	**抗恶性肿瘤药**	**186**
工作项目一	抗肿瘤药物的作用机制及其分类	186
工作项目二	细胞增殖周期动力学	186
工作项目三	抗恶性肿瘤药物的作用机制及其分类	187
工作项目四	抗恶性肿瘤药的主要不良反应	187
工作项目五	常用恶性抗肿瘤药	188
工作项目六	抗恶性肿瘤药的应用原则	192
工作项目七	抗恶性肿瘤药的用药护理程序	192
工作模块八	**解毒药**	**197**
工作项目一	有机磷酸酯类中毒及其解救药	197
工作项目二	金属和类金属中毒的解毒药	199
工作项目三	有机氟中毒解毒药	200
工作项目四	氰化物中毒解毒药	200
工作项目五	解毒药的用药护理程序	201
工作项目六	解毒药的实践教学	202
参考文献		**204**
教学基本要求		**205**

第一篇　用药护理基础知识篇

工作任务一　药物基础知识

学习目标

1. 熟悉药物、药物学及用药护理的概念。
2. 了解护理程序在临床用药中的运用。

工作项目一　药物、药物学及用药护理概念

药物（drug）是指能影响机体的生理功能及生化过程的物质产品，可用于预防、治疗、诊断疾病及计划生育。药物学（pharmacology）是一门为临床合理用药防治疾病提供基本理论依据的医学基础学科，研究药物与机体（包括病原体）相互作用的规律及其原理。药物学一方面研究药物对机体的作用和作用机制，称为药物效应动力学（pharmacodynamics），简称药效学；另一方面研究机体对药物的处置过程，包括药物在体内的吸收、分布、生物转化和排泄等动态过程以及血药浓度随时间而变化的规律，称为药物代谢动力学（pharmacokinetics），简称药动学。学习药物学的主要目的是要理解药物对机体的作用、作用机制、临床应用及不良反应，为指导临床合理用药打下坚实的基础。用药护理是以药物学理论为基础，以合理用药为目的，突出护理用药监护，要求护理人员在工作中不但熟悉药物学的基本理论，还应掌握以护理程序来评价药物疗效和及时发现并正确处理药物的不良反应，确保临床用药安全有效。

工作项目二　用药护理在临床护理中的应用

一、用药护理在药物治疗中的应用

护理人员应具有坚实的药物学基础理论，明确医生的用药目的，积极主动配合医生的治疗方案，提高执行用药医嘱质量，增强主动性，避免盲目性，防止医疗事故的发生。护理人员在使用药物前，应依据掌握的药理学知识，判断药物应用时可能发生的不良反应，并主动询问和检查患者用药中的不适症状，以便及时发现和处理。在执行医嘱过程中，应认真核对患者的姓名、所用药名、剂量、剂型、药物浓度、配制方法、用药时间、给药次数和给药途径等。对有多种适应证或多种给药途径的药物、联合用药可能有配伍禁忌的药物、剧毒药物等，使用时更应慎重；对医嘱有疑问时，应与医师或药师联系后方可执行，避免医疗事故的发生。

二、用药护理在用药咨询中的应用

护理人员在临床用药护理工作中，除开展药物治疗外，还肩负着用药咨询的职责，因此必须要掌握药物名称、剂量、给药方法，有效期、保存方法等知识，以便更好地为大众服务。要让患者或家属了解所用的是什么药物，对含同一药物而名称不同的药物，应告诫不要重复购用。应教会患者识别药物有效期及正确的保存方法，一般药物应在避光、阴凉处保存，有些还应在低温下保存。更要注意糖衣片等药物应储存在小儿不易取到的地方，防止误服造成中毒事故。还应教会患者及家属掌握评价药物起效的初步知识，以便判断用药后是否有效。当疗效不佳时，对住院患者应及时向医护人员反映以采取有效措施，未住院的患者应及时去医院求医，防止延误时机。最后要告诉患者及家属所使用的药物可能会发生哪些不良反应，出现不良反应后需采取哪些措施等。

工作项目三　护理程序在临床用药中的运用

护理程序是以促进和恢复患者的健康为目的所进行的一系列有目的、有计划的用药护理活动，包括用药前护理评估、用药期间护理和用药后护理评价等步骤。

一、用药前护理评估

护理人员必须运用药物学等基础知识和临床实践经验，收集和分析有关护理对象及其所用药物的相关资料，进行综合评估。首先，明确用药目的，掌握用药前基本情况。评估内容主要包括：用药史、既往病史、过敏史、生活习性、文化程度与经济状况，生命体征及肝、肾功能等多项检验值，患者与家属对药物知识的了解状况。

二、用药期间护理

护理人员是各种药物治疗的实施者和用药前后的监护者，对所用药物产生的不良反应，除及时作出处理外，应做好记录和报告医师。为提高药物治疗效果、防止或减少药物不良反应，护理人员应正确、安全地执行医嘱，仔细观察治疗效果和不良反应，进行有效的药物治疗。用药期间护理是对患者实施用药护理程序中最为重要的一个步骤，因此，护理人员不但要具有扎实的药物基本理论知识，还要掌握相关的用药基本技能及用药注意事项。

三、用药后护理评价

实施药物临床疗效评价，是决定治疗是否继续或修正的重要环节。护理人员是评价药物疗效的最好人选，可将信息及时反馈给医生，使药物治疗达到最佳效果。如评价中发现患者用药后症状并未明显改善，应及时报告医生以便调整用药计划，防止延误治疗。

工作项目四　学习用药护理的目的和方法

一、学习用药护理的目的

学习用药护理的目的在于掌握和熟悉各类药物的基本作用、临床应用、不良反应及防治、使用方法、注意事项、禁忌证、药物的相互作用及用药监护等，特别是要注意学习掌握各章具有代表性的药物，以便在用药监护中观察药物的治疗效果、病情变化，及时、正确地判断有无不良反应的发生，采取积极有效的应对措施以减轻和消除药物的毒副反应，确保临床合理、安全、有效用药。

二、学习用药护理的方法

用药护理是一门联系基础医学与临床医学的桥梁学科，是从事护理临床工作的应用科学。学习用药护理的方法主要是要勤学苦练，紧密联系基础医学如人体形态学、人体功能学、生物化学、免疫学、微生物与寄生虫学等知识，加强基础医学理论知识的学习，以便加深对药物作用及其机制的理解，掌握药物学的基本知识和基本技能。在学习每一类药物之前，应有针对性地联系相关的基础医学知识，如在学习传出神经系统药物之前复习传出神经系统的解剖与生理，对学习和掌握传出神经系统药物是很有必要的。要理解药物的分类，掌握代表药物的作用、临床应用、不良反应及防治、用药监护等，比较其他药物的用药特点，认识药物作用的两重性，重视药物学实践学习等。

工作任务二　药物对机体的作用——药效学

学习目标

1. 熟悉药物的基本作用及作用类型。
2. 掌握药物作用的临床效果。
3. 了解药物作用机制。

药物效应动力学（pharmacodynamics）简称药效学，是研究药物对机体的作用及作用规律的科学。药物对机体的作用即药物的作用（drug action），是指药物与机体细胞间的初始反应，药物效应（pharmacological effect）是指药物作用的结果，是机体反应的表现。二者虽含义略有差异，但常相互通用。

工作项目一　药物的基本作用

药物的基本作用是指药物对机体功能活动的影响，主要表现在三个方面。

1.改变机体功能　药物的作用实际上是对机体器官原有功能水平的改变，功能的提高称为兴奋（excitation），如肌收缩力增强、频率加快、酶活性增强等。功能的降低称为抑制（inhibition），如肌收缩力减弱、频率减慢、酶活性减弱等。兴奋作用和抑制作用在一定条件下可以相互转化，如过度兴奋则转入衰竭（failure），是另外一种性质的抑制；过度抑制则可导致机体功能活动接近停止，即"麻痹"。

2.抑制或杀灭病原微生物　抗微生物药等通过抑制或杀灭病原微生物而产生作用。

3.补充机体必需物质　激素、维生素及微量元素通过补充机体相应物质缺乏或不足而产生治疗作用。

工作项目二　药物的作用类型

一、局部作用与吸收作用

局部作用（local action）是指药物与机体接触后在用药局部即产生的效果。如消毒防腐药在皮肤黏膜表面的杀菌或抑菌作用，抗酸药在胃中与胃酸的酸碱中和作用等。吸收作用（absorption action）是指药物从给药部位进入血液循环后，随血流分布到全身各部位所产生的作用，又称全身作用（systemic action）。如口服阿司匹林的解热镇痛作用，注射青霉素治疗全身感染性疾病等。

二、直接作用与间接作用

药物直接对它所接触的组织器官所产生的作用，称直接作用（direct action），如阿托品对血管的直接扩张作用。间接作用（indirect action）是指药物的某一作用通过机体的神经反射等而引起的另一作用，如去甲肾上腺素由于升高血压而导致的心率减慢。

三、药物的选择作用

药物吸收入血后随血流分布到机体各组织器官，对各组织器官作用强度不一，对某组织器官作用特别明显，称药物对该组织器官的选择作用（selective action）。如治疗心衰的药物地高辛在治疗量时对心脏的作用，利尿药物对肾的作用等。药物作用的选择性是相对的，这与用药剂量有关，如尼可刹米在治疗剂量可选择性地兴奋呼吸中枢，使呼吸加深加快；其剂量过大时，可兴奋脊髓，导致惊厥。所以临床用药时应严格控制剂量。药物产生选择作用与机体组织器官对药物的敏感性高，或与其亲和力大，或药物与受体结合的能力强等因素有关。药物的选择作用是药物分类的依据和临床选药的基础。

四、药物作用的临床效果

药物对机体既可产生有利的防治作用，又可产生对机体不利的不良反应，称药物作用的双重性，二者常同时存在。

1.防治作用　符合用药目的，能达到防病治病效果的作用，称防治作用，可分为预防作用和治疗作用。

（1）预防作用（prophylaxis action）：指提前用药以阻止病原体的入侵及防止疾病的发生，如注射各种疫苗以预防各类传染病等。

（2）治疗作用（therapeutic action）：又分为对因治疗及对症治疗两种。对因治疗（etiological treatment）又称治本，是指能消除原发致病因素以彻底根治疾病，如用抗微生物药杀灭体内致病微生物以治疗感染性疾病，解毒药促进体内毒物的消除等。对症治疗（symptomatic treatment）又称治标，是指用药后能改善疾病的症状，减轻患者的痛苦。对症治疗虽不能根除病因，但在某些情况下是必不可少的，如在重危急症如休克、惊厥、心力衰竭、高热、剧痛时，对症治疗比对因治疗更为迫切。

2.不良反应（adverse reaction）　凡不符合用药目的并给患者带来不适或痛苦的有害反应统称为药物不良反应。多数不良反应是药物固有的效应，在一般情况下是可以预知的，但不一定可以避免。少数较严重的不良反应是较难恢复的，称为药源性疾病（drug induced disease），如庆大霉素引起的神经性耳聋、肼屈嗪引起的红斑性狼疮等。

（1）副作用（side effect）：又称副反应（side reaction）是指药物在治疗量时所产生的与用药目的无关的作用。产生不良反应的药理基础是药物选择性低，作用范围广。不良反应与治疗作用可因用药目的不同而相互转化，如阿托品具有松弛平滑肌和抑制腺体分泌作用，当用于解除胃肠痉挛时，其松弛平滑肌的作用为治疗作用，而抑制腺体分泌引起的口干则为副作用，但当阿托品被用于麻醉前给药时，其抑制腺体分泌的作用为治疗作用，而松弛平滑肌导致便秘则为其副作用。副作用通常不太严重，可以预知但是难以避免。

（2）毒性反应（toxic reaction）：是指在用药剂量过大、用药时间过长或机体对某药敏感性过高而引起的对机体危害性反应，一般比较严重，但是可以预知，也应该且可以避免。毒性反应可分为急性毒性和慢性毒性。急性毒性是指一次用药过量而立即导致的危及生命的严重反应，多损害循环、呼吸及神经系统功能。如洋地黄过量可致严重的心脏及中枢神经损害，甚至可导致死亡。慢性毒性是由于反复长时间用药，药物在体内蓄积过多所致，多损害肝、肾、骨髓、内分泌等功能。三致作用即致癌（carcinogenesis）、致畸胎（teratogenesis）、致突变（mutagenesis）也属于慢性毒性范畴。所以企图增加药物剂量或延长治疗疗程以达到治疗目的是有限度且十分危险的。

（3）变态反应（allergic reaction）：也称过敏反应（hypersensitive reaction）　是指过敏体质的人与某药接触后所产生的一类免疫反应。其临床表现各药不同，各人也不同，反应性质与药物原有效应无关。反应严重度差异很大，与剂量也无关，从轻微的皮疹、发热，至系统功能损害，重者可致过敏性休克。变态反应可能只有一种症状，也可能多种症状同时出现。停药后反应逐渐消失，再用时可能再次发生。致敏物质可能是药物本身，可能是其代谢物，也可能是药剂中杂质成分。药物的过敏反应重在预防，应详细询问患者的药物过敏史，有些药物如青霉素类药，用药前必须做皮肤过敏试验。

（4）后遗效应（residual effect）：指停药后血药浓度已降至阈浓度以下时残存的药理效应。例如，服用某些催眠药后，次晨出现的乏力、困倦等现象；又如长期应用肾上腺皮质激素后，突然停药所导致的肾上腺皮质功能低下等。

（5）特异质反应（idiosyncrasy）：指少数体质特异的患者对某些药物反应特别敏感，反应性质也可能与常人不同，但与药物固有药理作用基本一致，反应严重度与剂量成比例，药理拮抗药救治可能有效。这种反应是一类先天遗传异常所致的反应，如先天性缺乏葡萄糖-6-磷酸脱氢酶者服用伯氨喹后引起的溶血反应。

工作项目三　药物的作用机制

药物的作用机制（mechanism of action）或称药物作用原理（principle of action）是解释药物为何起作用、如何起作用及在何部位起作用等。到目前为止有些药物的作用机制已被证实阐明，但还有不少药物的作用机制尚待进一步研究。药物的作用机制多种多样，主要有以下几项：

1. 理化反应　抗酸药中和胃酸以治疗溃疡病，甘露醇在肾小管内提升渗透压而利尿等是分别通过简单的化学反应及物理作用而产生的药理效应。

2. 参与或干扰细胞代谢　补充生命代谢物质以治疗相应缺乏症的药例很多，如铁盐补血、胰岛素治糖尿病等。有些药物化学结构与正常代谢物非常相似，掺入代谢过程却往往不能引起正常代谢的生理效果，实际上导致抑制或阻断代谢的后果，称为伪品掺入（counterfeit incorporation）也称抗代谢药（antimetabolite）。例如，5-氟尿嘧啶结构与尿嘧啶相似，掺入癌细胞DNA及RNA中干扰蛋白合成而发挥抗癌作用。

3. 影响生理物质转运　很多无机离子、代谢物、神经递质、激素在体内主动转运需要载体参与。干扰这一环节可以产生明显药理效应。例如，利尿药抑制肾小管Na^+-K^+、Na^+-H^+交换而发挥排钠利尿作用。

4. 对酶的影响　酶的品种很多，在体内分布极广，参与所有细胞生命活动，而且极易受各种因素的影响，是药物作用的一类主要对象。多数药物能抑制酶的活性，如新斯的明竞争性抑制胆碱酯酶，奥美拉唑不可逆性抑制胃黏膜H^+-K^+ATP酶（抑制胃酸分泌）。还有些药物本身就是酶，如胃蛋白酶。

5. 作用于细胞膜的离子通道　细胞膜上无机离子通道控制Na^+、Ca^{2+}、K^+、Cl^-等离子跨膜转运，药物可以直接对其作用，而影响细胞功能。

6. 影响核酸代谢　核酸（DNA及RNA）是控制蛋白质合成及细胞分裂的生命物质，许多抗癌药是通过干扰癌细胞DNA或RNA代谢过程而发挥疗效的。许多抗菌药（如喹诺酮类）也是通过作用于细菌核酸代谢而发挥抑菌或杀菌效应。

7. 改变机体内活性物质的释放　药物通过改变机体生理递质的释放或激素的分泌而产生作用，如麻黄碱通过促进体内交感神经末梢释放去甲肾上腺素而产生升血压作用，大剂量碘通过抑制甲状腺素分泌而产生抗甲亢作用等。

8. 药物与受体　许多药物通过受体发挥作用，用受体学说阐明药物的作用机制占有十分重要的地位。

（1）受体的概念：受体（receptor）是存在于细胞膜或细胞内的大分子蛋白质，能与特异性配体结合并产生特定效应。配体是指胞质或胞核内能与特定受体结合的内源性物质，包括神经递质、激素及自体活性物质等。

（2）受体的特性：①特异性，指一种受体只能与其特定的配体（包括药物）结合，具有高度的立体结构特异性。②可逆性，指配体与受体的结合是可逆的，既能结合也能解脱，且可被另一个特异性配体所置换。③饱和性，受体的数目有限，当药物达到一定浓度时即表现为最大效应，也说明药物的竞争性拮抗作用。④高敏性，极低浓度的配体即能与其结合产生显著的效应。

（3）药物与受体结合：药物与受体结合产生效应必须具备两个条件：一是亲和力（affinity），即药物和受体结合的能力；二是效应力（efficacy）（也称内在活性），即药物产生效应的能力。据此，作用于受体的药物分为三类：①激动剂（agonist），药物与受体既有较强的亲和力，又有较强的内在活性。如去甲肾上腺素激动α受体，引起血管收缩。②拮抗剂（antagonist），药物与受体只有较强的亲和力，而无内在活性，故不仅不能产生效应，还能阻断激动剂与受体结合，对抗激动剂的作用。如阿托品阻断乙酰胆碱对M受体的兴奋作用，产生与乙酰胆碱相反的效应。③部分激动剂（partial agonist），药物与受体有较强的亲和力，但只有弱的内在活性。在无受体激动剂存在的条件下，可产生较弱的激动受体的效应，但当与激动剂合用时，则可拮抗激动剂的部分效应。

工作任务三　机体对药物的影响——药动学

学习目标

1. 了解药物的跨膜转运。
2. 掌握药物的体内过程。

机体对药物的影响即药物代谢动力学（pharmacokinetics），简称为药动学，主要研究药物的体内过程及体内药物浓度随时间变化的规律。前者是机体对药物的处置过程,包括药物在体内的吸收、分布、生物转化(又称代谢)和排泄;后者是研究药物在体内转运和转化的动态变化过程。

工作项目一　药物的跨膜转运

药物的体内过程均需通过各种生物膜,即跨膜转运。细胞膜的基本结构为"脂质双层,液态镶嵌"模式,其双层脂质有利于脂溶性药物的通过;其镶嵌的蛋白质分子则组成载体、通道,参与某些非脂性药物的转运。另外膜上还有贯穿膜的小孔,分子质量很小的药物可经此小孔通过细胞膜。跨膜转运的方式主要有被动转运和主动转运两种。

1. 被动转运　指药物从高浓度一侧向低浓度一侧的跨膜转运。包括简单扩散、易化扩散和滤过。简单扩散又称脂溶性扩散,即脂溶性药物溶于膜的脂质,通过细胞膜的过程,是大多数药物的转运方式。其特点是:不耗能,其转运速度与膜两侧的浓度差呈正比;无需载体参与;转运速率无饱和现象;药物之间无竞争性抑制。

影响简单扩散的主要因素有:药物的脂溶性、极性、解离度及分子质量。大多数药物属弱酸或弱碱性化合物,在体液中部分解离,解离型药物极性高,脂溶性低,难以通过细胞膜;而非解离型药物则极性低,脂溶性高,易于通过细胞膜。药物解离的多少与体液 pH 有关,弱酸性药在碱性体液中解离多,弱碱性药则相反。

2. 主动转运　指药物从低浓度一侧向高浓度一侧的转运。其特点是:需要细胞膜特异性载体,消耗能量,转运速率有饱和性,有竞争性抑制现象。

工作项目二　药物的体内过程

药物在体内的吸收、分布、生物转化及排泄过程称药物的体内过程。

一、药物的吸收

吸收(absorption)是指药物从给药部位进入血液循环的过程。多数药物以被动转运的方式吸收。药物吸收的快慢和多少,可直接影响到血药浓度、药物起效快慢及作用强度。药物的吸收受给药途径、药物的理化性质、吸收环境等的影响。

1.给药途径

(1)口服给药:是最常用的给药途径,较安全。弱酸性药可在胃中吸收,但因胃内吸收面积小,药物停留时间较短,吸收有限。小肠是药物吸收的主要部位。有些在胃肠吸收的药物,首次通过肠黏膜及肝时,部分被代谢灭活而使进入体循环的药量减少,药效降低,这一现象称首过消除(first pass elimination)。如硝酸甘油,脂溶性高,但首过消除达 90%,故常采用舌下给药。另外也受药物溶解速率、胃肠运动及内容物、局部 pH 等影响。

(2)舌下和直肠给药:可经口腔和直肠黏膜吸收,避免首过消除。

(3)注射给药:皮下或肌内注射经注射局部毛细血管吸收,其吸收速率与局部血流量及给药的剂型有关。肌肉组织比皮下组织血流量丰富,故肌内注射比皮下注射吸收快。但休克时,微循环障碍,二者吸收速度减慢,故常用静脉给药。

(4)呼吸道吸收:挥发性液体或气体可从肺泡吸收。肺泡表面积大血流丰富,故药物吸收快。

(5)皮肤吸收:皮肤吸收能力差,但脂溶性高的药物如加入透皮剂可促进吸收。如硝酸甘油贴片。

2.生物利用度(bioavailability)　是指血管外给药,药物能被吸收进入体循环的药物相对量和速度。它反映一个药物制剂能被机体吸收利用的程度。其计算方法为:

$$生物利用度(F) = \frac{进入血液循环的药物(A)}{给药总量(D)} \times 100\%$$

影响生物利用度的因素有生物机体个体差异的因素,还有药物制剂因素。不同剂型的药物、同一剂型不同厂家的药物、同一厂家不同批号的药物,其生物利用度都可能不同,护理人员在观察药物疗效和不良反应时要注意到这些因素。对同一患者,尽可能用同一厂家同一批号的药物。

二、药物的分布

分布(distribution)指药物随血液循环到达各组织器官的过程。多数药物在体内分布是不均匀的,其影响因素有:

1.药物与血浆蛋白结合　血液中的药物可不同程度地与血浆蛋白可逆性结合,结合型与游离型药物处于动态平衡。结合型药物分子质量增大,不能跨膜转运,暂时失去药理活性,也不被代谢和排泄,仅游离型药物才能转运到作用部位产生效应。结合率高的药物,在体内消除缓慢,作用维持时间长。药物与血浆蛋白结合特异性低,几种血浆蛋白结合率高的药物可发生竞争,使游离型药物比例加大,效应增强,甚至出现毒性反应。如保泰松与抗凝血药华法林合用时,导致血中游离型华法林增多而作用增强,可引起自发性出血。

2.药物的理化性质和体液 pH　生理状态下细胞内液 pH 为 7.0,细胞外液 pH 为 7.4。弱酸性药物在细胞外液浓度较高,不易扩散到细胞内液;相反,弱碱性药物在细胞内液浓度较高。如巴比妥类(弱酸性药)中毒时,可用碳酸氢钠碱化血液和尿液,促使药物从脑细胞向血液转运,也可减少肾小管重吸收,从而加速药物排泄,减轻毒性。

3.器官血流量　血流量大的器官如心、肝、脑、肺等，药物分布较快，量较大，随后还可向血流量少的组织转移，称为再分布。而肌肉、皮肤、脂肪等组织药物分布较慢，药量较少。

4.药物与组织的亲和力　有的药物对某些组织有特殊的亲和力，使药物在该组织中的分布浓度明显高于其他组织或血液，如碘在甲状腺组织中的浓度比其他组织高出约1万倍；氯喹在肝内浓度比血浆浓度高约700倍。药物在组织细胞中的分布可能是药物发挥作用的部位，但多数与药物作用不一致。

5.体内屏障　与药物的作用联系较密切的体内屏障有血脑屏障和胎盘屏障。血脑屏障是血-脑、血-脑脊液和脑脊液-脑三种屏障的总称，能选择性地阻止多种物质由血液进入脑组织，由于血脑屏障的存在，血流量较大的脑组织，药物分布浓度一般较低，构成了对大脑的保护。能通过血脑屏障进入脑组织的药物一般是脂溶性较高，极性低，分子质量较小的药物。当脑膜有炎症时，通透性增高，应用有些药物如青霉素可在脑脊液中达到治疗浓度。胎盘屏障是胎盘绒毛与子宫血窦间的屏障，其通透性与一般生物膜没有明显差别，仅对脂溶性低、高度解离的药物不易通透，脂溶性药物仍可透过，故妊娠用药要注意防止对胎儿造成危害。

三、药物的生物转化

生物转化（biotransformation）亦称代谢，指药物在体内发生的化学结构改变。生物转化的部位主要是肝，方式包括氧化、还原、水解和结合反应。大多数药物经生物转化后失去活性（灭活），水溶性增加，利于排泄；部分有活性的药物代谢后仍有活性，如地西泮；少数药物也可由无活性转变成有活性的药物，如环磷酰胺转化成磷酰胺氮芥才有抗癌作用。

参与生物转化的主要是肝微粒体混合功能酶系统（肝药酶），它是存在于肝细胞滑面内质网中的混合功能酶功能系统，主要为细胞色素P450，此酶专一性低，易受某些化学物质的影响。凡能增强药酶活性或加速合成的药物，称药酶诱导剂。如苯巴比妥、苯妥英钠、利福平等，能加速某些药物的代谢。临床上苯巴比妥与双香豆素合用时，可加速双香豆素的代谢使其抗凝血作用减弱。有些药物能减弱药酶活性或抑制其合成者，称药酶抑制剂。它能减慢某些药物的代谢，如氯霉素、异烟肼、西咪替丁等。当氯霉素与口服降糖药甲苯磺丁脲合用时，使甲苯磺丁脲代谢减慢，血药浓度升高，引起低血糖反应。

四、药物的排泄

排泄（excretion）是指药物或其代谢产物自体内排出体外的过程。药物排泄的主要器官是肾，胆汁、肺、乳腺、汗腺、唾液腺及肠亦可排出部分药物。排泄和生物转化统称为药物消除。

1.肾排泄　多数药物与代谢物可通过肾小球滤过，其滤过速度受肾小球滤过率及分子大小的影响。有些药物可从近曲小管主动分泌排泄，当两种药物经同一载体主动分泌时，相互之间可发生竞争性抑制。如丙磺舒和青霉素合用时，可抑制青霉素的分泌，使青霉素血液浓度升高。药物在肾小管内可通过简单扩散方式不同程度地被重吸收，重吸收的多少与药物的理化性质及尿液的pH有关。弱酸性药物在酸性尿中非解离型多，脂溶性高，重吸收多、排泄慢，而在碱性尿液中则解离型多，重吸收少而排泄快。弱碱性药则相反。故调节尿液pH可加快或减慢药物经肾排泄。例如，用大剂量阿司匹林治疗风湿热出现毒性反应时，常给予碳酸氢钠使尿液呈碱性，从而促进阿司匹林的排泄。

2.胆汁排泄　某些药物可从胆汁排泄，如红霉素、四环素和利福平等，用于胆道感染。由胆汁排入十二指肠的药物，有些可在小肠内被重吸收入血，形成肝肠循环（hepato-enteral circulation），使药物作用时间延长。

3.乳汁排泄　乳汁偏酸性，一些弱碱性药物易从乳汁排泄，如吗啡、阿托品等，故哺乳期妇女应慎用，以免乳儿出现不良反应。

工作项目三　血药浓度动态变化规律

一、时量关系和时效关系

血浆药物浓度随时间而变化的动态过程称为时量关系（time concentration relationship）。给药后测定不同时间的血药浓度，以血药浓度为纵坐标，时间为横坐标作图可得时量曲线（time-concentration curve），又称药时曲线。单次口服的时量曲线如图1-3-1所示，曲线由三段组成：升段反映药物的吸收速度，坡度陡则吸收快；降段反映药物的消除速度，坡度陡则消除快；峰值反映给药后所能达到的最高血药浓度，表示吸收与消除速度相等。药物作用强度随时间而变化的动态过程称为时效关系，可用时效曲线表示。时效曲线分为三期：潜伏期、持续期、残留期。

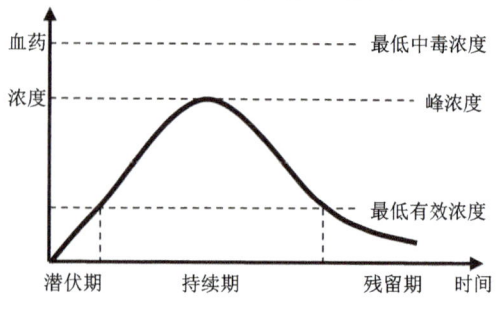

图1-3-1　时量曲线与时效曲线

二、药物的消除

药物在体内经代谢和排泄使药物作用消失的过程，称消除。药物消除的方式有两种。

1. 恒比消除（一级动力学消除） 即单位时间内消除恒定比例的药量。其消除速度与血药浓度成正比，即血药浓度高，单位时间内消除的药量多。大多数药物在治疗量范围内按恒比消除。

2. 恒量消除（零级动力学消除） 即单位时间内消除恒定数量的药量。其消除速率与血药浓度无关，即单位时间内消除的药量相等。当体内药量超过机体最大消除能力时药物以恒量消除。当血药浓度降到最大消除能力以下时，则转变为恒比消除。

三、某些药代动力学参数

1. 血浆半衰期（$t_{1/2}$） 指血浆药物浓度下降一半所需要的时间。它反映了药物在体内的消除速度，消除快的药物半衰期短，消除慢的药物半衰期长。临床常以 $t_{1/2}$ 为给药间隔时间。肝肾功能不全时可使药物消除减慢，半衰期延长，为防止药物在体内蓄积中毒，应注意减小用药剂量。

2. $t_{1/2}$ 的意义 ①确定给药的间隔时间。临床多次给药时，为了既保证药物疗效，又避免引起蓄积中毒。②恒速恒量给药，经 5 个半衰期可达稳态血药浓度（坪值）。此时，药物的吸收速度与消除速度相等，血药浓度相对稳定。如果首剂加倍，则仅需一个 $t_{1/2}$ 即可达坪值。③停药后，经 5 个 $t_{1/2}$ 可认为体内药物基本消除（此时体内药量消除约 97%）。

3. 血药稳态浓度 按恒比消除的药物，以 $t_{1/2}$ 为给药间隔时间，按一恒定剂量多次给药，经过 4~6 个半衰期后，血药浓度可达到相对平衡的稳态浓度，称血药稳态浓度（steady-state concentration，C_{SS}），又称坪值。此时药物的吸收与消除速度达到动态平衡。用药时首剂加倍，可使血药浓度迅速达到 C_{SS}，有的药物如有些抗菌药物在治疗时，为使药物迅速达到疗效，可采用这种给药方案，连续恒定给药的药时曲线见图 1-3-2。

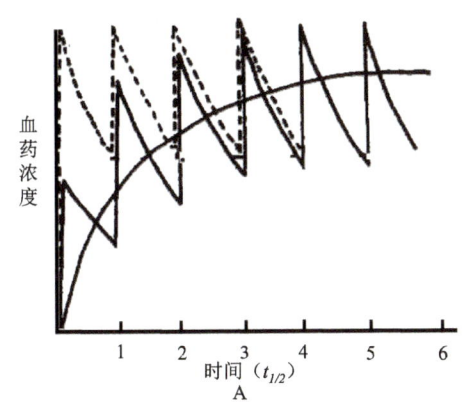
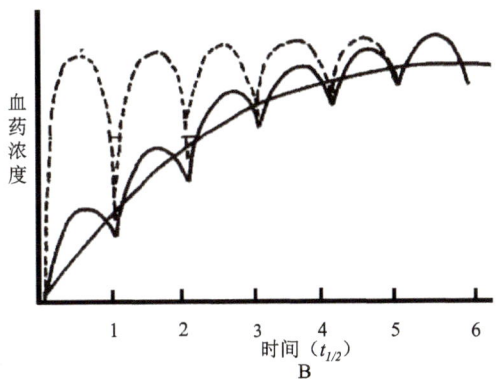

图 1-3-2 连续恒量给药的药-时曲线

A，血管内给药；B，血管外给药；虚线部分为首剂加倍时的药-时曲线

工作任务四 影响药物作用的因素

学习目标

掌握影响药物作用的因素。

工作项目一 药物方面的因素

一、药物的化学结构

药物的化学结构是药物特异性作用的基础，大多数化学结构相似的药物其作用相似，如磺胺类；有些结构相似的药物却呈现拮抗作用，如华法林与维生素 K。有些结构相同而立体异构体的作用不同，如左旋体奎宁为抗疟药，右旋体奎尼丁为抗心律失常药。

二、药物的剂型

制剂是根据药典或部颁标准将药物制成一定规格形态的药品。常用的剂型有液体、固体、半固体。同一药物的不同剂型，生物利用度不同。故影响药物作用的快慢、强弱及维持的时间。口服时液体比固体制剂吸收快，胶囊剂吸收比片剂快，片剂比丸剂快；肌内注射时水溶液吸收比混悬剂快。

控释剂和缓释剂是指能按要求缓慢恒速或非恒速地释放有效成分的制剂。这两种制剂既可延长有效血药浓度的持续时间，减少用药次数，也可保持血药浓度的平稳，减少不良反应。

三、药物的剂量

药物剂量与效应的关系称量效关系（图 1-4-1）。在一定剂量范围内,药物剂量越大效应就越强。用药剂量过小,在体内达不到有效浓度,不引起药理效应。随着剂量的增加,能引起药理效应的最小剂量称"最小有效量。"出现最大效应而不引起毒性反应的剂量称"极量"。极量即最大治疗量,是临床允许使用的最高剂量。使用的剂量超过极量则可出现毒性反应,一般不得超过,如病情需要,医师必须在处方中超出极量的剂量处签字以示对患者的安全负责,否则,药房拒绝发药。能引起毒性反应的最小剂量称最小中毒量。治疗量是最小有效量到极量之间的剂量。临床上为了保证疗效和安全,常采用比最小有效量大而比极量小的剂量,称"常用量"。极量与常用量在药典中均有明确规定。

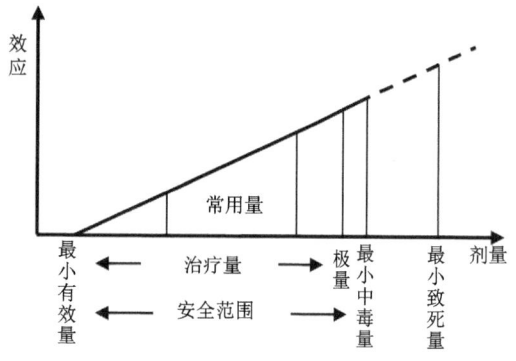

图 1-4-1 量效关系示意图

为了评价药物的安全性,常测定药物的半数有效量(ED_{50})和半数致死量(LD_{50})。ED_{50}是指引起50%的个体阳性反应(质反应)或50%的最大效应(质反应)的剂量,反映药物的作用强度;LD_{50}是指引起50%的实验动物死亡的剂量,反应药物毒性大小,值越小则毒性越大。LD_{50}/ED_{50}值称为"治疗指数"。值越大,药物的安全性越大。

根据药物效应的指标不同,可分为量反应与质反应。药物效应的指标可用数量分级表示的叫量反应,如心率、血压、尿量等。随着药物剂量的增加,效应也增强,药物所能产生的最大效应称为"效能"。药物效应的指标只能用阳性或阴性(全或无)表示的叫质反应,如睡眠、惊厥、死亡等。"效价"是指几种药物产生同等效应时所需剂量大小的比较,所需剂量越小,效价越强。

工作项目二 机体方面的因素

一、年龄与体重

不同年龄的人,除体重、体表面积不同外,其生理功能及调节机制也不尽相同。故对药物的敏感性和耐受性等均有差异。一般所说的药物常用量是适用于18~60岁成年人的剂量。

1.老年人 60岁以上的老年人生理功能逐渐减退,肝、肾功能也逐渐衰退,对药物的消除也逐渐减慢,导致药物$t_{1/2}$延长。血浆蛋白量较低,可使药物血浆蛋白结合率降低。因此,老年人用药量一般为成年人的3/4。另外,老年人对心血管药,中枢抑制药等反应强烈,易导致不良反应,应慎用。

2.儿童 儿童处于生长发育期,生理功能和调节新生儿,早产儿的肝、肾功能发育不全,使用氯霉素易产生灰婴综合征的毒性反应;新生儿的血脑屏障发育未完善,使用吗啡易导致呼吸抑制;对中枢抑制药,中枢兴奋药,利尿药及激素类药的反应比成人明显。因此,药典对儿童用药剂量有明确规定,应严格遵守。

(1)据年龄计算:在我国药典中列出了老幼剂量折算表(表1-4-1)。

(2)据体重计算:是儿科最常用的计算方法。儿童的体重在不能直接称量的情况下,可按年龄来推算,其公式如下:

1~6个月(kg)=月龄(足月)×0.6+3
7~12个月(kg)=月龄(足月)×0.5+3.6
一周岁以上(kg)=年龄(周岁)×2+8
儿童剂量=成人剂量×儿童体重(kg)/50(kg)

表 1-4-1 老幼剂量折算表

年龄	剂量	年龄	剂量
初生到1个月	成人剂量的1/18~1/14	6~9岁	成人剂量的2/5~/2
1~6个月	成人剂量的1/14~1/7	9~14岁	成人剂量的1/2~2/3
6个月~1岁	成人剂量的1/7~1/5	14~18岁	成人剂量的2/3~1
1~2岁	成人剂量的1/5~1/4	18~60岁	成人剂量的1~3/4
2~4岁	成人剂量的1/4~1/3	60岁以上	成人剂量的3/4
4~6岁	成人剂量的1/3~2/5		

二、性别

通常情况下,除性激素外,男性与女性对药物的反应一般无明显差异。但在女性的特殊生理期如用药不当,会导致严重的不良反应,应特别注意。如月经期使用剧烈泻药、抗凝血药可致月经量增多;妊娠期禁用有致畸作用的药物;哺乳期慎用经乳汁排出的药物。

三、个体差异

年龄、体重、性别相同的情况下，大多数人对药物的反应是相似的，但也有少数人表现不同。有的人对某些药物特别敏感，应用较小剂量就会产生较强的效应，称为高敏性（hypersensibility）。反之，有的人对药物的敏感性低，必须应用较大剂量才能产生其他人一般剂量所应用的效应，称为耐受性（tolerance）。耐受性有先天性，在初期用药即可出现，常与遗传因素有关。但大多数是由于反复用药后，导致机体对药物的反应性降低。病原体在反复与药物接触后，对化疗药的敏感性降低或消失，导致药效下降或无效，称为耐药性或抗药性。

四、遗传异常

遗传因素对药动学的影响主要表现在对药物体内转化的异常，可分为快代谢型及慢代谢型两类。如前者使用异烟肼可引起肝损害，后者肝乙酰转移酶数量不足，使用异烟肼后 $t_{1/2}$ 延长，易发生周围神经炎。遗传因素对药效学的影响是在不影响血药浓度的条件下，机体对药物的反应异常，如体内缺乏 6-磷酸葡萄糖脱氢酶（G6PD）者，应用伯氨喹等药物时，可致溶血性贫血。

五、病理状态

病理状态可影响机体对药物的敏感性，也可影响到药物的体内过程。例如，低蛋白血症可使药物的血浆蛋白结合率降低，游离型药物比例增大，药效增强；肝、肾疾病患者，药物消除减慢，使药物作用增强及作用时间延长，甚至发生蓄积性中毒。

六、心理因素

患者的心理因素与药物疗效关系密切。患者相信某种药物则疗效极佳，不相信某种药物时即使药理活性强的药物疗效也不会明显。如头痛、心绞痛、失眠等使用安慰剂可达到 30%~50%的有效率。心理因素与患者的文化素质、人格特征、疾病性质、制剂颜色、口味及医务人员的言行举止等有关。因此，医务人员应充分发挥药物的心理作用，以期获得满意的疗效。

工作项目三　给药方法方面的因素

一、给药途径

给药途径不同，药物吸收速度和量也不同，故可影响药物作用的快慢和强弱。有时甚至影响药物作用的性质。药物显效快慢一般规律是静脉注射＞吸入＞舌下＞肌内注射＞皮下注射＞口服＞皮肤。口服给药起效较慢，但方便安全，常用。注射给药起效快，剂量准，但要求严格，常用于危急患者和不宜口服的药物。吸入给药作用迅速，可产生局部作用或吸收作用。皮肤给药血药浓度波动小，安全性好。舌下给药和直肠给药吸收快，吸收面积小。不同剂型虽含药量相等（药剂等效性）但药效不尽相同。因此，需要用生物等效性作为比较标准，即不同制剂能达到相同血药浓度的剂量比值。故对不同的给药途径，应选择不同的剂量。如治疗心绞痛时硝酸甘油静脉注射为 5~10μg，舌下给药为 0.3mg，口服为 2.5~5mg，贴皮为 10mg。

二、给药时间和给药次数

1.时间　许多药物在一定时间内给药，可充分发挥疗效，减少不良反应。一般刺激性较强的药物饭后服；助消化药及抗酸药饭前服；胰岛素饭前注射；催眠药睡前服。有些药物受生物节律的影响，如糖皮质激素早上 8 时一次给药可减轻其负反馈抑制作用。

2.给药次数　用药的次数应根据患者的病情需要和药物在体内的消除速度而定。通常按 $t_{1/2}$ 为给药间隔时间，$t_{1/2}$ 长的药物给药次数相应减少，$t_{1/2}$ 短的药物给药次数相应增加。大多数口服给药每日 1~3 次。若肝、肾功能不全，药物的消除速度缓慢，给药的间隔时间应该适当调整，以免发生蓄积中毒。

三、联合用药与药物相互作用

两种或多种药物合用或短期内先后使用，称联合用药。联合用药引起药物作用和效应的变化，称药物相互作用。药物相互作用可使药效增强或不良反应降低，也可使药效降低或不良反应加重。临床常多种药物合用，以提高药效，降低不良反应。但不恰当的联合用药却会使药效降低，甚至出现严重的不良反应。药物相互作用可发生在体外、药动学、药效学三个方面。

1.体外的相互作用　某些药物在合用时，由于相互作用，会产生变色、浑浊、沉淀等物理或化学变化，使药效下降甚至产生毒性物质，称理化配伍禁忌。如 25%的葡萄糖溶液（pH3.5~5.5）与硫喷妥钠（pH10~11）配伍时可产生浑浊。

2.药物在药动学方面的相互作用

（1）影响药物的吸收：①弱酸性药或弱碱性药可改变胃肠的 pH，使药物的解离度改变而影响吸收，如抗酸药可减少磺胺类、氨苄西林的吸收。②药物通过形成络合物而减少吸收，如 Ca^{2+}、Mg^{2+}、Al^{3+} 等与四环素形成络合物而不吸收。③影响胃肠排空和肠蠕动。

（2）竞争性与血浆蛋白结合（见药动学相关内容）。

（3）影响药物代谢：药酶诱导剂可使主要在肝代谢的药物代谢加速，作用减弱；药酶抑制剂则相反。

（4）响药物排泄：药物可改变尿液 pH，使弱碱性或弱酸性药物在肾小管内解离度发生变化，导致重吸收增加或减少，排泄减少或增加。另外，许多酸性药物在近曲小管主动分泌，因竞争载体而使排泄延缓血药浓度升高。

3.药效学方面的相互作用

（1）协同作用：合并用药使作用增强者称协同作用。两药合用的效应是两药作用的代数和称相加作用。两药合用的效应大于两药作用的代数和称增强作用。一种药物可使组织对另一种药物的敏感性增强称增敏作用。

（2）拮抗作用：合并用药使作用减弱者称拮抗作用。即合用的效应小于他们分别作用的总和。其表现有：药理性拮抗，如β受体激动剂与β受体阻断剂；生理性拮抗，如H_1受体激动剂和$β_2$受体激动剂对支气管平滑肌的作用；生化性拮抗，如苯巴比妥诱导肝药酶使苯妥英钠等作用减弱；化学性拮抗，如鱼精蛋白拮抗肝素的抗凝血作用。

工作任务五　药物基础知识实践教学

工作项目一　处方及医嘱基本知识

一、处方的定义

处方是医师根据患者的病情开写的药方，是药学专业技术人员审核、调配、核对为患者发药的医疗文件，也是患者取药的书面凭证。处方中的药物及用法是否正确，直接关系到患者的康复和生命安全，所以医护工作者必须以严肃认真的态度和高度负责的精神对待处方。

二、处方的基本结构

处方的格式由医疗机构按规定统一印制。其基本结构由三部分组成。

1.前记　包括医疗机构名称、患者姓名、性别、年龄、门诊或住院号、科别或病室、床位号、临床诊断、开具日期等，并可增添专科要求的项目。

2.正文　为处方的主要部分。左上角为 *Rp.* 或 *R.*（拉丁文 *Recipe*，"请取"的缩写），主体内容分别为药物名称、规格、数量、用量、用法。每一种药物均应另起一行书写。药名可用中文、英文或拉丁文书写，书写英文或拉丁文药名时第一字母应大写。中英文处方药物名在前，剂型名在后；拉丁文处方是剂型名在前，药物名在后。药物的剂量按药典的规定书写，可用 "*Sig.*" 标明用法，也可用中文 "用法" 表示。用法的书写顺序依次为：每次用药剂量、用药间隔时间、给药途径、注意事项等。

3.后记　主要有医师签名、药品金额以及审核、调配、核对、发药的药学专业技术人员签名。

医师开写完处方，应认真仔细检查，保证处方完全无误后方能交给患者。急诊处方需立即取药者，应用急诊处方笺书写，或在处方笺左上角加写"急"（*stat!*）字样。药师有责任检查核对处方，如发现错误，有权退还医生更正，确认准确无误后才能进行配方发药，并在处方笺上签名。处方结构示例（图1-5-1）：

某某医院处方笺

| 姓名　　　　年龄　　　　　　性别 |
| 科别　　　　门诊号　　　　　日期　年　月　日 |
| 诊断 |

R.
青霉素G钠粉针剂　　80万 U × 6 支
用法：每次80万 U　肌注 b.i.d　皮试（　）
急支糖浆　200ml
用法：每次10 ml b.i.d

| 医生　　　　药费　　　　　　划价 |
| 配方　　　　核对　　　　　　发药 |

图1-5-1　处方结构示例

三、处方规则及书写注意事项

1.处方中项目必须填写完整，如姓名、性别、年龄（成人写实际年龄，小儿写日、月龄）、科别、日期等。

2.药物剂量单位一律按药典规定书写。固体或半固体药物多以克（g）、毫克（mg）、微克（μg）为单位；液体药物多以升（L）、毫升（ml）为单位。小数点必须标写准确，小数点前如无整数必须加零，如0.3；整数后无小数，也必须加小数点和零，如3.0，以免错误。

3.处方中开写的用药总量，一般药物以 3 天量为宜、7 天量为限，慢性病或特殊情况可适当增加。每次应用的剂量不应超过药典规定的极量。如有特殊情况需要用药量超过药典所规定的极量时，医生要在药量后签字，以示负责。如开麻醉品，则应使用麻醉处方笺。麻醉药品和毒性药品总量不得超过 1 天极量。每张处方不得超过 5 种药品。中、西药应分别开写处方。

4.处方应该用钢笔书写，要求字迹清楚、工整。处方不得涂改，必须要改时，开写医师必须在修改处签名。医师开完处方后应在处方正文空白处画一斜线，以示处方完毕。无处方权的进修医生、实习医生，可在有处方权的医生指导下开方，并由指导医生签名后才有效。

四、医嘱

医嘱是由医生拟定、护理人员执行的治疗方案及步骤，其内容主要包括医嘱日期、时间、护理常规、隔离级别、患者的饮食及体位、药物与用法、各种检查及治疗、医生和护士签名。医嘱中药物的开写格式为：药名和剂型、每次用量、给药次数、给药途径、给药时间、给药部位等。

工作项目二　用药护理实验须知

一、实验目的和要求

用药护理实验是用药护理教学的重要组成部分。通过实验验证用药护理的基本理论，有利于学生巩固并加强对理论知识的理解；熟悉研究药物作用的基本操作方法和技能；培养和提高学生对科学工作严肃的态度、严密的方法、严格的要求及独立思考、独立操作、分析问题和解决问题的能力。

1.实验前预习实验内容，了解实验目的、原理、方法；结合实验内容复习有关的理论知识，对实验结果进行理论的推测，做到心中有数。

2.实验分小组进行，每次实验应分工明确，配合默契，各尽其责，有条不紊地完成。

3.实验前先检查仪器、药品、动物等是否与实验讲义相符；实验结束后应将器材洗净、安放整齐，如有损坏，应报告指导教师按规章处理。

4.实验时，应态度认真、仔细和耐心，严格按讲义上的步骤进行，及时观察出现的反应，并如实记录。

5.爱护实验动物和标本，节约实验材料和药品。

二、实验结果处理

用药护理实验结果有各种记录仪的记录曲线、测量资料和计数资料等，可分为量反应资料和质反应资料。实验完毕，应对资料加以整理，要实事求是，决不可想当然地主观想象或以书本理论代替实验观察到的客观事实。计数资料和测量资料应列表或画图以便比较，使结果一目了然。

三、实验报告

书写实验报告是培养学生文字表达能力和概括综合分析问题能力的重要训练方法。每次实验后，要求写好实验报告，交负责老师批阅。实验报告格式如下：

第　次　　　　题目　　　　　　日期
目的：
器材：
药品：
动物：
方法：
结果：用表格、图、曲线或文字简明扼要表示。
分析：分析实验结果以推导出本实验的结论及总结经验教训。
结论：概括本实验结果所说明的问题。

工作项目三　实验动物的捉拿及给药方法

【目的】结合实验内容逐步掌握常用动物小白鼠、家兔的捉拿及给药方法。

【器材】注射器（1ml）3 支、（5ml）1 支，灌胃针头 1 个、导尿管 1 根、开口器 1 个、烧杯 1 个、静脉夹 1 个、酒精棉球。

【药品】0.9%氯化钠。

【动物】小白鼠 3 只、家兔 1 只。

【方法】

1.小白鼠的捉拿和给药方法

（1）捉拿法：以右手抓住小白鼠的尾巴将鼠提起，放置于鼠笼边缘或其他易于攀抓处，轻轻向后拉尾巴。趁其不备，用左手拇指和示指捏住其两耳及头部皮肤，使腹部朝上，屈曲左手中指使鼠背靠在上面，然后以无名指及小指压住鼠尾，使小鼠完全固定。

（2）给药法

1）灌胃（p.o.）：如前抓住小白鼠后，使口部朝上，颈部拉直，右手持灌胃器，自口角插入口腔，沿上腭轻轻进入食管 2~3cm，如动物安静、呼吸无异常、口唇无发绀现象，即可注入药液。如遇阻力，可抽出灌胃器再插，以免误入气管内，而致动物死亡。灌胃量 0.1~0.2ml/10g（体重）。最大量 1.0ml/只。

2）腹腔注射（i.p.）：抓鼠同前，右手持注射器，自下腹部一侧朝头部方向刺入腹腔，针头与腹壁约呈 45°（角度太小易刺入皮下），针头刺入不宜太深或太近上腹部，以免刺伤内脏。注射量一般为 0.1~0.2ml/10g（体重）。最大量 1.0ml/只。

3）皮下注射（i.h.）：一般需两人合作，一人左手捏住小鼠头部皮肤，右手拉住小鼠尾巴使其固定。另一人左手拇指和示指提起小鼠背部皮肤，右手持注射器将针头刺入皮下，摆动针头，若无阻力表明针头已位于皮下，即可注射药液。拔针时左手捏住进针部位片刻，以防药液逸出。注射容量一般不超过 0.5ml。

4）肌内注射（i.m.）：由两人合作，一人如皮下注射法固定小鼠，另一人左手固定注射侧后肢，右手持注射器，将针头刺入后肢外侧股部肌肉内。注射量为每腿不超过 0.4ml。

2.家兔的捉拿和给药方法

（1）捉拿法：用左手抓住颈背部皮肤,将兔提起,以右手托住臀部，使兔呈坐位姿势。

（2）给药法

1）灌胃：由两人合作，一人坐位将兔身夹于两腿之间，一手抓住双耳，一手抓住两前肢，使兔头稍向后仰。另一人用兔开口器将兔口张开，并把兔舌压在开口器的下边，取合适的导尿管涂以水或液状石蜡，从开口器中央孔插入，沿上腭后壁慢慢送入食管15cm左右即可进入胃中。此时，将导尿管的一端放入水内，如水中不见气泡出现，兔亦不发生呼吸困难和挣扎，则证明导尿管已插入胃中，否则说明导尿管误入气管，应即抽出重插。待确定导尿管已在胃内，可接上注射器，将药液慢慢推入，并再推入少量空气，使管内药液完全进入胃中，然后将导尿管抽出。灌胃量不一般不超过10ml/kg。

2）皮下注射、肌内注射、腹腔注射：部位同小白鼠。注射量：皮下或肌内注射0.5~1.0ml/kg；腹腔注射1.0~5.0ml/kg。

3）耳静脉注射：用固定器将兔固定或一人将兔固定于左胸之间，另一人拔去兔耳外缘的毛，用酒精棉球涂擦兔耳外缘皮肤，并用静脉夹夹住兔耳根部的静脉回流端，以促使血管扩张。注射者以左手拇指和中指固定兔耳，示指放在耳缘下做垫，右手持注射器从静脉末端刺入血管。当针头进入血管约0.5cm，即松开静脉夹，将针头外露部分与兔耳夹住固定，右手推动注射器的活塞柄，如无阻力，并见血管立即变白，说明针头在血管内；如有阻力或局部组织发白，表示针头未插入血管，应将针头退回重刺。注射完毕用酒精棉球压迫止血。注射量一般药液0.5~2.0ml/kg。等渗药液可达10ml/kg。

工作项目四　药物剂量对药物作用的影响

【目的】观察药物的不同剂量对药物作用的影响。

【器材】天平1架、注射器（1ml）2支、针头（5号）2个、鼠笼、记号笔。

【药品】0.25%苯甲酸钠咖啡因（CNB）、2.5%CNB。

【动物】小白鼠（20±2g）2只。

【方法】

1. 取小鼠2只，编号、称重，观察正常活动。
2. 甲鼠以0.25%CNB.0.2ml/10g i.p.，乙鼠以2.5%CNB.0.2ml/10g，i.p.，分别置鼠笼内。观察有无兴奋、惊厥并记录发生的时间和程度。

【结果】填入表1-5-1。

表1-5-1　药物剂量对药物作用的影响实验结果

鼠号	体重（g）	药物及用量	给药后反应
甲			
乙			

【提示】咖啡因为中枢兴奋药，小剂量兴奋大脑皮质，中等剂量兴奋延髓呼吸中枢，大剂量兴奋脊髓引起惊厥甚至死亡。小鼠兴奋时表现为活动增加、竖尾、洗脸等，惊厥时表现为肢体阵挛、强直等。

【思考题】以咖啡因为例说明药物剂量对药物作用的影响及临床用药应注意什么？

工作项目五　给药途经对药物作用的影响

【目的】观察不同给药途径对药物作用的影响。

一、家兔实验法

【器材】兔秤1台、注射器（5ml）1支、针头（6号）1个、酒精棉球、静脉夹1个。

【药品】2.5%戊巴比妥钠（或2%硫喷妥钠）。

【动物】家兔（2±0.5kg）2只。

【方法】

1. 取家兔2只，称重、编号，观察正常活动、翻正反射和呼吸情况。

2. 甲兔以2.5%戊巴比妥钠1ml/kg i.v.（慢），乙兔以2.5%戊巴比妥钠1ml/kg i.m.。观察两兔翻正反射消失的时间（给药至翻正反射消失）及呼吸抑制的程度。

【结果】填入表1-5-2。

【提示】戊巴比妥钠为中枢抑制药，随剂量递增可引起镇静、催眠、抗惊厥、麻醉作用，并对呼吸中枢有抑制作用。动物麻醉后，翻正反射消失（将兔四肢提起，背朝下，轻轻放到桌面上，15s不能翻转站立）。

表1-5-2　家兔实验法实验结果

兔号	体重（g）	药物及剂量	给药途径	翻正反射消失时间	呼吸抑制程度
甲			i.v.		
乙			i.m.		

二、小白鼠实验法

【器材】天平1架、注射器（1ml）2支、针头（5号）1个、灌胃针1个、鼠笼、记号笔。

【药品】10%硫酸镁。

【动物】小白鼠2只。

【方法】

1.取小鼠2只,编号、称重,分别置鼠笼内,观察正常活动。

2.甲鼠以10%硫酸镁 0.1ml/10g i.p.,乙鼠以10%硫酸镁 0.1ml/10g p.o.,观察两鼠的反应。

【结果】填入表1-5-3。

【提示】硫酸镁口服难吸收,提高肠腔内渗透压,可引起导泻(局部作用),注射则表现为吸收作用,过量 Mg^{2+} 可致肌肉松弛、呼吸抑制、心跳停止。

【思考题】给药途径不同,对药物的作用有何影响?有何临床意义?

表1-5-3　　小白鼠实验法实验结果

鼠号	体重(g)	药物及剂量	给药途径	给药前情况	用药后反应
甲			i.v.		
乙			i.m.		

目标检测

一、选择题

1.药动学研究的内容是(　　)
  A.药物的量效关系　　B.药物作用
  C.作用原理　　D.药物的时量关系

2.受体阻断的特点是,药物与受体(　　)
  A.无亲和力,无内在活性　　B.有亲和力,有内在活性
  C.有亲和力,无内在活性　　D.无亲和力,有内在活性

3.产生不良反应的原因是(　　)
  A.药物安全范围小　　B.用药剂量过大
  C.药物作用选择性低　　D.患者肝肾功能差

4.药物的治疗指数是(　　)
  A.ED50/LD50　　B.LD50/ED50
  C.ED99/LD1　　D.ED95/LD5

5.药物的稳态血浓度表示(　　)
  A.药物的吸收已达饱和　　B.药物消除过程开始
  C.药物作用最强　　D.药物的吸收与消除速度达到平衡

6.在碱性尿液中弱碱性药:解离,再吸收,排泄分别为(　　)
  A.少、多、慢　　B.多、少、快
  C.少、少、快　　D.多、多、慢

7.某药在体内按一级动力学消除,抽血两次,测得血药浓度分别为100μg/ml与12.5μg/ml,两次抽血时间隔12h 该药 $t_{1/2}$ 是(　　)
  A.2　　B.3
  C.4　　D.5

8.口服普萘洛尔40mg(F=80%),当体内剩下2mg时,经历了多少个 $t_{1/2}$ (　　)
  A.5　　B.4
  C.3　　D.2

9.药物的血浆半衰期是(　　)
  A.50%药物与血浆蛋白结合所需要的时间
  B.50%药物生物转化所需要的时间
  C.药物从血浆中消失所需时间的一半
  D.血浆浓度下降一半所需要的时间

10.有关变态反应的叙述错误的是(　　)
  A.与药物原有效应无关　　B.与剂量无关
  C.与剂量有关　　D.再用药时可再发生

二、名词解释

1.药物　2.防治作用　3.不良反应　4.不良反应
5.受体激动剂　6.受体阻断剂　7.首关消除　8.血浆半衰期

三、填空题

1.受体激动剂对受体有_____,也有_____。
2.药物作用的基本表现有_____、_____。
3.药物作用的两重性是指_____和_____。
4.药物的体内过程包括_____、_____、_____、_____。

四、简答题

1.药物的不良反应有哪些?
2.何谓 $t_{1/2}$? $t_{1/2}$ 有何临床意义?

第二篇 用药护理应用篇

工作模块一 传出神经系统药物

传出神经是传递来自中枢神经的冲动以支配效应器官活动的神经。传出神经系统药物是能直接或间接影响传出神经的化学传递而改变效应器官活动的药物，简称传出神经药。因本类药物的药理作用与传出神经的解剖和生理密切相关，故熟悉传出神经的解剖和生理十分重要。

工作任务一 传出神经系统药物概论

学习目标

1. 熟悉传出神经的分类、递质、受体及其效应。
2. 掌握传出神经系统药物的作用机制及分类。

工作项目一 传出神经的分类与递质

一、传出神经的解剖学分类

传出神经包括植物神经（又称自主神经）和运动神经。植物神经分交感神经和副交感神经，主要支配心脏、平滑肌和腺体；运动神经支配骨骼肌（图2-1-1）。

1.植物神经 植物神经由中枢发出后均在神经节内更换神经元，然后才到达所支配的效应器，故植物神经有节前纤维和节后纤维之分。

2.运动神经 运动神经自中枢发出后，不更换神经元，直接到达所支配的骨骼肌，因此，无节前纤维和节后纤维之分。

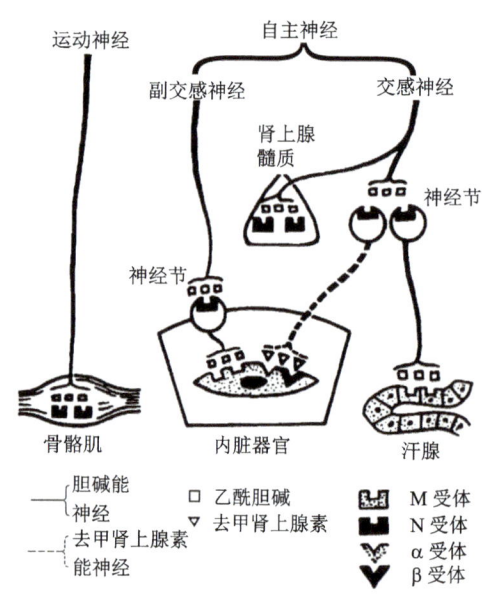

图 2-1-1 传出神经的分类与递质

二、传出神经系统的递质

神经末梢与效应器细胞或次一级神经元间的相互交接处称突触，突触由突触前膜、突触间隙、突触后膜三部分构成。在突触部位，当神经冲动到达神经末梢时，神经末梢所释放的化学传递物，称递质。通过递质作用于效应器或次一级神经元细胞膜上的受体产生效应，从而完成神经冲动的传递，此过程称为化学传递（图 2-1-1）。传出神经的主要递质有乙酰胆碱(acetylcholine, Ach)和去甲肾上腺素(noradrenaline, NA)。

三、传出神经按递质分类

传出神经按其兴奋时所释放的递质不同，可分为胆碱能神经和去甲肾上腺素能神经。

1.胆碱能神经 兴奋时末梢释放的递质为 Ach。

包括：①交感神经和副交感神经的节前纤维；②副交感神经的节后纤维；③运动神经；④少数交感神经节后纤维（支配汗腺的神经和骨骼肌的舒血管神经）。

2.去甲肾上腺素能神经　兴奋时末梢释放的递质为NA，大部分交感神经节后纤维属于此类。

四、传出神经递质的体内过程

1.乙酰胆碱（图2-1-2）

（1）合成：在胆碱能神经末梢内，胆碱和乙酰辅酶A在胆碱乙酰化酶的作用下合成Ach。

（2）储存：合成的Ach进入囊泡并与ATP和囊泡蛋白共同储存于囊泡内。

（3）释放：当神经冲动到达末梢时，使突触前膜去极化，Ca^{2+}内流，促使囊泡膜与突触前膜融合成裂孔，通过裂孔将Ach排入突触间隙，称为胞裂外排。释放出的递质与受体结合，引起效应。

（4）消除：释放出的Ach在数毫秒内被突触间隙中的胆碱酯酶（AchE）水解成胆碱和乙酸。水解产物胆碱部分被突触前膜再摄取供再合成用。

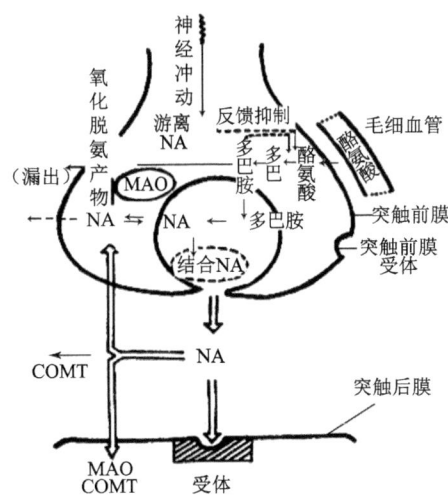

图2-1-3　去甲肾上腺素的体内过程

（4）消除：释放到突触间隙的NA，约85%通过膜上的胺泵被突触前膜再摄取，这是该递质作用消失的主要原因；其余部分被儿茶酚氧位甲基转移酶（COMT）和单胺氧化酶MAO破坏。被摄入神经末梢内的NA，大部分重新储存于囊泡内，以供再次释放用；小部分被MAO破坏。

工作项目二　传出神经系统受体的类型、分布及生理效应

一、传出神经系统受体的类型及分布

根据与传出神经系统受体选择性结合的递质不同，传出神经系统的受体分为胆碱受体和肾上腺素受体。

1.胆碱受体　能选择性与Ach结合的受体称胆碱受体，又可分为如下两类。

（1）M受体（muscarinic receptor，毒蕈碱型胆碱受体）：是指能选择性地与毒蕈碱（muscarine）结合的胆碱受体，分布于节后胆碱能纤维所支配的效应器细胞膜上。M受体又可分为M_1、M_2、M_3、M_4、M_5五种亚型。M_1受体主要分布于神经节、胃腺细胞及中枢神经；M_2受体主要分布于心脏和突触前膜；M_3受体主要分布于平滑肌和腺体。

（2）N受体（nicotinic receptor，烟碱型胆碱受体）：是指能选择性地与烟碱（nicotine）结合的胆碱受体，又可分为N_1和N_2受体。N_1受体分布于植物神经节和肾上腺髓质细胞膜上；N_2受体分布于骨骼肌细胞膜上。

2.肾上腺素受体　能选择性与NA或肾上腺素结合的受体称肾上腺素受体。可分为α受体和β受体。

（1）α受体：分为$α_1$受体和$α_2$受体两个亚型。

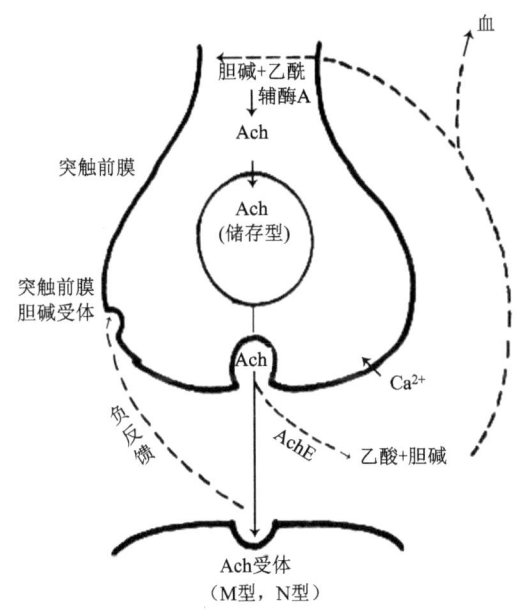

图2-1-2　乙酰胆碱的体内过程

2.去甲肾上腺素（图2-1-3）

（1）合成：在神经末梢部位，酪氨酸在酪氨酸羟化酶的作用下生成多巴，多巴在多巴脱羧酶的作用下生成多巴胺，多巴胺进入囊泡，在多巴胺β-羟化酶的作用下生成NA。在NA的生物合成过程中，酪氨酸羟化酶是限速酶。当胞质中DA和游离的NA增加时，对该酶有负反馈抑制作用。

（2）储存：合成的NA与ATP和嗜铬蛋白结合成储存型，储存于囊泡内。

（3）释放：以胞裂外排的方式将NA释放入突触间隙。

突触后膜上主要为 α_1 受体，突触前膜上则为 α_2 受体。α_1 受体分布于血管、瞳孔开大肌、胃肠和膀胱括约肌、汗腺和唾液腺等部位。

（2）β 受体：分为 β_1 受体和 β_2 受体两个亚型。β_1 受体主要位于心脏及肾入球动脉的球旁细胞，支气管、血管平滑肌、睫状肌及去甲肾上腺素能神经突触前膜上的 β 受体为 β_2 受体。

二、传出神经系统受体的效应（表 2-1-1）

1.胆碱能神经的效应

（1）M 样作用：为激动 M 受体所呈现的作用，主要表现为：心脏抑制、血管扩张、内脏平滑肌收缩、腺体分泌、瞳孔缩小等。

（2）N 样作用：为激动 N 受体所呈现的作用。N_1 受体激动时表现为植物神经节兴奋、肾上腺髓质分泌；N_2 受体激动时表现为骨骼肌收缩。

2.去甲肾上腺素能神经的效应

（1）α 型作用：为激动 α 受体所呈现的作用，主要表现为：血管收缩、瞳孔散大等。

去甲肾上腺素能神经突触前膜上的 α_2 受体兴奋时，产生负反馈作用，抑制递质 NA 的释放。

（2）β 型作用：为激动 β 受体所呈现的作用。β_1 受体兴奋时引起心脏兴奋、肾素分泌、脂肪分解；β_2 受体兴奋时引起血管扩张、支气管平滑肌松弛、糖原分解等。

去甲肾上腺素能神经突触前膜上的 β_2 受体兴奋时，则产生正反馈作用，促进递质 NA 的释放。

机体大多数器官受胆碱能神经和去甲肾上腺素能神经双重支配，它们的作用效果多是相互对立的，但在中枢神经系统的调节下又是统一的，以共同维持所支配效应器的正常活动。通常情况下，心脏和血管以去甲肾上腺素能神经支配为主（占优势），胃肠道和膀胱平滑肌等以胆碱能神经支配为主（占优势）。当两类神经同时兴奋或抑制时，一般表现为优势支配的神经引起的效应增强或减弱。

表 2-1-1　传出神经系统的受体与效应

效应器			胆碱能神经兴奋		去甲肾上腺素能神经兴奋	
			受体	效应	受体	效应
心脏	心肌		M	收缩力减弱	β_1	收缩力加强
	窦房结		M	心率减慢	β_1	心率加快
	传导系统		M	传导减慢	β_1	传导加快
平滑肌	血管	皮肤黏膜	M	扩张（交感神经）	α	收缩
		内脏			α　β_2	收缩
		骨骼肌			α　β_2	扩张
		冠状动脉			α　β_2	扩张
	支气管		M	收缩	β_2	松弛
	胃肠壁		M	收缩	β_2	松弛
	膀胱逼尿肌		M	收缩	β_2	松弛
	胃肠、膀胱括约肌		M	松弛	α	收缩
	胆囊与胆道		M	收缩	β_2	松弛
眼	虹膜		M	瞳孔括约肌收缩	α	瞳孔开大肌收缩
	睫状肌		M	收缩（近视）	β_2	松弛（远视）
腺体	汗腺		M	分泌（交感神经）	α	手脚心分泌
	唾液腺		M	分泌	α	分泌
	胃肠及呼吸道		M	分泌		
代谢	肝糖原				α_1　β_2	分解
	肌糖原				β_2	分解
	脂肪组织				β_1	分解
	自主神经节 肾上腺髓质		N_1	兴奋 分泌（交感神经节前纤维）		
	骨骼肌		N_2	收缩	β_2	收缩（运动神经）

工作项目三　传出神经系统药物的作用机制和分类

一、传出神经系统药物的作用机制

1.与受体结合　许多传出神经药能直接与相应的受体结合呈现作用。结合后能兴奋受体者称受体激动药，能产生与 Ach 或 NA 相似作用的药物，分别称为拟胆碱药或拟肾上腺素药。结合后阻断受体，对抗激动药作用者称受体阻断药，能产生与 Ach 或 NA 相反的作用，分别称抗胆碱或抗肾上腺素药。

2.影响递质的体内过程　有些药物（如新斯的明）可抑制胆碱酯酶，阻止 Ach 破坏，产生拟胆碱作用；有些药物能影响递质释放，如麻黄碱和间羟胺等可促进 NA 的释放而发挥拟肾上腺素作用。

二、传出神经系统药物的分类

传出神经药按其作用的性质及作用的选择性分类见表 2-1-2。

表 2-1-2　传出神经系统药物分类

拟似药	拮抗药
拟胆碱药	抗胆碱药
M、N 受体激动药：卡巴胆碱	M 受体阻断药：阿托品
M 受体激动药：毛果芸香碱	N_1 受体阻断药：美卡拉明
N 受体激动药：烟碱	N_2 受体阻断药：筒箭毒碱
胆碱酯酶抑制药：新斯的明	胆碱酯酶复活药：解磷定
拟肾上腺素药	抗肾上腺素药
α、β 受体激动药：肾上腺素	α、β 受体阻断药：拉贝洛尔
α 受体激动药：去甲肾上腺素	α 受体阻断药：酚妥拉明
$α_1$ 受体激动药：去氧肾上腺素	$α_1$ 受体阻断药：哌唑嗪
$α_2$ 受体激动药：可乐定	$α_2$ 受体阻断药：育亨宾
β 受体激动药：异丙肾上腺素	β 受体阻断药：普萘洛尔
$β_1$ 受体激动药：多巴酚丁胺	$β_1$ 受体阻断药：美托洛尔
$β_2$ 受体激动药：沙丁胺醇	

工作任务二　拟胆碱药

学习目标

1. 了解拟胆碱药的分类。
2. 掌握毛果芸香碱的作用、用途、不良反应及防治。
3. 熟悉新斯的明的作用、用途、不良反应及防治。

案例分析

患者，女，56 岁，近日经常感到头晕，眼胀，眼睛疼痛。起初，患者自以为是高血压引起的症状，就加服了降压药。几天后，症状不仅没有缓解，看东西越来越模糊，眼睛疼痛也加重了，遂到某医院眼科就诊。经检查：患者眼睛充血发红，瞳孔明显散大，眼压升高至 50mmHg（1mmHg=0.133kPa）。诊断：急性充血性青光眼。治疗：①1% 毛果芸香碱滴眼，1~2 滴/次，2~3 次/日；②25% 甘露醇 100ml 静脉滴注，1 次/日。经上述治疗，患者症状逐日减轻，两周后，症状基本缓解，眼压恢复正常。

问题：

毛果芸香碱为何类药物？为何能治疗青光眼？滴眼时应注意什么事项？

拟胆碱药是一类作用与胆碱能神经递质乙酰胆碱作用相似的药物。根据其作用机制，可分为胆碱受体激动药和胆碱酯酶抑制药两大类。

工作项目一　胆碱受体激动药

一、M、N 胆碱受体激动药

乙酰胆碱

乙酰胆碱（acetylcholine，Ach）为胆碱能神经递质，能直接激动 M 受体、N 受体，呈现 M 样。和 N 样作用。其性质不稳定，极易被 AchE 水解，作用时间短，故无临床价值。

卡巴胆碱

卡巴胆碱（carbamylcholine，氨甲酰胆碱）的作用与乙酰胆碱相似，但其不易被胆碱酯酶水解，作用时间较长。对胃肠和膀胱平滑肌作用强，可用于手术后腹气胀和尿潴留。不良反应较多，且阿托品对其解毒效果差，故主要用于滴眼治疗青光眼。

二、M受体激动药

毛果芸香碱

毛果芸香碱（pilocarpine，匹鲁卡品）是从毛果芸香属植物中提取的生物碱，现已能人工合成。

【体内过程】毛果芸香碱为叔胺类化合物，其水溶液稳定。1%溶液滴眼易透过角膜，10~30min缩瞳，持续4~8h，降低眼内压可持续4~8h，调节痉挛持续2h。

【药理作用】直接兴奋M受体，产生M样作用。对眼和腺体作用较强。

1. 眼　有缩瞳、降低眼内压和调节痉挛作用（图2-1-4，图2-1-5）。

（1）缩瞳：虹膜上有两种平滑肌，一种是瞳孔括约肌，受动眼神经的副交感纤维支配，兴奋时瞳孔括约肌向中心方向收缩，瞳孔缩小；另一种是瞳孔开大肌，受去甲肾上腺素能神经支配，兴奋时瞳孔开大肌向外周方向收缩，瞳孔扩大。毛果芸香碱可激动瞳孔括约肌的M受体，使瞳孔缩小。

（2）降低眼内压：房水由睫状体上皮细胞分泌及血管渗出产生，经瞳孔流入前房，到达前房角间隙，流入巩膜静脉窦，进入血液循环（图2-1-6）。毛果芸

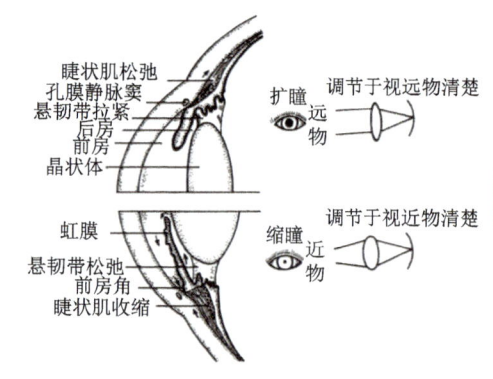

图2-1-4　M受体激动药和阻断药对眼的作用
下：M受体激动药的作用；上：M受体阻断药的作用

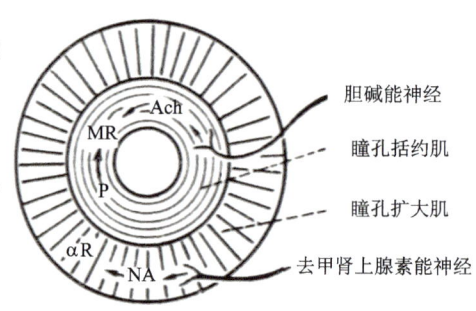

图2-1-5　虹膜平滑肌与毛果芸香碱作用点
P：毛果芸香碱；R：受体

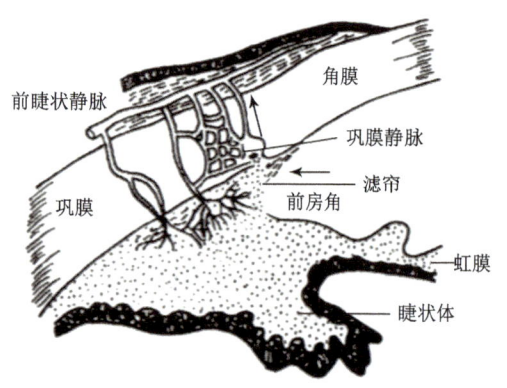

图2-1-6　房水流通图
箭头示房水流通方向

香碱使瞳孔缩小，虹膜向中心拉紧，虹膜根部变薄，前房角间隙扩大，有利于房水通过巩膜静脉窦进入血液循环，导致眼内压下降。另外，睫状肌收缩，使巩膜静脉窦扩大，亦有利于房水循环。

（3）调节痉挛：使晶状体聚焦，适于视近物的过程称为调节痉挛。眼的调节主要取决于晶状体曲度的变化，晶状体富有弹性，有略呈球形的倾向，但由于受悬韧带的牵拉，晶状体维持在较扁平的状态。悬韧带受睫状肌的控制，睫状肌以环状肌纤维为主，受动眼神经支配。毛果芸香碱兴奋睫状肌环状纤维上的M受体，使睫状肌向中心方向收缩，悬韧带松弛，晶状体变凸，屈光度增加，故视近物清楚，看远物模糊。

2. 腺体　可使汗腺、唾液腺分泌明显增加。

【临床用途】

1. 青光眼　系因房水流通受阻而致眼内压增高的常见眼科疾病，表现为头痛、眼痛、视力减退等，重者可致失明。毛果芸香碱滴眼后可使瞳孔缩小，虹膜向中心方向收缩，前房角间隙扩大，房水流出增加，眼内压降低。对闭角型青光眼疗效较好，对早期开角型青光眼也有效。常用1%~2%溶液滴眼，滴眼时应压迫内眦，防止药液通过鼻泪管吸收产生不良反应。

2. 虹膜炎　与扩瞳药交替使用，以防止虹膜与晶状体粘连。

3. M受体阻断药中毒　注射给药可用于对抗阿托品类药物中毒引起的外周症状。

【不良反应】全身给药或滴眼吸收后可引起M受体过度兴奋的症状，如流涎、多汗、恶心、呕吐、腹

痛、支气管痉挛和呼吸困难等。可用阿托品对抗。

工作项目二 抗胆碱酯酶药

抗胆碱酯酶（AchE）药又称胆碱酯酶抑制药，能和 AChE 较牢固地结合，使酶失活，导致 Ach 在体内蓄积，表现出 M 样及 N 样作用。抗 AchE 药可分为两类：一类是易逆性抗 AchE 药，如新斯的明等；另一类是难逆性抗 AchE 药，如有机磷酸酯类（见第二十一章第一节）。

新斯的明

新斯的明（neostigmine，普鲁斯的明）为人工合成的季铵类化合物，脂溶性低，口服吸收少而不规则，不易透过血脑屏障。滴眼时不易透过角膜进入前房，故对眼作用弱。

【药理作用和临床用途】新斯的明可抑制胆碱酯酶的活性，使 Ach 不能水解而蓄积，激动 M、N 受体，呈现 M 样和 N 样作用。对骨骼肌、胃肠和膀胱平滑肌作用较强，而对腺体、眼、心血管及支气管作用弱。

1.兴奋骨骼肌 新斯的明除抑制胆碱酯酶外，还能直接激动骨骼肌上的 N_2 受体，并能促进运动神经末梢释放 Ach，故作用强大（图 2-1-7）。用于治疗重症肌无力。重症肌无力是一种神经肌肉接头传递功能障碍的自身免疫性疾病，患者出现骨骼肌进行性肌无力，表现为眼睑下垂、四肢无力及吞咽困难，重者可致呼吸困难。一般口服给药，重者可皮下注射或肌内注射。

2.兴奋平滑肌 对胃肠和膀胱平滑肌兴奋作用较强。常用于治疗手术后腹气胀和尿潴留，以促进排便和排尿。

3.抑制心脏 可减慢心率，用于治疗阵发性室上性心动过速。

【不良反应】过量可产生恶心、呕吐、腹痛、心动过缓、肌震颤等，重者可致肌无力加重。可用阿托品和胆碱酯酶复活药对抗。

【禁忌证】机械性肠梗阻、尿路梗阻、支气管哮喘。

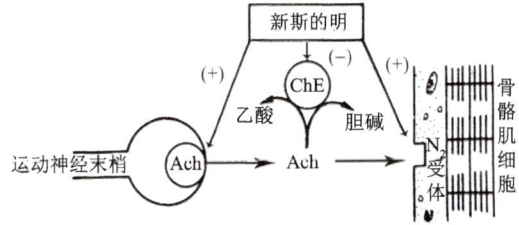

图 2-1-7 新斯的明对骨骼肌的作用示意图

毒扁豆碱

毒扁豆碱（physostigmine，Eserine，依色林）是从毒扁豆种子中提取的生物碱，也可人工合成。其水溶液不稳定，易氧化失效，应避光保存。其作用为可逆性抑制胆碱酯酶，产生 M 样及 N 样作用。因其选择性差，故极少全身给药。滴眼易透过角膜进入前房，常用其 0.25%溶液剂滴眼，能缩瞳、降低眼内压、引起调节痉挛，主要用于治疗青光眼。

吡斯的明

吡斯的明（pyridostigmine）作用与新斯的明相似，但较新斯的明维持时间长，不良反应较轻。主要用于治疗重症肌无力、手术后腹气胀和尿潴留。

加兰他敏

加兰他敏（gananthamine）抑制胆碱酯酶作用较弱，作用维持时间较长，可透过血脑屏障。可用于治疗重症肌无力及脊髓灰质炎后遗症，也可用于治疗竞争性神经肌肉阻滞药的过量中毒。

安贝氯铵

安贝氯铵（ambenonium，mytelase，美斯的明）作用类似于新斯的明，但较持久。主要用于不能耐受新斯的明或吡斯的明的重症肌无力患者。

工作项目三 拟胆碱药的用药护理程序

一、用药前评估

1.明确用药目的 胆碱受体激动药主要用于治疗青光眼，也可用于阿托品等药物中毒的解救。胆碱酯酶抑制药主要用于治疗重症肌无力等。

2.掌握基本资料

（1）用药前应了解青光眼患者的眼内压状况，对重症肌无力患者应了解肌张力状况，包括有无眼睑下垂，说话、咀嚼困难，骨骼肌活动减弱等。

（2）询问既往用药史、药物过敏史及患病史。了解患者是否用过胆碱酯酶抑制药、氨基糖苷类抗生素及抗胆碱药阿托品类等。询问患者是否患有溃疡病、尿道阻塞、肠梗阻、冠心病、高血压、支气管哮喘、房室传导阻滞性心律失常等疾病。

二、用药期间护理

1.对青光眼患者，用药前应向患者解释用药后视远物不清的道理，消除紧张及心理压力；教会患者正确使用滴眼剂的方法：洗净两手，头稍后仰，眼球向上，中指向下轻拉下眼睑，滴入一滴眼药水后，示指轻压内眦 1~2min，以免药液流入鼻腔、吸收入血引起不良反应。对虹膜炎患者，应嘱其按时与扩瞳药交替使用。告知患者用药期间不做精细用眼的工作。

2.用毛果芸香碱后，应观测记录用药后患者眼内压，以判断药物的疗效。使用新斯的明前应先测心率，如心动过缓宜先用阿托品使心率增至 80 次/min 后再用；用药后密切观察患者的用药反应，及时调整用药剂量，以期达到疗效而不产生胆碱能危象。

3.滴眼剂应放在阴凉处保存，有条件者可置 4~8℃ 冰箱保存并注意保质时间。

三、用药后护理评价

用药后青光眼症状是否缓解或消失，眼压是否恢复正常，重症肌无力症状是否得到改善，有无药物剂量过量的情况发生。

制剂和用法

卡巴胆碱　滴眼剂：0.5%~1.5%。滴眼用。注射剂：0.25mg/ml。一次 0.25~0.5mg，皮下注射。

硝酸毛果芸香碱　滴眼剂：1%~2%。滴眼用于青光眼：3~4次/d，用药后 10~15min 开始缩瞳，30~50min 作用最强，持续24h。降眼压持续4~8h。眼膏剂：1%~2%，临睡时用，每晚一次。注射剂：5mg/ml、10mg/2ml。治疗阿托品类中毒，一次 5~10mg，皮下注射。

溴化新斯的明　片剂：15mg。一次15mg，3次/d。

甲基硫酸新斯的明　注射剂：0.5mg/1ml、1mg/2ml。①重症肌无力：皮下或肌内注射，0.5~1mg/次，2~3次/d；静推时用量减半。②术后腹气胀或尿潴留：0.5~1mg/次，肌内注射，4~6小时 1 次。③非去极化肌松药中毒：静推 0.5~2mg，必要时追加 0.5mg，总量不宜超过 5mg。

溴化吡斯的明　片剂：60mg。一次 60mg，3次/d。

水杨酸毒扁豆碱　滴眼液：0.25%。滴眼，次数按需要而定。通常 2~3次/d，或每2h 1次。溶液变红色后不能再用。

氢溴酸加兰他敏　片剂：5mg。一次 10mg，3 次/d。注射剂：2.5mg/1ml、5mg/1ml。一次 2.5~10mg，1次/d，肌内注射。

工作任务三　抗胆碱药

学习目标

1.掌握阿托品的作用、用途、不良反应及用药注意事项。

2.熟悉其他药物的作用特点、应用及主要不良反应。

案例分析

患者，男，21 岁，1h 前空腹服乐果原液 350ml（有机磷药物）急诊入院。检查：体温35℃，脉搏 160 次/min，呼吸 29 次/min，血压106/78mmHg，昏迷，面色苍白，四肢湿冷，口唇发绀，瞳孔无明显缩小（3mm），光反射消失，口鼻内不断有大量稀薄分泌物涌出，喉部有痰鸣音，呼吸困难，两肺满布大中小水泡音，无肌颤，神经反射未引出。诊断：急性乐果中毒（重度）。入院后立即用 2%碳酸氢钠液反复洗胃，同时吸氧，输液，静注阿托品，每次 10mg，每 10~15min 一次，共用阿托品 315mg，解磷定 4.2g。但患者仍呈深度昏迷，口鼻内继续涌出大量稀薄液态分泌物，两肺仍布满水泡音，呼吸不规则，血压下降至 60/40mmHg。再次以 9000ml 液体洗胃，将阿托品改为东莨菪碱3mg 静注，每 15min 一次，1h 后，呼吸变深，口腔及呼吸道分泌物大为减少，肺部啰音基本消失，血压升至 106/70mmHg，尿量增多，瞳孔 7mm，神志清醒。

问题：

阿托品、解磷定、东莨菪碱为何能解救有机磷酸酯类中毒？应用阿托品时应注意哪些事项？

抗胆碱药是一类胆碱受体阻断剂（去极化型肌松药除外），其作用与胆碱能神经递质乙酰胆碱的作用相反。根据对受体的选择性不同，可将其分为 M 受体阻断剂、N_1 受体阻断剂和 N_2 受体阻断剂。

工作项目一　M胆碱受体阻断药

本类药物包括植物中提取的阿托品类生物碱及阿托品的合成代用品。

一、阿托品类生物碱

阿托品类生物碱包括阿托品、东莨菪碱、山莨菪碱等，均系由植物中提取，其植物来源见表2-1-3。

表 2-1-3 阿托品类生物碱及其来源

植物名称	主要生物碱
颠茄 (Atropa elladonna)	莨菪碱
曼陀罗 (Datura stramonium)	莨菪碱
洋金花 (Datura sp.)	东莨菪碱
莨菪 (Hyoscyamus niger)	莨菪碱
唐古特莨菪 (Scopolia tangutica)	山莨菪碱

阿托品

【体内过程】阿托品（atropine）口服在胃肠道吸收迅速，吸收后分布于全身各组织，1h 后作用达到高峰，持续 3~4h。肌内注射 15min 作用达高峰。可透过血脑屏障，并能通过胎盘到达胎儿血液。主要经肾排出，约 60%为原型，40%为代谢物。

【药理作用】阿托品能阻断 M 受体，竞争性拮抗 Ach 及胆碱受体激动药对 M 受体的激动作用，且对 M_1、M_2、M_3 受体无选择性。大剂量时能扩张血管、兴奋中枢神经系统及阻断植物神经节 N_1 受体。机体各器官对阿托品的敏感性不同，按高低顺序依次为：腺体、眼、内脏平滑肌、心脏、中枢神经。

1.抑制腺体分泌 唾液腺和汗腺最敏感，小剂量（0.5mg）即能引起口干和皮肤干燥，剂量增大，其作用更明显（表 2-1-4）。其次为泪腺及呼吸道腺体，较大剂量也能减少胃液分泌。但对胃酸分泌影响较小，因胃酸分泌还受体液因素如胃泌素等的调节。

2.眼 因能阻断瞳孔括约肌和睫状肌上的 M 受体，使瞳孔括约肌和睫状肌松弛，引起扩瞳、眼压升高及调节麻痹（图 2-1-4）。

表 2-1-4 阿托品作用与剂量的关系

剂量	作用
0.5mg	轻度心率减慢、轻度口干、汗腺分泌减少
0.1mg	口干、口渴感、心率加快、有时心率可先减慢、轻度扩瞳
2.0mg	心率明显加快、心悸、明显口干、扩瞳、调节麻痹
5.0mg	上述所有症状加重、说话和吞咽困难、不安疲劳、头痛、皮肤干燥、发热、排尿困难、肠蠕动减少
10.0mg	上述所有症状加重、脉细速、瞳孔极速扩大、极度视力模糊、皮肤红热干、运动失调、不安、激动、幻觉、谵妄和昏迷

（1）扩瞳：因阻断 M 受体，松弛瞳孔括约肌，使去甲肾上腺素能神经支配的瞳孔开大肌的功能占优势而扩瞳。

（2）升高眼内压：因瞳孔扩大，虹膜向周边方向退缩，使前房角间隙变窄，房水流通不畅，导致眼压升高。

（3）调节麻痹：阿托品使睫状肌松弛而退向外缘，悬韧带被拉紧，晶状体变扁，其折光度减小，故视近物模糊、视远物清楚，此为调节麻痹。

3.松弛内脏平滑肌 能松弛多种内脏平滑肌，此作用与内脏平滑肌的功能状态有关。对正常状态的平滑肌影响较小，而对处于痉挛状态的平滑肌作用显著。对胃肠、膀胱平滑肌作用较好，对输尿管、胆管和支气管作用较弱，对子宫平滑肌作用更弱。

4.心血管系统

（1）心脏：较大剂量的阿托品可阻断窦房结 M_2 受体，解除迷走神经对心脏的抑制作用，使心率加快；也能拮抗迷走神经过度兴奋引起的传导阻滞和心律失常。

（2）血管和血压：治疗量对血管和血压无明显影响。大剂量阿托品能直接扩张血管，解除小血管痉挛，改善微循环，此作用与阻断 M 受体无关。

5.中枢神经系统 较大剂量（1~2mg）可兴奋延脑和大脑；中毒剂量（10mg）可产生明显中枢中毒症状（表 2-1-4）。

【临床用途】

1.解除平滑肌痉挛 可用于缓解各种内脏绞痛，对胃肠绞痛及膀胱刺激征如尿频、尿急等疗效较好；对胆绞痛、肾绞痛疗效较差，需合用阿片类镇痛药。也可用于治疗遗尿症。

2.抑制腺体分泌 用于全身麻醉前给药，以减少呼吸道腺体及唾液腺分泌，防止分泌物阻塞呼吸道。也用于严重的盗汗和流涎症。对消化性溃疡可起辅助治疗作用。

3.眼科

（1）虹膜睫状体炎：用 0.5%~1%阿托品溶液滴眼，可松弛瞳孔括约肌和睫状肌，能使其充分休息，有利于炎症消退，也可防止虹膜与晶状体粘连。常与缩瞳药交替滴眼。

（2）验光配镜：滴眼后使睫状肌松弛，产生调节麻痹作用，可准确测定晶状体的屈光度。但因阿托品作用持续时间较长，其调节麻痹作用可持续 2~3 天，现已少用。因儿童的睫状肌调节功能较强，故儿童验光时仍需用阿托品。

（3）检查眼底：因阿托品扩瞳作用能持续 1~2 周，视力恢复较慢，故已被作用时间较短的后马托品所取代。

4.抗缓慢型心律失常 用于治疗因迷走神经过度兴奋所致的窦性心动过缓、窦房阻滞和房室阻滞。

5.抗休克 大剂量阿托品可治疗中毒性肺炎、中毒性菌痢、暴发性流行性脑脊髓膜炎等所致的感染性休克，能扩张血管，解除小血管痉挛，改善微循环。

6.解救有机磷酸酯类中毒（见工作模块八 解毒药）。

【不良反应及注意事项】阿托品选择性低，作用十分广泛,当利用其某一作用作为治疗作用时,其他作用便成为不良反应。常见不良反应有口干、视物模糊、心率加快、皮肤干燥、排尿困难等。中毒时上述症状加重,并出现中枢兴奋症状,重者转入中枢抑制。

阿托品中毒时的外周症状可用毛果芸香碱或新斯的明解救,中枢兴奋症状可用地西泮或短效巴比妥类药对抗。

青光眼、前列腺肥大患者禁用。心动过速患者慎用,高热患者先退热后用。

东莨菪碱

东莨菪碱(scopolamine)的外周作用与阿托品相似,其特点为:抑制腺体分泌、扩瞳及调节麻痹作用较强;有较强的中枢抗胆碱作用,大剂量可引起麻醉,但对呼吸中枢有兴奋作用;还有防晕止吐及抗震颤麻痹作用。主要用于:①麻醉前给药,因其抑制腺体分泌作用强,并中枢镇静作用,故优于阿托品。②防晕止吐,用于晕车、晕船等晕动病,可能与其抑制大脑皮质、前庭神经及胃肠蠕动有关;对妊娠呕吐及放射病呕吐有止吐作用。③帕金森病,可改善患者的流涎、肌震颤等症状。此作用与阻断纹状体 M 受体,对抗中枢 Ach 有关。禁忌证同阿托品。

山莨菪碱

山莨菪碱(anisodamine)是从茄科植物唐古特山莨菪中提取的生物碱,其人工合成品为654-2。

山莨菪碱具有与阿托品相似的药理作用,但较弱。其特点为对内脏平滑肌的解痉作用及解除血管痉挛作用选择性较高。主要用于感染性休克和内脏平滑肌痉挛。不良反应较轻,禁忌证同阿托品。

二、阿托品的合成代用品

因阿托品作用广泛,不良反应多,故通过改变其化学结构,合成了一些不良反应较少的代用品,包括扩瞳药、解痉药和选择性 M 受体阻断药。

1.扩瞳药 临床常用的有后马托品(homatropine)、托吡卡胺(tropicamide)和尤卡托品(eucatropine)等,均为短效 M 受体阻断药,适用于扩瞳检查眼底和验光。滴眼后各药作用比较见表 2-1-5。

表 2-1-5 扩瞳药滴眼作用的比较

药物	浓度(%)	扩瞳作用		调节麻痹作用	
		高峰(min)	消退(d)	高峰(h)	消退(d)
硫酸阿托品	1.0	30~40	7~10	1~3	7~12
氢溴酸后马托品	1.0~2.0	40~60	1~2	0.5~1	1~2
托吡卡胺	0.5~1.0	20~40	0.25	0.5	<0.25
环喷托酯	0.5	30~50	1	1	0.25~1
尤卡托品	2.0~5.0	30	1/12~1/4	(无作用)	(无作用)

2.解痉药

(1)溴丙胺太林(propantheline,普鲁本辛):为季铵类化合物,其抗胆碱作用与阿托品相似,但对胃肠 M 受体选择性较高,治疗量即可明显松弛胃肠平滑肌,并减少胃液分泌,作用较强和持久。主要用于胃、十二指肠溃疡、胃肠痉挛、泌尿道痉挛及妊娠呕吐。不良反应较轻,中毒量可阻断神经肌肉接头,引起呼吸麻痹。

(2)贝那替嗪(benactyzine,胃复康):为叔胺类化合物,口服易吸收,有胃肠解痉、抑制胃酸分泌及安定作用。适用于伴有焦虑症的消化性溃疡病、胃酸过多、胃肠绞痛及膀胱刺激症患者。不良反应有口干、头昏及嗜睡等。

3.选择性 M_1 受体阻断药 哌仑西平(pirenzepine)及替仑西平(telenzepine)均可选择性阻断 M_1 受体,后者作用更强。两药能抑制胃酸及胃蛋白酶的分泌,用于治疗消化性溃疡。

工作项目二 N_2 胆碱受体阻断药

N_2 受体阻断药又称骨骼肌松弛药,是一类能与神经肌肉接头运动终板上的 N_2 受体结合,阻断神经冲动的传递,使骨骼肌松弛的药物。根据其作用机制不同,可将其分为去极化型肌松药和非去极化型肌松药。

一、去极化型肌松药

琥珀胆碱

琥珀胆碱(succinylcholine,scoline,司可林)进入体内后迅速被血浆假性胆碱酯酶水解,约 2%以原型从肾排泄,其余以代谢物形式从尿中排出。

【药理作用与临床用途】琥珀胆碱可与神经肌肉接头突触后膜的 N_2 受体结合,产生与 Ach 相似而更为持久的去极化作用,使终板 N_2 受体不再对 Ach 产生反应,从而阻断神经冲动的传递,使骨骼肌松弛。肌松前有短暂的肌束颤动。肌松部位以颈部、四肢最明显,舌、咽喉和咀嚼肌次之。起效快,维持时间短,静注 1min 后见效，维持 5min，静滴可延长作用时间。与胆碱酯酶抑制药有协同作用。静脉注射用于气管内插管、气管镜、食管镜和胃镜检查；静脉滴注也可用于较长时间的手术。

【不良反应及注意事项】

1.过量可引起呼吸肌麻痹，重者可致窒息。用时需备有人工呼吸机，禁用新斯的明解救。

2.术后肩胛部及胸腹部肌肉疼痛，此为肌松前肌束颤动所致，3~5 天可自愈。

3.血钾升高。此乃肌肉持久去极化而释放钾离子引起。

4.禁忌证：青光眼、高血钾、遗传性血浆假性胆碱酯酶缺乏者。

【药物相互作用】

1.氨基苷类抗生素也能阻断骨骼肌神经肌肉接头，不宜与本药合用。

2.新斯的明、酯类局麻药、环磷酰胺等抗肿瘤药可抑制血浆假性胆碱酯酶，使琥珀胆碱作用加强，作用时间延长。

3.不宜与硫喷妥钠混合使用，因琥珀胆碱在碱性溶液中可分解。

二、非去极化型肌松药

筒箭毒碱

筒箭毒碱（tubocurarine）是从南美洲生产的植物浸膏箭毒中提取的生物碱，口服难吸收，静注 3~6min 生效，维持 20~40min。其作用为竞争性阻断神经肌肉接头突触后膜的 N_2 受体，使骨骼肌松弛，肌松前无肌束颤动。抗碱酯酶药新斯的明可对抗其肌松作用，吸入性全麻药能增强其肌松作用。临床主要用于外科麻醉辅助用药。

本药剂量过大，因累及膈肌引起呼吸肌麻痹而致呼吸停止，可用新斯的明解救，必要时进行人工呼吸。还能促进体内组胺释放和阻断植物神经节，导致血压下降和支气管痉挛。支气管哮喘、重症肌无力患者禁用。临床现已较少使用。

工作项目三　抗胆碱药的用药护理程序

一、用药前评估

1.明确用药目的　M 受体阻断药（如阿托品等）作用广泛，选择性低，应严格掌握适应证。肌松药可用于检查部位及手术部位的肌肉松弛。

2.掌握基本资料

（1）用药前应了解患者的心血管系统功能、眼内压、肌张力、血钾及肝肾功能等状况。

（2）了解患者是否用过氨基糖苷类和多肽类抗生素、抗胆碱酯酶药、塞替哌等。询问患者的药物过敏史及是否患有青光眼、血钾升高（如大面积烧伤、广泛软组织损伤等）、肌无力、支气管哮喘、低血压、颅内压增高、尿潴留、肠梗阻、遗传性胆碱酯酶缺陷及肝肾功能不全等疾病。

二、用药期间护理

1.M 受体阻断药在用药护理过程中应注意

（1）用药前向患者说明本类药可能引起的不良反应，如口干、视近物模糊等；用药后应多饮水以免口腔、皮肤干燥；食富含纤维素的食物以保持正常排便。告知验光配镜者使用阿托品后，其扩瞳作用可持续 1~2 周，应嘱患者应避免强光，或戴墨镜保护眼睛。

（2）用药前应询问患者有无本类药物的禁忌证，有禁忌证者应慎用本类药物。对心率超过 100 次/min，体温高于 38℃及眼内压高或排尿不畅的患者，因病情需要必须使用本类药时，应及时向医生反馈情况，防止发生意外。

（3）本类药有一定程度加速心率作用，故静脉给药时应控制滴速。用药前应嘱患者先排尿、排便，以减少尿潴留及便秘发生。用药过程中密切注意患者心率、体温变化及有无药物过量的症状，尤其夏季更要注意体温是否升高；对大剂量使用阿托品者，应备好中毒的抢救药，以便发生中毒时及时抢救患者。

（4）中毒解救：以对症治疗为主，选用毛果芸香碱对抗外周的中毒症状，1% 毛果芸香碱注射液 0.25~0.5ml/min，每隔 15~30min 注射 1 次，直至中毒症状消失。也可缓慢静脉注射新斯的明等易逆性 AchE 抑制药。但如果是抢救有机磷中毒，用阿托品过量中毒时，则不宜用新斯的明等 AchE 抑制药。中枢兴奋症状可用地西泮对抗。呼吸衰竭时可采用人工呼吸、吸氧等。

2.骨骼肌松弛药在用药护理过程中应注意

（1）用药前了解患者的眼内压、肌张力、血压、血钾及肝肾功能状况；有无心血管疾病及支气管哮喘病史；患者是否用过或正在使用氨基糖苷类及多肽类抗生素、抗 AchE 药。

（2）肌松药安全范围小，用时应密切观察患者的血压、呼吸、心电图等，一旦出现异常，及时报告医生。琥珀胆碱静滴时，若发现患者有腹胀及心电图改变，应建议医生急查血钾，以防血钾过高致心律失常。手术中用肌松药应观察患者唾液分泌情况，以防吸入性肺炎；有遗传性 AchE 缺乏症和有机磷农药中毒的患者，使用琥珀胆碱时易发生过度肌肉松弛，需严密观察，及早发现和处理。本类药个体差异大，过量可因呼吸肌麻痹而致呼吸衰竭。故必须备好呼吸机；使用筒箭毒碱时还应备好新斯的明。

（3）琥珀胆碱在碱性溶液中易分解，不宜与硫喷妥钠混合注射。需冷藏保存。

三、用药后护理评价

用药后是否达到用药目的。有无不良反应发生。

制剂和用法

硫酸阿托品　片剂：0.3mg。一次 0.3~0.6mg，一天 3 次。注射剂：0.5mg/1ml、1mg/1ml、5mg/1ml。一次 0.5~1mg，皮下、肌内注射或静注。治疗感染性休克、有机磷酸酯类中毒及锑剂所致的阿斯综合征时，剂量不受此限。

氢溴酸东莨菪碱　片剂：0.3mg。一次 0.3~0.6mg，一天 3 次。注射剂：0.3mg/1ml、0.5mg/1ml。一次 0.3~0.5mg，肌内注射或皮下注射。

氢溴酸山莨菪碱　片剂：5mg、10mg。一次 5~10mg，一天 3 次。注射剂：10mg/1ml、20mg/1ml。一次 5~10mg，肌内注射或静注。

氢溴酸后马托品　滴眼剂：1%~2%。滴眼。

尤卡托品　滴眼剂：2%~5%。滴眼用。

托吡卡胺　滴眼液：0.5%~1%。滴眼。扩瞳用 0.5%，验光用 1%。

溴丙胺太林　片剂：15mg。一次 15mg，一天 3 次。

贝那替秦　片剂：1mg。一次 1mg，一天 3 次。

氯化琥珀胆碱　注射剂：50mg/1ml。1~2mg/kg，静注。

氯化筒箭毒碱　注射剂：1mg/1ml。首次 6~9mg，静注，重复时用量减半。

工作任务四　拟肾上腺素药

学习目标

1. 掌握肾上腺素的作用、用途、不良反应及用药注意事项。
2. 比较其他药物的作用特点、应用及主要不良反应。
3. 能指导患者正确用药。

案例分析

某男，58 岁，因头晕、肢体麻木、乏力到本院门诊就诊，诊断为缺血性脑血管病。门诊遵医嘱给予舒血宁注射液 2ml 5 支，加入 5%葡萄糖注射液 250ml 静脉输注，速度 50 gtt/min，3 min 后（约输入 10ml）患者突然出现上肢痒，立即停止静脉输注舒血宁注射液，随后患者出现全身皮肤明显瘙痒，胸闷、气促、呼吸困难，口唇、脸色发绀，大汗淋漓，四肢末端湿冷，继之两眼发呆，呼之不应，意识不清，脉搏摸不到，血压测不到，心音低钝。诊断：过敏性休克。立即给予患者平卧，输氧，遵医嘱给予肾上腺素 1mg 皮下注射，地塞米松 10mg 静脉注射，10%葡萄糖酸钙 10ml 加入 5%葡萄糖注射液 250ml 静脉输注，约 5min 后患者意识稍好转，呼之能睁眼，10min 后血压为 70/40 mmHg，又按医嘱给予肾上腺素 0.5 mg 皮下注射，15min 后患者意识清醒，口唇、脸色逐渐转红润，四肢末端转暖，血压升至 110/65 mmHg，脉搏 90/min，转送急诊室继续输液观察治疗，行多参数心电监护，给予心理指导，消除其紧张情绪，患者未再出现其他不良反应。经观察患者病情稳定，生命体征正常（血压 120/68 mmHg，脉搏 84/min，呼吸 20/min），由家属接回家。

问题：
肾上腺素为何能抢救过敏性休克？应用肾上腺素时应注意哪些事项？

拟肾上腺素药是一类化学结构及药理作用与肾上腺素或去甲肾上腺素相似的药物，能直接或间接激动肾上腺素受体而呈现拟肾上腺素作用，又称肾上腺素受体激动药。

拟肾上腺素药的基本结构是 β-苯乙胺，将苯环、α 位或 β 位碳原子的氢及末端氨基以不同基团取代，可人工合成人体多种拟肾上腺素药。这些基团不仅影响药物的作用强弱，也影响药物的体内过程（表 2-1-6）。

苯环 3、4 位都有羟基者，称儿茶酚胺类，其拟肾上腺素作用强，在体内可被 COMT、MAO 破坏，故作用维持时间短，如肾上腺素、去甲肾上腺素、异丙肾上腺素、多巴胺和多巴酚丁胺属于此类。若去掉一个羟基，则其拟肾上腺素作用减弱，但作用时间延长，生物利用度也增加；若两个羟基都去掉，中枢作用将加强，如麻黄碱。

根据药物对受体的选择性不同，可将本类药分为 α、β 受体激动药、α 受体激动药及 β 受体激动药。

表 2-1-6 拟肾上腺素药的化学结构及其受体选择性

名称	苯环取代	β	α	NH	受体选择性
去甲肾上腺素	3-OH, 4-OH	OH	H	H	α_1, α_2
间羟胺	3-OH	OH	CH_3	H	α_1, α_2
去氧肾上腺素	3-OH	OH	H	CH_3	α_1
甲氧明	2-OCH_3, 5-OCH_3	OH	CH_3	H	α_1
肾上腺素	3-OH, 4-OH	OH	H	CH_3	α, β
多巴胺	3-OH, 4-OH	H	H	H	α, β
麻黄碱		OH	CH_3	CH_3	α, β
异丙肾上腺素	3-OH, 4-OH	OH	H	$CH(CH_3)_2$	β_1
多巴酚丁胺	3-OH, 4-OH	H	H	$H\ (CH_2)_2\ CH(CH_3)$—苯环—OH	β_1
沙丁胺醇	3-CH_2OH, 4-OH	OH	H	$C(CH_3)_3$	β_2

工作项目一 主要兴奋 α、β 受体药

肾上腺素

肾上腺素（adrenaline，epinephrine，AD）是肾上腺髓质分泌的主要激素。药用肾上腺素为从家畜肾上腺中提取或人工合成。常用其盐酸盐，注射液为无色澄明液体，与日光或空气接触易变质，应避光保存。

【体内过程】口服后有碱性肠液、肠黏膜及肝内破坏失效，吸收极少。皮下注射因收缩血管吸收缓慢，作用维持时间 1h 左右；肌内注射吸收较快，作用维持 10~30min。

【药理作用】肾上腺素直接激动 α 和 β 受体，产生较强的 α 型和 β 型作用（表 2-1-7）。

表 2-1-7 拟肾上腺素药的作用比较

分类	药物	对不同肾上腺素受体作用的比较			作用方式	
		α 受体	β_1 受体	β_2 受体	直接作用于受体	释放递质
受体激动药	去甲肾上腺素	+++	++	±	+	
	间羟胺	++	+	+	+	+
	去氧肾上腺素	++	±	±	+	±
	甲氧明	++	−	−	+	−
受体激动药	肾上腺素	++++	+++	+++	+	
	多巴胺	+	++	±	+	+
	麻黄碱	++	++	++	+	+
受体激动药	异丙肾上腺素	−	+++	+++	+	
	多巴酚丁胺	+	++	+	+	±

1.心脏 激动心肌、窦房结、传导系统的 β_1 受体，使心肌收缩力加强，心率加快，传导加快，心输出量增加，心肌耗氧量增加。剂量过大或静脉给药太快可引起心律失常，导致期前收缩，甚至心室纤颤。

2.血管 肾上腺素主要作用于小动脉或毛细血管前括约肌，因这些部位的肾上腺素受体密度高；而大动脉和静脉的肾上腺素受体密度低，故作用较弱。此外，肾上腺素对血管的作用取决于各部位血管平滑肌上 α 和 β 受体的种类和分布密度。肾上腺素能激动血管平滑肌的 α 受体和 β_2 受体，故以 α 受体占优势的皮肤黏膜和内脏血管收缩，而以 β_2 受体占优势的骨骼肌和冠状血管扩张。

3.血压 皮下注射治疗量（0.5~1mg）或低低浓度静脉滴注（10μg），因兴奋心脏，心输出量增加，故收缩压升高（图2-1-8）；由于骨骼肌血管的扩张作用抵消或超过了皮肤黏膜及肾血管等的收缩作用，故舒张压不变或稍降，脉压增大。较大剂量静脉注射时，则收缩压和舒张压均升高。若先给予 α 受体阻断剂（如酚妥拉明等），再用肾上腺素，因其 α 型效应引起的升压作用被取消，只呈现其 β_2 效应的扩血管作用。此时，血压不仅不升高，反而下降，此现象称为肾上腺素升压作用的翻转（图2-1-9）。故 α 受体阻断剂引起的低血压不应用肾上腺素治疗，以免使血压更加降低。

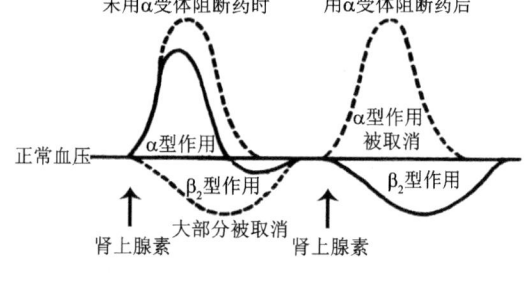

图 2-1-9 肾上腺素升压作用的翻转

4.支气管 肾上腺素激动支气管平滑肌的 β_2 受体，受体和 β_2 受体，促进肝糖原分解，并抑制外周组织对葡萄糖的摄取，故使血糖升高。激活甘油三酯酶，加速脂肪分解，使血中游离脂肪酸升高。

【临床用途】

1.心脏骤停 用于溺水、麻醉及手术意外、药物中毒、传染病、心脏传导阻滞等引起的心跳骤停。可用本药 0.5~1mg 稀释后静滴或心室内注射，需同时进行人工呼吸、心脏按压和纠正酸中毒等。也可用"心脏复苏新三联针"（肾上腺素、阿托品各 1mg，利多卡因 100mg）静滴或心室内注射，其中阿托品能解除迷走神经对心脏的抑制，利多卡因可除室颤，与肾上腺素合用可提高疗效。

2.过敏性休克 过敏性休克患者小血管扩张和毛细血管通透性升高，引起血压下降；支气管平滑肌痉挛，引起呼吸困难。肾上腺素可激动 α 受体，收缩血管，降低血管通透性；激动 β 受体兴奋心脏、松弛支气管平滑肌、抑制过敏物质的释放，故可升高血压、缓解呼吸困难等症状（图2-1-10）。肾上腺素作用快而强，给药方便，静注、肌内注射、皮下注射均可，故为治疗过敏性休克的首选药。

3.支气管哮喘 该病发作与肥大细胞释放过敏

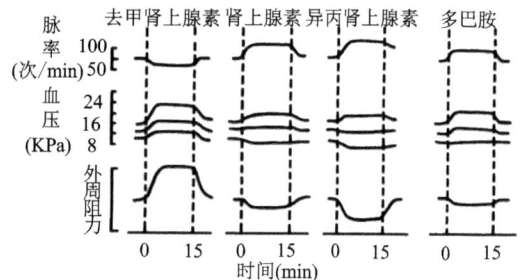

图 2-1-8 主要拟肾上腺素药的作用比较

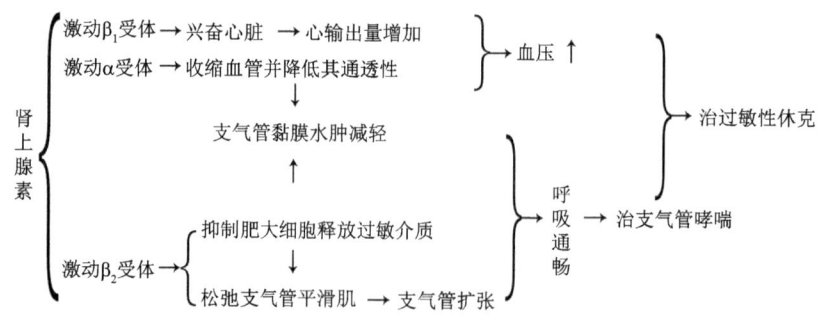

图 2-1-10 肾上腺素的抗休克及平喘作用及用途

介质有关，过敏介质使支气管平滑肌收缩、黏膜充血水肿而致哮喘。肾上腺素通过激动 β_2 受体、抑制肥大细胞释放过敏介质而扩张支气管；激动 α 受体，收缩支气管黏膜血管，减轻支气管黏膜充血水肿（图2-1-10）。因作用快而强，持续时间短，主要用于控制哮喘急性发作。

4.局部止血 鼻黏膜或齿龈出血时，可用浸有 0.1%盐酸肾上腺素的纱布或棉球压迫出血处。

5.与局麻药合用　将微量肾上腺素（浓度1∶250 000，一次不超过0.3mg）加入局麻药注射液中，因其收缩局部血管，延缓局麻药吸收，既可延长局部麻醉时间，又可防止局麻药吸收中毒。

【不良反应及注意事项】主要表现为心悸、烦躁不安、头痛和血压升高等；过量或静注过快，可致血压骤升，有发生脑出血的危险，故老年人慎用；也可引起心律失常，甚至心室纤颤，应严格控制剂量。高血压、器质性心脏病、糖尿病、甲状腺功能亢进症等患者禁用。

麻黄碱

麻黄碱（ephedrine）是从中药麻黄中提取的生物碱，可人工合成。

【体内过程】口服易吸收，易透过血脑屏障。小部分在体内脱氨氧化，大部分以原形经肾排出。$t_{1/2}$为3~4h，作用较肾上腺素维持。

【药理作用】既可直接激动α、β受体，也能促进去甲肾上腺素能神经末梢释放递质。与肾上腺素相比，其作用特点为：①性质稳定，可口服；②拟肾上腺素作用弱而持久；③中枢兴奋作用较强，易致失眠；④易产生快速耐受性。

【临床用途】

1.防治某些低血压状态　如防治硬膜外或蛛网膜下隙麻醉引起的低血压。

2.鼻黏膜充血引起的鼻塞　常用0.5%~1%溶液滴鼻可减轻或消除鼻黏膜肿胀。

3.支气管哮喘　仅用于预防哮喘发作和治疗轻症哮喘。

【不良反应】可出现中枢兴奋，引起不安、失眠等，故晚间服药宜加服镇静催眠药以防止失眠。禁忌证同肾上腺素。

多巴胺

多巴胺（dopamine，DA）是体内去甲肾上腺素生物合成的前体，药用的为人工合成品。

【体内过程】口服易在肠及肝中破坏失效。一般静脉滴注给药，在体内迅速被COMT或MAO代谢失活，作用时间短暂。不易透过血脑屏障，故外源性DA无明显中枢作用。

【药理作用】能激动α受体、$β_1$受体和多巴胺受体，也可促进神经末梢释放NA。

1.心脏　DA激动$β_1$受体，使心肌收缩力加强、心输出量增加。一般剂量对心率影响不明显，大剂量也加快心率，很少引起心律失常。

2.血管　小剂量DA可激动血管平滑肌多巴胺受体（D_1受体），舒张内脏血管尤其是肾血管、肠系膜血管及冠状动脉；激动α受体，收缩皮肤、黏膜和骨骼肌血管收缩。大剂量时因激动α受体（$α_1$受体），使血管收缩，总外周阻力增加，血压升高，此效应可被$α_1$受体阻断药所拮抗。

3.血压　小剂量DA使收缩压升高，舒张压不变或略升。大剂量则使收缩压和舒张压均升高。

4.肾　小剂量DA激动肾血管D_1受体，使肾血管扩张，增加肾血流量和肾小球滤过率；还具有排钠利尿作用，可能是其直接激动肾小管D_1受体的结果。大剂量时，因激动肾血管α受体，使肾血管明显收缩。

【临床用途】

1.各种休克　用于治疗感染中毒性休克、心源性休克及出血性休克等，尤其对伴有心肌收缩力减弱及尿量减少的休克患者疗效较好。应用时应注意补充血容量，并纠正酸中毒。

2.急性肾衰竭　常与利尿药合用。

3.急性心功能不全　具有改善血流动力学的作用。

【不良反应】较轻，偶见恶心、呕吐。剂量过大或静滴太快可引起心动过速、心律失常和肾血管收缩引起的肾功能下降等，一旦发生，应减慢滴注速度或停药。

工作项目二　主要兴奋α受体药

去甲肾上腺素

去甲肾上腺素（noradrenaline，NA；norepinephrine，NE）是去甲肾上腺素能神经末梢释放的主要递质，也可由肾上腺髓质少量分泌。药用的为人工合成品。化学性质不稳定，遇光易失效，应避光保存。在碱性溶液中迅速氧化变为粉红乃至棕色而失效，故忌与碱性药物混合使用。在酸性溶液中稳定，常用其重酒石酸盐。

【体内过程】口服使胃黏膜血管收缩而影响其吸收，在肠内易被碱性肠液破坏，故口服无吸收作用。皮下注射或肌内注射时，因局部血管强烈收缩，吸收极少，且易导致组织缺血坏死。常采用静脉滴注给药。在体内迅速被去甲肾上腺素能神经末梢摄取或被COMT和MAO破坏，故作用短暂，仅能维持1~2min。

【药理作用】激动α受体作用强大，对心脏$β_1$受体作用较弱，对$β_2$受体几无作用。

1.血管　激动血管α受体，使全身小动脉、小静脉均收缩。以皮肤、黏膜血管收缩最明显，其次为对肾血管的收缩作用。此外，肝、脑、肠系膜及骨骼肌血管也都呈收缩反应。此时，总外周阻力明显升高。因心脏兴奋，心肌代谢产物（如腺苷）增加，使冠状血管舒张，由于血压升高，提高了冠状血管的灌注压，故冠脉流量增加。

2.心脏　激动心脏$β_1$受体，使心肌收缩力加强，心率加快，传导加速，心输出量增加，但较肾上腺素弱。在整体情况下，由于血压升高，心率可反射性使减慢。剂量过大，心脏自动节律性增强，也可引起心律失常，但较肾上腺素少见。

3. 血压　小剂量静脉滴注时因心脏兴奋，血管收缩作用不甚明显，故收缩压升高，而舒张压升高不明显（图2-1-8）。较大剂量时，因血管强烈收缩，外周阻力增加，故收缩压、舒张压均升高。

【临床用途】

1. 休克　治疗休克应以改善微循环和补充血容量为主，故去甲肾上腺素类血管收缩药在休克的治疗中已不占主要地位。仅用于多种休克（如神经源性休克、过敏性休克、感染性休克）早期引起的低血压时，用小剂量去甲肾上腺素静脉滴注，使收缩压维持在12kPa（90mmHg）左右，以保证心、脑等重要器官的血液供应。忌大剂量或长时间应用，否则会因血管强烈收缩万里加重微循环障碍。

2. 药物中毒引起的低血压　用去甲肾上腺素静脉滴注，可用于中枢抑制药过量引起的低血压。尤其是氯丙嗪中毒所致的低血压，应选用去甲肾上腺素，而不宜用肾上腺素升压。

3. 上消化道出血　用1~3mg稀释后口服，可收缩食管或胃黏膜局部血管而产生止血效应。

【不良反应】

1. 局部组织缺血坏死　静滴时间过长、浓度过高或药液漏出血管，可使局部血管强烈收缩，导致局部组织缺血坏死。故若发现注射部位皮肤苍白或药液外漏时，应立即更换注射部位，进行局部热敷，并用普鲁卡因或α受体阻断剂酚妥拉明作局部浸润注射，以扩张血管。

2. 急性肾衰竭　静脉滴注时间过长或剂量过大，可使肾血管强烈收缩，产生少尿、无尿甚至肾实质损害。故用药期间应监测尿量，使尿量至少保持在每小时25ml以上。

禁用于高血压、动脉硬化症、器质性心脏病及少尿、无尿患者。

间羟胺

间羟胺（metaraminol，aramine，阿拉明）性质较稳定，在体内不易被MAO破坏，故作用维持时间较长。其作用与去甲肾上腺素相似，主要激动α受体，对β₁受体作用弱；并能促进去甲肾上腺素能神经末梢释放递质去甲肾上腺素，从而间接地发挥作用。短期连续用药，可因囊泡内递质减少，使作用逐渐减弱而产生快速耐受性。

与去甲肾上腺素比较，其作用特点为：收缩血管、升高血压作用较弱而持久；对心率影响不明显，有时可因血压升高而反射性地使心率减慢；不易引起心律失常和少尿；给药方便，可静滴，也可肌内注射。故临床常将其作为去甲肾上腺素的代用品，用于各种休克早期或其他低血压。

去氧肾上腺素

去氧肾上腺素（phenylephrine，苯肾上腺素；neosynephrine，新福林）为人工合成品，其作用机制与间羟胺相似，可直接和间接地激动α₁受体，使血管收缩，血压升高，反射性兴奋迷走神经，使心率减慢。作用维持时间较长，可静滴，也可肌内注射。可用于治疗阵发性室上性心动过速。由于收缩肾血管、减少肾血流量的作用比去甲肾上腺素更明显，故抗休克已少用。还能激动瞳孔开大肌α₁受体，使瞳孔扩大，可用于眼底检查，常用其1%~2.5%溶液滴眼。与阿托品相比，本品扩瞳作用较弱，持续时间较短，一般不升高眼压，也不引起调节麻痹。

甲氧明

甲氧明（methoxamine）作用与去氧肾上腺素相同，大剂量有阻断β受体的作用。可用于治疗阵发性室上性心动过速，也可用于抗休克及防治全身麻醉或脊柱麻醉所致的低血压。

工作项目三　β受体兴奋药

异丙肾上腺素

异丙肾上腺素（isoprenaline）为人工合成品，其化学结构是NA氨基上的氢原子被异丙基所取代。

【体内过程】口服易在肠黏膜与硫酸基结合而失效，舌下含药因能扩张局部血管，少量可通过舌下静脉迅速吸收，气雾剂吸入给药吸收较快。吸收后主要在肝及其他组织中被COMT代谢灭活，其作用维持时间较肾上腺素略长。

【药理作用】激动β受体作用强，对β₁和β₂受体选择性低。对α受体几无作用。

1. 心脏　激动心脏β₁受体，使心肌收缩力加强、心率加快、传导加快。与肾上腺素相比，其加快心率、加快传导的作用较强，对窦房结有显著兴奋作用，也能引起心律失常，但较少导致心室颤动。

2. 血管　主要激动骨骼肌血管和冠状血管β₂受体，使血管扩张，对肾血管和肠系膜血管作用较弱。

3. 血压　由于心脏兴奋，心输出量增加，故收缩压明显升高；又因血管扩张，外周阻力下降，故舒张压下降，脉压增大，平均动脉压下降（图2-1-8）。

4. 支气管平滑肌　激动β₂受体，松弛支气管平滑肌，此作用比肾上腺素稍强；也可抑制组胺等过敏物质的释放。因无收缩支气管黏膜血管的作用，故消除支气管黏膜水肿作用差。

5.其他 能促进糖原和脂肪分解，增加组织耗氧量。其升高血糖作用较肾上腺素弱。不易透过血脑屏障，中枢兴奋作用弱。

【临床用途】

1.支气管哮喘 用于控制支气管哮喘急性发作，舌下或喷雾给药，作用快而强。

2.房室传导阻滞 治疗Ⅱ、Ⅲ度房室传导阻滞，舌下给药或静脉滴注。

3.心脏骤停 心室内注射，适用于房室传导阻滞及窦房结功能衰竭等引起的心跳骤停，常与去甲肾上腺素或间羟胺合用。

4.抗休克 适用于低心输出量、高外周阻力型的感染性休克，但应注意补充血容量。

【不良反应】常见心悸、头晕。剂量过大可致心律失常，甚至产生心室颤动。

禁用于冠心病、心肌炎及甲状腺功能亢进症等。

多巴酚丁胺

多巴酚丁胺（dobutamine）化学结构及体内过程与多巴胺相似，口服无效，仅供静脉注射用。能选择性激动 $β_1$ 受体，使心肌收缩力加强，心输出量增加，但心率影响不大，增加心肌耗氧不明显，也较少引起心律失常。临床主要用于治疗心肌梗死并发的心力衰竭，也用于治疗心排血量低的休克，其疗效优于异丙肾上腺素。

工作项目四 拟肾上腺素药的用药护理程序

一、用药前评估

1.明确用药目的 拟肾上腺素药主要用于兴奋心脏、治疗休克，不同药物可纠正不同类型的休克。有些药物还可用于防治支气管哮喘等。

2.掌握基本资料

（1）用药前应了解患者的心血管系统功能状况，包括血压、脉搏、呼吸等是否平稳；并检测患者的体重及液体的出入量，微循环状况等基础值。

（2）了解患者是否用过本类药物、三环类抗抑郁药、α 受体阻断药等。询问患者是否患有高血压、动脉硬化、器质性心脏病、心律失常、外周血管疾病、甲状腺功能亢进、嗜铬细胞瘤、糖尿病等疾病。

二、用药期间护理

1.对已有明显缺氧的哮喘患者，应嘱其在自用 ISP 气雾剂或舌下含片时勿超量使用，以免诱发心律失常。ISP 片应嚼碎含化，否则不易达到速效；完全含化或气雾吸入后应立即漱口，以免刺激口腔和咽喉。应嘱患者麻黄碱勿在睡前用。使用麻黄碱滴鼻剂时，应先擤净鼻涕，头稍后仰，滴入药后，勿使药物流入咽喉部而下咽，否则易致不良反应。滴鼻剂最多连用 3 日，若反复多次使用易致耐受性，加重鼻黏膜肿胀。

2.本类药均应严格控制滴速。使用 NA、AD、DA 等药后，患者身边应有专人陪护，通过随时监测患者的血压、心跳频率及节律、呼吸、尿量、微循环等情况来观察患者病情是否得到改善，有无不良反应发生。

3.静滴 NA、DA 等药时，采用先穿刺、再从瓶口加入上述药物的方法较安全。药物静滴结束时，应加液体稀释，逐渐停药。同一部位静滴时间过长，易致局部皮肤缺血而苍白，应及时更换滴注部位。静滴结束后，若局部有水肿、苍白等情况，应及时处理。NA 静滴过程中，若尿量每小时少于 25ml，应向医师报告。

4.与全麻药、三环类抗抑郁药合用易致高血压、心动过速、心律失常。与苯妥英钠合用可产生低血压及心动过缓。

5.本类药均应避光，保存于阴凉处。忌与碱性药物合用，以免分解失效，最好单独使用，多巴酚丁胺静滴稀释液应在 24h 内用完，变色后不能再用。

三、用药后护理评价

用药后观察心功能是否恢复，休克症状是否纠正，哮喘状态是否改善。有无不良反应发生。

制剂和用法

盐酸肾上腺素 注射剂：1mg/1ml。一次 0.25~1mg，皮下注射或肌内注射，也可用生理盐水稀释后静注，必要时可作心室内注射。

盐酸麻黄碱 片剂：25mg。一次 25mg，一天 3 次。注射剂：30mg/1ml。一次 15~30mg，皮下注射或肌内注射。

盐酸多巴胺 注射剂：20mg/2ml。一次 20mg，稀释后缓慢静滴。

重酒石酸去甲肾上腺素 注射剂：2mg/1ml，10mg/2ml。1~2mg 稀释后静滴。

重酒石酸间羟胺 注射剂：10mg/1ml，50mg/5ml。一次 10~20mg，肌内注射；20~40mg 稀释后静滴。

盐酸去氧肾上腺素 注射剂：10mg/1ml。一次 5~10mg，肌内注射；10~20mg 稀释后静滴。滴眼液：2.5%，滴眼。

盐酸甲氧明 注射剂：10mg/1ml；20mg/1ml。一次 10~20mg，肌内注射；10~20mg 稀释后静滴。

羟甲唑啉　滴鼻剂：0.025%~0.05%。6 岁以上儿童用 0.05%，2~5 岁用 0.025%滴鼻，一次 2~3 滴，一天 2 次。

　　盐酸异丙肾上腺素　片剂：10mg。一次 10mg，一天 3 次，舌下含化。气雾剂：0.25%。一次 0.1~0.4mg，喷雾吸入。

　　硫酸异丙肾上腺素　注射剂：1mg/2ml。一次 0.5~1mg，稀释后静滴。

工作任务五　抗肾上腺素药

学习目标

1. 掌握酚妥拉明和普萘洛尔的作用、用途、不良反应及用药注意事项。
2. 比较其他药物的作用特点、应用及主要不良反应。
3. 能指导患者正确用药。

　　抗肾上腺素药又称肾上腺素受体阻断药，是一类能阻断肾上腺素受体从而拮抗去甲肾上腺素能神经递质或拟肾上腺素药作用的药物。本类药物按其对 α 和 β 肾上腺素受体的选择性不同，可分为 α 肾上腺素受体阻断药（简称 α 受体阻断药）、β 肾上腺素受体阻断药（简称 β 受体阻断药）和 α、β 肾上腺素受体阻断药（简称 α、β 受体阻断药）三类。

工作项目一　α 受体阻断药

　　α 受体阻断药能选择性地与 α 肾上腺素受体结合，其本身不激动或较少激动该受体，却能阻碍去甲肾上腺素能神经递质或拟肾上腺素药与受体结合，因而产生抗肾上腺素作用。他们能将 α、β 受体激动药肾上腺素的升压作用翻转为降压作用，此现象称"肾上腺素作用的翻转"；而对于主要激动 α 受体的去甲肾上腺素，他们只取消或减弱其升压效应而无"翻转作用"；对主要激动 β 受体的异丙肾上腺素的降压作用则无影响（图 2-1-11）。

　　根据 α 受体阻断剂对 α 受体的选择性不同，可将其分为：①非选择性 α 受体阻断药（即 $α_1$、$α_2$ 受体阻断

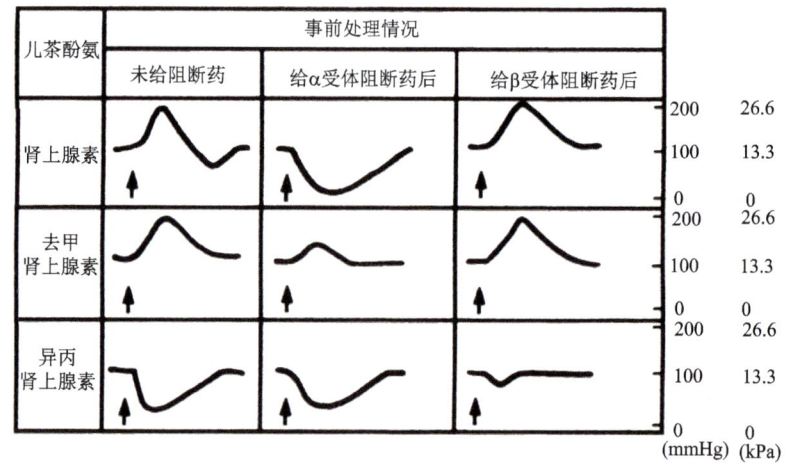

图 2-1-11　给 α 受体阻断药前后，儿茶酚胺对犬血压的作用

剂），如酚妥拉明；②选择性 $α_1$ 受体阻断药，如哌唑嗪；③选择性 $α_2$ 受体阻断药，如育亨宾（yohimbine），主要用作科研的工具药。本节主要介绍 $α_1$、$α_2$ 受体阻断药。

酚妥拉明

　　【体内过程】酚妥拉明（phentolamine, rigitine, 苄胺唑啉、立其丁）生物利用度低，口服吸收差，口服效果仅为注射给药的 20%。口服后 30min 血药浓度达高峰，作用持续 3~6h；肌内注射作用维持 30~45min。大部分以无活性的代谢物经肾排泄。

　　【药理作用】竞争性阻断 α 受体，拮抗肾上腺素的 α 型作用，对 $α_1$ 和 $α_2$ 受体选择性低。

　　1.血管　阻断血管平滑肌 $α_1$ 受体和直接松弛血管平滑肌，使血管扩张，肺动脉压和外周血管阻力下降，血压下降。

　　2.心脏　因血压下降反射性地兴奋交感神经，又因阻断去甲肾上腺素能神经末梢突触前膜 $α_2$ 受体，取消负反馈，促进递质去甲肾上腺素的释放，激动心脏 $β_1$ 受体，结果使心脏兴奋，心肌收缩力增强，心率加快，心排血量增加。

　　3.其他　有拟胆碱作用，使胃肠平滑肌兴奋；也有组胺样作用，使胃酸分泌增加。

　　【临床用途】

　　1.外周血管痉挛性疾病　如肢端动脉痉挛性疾

病、血栓闭塞性脉管炎等。

2.对抗静滴去甲肾上腺素外漏引起的血管收缩 取本品10mg溶于10~20ml生理盐水中,作皮下浸润注射。

3.休克 适用于感染性、心源性及神经性休克,能扩张血管,降低外周阻力及肺循环阻力,也能增加心搏出量,故能增加休克时的内脏血液灌注,改善微循环。但给药前应补足血容量。

4.充血性心力衰竭 心力衰竭时,因心肌收缩力减弱,心排血量减少,反射性兴奋交感神经,使血管收缩,外周阻力增加。酚妥拉明可扩张血管,降低外周阻力,降低心脏的前、后负荷,并能加强心肌收缩力,增加心搏出量,故能减轻心衰症状(图2-1-12)。

5.用于肾上腺嗜铬细胞瘤的诊断、本病骤发时的高血压危象及手术前的准备。

【不良反应】常见有低血压、腹痛、腹泻、呕吐及诱发消化性溃疡。静脉给药可引起较重的心动过速、心律失常和心绞痛。胃炎、消化性溃疡、冠心病患者慎用。

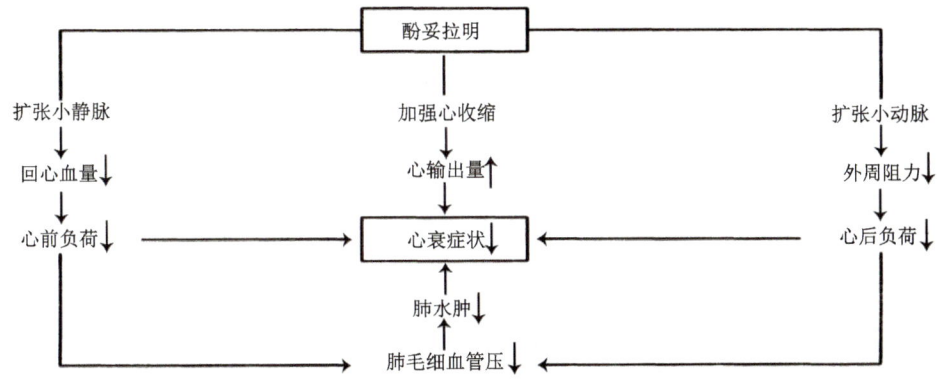

图2-1-12 酚妥拉明的抗充血性心力衰竭

妥拉唑啉

妥拉唑啉(tolazoline,苄唑啉)阻断α受体的作用较弱,但拟胆碱作用和组胺样作用较强。主要用于治疗血管痉挛性疾病。不良反应与酚妥拉明相似。

酚苄明

酚苄明(phenoxybenzamine,苯苄胺)阻断α受体的作用起效慢,但作用强大、持久。用于治疗外周血管痉挛性疾病、各种休克及嗜铬细胞瘤患者,也可用于良性前列腺增生引起的阻塞性排尿困难。

不良反应有体位性低血压、心动过速、心律失常及鼻塞,应缓慢静脉注射;口服可引起恶心、呕吐等胃肠反应。

工作项目二 β受体阻断药

β受体阻断药能与去甲肾上腺素能神经递质或拟肾上腺素药竞争β受体从而拮抗其β型效应。根据药物对β受体的选择性不同,可分为非选择性β受体阻断药(β_1、β_2受体阻断药)、选择性β_1受体阻断药及兼有α受体阻断作用的β受体阻断药(表2-1-8)。

表2-1-8 β受体阻断药的药理学特性

药物分类及药名	β受体阻断作用的效价	膜稳定作用	内在拟交感活性	$t_{1/2}$(h)	首关消除(%)	生物利用度(%)
β_1、β_2受体阻断药						
普萘洛尔	1	++	0	3~4	60~70	~25
纳多洛尔	2~4	0	0	10~20	0	~35
噻吗洛尔	6~100	0	0	2~5	20~30	~50
吲哚洛尔	5~10	+	++	2~5	10~13	~75
选择性β_1受体阻断药						
美托洛尔	1	0	0	3~4	50~60	~40
阿替洛尔	0.5~1	0	0	6~9	0~10	~50
醋丁洛尔	0.3	+	+	2~4	30	~40
α、β受体阻断药						
拉贝洛尔	0.25	±	±	4~6	60	~20

【体内过程】β受体阻断药口服后自小肠吸收，因受脂溶性高低和首过消除的影响，其生物利用度差异较大。如普萘洛尔、美托洛尔口服易吸收，但生物利用度低；吲哚洛尔、比索洛尔生物利用度较高。脂溶性高的药物主要在肝代谢，脂溶性低的药物主要经肾原形排泄。本类药物的 $t_{1/2}$ 多在 3~6h，纳多洛尔的 $t_{1/2}$ 可达 10~20h。由于药物主要由肝代谢，经肾排泄，故肝、肾功能减退时应慎用或调整剂量。

【药理作用】

1. β受体阻断作用

（1）心血管系统：对心脏的作用为本类药物的主要作用。可阻断心脏 $β_1$ 受体，使心率减慢，心肌收缩力减弱，传导速度减慢，心排血量减少，心肌耗氧量下降，血压也下降。非选择性β受体阻断药（如普萘洛尔）由于对血管 $β_2$ 受体也有阻断作用，加上其抑制心脏的作用，可反射性兴奋交感神经，使血管收缩，外周阻力增加，导致肝、肾、骨骼肌及冠状动脉血流量降低。此外，β受体阻断药通过阻断肾小球旁细胞的 $β_1$ 受体，减少肾素释放，因而抑制肾素-血管紧张素-醛固酮系统，也是其降血压作用的原因之一。

（2）支气管：阻断支气管平滑肌 $β_2$ 受体，使支气管平滑肌收缩而增加气道阻力。此作用较弱，对正常人无明显影响，但对支气管哮喘或慢性阻塞性肺部疾病患者则可诱发或加重哮喘的急性发作。选择性 $β_1$ 受体阻断药的此项作用较弱。

（3）代谢：可抑制交感神经兴奋引起的脂肪分解，普萘洛尔等部分β受体阻断药能抑制糖原分解。对甲状腺功能亢进患者，β受体阻断药不仅能对抗儿茶酚胺的敏感性增高，而且可阻止 T_4（甲状腺素）转变为 T_3（三碘甲状腺原氨酸），故能有效控制其症状。

2. 内在拟交感活性　部分β受体阻断药与β受体结合后，除能阻断受体外，尚对β受体有部分激动作用，又称内在拟交感活性。由于这种作用较弱，一般被其β受体阻断作用所掩盖。

3. 膜稳定作用　有些β受体阻断药能降低细胞膜对离子的通透性，产生膜稳定作用。但所需浓度要比临床有效血药浓度高数十倍，所以临床意义不大。

【临床用途】

1. 心律失常　对多种原因引起的过速型心律失常有效，如窦性心动过速、拟肾上腺素药及全身麻醉药引起的心律失常等。

2. 心绞痛和心肌梗死　对心绞痛疗效较好，能防止心绞痛发作，缓解心绞痛症状。长期应用可降低心肌梗死患者的复发率和猝死率。

3. 高血压　为常用抗高血压药，能使高血压患者的血压下降，心率减慢。可单独使用，也常与其他抗高血压药合用。

4. 充血性心力衰竭　本类药物应用于某些充血性心力衰竭的早期，因能对抗交感神经，使心率减慢；并可抑制肾素-血管紧张素-醛固酮系统，降低心脏的前、后负荷，使心肌耗氧量减少，故能缓解症状及改善预后。

5. 其他　作为甲状腺功能亢进及甲状腺危象的辅助用药，能控制激动不安、心动过速及心律失常等症状，并能降低基础代谢率。普萘洛尔还可用于治疗偏头痛、肌震颤、肝硬化引起的上消化道出血等。噻吗洛尔因可降低眼内压，常滴眼用于治疗青光眼。

【不良反应】

1. 一般不良反应　有恶心、呕吐、轻度腹泻等，偶见过敏性皮疹和血小板减少。

2. 心血管反应　可加重心功能不全、窦性心动过缓和房室传导阻滞患者的病情，甚至导致重度心功能不全、肺水肿、房室传导完全阻滞乃至心脏骤停等严重后果。阻断血管平滑肌 $β_1$ 受体，可使外周血管收缩甚至痉挛，引起四肢发冷、皮肤苍白或发绀、雷诺症等。

3. 诱发和加重支气管哮喘　因阻断支气管平滑肌的 $β_2$ 受体，使支气管痉挛，呼吸道阻力增加而致。选择性 $β_1$ 受体阻断药及具有内在拟交感活性的药物一般不引起此不良反应，但对哮喘患者仍应避免使用。

4. 反跳现象　长期使用β受体阻断药时如突然停药，可引起原来病症加重。故长期用药者应逐渐减量直至停药。

禁用于严重心功能不全、窦性心动过缓、重度房室传导阻滞及支气管哮喘患者；慎用于心肌梗死及肝功能不良患者。

工作项目三　抗肾上腺素药的用药护理程序

一、用药前评估

1. 明确用药目的　抗肾上腺素药主要用于治疗心血管系统疾病及休克等。

2. 掌握基本资料

（1）用药前应了解患者心血管系统功能状况，包括患者的血压、脉搏、心率和心律、心排出量，以及检测患者的血糖、体重及肝肾功能基础值。

（2）了解患者是否用过巴比妥类、胰岛素、利血平及降压灵等药物。询问患者是否患有心、肝、肾功能不全、窦性心动过缓、重度房室传导阻滞、支气管哮喘、肌无力、糖尿病、溃疡病等疾病。

二、用药期间护理

1. 告知患者服用本类药期间可能出现头晕、乏力和直立性低血压等，应避免高空作业或驾驶；酚苄明在餐中、餐后或与牛奶同服可减轻消化道反应；食物可延缓普萘洛尔的吸收，服用时应避开用餐时间，本药可引起多梦，不宜睡前服用。

2. 告诫患者应按医嘱用药，不能随意停药，否则可致"反跳现象"。

3. 用本类药后应详细观察患者有无不良反应发生。静脉给 α 受体阻断药时应让患者平卧，起床时逐渐变换体位，以防出现直立性低血压，静滴过程中根据血压随时调整滴速。α 受体阻断药过量中毒致血压过低时，其升压药不能用 AD，只能用 NA。用 β 受体阻断药期间，若发现患者安静时心率小于 50 次/min，须立即报告医生予以处理。若患者伴有糖尿病而又用 β 受体阻断药时，应注意其血糖变化，以免出现低血糖反应。静注 β 受体阻断药时速度应缓慢，也应备好阿托品、AD 及 β 受体激动药，以防患者对药物敏感而出现低血压、循环衰竭或支气管哮喘。

4. 巴比妥类、降压灵及利血平可增强 α 受体阻断药的降压作用，应避免合用；α 受体阻断药应避光、干燥阴凉处储存。

5. 用药应自小剂量开始，逐渐递增，并严密监测血压，有低血压、肾功能不全、心绞痛及心肌梗死病史者慎用。

6. 用 α 受体阻断药诊断嗜铬细胞瘤时，酚妥拉明 5mg/次，静推；小儿 0.1mg/（kg·次），注射后每隔 30s 测血压 1 次，连续测 10min，前 2~4min 内血压下降超过 4.7/3.3kPa（35/25mmHg）则为阳性。在测试期间，合并应用苯巴比妥、格鲁米特、甲喹酮、利血平等可致假阳性。

三、用药后护理评价

用药后心血管系统疾病症状是否得到缓解或改善。有无不良反应发生。

制剂和用法

甲磺酸酚妥拉明　注射剂：5mg/1ml、10mg/1ml。一次 5~10mg，肌内注射或静注，或用 15~30mg 稀释后静滴。

盐酸妥拉唑啉　片剂：25mg。一次 25mg，一日 3 次。注射剂：25mg/1ml，一次 25mg，肌内注射。

盐酸酚苄明　胶囊剂：10mg。一次 10~20mg，一日 2 次。注射剂：10mg/1ml。0.5~1mg/kg，稀释后静滴。

盐酸普萘洛尔　片剂：10mg。注射剂：5mg/5ml。

马来酸噻吗洛尔　滴眼剂：0.25%、0.5%，滴眼。片剂：5mg、10mg。一次 5~10mg，一日 3 次。

吲哚洛尔　片剂：5mg、10mg。一次 5~10mg，一日 3 次。注射剂：0.2mg/2ml、0.4mg/2ml。一次 0.2~1mg，肌内注射或静滴。

美托洛尔　片剂：50mg、100mg。一次 50~100mg，一日 2 次。注射剂：5mg/5ml。一次 5mg，静注。

阿替洛尔　片剂：25mg、50mg、100mg。一次 100mg，一日 1 次。

拉贝洛尔　片剂：100mg。一次 100mg，一日 2~3 次。注射剂：50mg/5ml。一次 100~200mg，静注。

工作任务六　传出神经系统药物实践教学

工作项目一　传出神经药对兔瞳孔的影响

【目的】观察传出神经系统药物对兔瞳孔的作用。

【器材】瞳孔尺或游标尺、滴管。

【药品】1%硫酸阿托品溶液、1%硝酸毛果芸香碱溶液、1%去氧肾上腺素溶液、0.5%毒扁豆碱溶液。

【动物】家兔。

【方法】

1. 取家兔 2 只，剪去睫毛，测量两眼瞳孔直径（mm）。

2. 甲兔左眼滴 0.2ml，右眼滴 1%毛果芸香碱 0.2ml；乙兔左眼滴 1%去氧肾上腺素 0.2ml，右眼滴 0.5%毒扁豆碱 0.2ml。

3. 10min 后，再在同样强度的光线下测量瞳孔，比较并记录实验结果。

【结果】记录到表 2-1-9 中。

表 2-1-9　出神经系统药物对兔瞳孔的作用实验结果

兔号	眼	正常瞳孔直径	药物	用药后瞳孔直径
甲	左		1%阿托品	
	右		1%毛果芸香碱	
乙	左		1%去氧肾上腺素	
	右		0.5%毒扁豆碱	

【分析】

【结论】

工作项目二　去甲肾上腺素对蟾蜍肠系膜血管的影响

【目的】观察去甲肾上腺素（NA）的缩血管作用，联系其临床应用，不良反应及用药护理。

【器材】脊髓针1根、蛙板1块、大头针6枚、手术剪1把、组织镊1把、注射器（1ml）1支、棉花。

【药品】1/10 000 NA。

【动物】蟾蜍（或青蛙）1只。

【方法】

1.取蟾蜍一只，用脊髓针破坏大脑和脊髓，仰卧固定于蛙板上。

2.沿腹壁一侧剪开皮肤，暴露腹腔器官，找出小肠系膜，用大头针固定于蛙板上。

3.观察肠系膜血管的粗细。

4.滴1/10 000 NA.0.2ml于肠系膜上，3min后观察血管有何变化。

【结果】记录到表2-1-10中。

表2-1-10　去甲肾上腺素的缩血管作用实验结果

项目	给药前	给药后
血管粗细		
血管颜色		

【思考题】去甲肾上腺素为什么能收缩血管？临床静脉滴注时要注意哪些问题？

工作项目三　传出神经药对血压的影响

【目的】观察传出神经药对兔血压的影响，分析其作用原理，联系其临床应用。学习麻醉动物急性血压实验方法。

【器材】兔解剖台1张、生物功能实验多媒体1套（或水银检压计及支架1套）、动脉导管1个、动脉夹2个、头皮针1根、兔气管插管1个、止血钳4把、手术剪1把、眼科镊2把、眼科剪1把、1号线、绷带、纱布块、酒精棉球、兔秤1台、注射器（20ml 1支、5ml 2支、1ml 5支）、针头（6号）6个、压力换轮器1个、静脉夹1个。

【药品】20%乌拉坦、1000U/ml肝素、0.01%盐酸肾上腺素、0.01%重酒石酸去甲肾上腺素、0.01%盐酸异丙肾上腺素、1%盐酸酚妥拉明、生理盐水。

【动物】家兔1只。

【方法】

1.取家兔1只，称重，用20%乌拉坦 5ml/kg i.v.（慢）麻醉。

2.麻醉后将兔仰卧固定于手术台上，剪去颈部兔毛，于颈部正中纵行切开皮肤，分离出气管并切口安放气管插管。

3.分离出一侧颈动脉，在其下面置2根线备用。从耳静脉插入头皮针，注入肝素1ml/kg。结扎动脉远心端，用动脉夹夹住近心端，再于靠近动脉结扎端用眼科剪剪一"V"型小口并插入充满肝素生理盐水与压力换器相连的动脉导管，结扎固定。

4.松开动脉夹，可见血压随心跳而上下波动。

5.描记一段正常血压曲线，并记录血压读数，然后按下列次序从耳静脉给药。每次给药后立即用生理盐水 1ml 快速推注冲洗，并记录血压读数，待血压恢复正常或稳定后，再给下一个药。

（1）0.01%盐酸肾上腺素 0.1ml/kg；

（2）0.01%重酒石酸去甲肾上腺素 0.1ml/kg；

（3）0.01%盐酸异丙肾上腺素 0.1ml/kg；

（4）1%盐酸酚妥拉明 0.3ml/kg，3min后再依次给下列药；

（5）0.01%盐酸肾上腺素 0.1ml/kg；

（6）0.01%重酒石酸去甲肾上腺素 0.1ml/kg；

（7）0.01%盐酸异丙肾上腺素 0.1ml/kg；

【结果】记录到表2-1-11。

表2-1-11　传出神经药对兔血压的影响实验结果

药物	给药前平均血压（mmHg）	给药后平均血压（mmHg）
肾上腺素		
去甲肾上腺素		
异丙肾上腺素		
酚妥拉明		
肾上腺素		
去甲肾上腺素		
异丙肾上腺素		

【提示】

1.动物麻醉注射乌拉坦要缓慢，过快可致兔呼吸抑制死亡。

2.做颈动脉插管前，先检查整个压力传导系统，排除气泡，用生理盐水将基础压升至110mmHg。

3.实验用药应在临用前配制。

【思考题】

1.根据实验结果说明肾上腺素、去甲肾上腺素、异丙肾上腺素对血压的影响，并分析其作用机制。

2.给予酚妥拉明后，对肾上腺素、去甲肾上腺素、异丙肾上腺素的作用（血压）有何影响？为什么？

目标检测

一、选择题

（一）A 型题（单项选择题）

1. 毛果芸香碱的作用原理是（　）
   A. 激动 M 受体　　　B. 阻断 M 受体
   C. 抑 ChE　　　　　D. 复活 ChE

2. 治疗术后腹胀和尿潴留选用（　）
   A. 毒扁豆碱　　　　B. 新斯的明
   C. 毛果芸香碱　　　D. 阿托品

3. 毛果芸香碱对眼睛的作用错误的是（　）
   A. 缩瞳　　　　　　B. 眼压降低
   C. 调节痉挛　　　　D. 导致远视

4. 阿托品的禁忌证是（　）
   A. 胃溃疡　　　　　B. 胆绞痛
   C. 青光眼　　　　　D. 支气管哮喘

5. 大剂量阿托品抗休克的原理是（　）
   A. 解除小动脉痉挛，改善微循环
   B. 兴奋心脏，增加心肌收缩力
   C. 收缩血管，升高血压
   D. 扩张冠状血管，改善心功能

6. 窦性心动过缓和房室传导阻滞选用（　）
   A. 肾上腺素　　　　B. 阿托品
   C. 新斯的明　　　　D. 普萘洛尔

7. 全麻前给予阿托品的目的是（　）
   A. 防止术后呕吐　　B. 防止术中排尿
   C. 抑制呼吸道腺体分泌　D. 松弛内脏平滑肌便于手术

8. 因阿托品对平滑肌有解痉作用可治疗（　）
   A. 胃肠绞痛　　　　B. 支气管哮喘
   C. 心绞痛　　　　　D. 偏头痛

9. 可用于治疗青光眼的药物不包括（　）
   A. 阿托品　　　　　B. 噻吗洛尔
   C. 毛果芸香碱　　　D. 毒扁豆碱

10. 阿托品在治疗量时出现最早的不良反应是（　）
    A. 口干　　　　　　B. 视物模糊
    C. 失眠　　　　　　D. 排尿困难

11. 阿托品无哪一作用（　）
    A. 散瞳　　　　　　B. 松弛胃肠平滑肌
    C. 减慢心率　　　　D. 抑制腺体分泌

12. 胆碱酯酶抑制剂不包括（　）
    A. 毛果芸香碱　　　B. 毒扁豆碱
    C. 新斯的明　　　　D. 美曲膦酯

13. 过敏性休克首选（　）
    A. 肾上腺素　　　　B. 去甲肾上腺素
    C. 多巴胺　　　　　D. 酚妥拉明

14. 只激动 β 受体的药是（　）
    A. 去甲肾上腺素　　B. 异丙肾上腺素
    C. 肾上腺素　　　　D. 多巴胺

15. 多巴胺的主要用途是（　）
    A. 平喘　　　　　　B. 心脏骤停
    C. 抗休克　　　　　D. 局部止血

16. 上消化道出血、止血选用（　）
    A. 去甲肾上腺素静注　B. 去甲肾上腺素口服
    C. 去甲肾上腺素肌内注射　D. 维生素 K 肌内注射

17. 肾上腺素禁用于（　）
    A. 心脏骤停　　　　B. 高血压病
    C. 支气管哮喘　　　D. 过敏性休克

18. 去甲肾上腺素对血管的作用是（　）
    A. 激动 M 受体，血管扩张　B. 激动 β_2 受体，血管扩张
    C. 激动 α 受体，血管收缩　D. 阻断 α 受体，血管收缩

19. 异丙肾上腺素治疗哮喘常见的不良反应是（　）
    A. 失眠　　　　　　B. 心动过速
    C. 血压升高　　　　D. 体位性低血压

20. 治疗外周血管痉挛性疾病选用（　）
    A. 阿托品　　　　　B. 酚妥拉明
    C. 麻黄碱　　　　　D. 异丙肾上腺素

21. 肾上腺素与异丙肾上腺素作用不同的是（　）
    A. 兴奋 β_1、β_2 受体　B. 加强心肌收缩力
    C. 收缩内脏血管　　D. 舒张骨骼肌血管

22. 禁用作皮下和肌内注射的药是（　）
    A. 肾上腺素　　　　B. 麻黄碱
    C. 酚妥拉明　　　　D. 去甲肾上腺素

（二）X 型题（多项选择题）

1. 对支气管哮喘有治疗作用的药有（　）
   A. 肾上腺素　　　　B. 异丙肾上腺素
   C. 去甲肾上腺素　　D. 麻黄碱

2. 能扩张血管改善微循环治疗休克的药有（　）
   A. 山莨菪碱　　　　B. 多巴胺
   C. 酚妥拉明　　　　D. 异丙肾上腺素

3. 可降低眼压治疗青光眼的药有（　）
   A. 去氧肾上腺素　　B. 毒扁豆碱
   C. 噻吗洛尔　　　　D. 毛果芸香碱

4. 青光眼禁用的药物是（　）
   A. 阿托品　　　　　B. 山莨菪碱
   C. 琥珀胆碱　　　　D. 毒扁豆碱

5. 可激动 α 受体的药有（　）
   A. 去甲肾上腺素　　B. 异丙肾上腺素
   C. 肾上腺素　　　　D. 多巴胺

6. 肾上腺素对血管的作用是（　）
   A. 皮肤黏膜血管收缩　B. 肾血管收缩
   C. 骨骼肌血管扩张　D. 冠状血管扩张

7. 去甲肾上腺素的主要不良反应有（　）
   A. 局部组织缺血坏死　B. 失眠
   C. 急性肾功衰　　　D. 手指震颤

8.肾上腺素的用途有（ ）
 A.过敏性休克   B.支气管哮喘
 C.心动过速   D.心脏骤停

二．填空题
1.普萘洛尔的禁忌证有＿＿＿、＿＿＿、＿＿＿、＿＿＿。
2.异丙肾上腺素使心脏＿＿＿＿，支气管＿＿＿＿，骨骼肌血管＿＿＿＿。
3.心脏复苏三联针的组成是＿＿＿＿、＿＿＿＿、＿＿＿＿。
有＿＿＿＿、＿＿＿＿、＿＿＿＿、＿＿＿＿。
4.去甲肾上腺素主要作用于＿＿＿＿受体，引起外周血管＿＿＿＿。
5.过敏性休克首选＿＿＿＿、神经性休克引起的低血压可用＿＿＿＿、防治腰麻引起的低血压可用＿＿＿＿、感染性休克血管痉挛期可用＿＿＿、＿＿＿、＿＿＿、＿＿＿。

三、简答题
1.简述肾上腺素的作用和临床用途。
2.静滴 NA 的不良反应及注意事项有哪些？
3.简述阿托品的临床用途及用药监护。

四、分析论述题
设计动物实验(家兔血压)鉴别去甲肾上腺素,肾上腺素,异丙肾上腺素,说明原理。

（戴长蓉）

工作模块二　麻醉药物

工作任务一　全身麻醉药

学习目标

1. 熟悉全身麻醉药的分类、常用药名、作用特点及用法。
2. 了解复合麻醉的目的和常用方法。
3. 掌握常用全身麻醉药的用药注意事项、观察项目及用药监护。

案例分析

患者，男性，42岁，半小时前因车祸后出现面色苍白，大汗淋漓，心悸等症状急诊入院。腹部CT检查结果显示患者脾破裂，遂对该患者急诊行脾大部切除手术。术中使用普鲁泊福做诱导麻醉，异氟烷做术中维持麻醉，配合镇痛药芬太尼、肌松药阿曲库铵联合使用。术中患者情况稳定，术后患者恢复良好。

问题：

为何在全身麻醉中要用几类药物联合应用？

全身麻醉药（general anaesthetics）简称全麻药，是一类作用于中枢神经系统，能可逆性地引起意识、感觉（特别是痛觉）和反射消失的药物。全麻药能消除疼痛和使骨骼肌松弛，利于进行外科手术。据给药途径不同，可分为吸入性麻醉药和静脉麻醉药。

工作项目一　吸入性麻醉药

吸入性麻醉药（inhalation anaesthetics）是指经过呼吸道吸收进入体内的麻醉药。常用药物有乙醚、氟烷、异氟烷、氧化亚氮等。麻醉深度可通过对吸入气体中的药物浓度的调节加以控制，并可连续维持，满足手术的需要。

吸入性麻醉药经肺泡扩散入血后，迅速透过血-脑脊液屏障，溶于细胞膜的脂质层，使脂质分子排列紊乱，黏度下降，膜体积增大，膜蛋白质及钠、钾通道发生构象和功能上的改变，抑制神经细胞去极化，使动作电位上升的幅度及速度下降，进而广泛抑制神经冲动的传递，导致全身麻醉。

常用的吸入性麻醉药如下：

麻醉乙醚

麻醉乙醚（anesthetic ether）是传统的吸入性全麻药，为无色透明、易挥发、有特异臭味的液体。主要优点是：麻醉深度容易调节控制；毒性低，安全范围大，麻醉浓度的乙醚对呼吸和血压几乎无影响，对心、肝和肾的毒性也小；对骨骼肌松弛作用比较完全。缺点是：稳定性差（容易挥发，遇光、热、空气可分解），易燃易爆，局部刺激强，麻醉诱导期和苏醒期长，手术后肠胃反应较重。目前已少用。

氟　　烷

氟烷（halothane）为无色、透明、有香味的挥发性液体。主要特点是：麻醉作用强，刺激性小，诱导期短，苏醒快；肌肉松弛和镇痛作用较差；使脑血管扩张，升高颅内压；增加心肌对儿茶酚胺的敏感性，诱发心律失常等。适用于浅麻醉或诱导麻醉。反复应用偶致肝炎或肝坏死，有肝毒性，肝功能不全者禁用。子宫肌松弛常致产后出血，禁用于难产或剖宫产患者。

恩氟烷和异氟烷

二药为同分异构体，刺激性小，是目前较为常用的吸入性麻醉药。特点为：麻醉效价较氟烷低，麻醉诱导平稳、迅速和舒适，苏醒也较快，肌肉松弛良好，不增加心肌对儿茶酚胺的敏感性。反复使用对肝无明显不良反应，偶有恶心呕吐。

氧化亚氮

氧化亚氮（nitrous oxide）又名笑气，为无色、甜味、无刺激性的气体。性质稳定，不燃不爆。作用迅速，苏醒快，镇痛作用强，毒性小。但麻醉效能较弱，又无肌肉松弛作用，单用麻醉效果不满意。主要用于诱导麻醉或与其他全身麻醉药配伍使用。

工作项目二　静脉麻醉药

此类全麻药通过静脉注射入血后，透过血-脑屏障，作用于中枢神经系统，产生全身麻醉效果。目前常用的药物如下：

硫喷妥钠

硫喷妥钠（thiopental sodium）为超短效巴比妥类药物。脂溶性高，极易通过血-脑屏障，作用迅速，无兴奋期，静注后数秒钟进入麻醉状态。但由于此药在体内迅速重新分布，麻醉作用仅维持 5~10min。且镇痛作用差，肌松不完全，临床主要用于诱导麻醉、基础麻醉和脓肿切开引流、骨折、脱臼的闭合复位等短时手术。硫喷妥钠还有抗惊厥作用。

硫喷妥钠对呼吸中枢有明显抑制作用，新生儿、婴幼儿易受抑制，故禁用。还易诱发喉头、支气管痉挛，故支气管哮喘患者禁用。刺激性强，如漏出血管外可致组织坏死。

氯胺酮

氯胺酮（ketamine）能阻断痛觉冲动向丘脑和大脑皮质的传导，同时又能兴奋脑干网状结构及大脑边缘系统。引起意识模糊，短暂性记忆缺失及镇痛效果，但意识并未完全消失，常有梦幻、肌张力增加，血压上升，这种状态又称为分离麻醉（dissociative anesthesia）。氯胺酮对体表镇痛作用明显，内脏镇痛作用差，但诱导迅速。对呼吸影响轻微，对心血管具有明显兴奋作用。主要用于短时的体表小手术，如烧伤清创、切痂、植皮等。因兴奋交感神经中枢可导致心率加快，血压升高，禁用于高血压和颅内压升高患者。过量时可产生呼吸抑制。

羟丁酸钠

羟丁酸钠（sodium oxybate）静脉注射 5~10min 后即可进入深睡状态，一次注射可维持 1~3h，肌肉松弛作用差，无明显的镇痛作用，应与其他麻醉药、镇痛药、镇静药等合用。呼吸抑制明显，对循环系统影响小。适用于较长时间的手术。常用于全身麻醉、诱导麻醉以及局麻、腰麻的辅助用药，适用于神经外科手术、外伤、烧伤患者的麻醉。

单用或注射过快可出现运动性兴奋、谵妄、肌肉抽动等，甚至可导致呼吸停止。也能促进钾离子进入细胞内而引起血钾过低，故需同时给予钾盐。严重高血压、心脏房室传导阻滞以及癫痫患者禁用。

普鲁泊福

普鲁泊福（propofol）又名丙泊酚，对中枢神经有抑制作用，有良好的镇静、催眠作用。起效快，作用时间短，苏醒迅速，无蓄积作用。能抑制咽喉反射，有利于插管，能降低颅内压和眼压，减少脑耗氧量及脑血流量。但镇痛作用弱，对循环系统有抑制作用，可致血压下降，外周血管阻力降低。常用于门诊小手术的辅助用药，也可作为全麻诱导、维持及镇静催眠辅助用药。

工作项目三 复合麻醉

复合麻醉是指同时或先后应用两种以上麻醉药物或其他辅助药物，以达到完善手术中和术后镇痛及满意的手术条件。常用类型有：

1. 麻醉前给药（premedication） 指患者进入手术室前应用的药物。手术前夜常用地西泮、苯巴比妥等使患者消除紧张情绪。注射阿片类镇痛药，以增强麻醉效果，注射阿托品以防止唾液及支气管分泌所致的吸入性肺炎，并防止反射性心律失常。

2. 基础麻醉（basal anesthesia） 指进入手术室前给予大剂量催眠药，如巴比妥类等，使达深睡状态，在此基础上进行麻醉，可使药量减少，麻醉平稳。常用于小儿。

3. 诱导麻醉（induction of anesthesia） 应用诱导期短的硫喷妥钠或氧化亚氮，使迅速进入外科麻醉期，避免诱导期的不良反应，然后改用其他药物维持麻醉。

4. 合用肌松药 在麻醉时注射琥珀胆碱或筒箭毒碱类，以满足手术时肌肉松弛的要求。

5. 低温麻醉（hypothermal anesthesia） 合用氯丙嗪使体温在物理降温时下降至较低水平（28~30℃），降低心、脑等生命器官的耗氧量，以便于截止血流，进行心脏直视手术。

6. 神经安定镇痛术（neuroleptanalgesia） 常以芬太尼与氟哌利多合用，使患者达到意识模糊、朦胧，痛觉消失而用于外科小手术的麻醉方法。

工作项目四 全身麻醉药的用药护理程序

一、用药前评估

1. 用药前应了解患者的精神状态及生命体征，包括瞳孔大小、心血管及呼吸状况、胃肠功能、意识清醒程度等基础值。询问患者是否处于妊娠期。

2. 了解患者是否用过麻醉药，近 3 个月内是否用过糖皮质激素类药，近 2 周内是否用过胰岛素、雌激素、抗生素、镇静剂、肾上腺素内药、心血管系统药、抗精神失常药等。询问患者药物过敏史及是否患有营养不良、糖尿病、肌无力、嗜铬细胞瘤、心血管及肝肾等病症。

3. 做好护理宣教，消除患者对麻醉和手术的疑虑及恐惧，使患者知晓心理压力对麻醉及手术成败的影响；也应告知患者即将进行的手术麻醉情况及可能出现的反应；吸入性麻醉药在麻醉前12h需禁食、禁水；指导患者手术前夜使用镇静催眠药；告诫患者术后24h禁饮酒及含酒精饮料。

二、用药方法和监护

1.药物配伍 ①乙醚麻醉前40~60min必须应用适量阿托品，可减少唾液和呼吸道分泌物，防止呼吸道阻塞及吸入性肺炎的发生。②氟烷可增加心肌对AD和NA的敏感性，禁止合用。

2.药物储存 乙醚宜放在棕色瓶中保存，氧化亚氮在钢桶内加压储存。

3.给药方法 ①氟烷有肝毒性，两次使用间隔时间3~6个月。②氧化亚氮麻醉时，应给予30%浓度氧，停药后，吸入纯氧10min左右，以免发生缺氧。③用于诱导麻醉的静注药物，多数有刺激性，注射时防止漏出血管外。

4.用药护理 ①麻醉药在应用前要核对药物名称和浓度，防止误用。②全身麻醉时，患者意识消失、咽喉部反射消失，密切注意呼吸道情况以及血压的变化，以及有无心率失常和心搏骤停的现象。③患者在麻醉苏醒期，也可能发生呕吐，为防止呕吐物进入呼吸道，可在术前放置鼻胃管以便及时吸出胃内容物。④氯胺酮麻醉苏醒期可出现不同程度的幻觉、谵妄、精神症状，应注意护理，麻醉24h后，患者活动时协调平衡能力差，应防止跌倒。

三．急救与处理

1.乙醚麻醉突然增加浓度时，可引起血管扩张、血压下降，呼吸抑制导致呼吸暂停。如出现应停止吸入，进行人工呼吸，暂停手术，待呼吸恢复后再继续手术。

2.氟烷麻醉时出现血压下降可用麻黄碱等升压，禁用NA及AD。

3.硫喷妥钠麻醉前应给予阿托品，防止喉痉挛、窒息的发生。麻醉时出现呼吸及循环抑制，应及时吸氧并给予中枢兴奋药。

工作任务二　局部麻醉药

学习目标

1. 了解局部麻醉药的使用方法。
2. 掌握常用局部麻醉药的不良反应及用药注意事项。
3. 熟悉并比较普鲁卡因、利多卡因、丁卡因和丁哌卡因的作用特点和用途。

案例分析

患者，女，26岁，平素月经规则，G1P1，现孕 $39^{3/7}$ 周，B超检查显示胎盘早剥，需进行剖宫产手术。术中采用丁哌卡因做蛛网膜下隙麻醉，剖宫产术后患者自述头痛，伤口疼痛，无其他不适。

问题：

该患者为何会出现术后头痛？该如何预防和护理？

局部麻醉药（local anaesthetics）简称局麻药，是一类局部用于神经末梢或神经干周围，能暂时、完全和可逆地阻断神经冲动的产生和传导，在意识清醒的状态下使局部痛觉等感觉暂时消失的药物。

工作项目一　局麻药的作用

一、局麻作用

局麻药作用于神经细胞膜 Na^+ 通道内侧，改变钠通道蛋白构象，抑制 Na^+ 内流，降低动作电位，阻止动作电位的产生和传导，产生局麻作用。局麻药的麻醉作用顺序是：痛、温觉纤维＞触、压觉纤维＞中枢抑制性神经元＞中枢兴奋性神经元＞自主神经运动神经＞心肌（包括传导纤维）＞血管平滑肌＞胃肠平滑肌＞子宫平滑肌＞骨骼肌。恢复时按相反顺序进行。

二、吸收作用（不良反应）

1.中枢神经系统　局麻药可引起中枢神经系统先兴奋后抑制。中枢抑制性神经元对局麻药比较敏感，首先被局麻药所抑制，引起脱抑制而出现兴奋现象。因此，初期表现为眩晕、不安、多言、震颤和焦虑，甚至发生神志错乱和阵挛性惊厥。中枢过度兴奋可转为抑制，最后进入昏迷和呼吸衰竭。

2.心血管系统　局麻药对其有直接的抑制作用，表现为心肌收缩性减弱，传导减慢，不应期延长及血管平滑肌松弛等。

工作项目二　局麻药的给药方法

1.表面麻醉（surface anaesthesia）　是将穿透性强的局麻药直接点滴、喷洒或涂抹于黏膜表面，使黏膜下神经末梢麻醉。适用于眼、鼻、口腔、咽喉、气管、食管和泌尿生殖道等黏膜部位的浅表手术。常选用丁卡因。

2.浸润麻醉（infiltration anaesthesia）　是将局麻药注入皮下或手术视野附近的组织使局部神经末梢麻醉。但由于用量较大，麻醉区域较小，在做较大手术时，因所需药量较大而易产生全身毒性反应，故仅用于表浅小手术。可选用利多卡因、普鲁卡因。

3.传导麻醉（conduction anaesthesia） 是将局麻药注入神经干附近，阻断神经冲动传导，使该神经干所支配的区域麻醉。适用于四肢与口腔手术。可选用利多卡因、普鲁卡因和丁哌卡因。

4.蛛网膜下隙麻醉（subarachnoidal anaesthesia）又称腰麻（spinal anaesthesia），是将局麻药注入蛛网膜下隙，麻醉该部位的脊神经根。适用于腹部及下肢手术。常用药物为利多卡因、丁卡因和普鲁卡因。该麻醉的主要危险是呼吸麻痹和血压下降，后者主要是失去神经支配的静脉和小静脉显著扩张所致。可取轻度的头低位（10°～15°）或事先应用麻黄碱预防。

5.硬膜外麻醉（epidural anaesthesia） 是将局麻药注入硬脊膜外腔，麻醉经此腔穿出椎间孔的神经根。适用的手术范围广泛，特别适用于胸、腹部手术。此麻醉方法不引起麻醉后头痛或脑脊膜刺激现象。但硬膜外麻醉用药量较腰麻大5～10倍，起效较慢（15～20min），如误入蛛网膜下隙，可引起严重的毒性反应。硬膜外麻醉也可引起外周血管扩张、血压下降及心脏抑制，可应用麻黄碱防治（图2-2-1）。

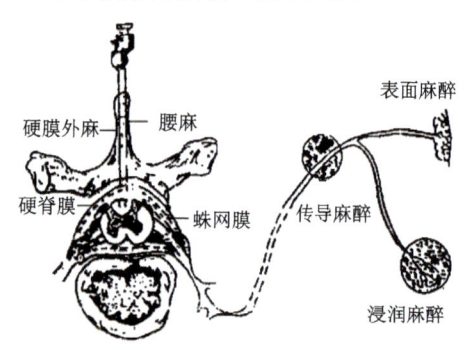

图 2-2-1 局部麻醉方法示意图

工作项目三　常用的局部麻醉药

普鲁卡因

普鲁卡因（procaine）又称奴佛卡因（novocaine），亲脂性低，对皮肤、黏膜穿透力弱，不适于表面麻醉。主要用于浸润麻醉、阻滞麻醉、腰麻及硬膜外麻醉和损伤部位的局部封闭。注射给药后起效快（1～3min），维持时间短（30～45min），加用肾上腺素后维持时间可延长20%。其代谢产物对氨苯甲酸（PABA）能对抗磺胺类药物的抗菌作用，故应避免与磺胺类药同时应用。偶见过敏反应，用药前应做皮肤过敏试验。过敏者可用利多卡因代替。

利多卡因

利多卡因（lidocaine）起效快、强而持久、穿透力强及安全范围大，无扩张血管及对组织的刺激性。因其扩散力强，弥散广，麻醉范围不易控制在一定部位，故一般不用于腰麻。临床主要用于传导麻醉和硬膜外麻醉。本药还可用于抗心律失常。

丁卡因

丁卡因（tetracaine）又称地卡因（dicaine）。其麻醉强度比普鲁卡因强10倍，毒性大10～12倍，亲脂性高、穿透力强、起效快（1～3min）、维持时间长（2～3h），常用于表面麻醉、传导麻醉、腰麻和硬膜外麻醉。因毒性大，一般不用于浸润麻醉。

丁哌卡因

丁哌卡因（bupivacaine）化学结构与利多卡因相似，局麻作用较利多卡因强4～5倍，作用维持时间长，可达5～10h。主要用于浸润麻醉、传导麻醉和硬膜外麻醉。

工作项目四　局部麻醉药的用药护理程序

一、用药前评估

1.明确用药目的　麻醉药主要用于手术麻醉。

2.掌握基本资料　①用药前应了解患者的精神状态及生命体征，包括瞳孔大小、心血管及呼吸状况、胃肠功能、意识清醒程度等基础值。询问患者是否处于妊娠期。②了解患者过敏史，有无吸烟、饮酒等嗜好。

二.用药方法和监护

1.药物配伍　局麻前使用巴比妥类药物可提高机体对局麻药的耐受量，预防毒性反应发生。局麻药中加入微量AD（1∶200 000）可减慢药物吸收，延长局麻作用时间，减少毒性反应发生率。但在手指、足趾、耳郭及阴茎等处用局麻药时禁用AD，否则可引起局部组织坏死。普鲁卡因勿与磺胺类、强心苷或碱性药物合用。

2.给药方法　酯类局麻药易出现过敏反应，故用药前应询问患者有无过敏史，有过敏使者禁用；首次使用前应做皮试，阳性者禁用；有过敏症状时，立即停药并对症处理。局麻药注射给药时，应避免注入血管内。蛛网膜下隙麻醉时，患者体位应采用头高位，以免危及中枢。

3.用药护理　①在分娩期应用局麻药能引起新生儿心动过缓和中枢抑制，应严密观察胎心。②从脊髓麻醉状态恢复的患者，可能有头痛和尿潴留现象，头痛与体位有关，通过保持患者头低脚高卧位12h可减轻。常用局麻药比较见表2-2-1。

工作模块二 麻醉药物

表 2-2-1 常用局麻药比较

药名	麻醉强度	毒性	黏膜穿透力	作用持续时间（h）	主要用途（局麻）
普鲁卡因	1	1	弱	0.5~1	除表面麻醉外
利多卡因	2	2	强	1~2	除腰麻醉外
丁卡因	10	10	强	2~3	除浸润麻醉外
丁哌卡因	10	6.5	弱	5~10	除表面麻醉外

三. 急救与处理

1. 如发生局麻药早期中毒症状，应采用加压给氧、输液、给予地西泮或硫喷妥钠，防止症状进一步发展。

2. 蛛网膜下隙麻醉和硬膜外麻醉时引起的血压下降，可用麻黄碱预防。

3. 局麻药引起的过敏反应可分为即刻反应和迟缓反应。即刻反应在给药后数分钟出现，表现为皮肤潮红，荨麻疹，血管神经性水肿，支气管痉挛，休克；迟缓反应可在给药后数小时出现，以头痛及面、舌、颈、咽喉等处黏膜水肿为主，伴有轻重不等的全身症状。如有过敏反应发生，应立即静注 AD、吸氧及用抗过敏药等抢救。

制剂和用法

麻醉乙醚 瓶装：100ml、150ml、250ml。按需要。

氟烷 瓶装：20ml。按需要。

恩氟烷 瓶装：20ml、250ml。按需要。

氧化亚氮 钢瓶装液化气体。按需要。

硫喷妥钠 注射剂：0.5g/瓶。配成 2.5%溶液，缓慢静注，极量1.0g/次。

盐酸氯胺酮 注射液：0.1g/2ml、0.1g/10ml。诱导麻醉：1~2mg/kg，缓慢静注。

羟丁酸钠 注射液：2.5g/10ml。诱导麻醉：60~80 mg/kg，缓慢静注。

盐酸普鲁卡因 注射液：40mg/2ml，25mg、50mg/10ml。粉针剂：150mg/支。浸润麻醉：0.25%~0.5%溶液；传导麻醉、腰麻及硬膜外麻醉：1%~2%。一次极量1.0g。

盐酸丁卡因 注射液：20mg/2ml、50mg/5ml。表面麻醉：0.25%~1%溶液。

盐酸利多卡因 注射液：100mg/5ml、200mg/10ml、400mg/20ml。浸润麻醉：0.25%~0.5%溶液。表面麻醉、传导麻醉、硬膜外麻醉：1%~2%。一次极量500mg。

盐酸丁哌卡因 注射液：12.5mg/5ml、25mg/5ml、37.5mg/5ml。浸润麻醉：0.25%溶液；传导麻醉：0.25%~0.5%；硬膜外麻醉：0.5%~0.75%。一次极量200mg。

工作任务三 麻醉药物实践教学

工作项目一 普鲁卡因与丁卡因表面麻醉作用比较

【目的】比较普鲁卡因与丁卡因黏膜麻醉强度并联系其临床应用。

【器材】剪刀1把、滴管2支。

【药品】1%盐酸普鲁卡因、1%盐酸丁卡因。

【动物】家兔1只。

【方法】取家兔1只，减去双眼睫毛，用兔须触及角膜，实验正常的眨眼反射。左眼滴入 1%丁卡因3滴；右眼滴入 1%普鲁卡因3滴。10min 后，重复实验两眼眨眼反射5次。

【结果】填入表 2-2-2。

表 2-2-2 普鲁卡因与丁卡因黏膜麻醉作用比较结果

眼	药物	用药前眨眼反射	用药后眨眼反射
左眼	1%丁卡因3滴		
右眼	1%普鲁卡因3滴		

【分析】

【结论】

工作项目二 普鲁卡因与丁卡因的毒性比较

【目的】比较普鲁卡因毒性的大小，并联系其临床应用。

【器材】天平1架、鼠笼1个、注射器（1ml）2支、针头（5号）2个、记号笔。

【药材】1%普鲁卡因、1%丁卡因。

【动物】小白鼠2只。

【方法】小白鼠2只，称重编号，并观察正常运动。

甲鼠以 1%普鲁卡因 0.15ml/20g i.p；乙鼠以 1%丁卡因 0.15ml/20g i.p。

观察两鼠活动情况及有无惊厥发生。

【结果】填入表 2-2-3。

【分析】

【结论】

表 2-2-3 普鲁卡因与丁卡因毒性比较实验结果。

鼠号	体重（g）	药物及剂量（ml）	用药后反应	发生惊厥时间	惊厥程度
甲					
乙					

目标检测

一、选择题

（一）A 型题（单项选择题）

1.易燃易爆，有特殊臭味的麻醉药是（　）
　A.麻醉乙醚　　　B.氟烷
　C.恩氟烷　　　　D.异氟烷
　E.氧化亚氮

2.为了减少全麻时刺激呼吸道腺体分泌，常选用（　）
　A.肾上腺素　　　B.去甲肾上腺素
　C.阿托品　　　　D.多巴胺
　E.异丙肾上腺素

3.能引起肝损害的药物是（　）
　A.氟烷　　　　　B.氧化亚氮
　C.吗啡　　　　　D.麻醉乙醚
　E.氯胺酮

4.常用于静脉麻醉的巴比妥类药物是（　）
　A.苯巴比妥　　　B.戊巴比妥
　C.司可巴比妥　　D.硫喷妥钠
　E.异戊巴比妥

5.应用硫喷妥钠静脉麻醉的最大缺点是（　）
　A.兴奋期长　　　B.麻醉深度不够
　C.易引起缺氧　　D.易引起心律失常
　E.易引起呼吸抑制

6.具有分离麻醉作用的全麻药（　）
　A.麻醉乙醚　　　B.硫喷妥钠
　C.氧化亚氮　　　D.氯胺酮
　E.氟烷

7.在全麻过程中应用哌替啶及阿托品是属于（　）
　A.麻醉前给药　　B.诱导麻醉
　C.基础麻醉　　　D.低温麻醉
　E.安定镇痛术

8.局麻药中毒的中枢神经系统症状是（　）
　A.兴奋　　　　　B.抑制
　C.先兴奋后抑制　D.先抑制后兴奋
　E.以上均不对

9.普鲁卡因不宜用于（　）
　A.表面麻醉　　　B.浸润麻醉
　C.传导麻醉　　　D.腰麻
　E.硬膜外麻醉

10.下列哪种局麻药不能与磺胺类药物同时应用（　）
　A.利多卡因　　　B.普鲁卡因
　C.丁卡因　　　　D.丁哌卡因
　E.以上均不可

11.丁卡因不宜用于（　）
　A.表面麻醉　　　B.浸润麻醉
　C.传导麻醉　　　D.腰麻
　E.硬膜外麻醉

12.腰麻时肌内注射麻黄碱的目的是（　）
　A.增强麻醉效果　B.延长麻醉时间
　C.减少麻醉药物吸收　D.预防血压升高
　E.预防血压下降

13.为了延长局麻药的作用时间，减少其吸收中毒，常在局麻药中加入适量的（　）
　A.肾上腺素　　　B.多巴胺
　C.异丙肾上腺素　D.麻黄碱
　E.去甲肾上腺素

14.易出现过敏反应的局麻药是（　）
　A.普鲁卡因　　　B.丁卡因
　C.利多卡因　　　D.丁哌卡因
　E.以上都不是

15.既有局部麻醉作用，又有抗心律失常作用的药物是（　）
　A.普鲁卡因　　　B.利多卡因
　C.丁卡因　　　　D.丁哌卡因
　E.硫喷安拉

16.利多卡因应慎用于哪种局麻（　）
　A.表面麻醉　　　B.浸润麻醉
　C.传导麻醉　　　D.腰麻
　E.以上都不是

（二）X 型题（多项选择题）

1.下列全麻药中，属于吸入麻醉药的是（　）
　A.乙醚　　　　　B.氧化亚氮

C.丙泊酚　　　　　D.异氟烷

E.硫喷妥钠

2.硫喷妥钠的麻醉特点是（　）

A.镇痛效果差　　　B.肌肉松弛不完全

C.易引起呼吸抑制　D.用于基础麻醉

E.不易透过血脑屏障，作用缓慢

3.普鲁卡因主要用于（　）

A.表面麻醉　　　　B.浸润麻醉

C.传导麻醉　　　　D.腰麻

E.硬膜外麻醉

4.丁卡因适用于（　）

A.表面麻醉　　　　B.浸润麻醉

C.传导麻醉　　　　D.腰麻

E.硬膜外麻醉

5.局麻药中毒时表现的症状有（　）

A.兴奋不安、惊厥　B.高热

C.血压升高　　　　D.血压下降

E.呼吸抑制

二、填空题

1.全身麻醉药物分为_____和_____两类。

2.维持时间短，常用于诱导麻醉的全麻药是_____。

3.为防止腰麻及硬膜外麻醉是出现低血压，应用_____预防。

4.局麻药的应用方法有____麻醉、____麻醉、____麻醉、____麻醉和____麻醉。

5.除用于局部麻醉外，普鲁卡因还可以用于_____，利多卡因还可用于_____。

三、简答题

1.比较普鲁卡因、利多卡因和丁卡因三药的作用及临床应用特点。

2.简述局麻药中加入适量肾上腺素的目的及注意事项。

3.常用的复合麻醉方法有哪几种？

4.简述全身麻醉药的主要不良反应。

（杜　毅　金卫华　王　清）

工作模块三　中枢神经系统疾病用药

工作任务一　镇静催眠药

学习目标

1. 熟悉的苯二氮䓬类药物的药理作用和临床用途，掌握其不良反应和用药注意事项。
2. 了解巴比妥类药物的作用、应用，熟悉其不良反应和急性中毒的解救。

案例分析

患者，女，43岁，近2个月晚上睡眠不好，入睡困难，夜里易醒，一夜醒来4～6次，有时很难再入睡，多梦甚至做噩梦，自觉晚上像没睡似的。白天精神不振、头昏脑涨、困倦、疲乏无力、烦躁、情绪失调、注意力不集中和记忆力差。

诊断：失眠症。

药物治疗：艾司唑仑3mg睡前口服。

用药后晚上能很快入睡，做梦减少，一觉睡到天亮，白天精神状态较好。

问题：
1. 艾司唑仑为什么可以治疗失眠症？
2. 用于治疗失眠的药物还有那些？
3. 为什么苯二氮䓬类是目前治疗失眠最常用的药物？

能缓和激动、消除躁动，恢复安静情绪的药物称镇静药（sedatives）。能促进和维持睡眠的药物称催眠药（hypnotics）。镇静药和催眠药之间并无本质区别，在较小剂量时起镇静作用，在较大剂量时则起催眠作用，故统称为镇静催眠药。按化学结构不同，镇静催眠药可分为苯二氮䓬类、巴比妥类和其他类。

工作项目一　苯二氮䓬类

苯二氮䓬类（benzodiazepines）多为1,4-苯并二氮䓬的衍生物。不同衍生物之间，抗焦虑、镇静催眠、抗惊厥、肌肉松弛和安定作用各有侧重。可分为三大类（表2-3-1）。

苯二氮䓬类药物口服吸收良好，约1h达血药峰浓度。欲快速显效时，应静脉注射。

本类药物血浆蛋白结合率较高，地西泮的血浆蛋白结合率达99%。由于脂溶性很高，使之能迅速向组织中分布并在脂肪组织中蓄积。静脉注射时首先分布至脑和其他血流丰富的组织和器官。随后进行再分布而蓄积于脂肪和肌组织中。主要在肝药酶作用下进行生物转化，多数药物的代谢产物具有与母体药物相似的活性，故长期用药时应注意药物及其活性代谢物在体内蓄积。药物及其代谢产物主要经肾排泄，也可通过胎盘屏障，能随乳汁分泌。

【药理作用及临床应用】苯二氮䓬类药物透过血脑屏障后，选择性地激动位于大脑皮质、边缘系统和中脑、脑干、脊髓等部位的苯二氮䓬（BZ）受体，通过BZ受体-GABA(γ-氨基丁酸)受体-Cl⁻通道复合体，促进GABA与GABA受体的结合，使Cl⁻通道开放频率增加，Cl⁻内流增多，细胞膜超级化，增强GABA能神经的传递功能和突触抑制效应。由此可产生以下作用：

1. 抗焦虑作用　苯二氮䓬类在小于镇静剂量时即能选择性作用于边缘系统，有良好的抗焦虑作用，可显著改善紧张、忧虑、激动和失眠等症状。主要用于焦虑症。对持续性焦虑状态宜选用长效类药物，间断性严重焦虑患者宜选用中、短效类药物。临床常用地西泮和氯氮䓬。

2. 镇静催眠作用　苯二氮䓬类药物缩短睡眠诱导时间，延长睡眠持续时间。主要能延长慢波睡眠（SWS 非快速动眼睡眠），对快波睡眠（FWS 快速动眼睡眠）影响小，表现为近似生理睡眠，反跳较轻，安全性较好。近年报道，苯二氮䓬类连续应用，可引起明显的依赖性而发生停药困难，应予警惕。对入睡困难者，选用起效快的短效类药物较好；对维持睡眠困难及早醒者，选用长效类较好。

本类药物安全范围大，镇静作用发生快，且可产生暂时性记忆缺失。用于麻醉前给药，心脏电击复律或内镜检查前给药，可缓和患者对手术的恐惧情绪，减少麻醉用量而增加其安全性，使患者术中的不良刺激在术后不复记忆。需要注意的是，苯二氮䓬类药物即使应用大剂量亦不引起麻醉作用。

3. 抗惊厥、抗癫痫作用　在大剂量时，苯二氮䓬类药物有抗惊厥和抗癫痫作用，可用于辅助治疗破伤风、子痫、小儿高热惊厥和药物中毒性惊厥。地西泮是目前用于癫痫持续状态的首选药（静脉注射）。对于其他类型的癫痫发作则以硝西泮和氯硝西泮的疗效较好。

4. 中枢性肌肉松弛作用　本类药物通过抑制脊髓的多突触反射，在不影响正常活动的情况下引起肌肉

表 2-3-1 苯二氮䓬类药物分类

分类	药名	作用和临床应用	不良反应和注意事项
长效类	氟西泮（flurazepam）	催眠较好，主要用于失眠	眩晕、嗜睡、头昏、共济失调；孕妇、15岁以下儿童禁用
	地西泮（diazepam）	用于抗焦虑、镇静、催眠、抗惊厥、麻醉前给药等	
中效类	氯二氮䓬（chlordiazepoxide）	作用与地西泮相似，而较弱，主要用于焦虑症和失眠	孕妇及哺乳妇禁用，肝肾功能不全者慎用
	硝西泮（nitrazepam）	抗癫痫较强，主要用于失眠、婴儿痉挛和肌阵挛癫痫	老年人慎用，用前期间忌酒
	奥沙西泮（oxazepam）	作用较地西泮弱，用于失眠、焦虑症、抗癫痫	偶见恶心、白细胞减少；肝肾功能不全者慎用，儿童禁用
	阿普唑仑（alprazolam）	作用较地西泮强，主要用于失眠、焦虑症	头晕、嗜睡、头痛、神经过敏等；青光眼患者禁用
	艾司唑仑（舒乐安定）（estazolam）	镇静催眠、抗焦虑作用强，主要用于失眠及麻醉前给药	不良反应少；过量可致口干、嗜睡
短效类	三唑仑（triazolam）	作用较地西泮快、强，维持时间短，主要用于入睡困难	头晕、头痛、嗜睡、恶心、呕吐等；青光眼患者禁用

松弛，缓解骨骼肌痉挛。可用于脑血管意外、脊髓损伤引起的肌肉强直和腰肌劳损、内镜检查等所致的肌肉痉挛，还有助于加强全身麻醉药的肌肉松弛效果。

【不良反应及注意事项】

1.小剂量口服毒性小，连续用药可出现头昏、嗜睡、乏力等反应，长效类尤易发生。大剂量偶致共济失调。驾驶员与机械操作员禁用。

2.使用过量可导致急性中毒，表现为昏迷及呼吸抑制，静脉注射还对心血管有抑制作用。同时应用其他中枢抑制药、吗啡和乙醇等可显著增强其毒性。

若出现急性中毒，应对症处理，必要时可用苯二氮䓬受体阻断药氟马西尼（flumazenil）解毒。初次静注 0.3mg，如在 60s 内未达到要求的清醒程度，可重复注射，直至患者清醒。或总量已达 2mg，如又出现嗜睡，可静滴 0.1～0.4mg/h。氟马西尼亦可用于逆转苯二氮䓬类的中枢镇静作用（如麻醉后的清醒）。

3.长期大剂量应用可产生耐受性、习惯性和成瘾性，应避免长期、反复使用。一般情况下，连续使用地西泮不应超过 4～6 周，如需继续使用，应停药 2 周后再继续使用，并尽可能及早及时逐渐停药。

4.其他 偶有粒细胞减少、白细胞下降。因可透过胎盘屏障和随乳汁分泌，故孕妇和哺乳期妇女禁用。由于本类药物有中枢性肌松作用，故青光眼、重症肌无力患者禁用。

5.用药注意 焦虑与失眠多由于工作紧张，精神负担过重所致，使用镇静催眠药的同时，应进行心理治疗（适当休息，增强运动，启发患者消除顾虑，乐观向上）。本类药只能短期应用，不应形成对药物的依赖心理。对于某些疾病（高血压、甲状腺功能亢进）或某些疾病症状（咳嗽、疼痛）引起的失眠，在使用催眠药的同时应进行对因治疗，才能发挥本类药的疗效。

工作项目二 巴比妥类

巴比妥类（barbiturates）均为巴比妥酸的衍生物，各药因脂溶性和消除方式不尽相同，故有作用快慢和强弱之别，可分为四类（表 2-3-2）。

【药理作用及临床应用】本类药物抑制中枢神经系统，随剂量的递增，依次出现镇静、催眠、抗惊厥和麻醉作用。与苯二氮䓬类相比，有如下缺点：

1.镇静剂量时才显示抗焦虑作用。

2.催眠时，明显缩短快波睡眠时相，引起非生理性睡眠，故醒后困倦、乏力症状明显，突然停药易发生"反跳现象"。

3.安全性远不如苯二氮类类，10 倍催眠剂量则可显著抑制呼吸，甚至致死。

4.易发生依赖性、成瘾性。

因此，目前除苯巴比妥和戊巴比妥用于抗癫痫、硫喷妥钠用于静脉麻醉外，临床已少用。

【不良反应和注意事项】

1.催眠剂量时有明显的后遗效应，次晨头晕、嗜睡、困倦、疲乏和定向障碍，也叫宿醉反应（hangover 反应）。长效类较常见。

2.久用可引起耐受性与依赖性，突然停药可出现"反跳"现象。

3.中等剂量可轻度抑制呼吸中枢，严重肺功能不全和颅脑损伤所致呼吸抑制者禁用。

4.使用过量或静脉注射时过快易导致急性中毒，表现为昏迷、血压下降、呼吸抑制、反射消失等，如

表 2-3-2 巴比妥类药物分类及临床应用

分类	代表药	显效时间（h）	维持时间（h）	主要用途
长效	苯巴比妥（鲁米那）（phenobarbital）	0.5～1	6～8	抗惊厥、癫痫大发作
中效	异戊巴比妥（amobarbital）	0.25～0.5	3～6	镇静催眠
短效	司可巴比妥（secobarbital）	0.25	2～3	抗惊厥、镇静催眠
超短效	硫喷妥钠（thiopentalsodium）	静注立即	0.25	静脉麻醉

不及时抢救,可死于呼吸衰竭。急救处理：①应用碱性液体洗胃,同时用碳酸氢钠碱化尿液、血液并利尿,有条件时进行血液透析。②进行营养供给、维持呼吸循环功能等支持、对症治疗。

5.少数人可出现荨麻疹、粒细胞减少等过敏反应,偶可致剥脱性皮炎。有药物过敏史者禁用。

6.其药酶诱导作用可加速其他药物的代谢,影响药效。

工作项目三 其他镇静催眠药

水合氯醛

水合氯醛（chloral hydrate）口服易吸收,用于催眠,约 15min 起效,维持 6～8h。此药不缩短快速动眼睡眠时间,停药时不易发生"反跳"现象。临床主要用于顽固性失眠或对巴比妥类耐受差的儿童及老人。用 10%溶液稀释后灌肠,可用于小儿高热、破伤风、子痫及中枢兴奋药中毒引起的惊厥。对胃有刺激,须稀释后口服。本品对胃黏膜有刺激性及有辛辣难闻的恶臭,易引起恶心、呕吐,不宜用于胃炎及溃疡患者,严重的心、肝、肾疾病患者禁用。用药期间禁饮酒。久用可引起耐受性、依赖性和成瘾性。

甲丙氨酯（meprobamate,眠尔通）、格鲁米特（glutethimide）和甲喹酮（methaqualone）也都有镇静催眠作用,久服都可成瘾。

工作项目四 镇静催眠药的用药护理程序

一、用药前评估

1.明确用药目的 主要用于改善睡眠、缓解焦虑症状；也用于控制惊厥和癫痫持续状态。

2.掌握基本资料 了解患者的基本情况,心、肝、肾、肺功能是否正常；睡眠环境是否改变；女性患者是否处于妊娠或哺乳期等。

3.明确睡眠障碍的性质（入睡困难、夜间觉醒频繁或早醒等）；分析引起失眠的原因（如药物性、精神与神经性等）；明确焦虑的性质、程度和持续时间,

区别焦虑症和一般的焦虑症状。

4.了解患者是否用过镇静催眠药,所用药物的种类和剂量；有无过敏史；患者是否伴有青光眼、重症肌无力、肺功能不全等禁忌证和慎用情况。

5.了解患者是否吸烟酗酒,是否经常饮用浓茶、咖啡等。

二、用药期间护理

本类药物长期应用可产生依赖性,突然停药亦可产生戒断综合征。应嘱患者适时适量使用,防止滥用。在用药护理中应注意：

1.告诉患者服药期间应忌饮茶、忌咖啡、禁酒,提醒患者用药后不要从事驾车、操作机器或登高作业。

2.一般多采用小剂量短程给药或间歇口服给药,用药超过 2~3 周,应考虑逐渐减量停药,否则出现戒断症状。

3.因可透过胎盘屏障和随乳汁分泌,孕妇和哺乳妇女忌用。

4.静脉注射地西泮不宜超过 5mg／min,以免造成喉头痉挛、血压过低或呼吸抑制等严重不良反应。给药前要准备辅助呼吸和心肺复苏装置以应急需。静脉注射地西泮时为避免药物混浊,不可用注射用水、生理盐水或葡萄糖溶液稀释。但可加入大量输液中静滴。

5.急性中毒及解救 用量过大或静脉注射速度过快,可致急性中毒。表现为昏睡、呼吸减慢或潮式呼吸、发绀、血压下降,甚至休克,如果不及时抢救,可因呼吸麻痹而死亡。

本类急性中毒的处理原则：排除毒物,对症治疗、支持疗法和预防并发症。

1.排除毒物 在 3~5h 内服药者可用 1：2000~1：5000 高锰酸钾或生理盐水反复洗胃；导泻选用 50%硫酸钠,但不要硫酸镁,因为 Mg^{2+} 吸收后可加重中枢抑制。

2.保持呼吸道通畅 人工呼吸、输氧、气管插管及应用中枢兴奋药贝美格等,维持呼吸功能的兴奋性。

3.维持循环功能 输液、静脉右旋糖酐及升压药间羟胺等,补充血容量,纠正低血压。

4.碱化血液及尿液,加速毒物排泄 可应用强效利尿药呋塞米和静脉碳酸氢钠,提高血液和尿液 pH,促使神经组织和细胞内的药物向血液及细胞外转移,

并减少肾小管的重吸收，加速其由尿中排泄。

5.加强护理，防止感染　有条件时可用血液透析或腹膜透析加速毒物排出。

三、用药后护理评价

患者是否恢复正常的睡眠，焦虑症状是否解除，能否保持正常的呼吸功能。有无药物不良反应出现。

制剂和用法

地西泮　片剂：2.5mg、5mg。抗焦虑、镇静：2.5~5mg，3次/日。失眠：5~10mg/次，睡前服。注射液：10mg/2ml。癫痫持续状态：10~20mg/次，缓慢静注。

氟西泮　胶囊：15.30mg。催眠：15~30mg/次，睡前服。

氯二氮䓬　片剂：5.10mg。抗焦虑、镇静：5~10mg/次，3次/日。催眠：10~20mg/次，睡前服。

硝西泮　片剂：5mg。催眠：5~10mg/次，睡前服。抗癫痫：5mg/次，3次/一日。

奥沙西泮　片剂：15mg。抗焦虑：15~30mg/次，3次/日。

阿普唑仑　片剂：0.4mg。抗焦虑：0.4mg/次，3次/日。催眠：0.4~0.8mg/次，睡前服。

三唑仑　片剂：0.125mg、0.25mg。催眠：0.25~0.5mg/次，睡前服。

艾司唑仑　片剂：1.2mg。镇静：1mg/次，3次/日。催眠：1~2mg/次，睡前服。

苯巴比妥　片剂：15mg、30mg、100mg。镇静、抗癫痫：15~30mg/次，3次/日。苯巴比妥钠注射剂：50mg、100mg、200mg。抗惊厥：100~200mg/次，肌内注射。治疗癫痫持续状态：200~300mg/次，缓慢静注。

异戊巴比妥钠　注射剂：0.1g、0.25g。抗惊厥：0.1~0.25g/次，肌内注射或缓慢静注。

司可巴比妥　胶囊：0.1g。催眠：0.1~0.2g/次，睡前服。

（孙　鹏）

工作任务二　抗异常运动药

工作项目一　抗癫痫药

学习目标

1.熟悉抗癫痫药的分类及药名。

2.掌握各类抗癫痫药的作用、用途、不良反应及用药注意事项。

3.熟悉硫酸镁的作用和用途，掌握其不良反应及中毒的解救。

📖 案例分析

患者，男，30岁，不明原因突然出现意识丧失，四肢抽搐，口吐白沫，2min后患者抽搐停止继而转为昏睡状态，脑电图异常，半小时后患者清醒，医院诊断为癫痫（大发作），给予对症治疗，随后患者的癫痫开始频繁发作，医生给予苯妥英钠0.1g，3次/日，睡前加服25mg，症状控制。患者坚持服用苯妥英钠1年，期间未发生癫痫，但患者出现小脑平衡失调，说话迟钝，且牙龈明显增生等反应，患者自行停药，1周后出现癫痫频繁发作，医生再次给予苯妥英钠治疗，监测苯妥英钠血药浓度为16μg/ml，故进行换药，在继续运用苯妥英钠的同时加用卡马西平0.1g，3次/日，治疗期间监测卡马西平的血药浓度，当其浓度达到8μg/ml时苯妥英钠开始逐渐减量，半年后苯妥英钠全部停用，患者癫痫控制，也未出现任何不适的感觉。

问题：

1.医生为何首先选用苯妥英钠治疗该患者？治疗期间为何要将苯妥英钠换成卡马西平？

2.抗癫痫药物的合理应用原则有哪些？

3.苯妥英钠的不良反应有哪些？如何防治？

癫痫是由脑神经元过度放电所致反复突然发作性短暂脑功能异常的慢性疾病。临床主要类型有：

1.大发作（全身性强直-阵挛性发作）　患者突然意识丧失，全身肌强直，继而转为阵挛性抽搐，持续几分钟，最后疲劳性昏睡。大发作连续发生，发作间期意识尚未恢复者，称为癫痫持续状态。

2.小发作（失神发作）　多见于5~14岁儿童。表现为突然短暂的意识丧失，原有的活动停止，两目凝视，持续6~20s。

3.精神运动性发作（复杂部分性发作）　常表现为意识障碍与精神症状，可出现幻觉和无意识的动作。可持续数小时乃至数日。

4.局限性发作（单纯部分性发作）　表现为一侧肢体或面部抽搐或感觉异常。

常用的抗癫痫药物有以下几种：

苯妥英钠

苯妥英钠（phenytoin sodium），又称大仑丁（dilantin），是最常用的抗癫痫药。口服吸收慢而不规则，常用量连续使用需 7~10d 才可达稳态血药浓度（10~20μg/ml）。血浆蛋白结合率为88%~92%。主要在肝内代谢，少量原形经肾排泄。常用量时血浆浓度有较大个体差异，用药剂量应个体化。

【作用和用途】苯妥英钠可稳定神经元和心肌细胞膜，降低其兴奋性。这一作用是通过阻滞Na^+、Ca^{2+}通道引起的。高浓度时还能抑制神经末梢对GABA的再摄取，诱导GABA受体增生，间接增强GABA的作用。

1.抗癫痫　为大发作和局限性发作的首选药。对精神运动性发作有效，稀释后静注也可控制癫痫持续状态。而对小发作无效，甚至使病情恶化。

2.治疗外周神经痛　对三叉神经痛和舌咽神经痛有一定疗效，可使疼痛减轻，发作次数减少。

3.抗心律失常　常用于强心苷中毒所致的快速型心律失常，为首选药（见抗心律失常药）。

【不良反应和注意事项】

1.局部刺激　苯妥英钠碱性强（pH10.4）。口服常见胃肠反应，如恶心、呕吐、胃痛等，饭后服可减轻。静脉注射可致静脉炎，应用生理盐水稀释后用。不宜肌内注射用。

2.毒性反应　血药浓度达到20μg/ml时就可出现毒性反应，表现为眩晕、头痛、眼球震颤、复视、共济失调等，达40μg/ml以上时可致精神错乱、昏睡及昏迷。使用时必须控制好剂量和静脉注射的速度（一般控制在50mg/min）并仔细观察用药后的反应，有条件时最好做血药浓度监测。

3.造血系统反应　抑制叶酸的吸收与代谢，引起巨幼红细胞性贫血，偶见白细胞减少，血小板减少及再生障碍性贫血。故在用药期间应定期查血象。

4.过敏反应　可引起皮疹、发热、剥脱性皮炎及肝坏死等。用药期间应定期查肝功能，如有异常应及早停药。

5.牙龈增生　久用能刺激牙龈的胶原组织增生，使牙龈增生，多见于青少年。故应嘱患者注意口腔卫生，并按摩牙龈以减轻牙龈增生。停药2～3周可自行消退。

6.其他　由于药酶诱导作用能加速维生素D代谢而致骨质疏松；静注过快可致心律失常、心脏抑制和血压下降；妊娠早期应用可致畸，故妊娠期妇女禁用，哺乳期妇女慎用。

7.药物相互作用　与含Mg^{2+}、Al^{3+}、Ca^{2+}的制剂合用可降低苯妥英钠的生物利用度；药酶抑制剂，如异烟肼、氯霉素、西咪替丁等可升高其血药浓度；香豆素类、磺胺类可因竞争血浆蛋白结合部位，使其血药浓度升高。本品为药酶诱导剂，可降低糖皮质激素、洋地黄毒苷、卡马西平等血药浓度。

卡马西平

卡马西平（carbamazepine）又名酰胺咪嗪。其作用类似于苯妥英钠，对精神运动性发作、大发作，可作为首选药之一。对癫痫并发的精神症状，以及锂盐无效的躁狂、抑郁症有效。治疗外周神经痛优于苯妥英钠。

不良反应较多，早期可出现头昏、嗜睡、恶心、呕吐和共济失调，一周左右逐渐消失。大剂量可致甲状腺功能低下、房室传导阻滞，故应严格控制剂量。偶见骨髓抑制、肝损害和过敏反应，应严密观察，一经发现立即停药。

苯巴比妥和扑米酮

苯巴比妥（phenobarbital）又名鲁米那。除小发作外的各型癫痫均有效，注射也可用于癫痫持续状态。作用快，疗效好，但后遗症状较重。不良反应与护理见镇静催眠药。

扑米酮

扑米酮（primidone）又名扑痫酮。对大发作、单纯局限性发作疗效优于苯巴比妥，对精神运动性发作不如卡马西平和苯妥英钠，对小发作无效。可用于其他抗癫痫药无效的大发作、精神运动性发作。与苯妥英钠合用有协同作用。用药早期可有嗜睡、头晕、恶心、呕吐、共济失调和眼球震颤等，连用数日大多患者可逐渐消失。偶有过敏、巨幼红细胞性贫血和骨软化症等。妊娠妇女禁用，肝肾功能不全者慎用。

乙琥胺

乙琥胺（ethosuximide）只对小发作有效，是治疗小发作的首选药。较常见的不良反应有嗜睡、眩晕、恶心、呕吐、食欲减退等，偶见肝功能损害，极少数有粒细胞减少，血小板减少。严重者可发生再生障碍性贫血。用药期间应定期检查血象与肝功能。肝、肾功能不全者慎用，妊娠期妇女禁用。

丙戊酸钠

丙戊酸钠（sodium valproate）对各型癫痫均有效。对小发作疗效好，优于乙琥胺，对精神运动性发作与卡马西平相似，对大发作的疗效不如苯妥英钠和卡马西平，前两者无效时可选用。不良反应有食欲缺乏、恶心、呕吐、致畸等，偶有肝功能损害，极少数患者有嗜睡、无力、头晕、共济失调和淋巴细胞增多、血小板减少等。用药期间应定期检查血象与肝功能，妊娠期妇女禁用。

苯二氮䓬类

1.地西泮（diazepam）　静脉注射是控制癫痫持续状态的首选药，偶可引起呼吸抑制，宜缓慢注射（1mg/min）。

2.硝西泮（itrazepam）　对肌阵挛发作、失神小发作和婴儿良性痉挛有较好的疗效。

3.氯硝西泮（clonazepam） 对各型癫痫都有效，尤其对失神小发作、肌阵挛发作和不典型小发作较好。

【抗癫痫药的应用原则】

1.根据癫痫发作类型选药　大发作苯妥英钠与卡马西平均为首选药，无效时再用苯巴比妥；局限性发作首选苯妥英钠；精神运动性发作首选卡马西平，次选苯妥英钠和丙戊酸钠；小发作首选乙琥胺或丙戊酸钠，次选氯硝西泮；癫痫持续状态首选地西泮（表2-3-3）。

表2-3-3　抗癫痫药的选择

癫痫发作的种类	应用的药物
大发作和局限性发作	苯妥英钠、苯巴比妥、丙戊酸钠
小发作	乙琥胺、丙戊酸钠、地西泮
精神运动性发作	卡马西平、苯妥英钠、丙戊酸钠、苯巴比妥
癫痫持续状态	地西泮、苯巴比妥钠、苯妥英钠

2.服药从小剂量开始，逐渐增量至既能控制发作而又不产生毒性反应为止。长期服药，不可突然停药，至完全控制3～5年后才可逐渐减量，1～2年后方可考虑停药。如突然停药，可使发作更频，甚至出现癫痫持续状态。

3.更换药物要逐渐过渡，即在原药基础上加用新药，然后逐渐减量至停用原药。

4.注意不良反应。密切观察和定期进行有关检查。

工作项目二　抗惊厥药

惊厥是各种原因引起的中枢神经过度兴奋的一种症状，表现为全身骨骼肌不自主的强烈收缩。常见于小儿高热、破伤风、癫痫大发作、子痫和中枢兴奋药中毒等。常用抗惊厥药有巴比妥类、水合氯醛和地西泮等，临床常用硫酸镁。

硫酸镁（magnesium sulfate）注射给药后，因 Mg^{2+} 与 Ca^{2+} 性质相似，能与 Ca^{2+} 竞争同一结合位点，抑制神经化学传递过程和肌肉收缩，从而使中枢神经系统抑制和使肌肉松弛，产生抗惊厥作用和降压作用。可用于各种原因所致惊厥，尤其对子痫疗效好，可作为首选药。注射过量致呼吸抑制、血压下降。腱反射消失常是呼吸抑制的先兆。在连续注射的过程中，应随时检查腱反射、呼吸频率和尿量。一旦出现腱反射消失、呼吸频率<16次/min 和尿量<25ml/h，常提示发生过量中毒，应立即行人工呼吸，并缓慢静脉注射钙剂（$CaCl_2$ 或葡萄糖酸钙）对抗。故在应用硫酸镁时应备钙剂。

工作项目三　抗帕金森病药

学习目标

1.了解抗帕金森病药的分类。
2.熟悉常用抗帕金森病药的作用及用途。
3.掌握常用抗帕金森病药的不良反应、用药后观察和应用注意事项。

案例分析

患者，女，52岁，因右侧肢体活动不灵活伴写字困难3年入院。患者缘于3年前发现于情绪紧张时或做精细工作时右手不自主抖动，右手活动不灵活并伴有写字困难，曾就诊于多家医院，给予美多巴治疗，症状有所好转，遂服用半个月后自行停药，后上述症状再次加重就诊。头颅MRI 未见异常。查体：神清语利，面部表情正常，伸舌居中，颈无抵抗。颈部肌张力稍增强。四肢肌力正常，右侧肢体肌张力增强，双侧巴宾斯基征阴性。

诊断：帕金森病。

治疗：美多巴 125mg，t.i.d；司来吉兰 5mg/d，q.d。

经过治疗15天后好转出院。

问题：

该患者为什么首选美多巴治疗？美多巴有哪些不良反应及用药注意事项？

帕金森病（parkinson disease，PD）是神经系统常见的慢性进行性退变疾病，典型的症状为运动徐缓、肌强直、静止震颤和共济失调。PD 是锥体外系运动功能失控性疾病，临床上按原发性、动脉硬化老年性、脑炎后遗症及化学药物中毒等病因分为四类。后三类均出现类似原发性帕金森病的症状，故又称帕金森综合征（parkinsonism）。主要病变为黑质—纹状体通路 DA 能神经元变性，导致纹状体内 DA 含量降低，而胆碱能神经功能相对占优势而发病。故抗震颤麻痹药分为两类：拟多巴胺药和中枢抗胆碱药。

一、拟多巴胺药

左旋多巴

左旋多巴（levodopa）口服易吸收，但吸收后大部分在外周脱羧酶作用下脱羧成 DA，仅 1% 左右的左旋多巴进入中枢神经系统，在脑内转变为多巴胺发挥治疗作用。在外周组织产生的多巴胺不能通过血脑屏障，只在外周发挥作用，引起不良反应。若同时服用外周脱羧酶抑制剂，可使进入脑的左旋多巴增多，同时减少外周的不良反应。

【作用和用途】

1.治疗帕金森病　进入中枢神经系统的左旋多巴，在脑内转变为多巴胺，补充黑质-纹状体通路的抑制性递质多巴胺，直接激动多巴胺受体，增强多巴胺能神经的功能，治疗帕金森病。其特点有：

（1）起效慢，常用剂量需2~3周起效，1~6个月以上作用达高峰，疗效持久，且随用药时间延长而递增。

（2）对轻症及年轻患者疗效较好，但老年、重症患者疗效差。

（3）对解除肌僵直和运动困难较好，但对肌肉震颤效果差。

（4）对多种原因引起的帕金森综合征有效，但对中枢多巴胺受体阻断药引起的帕金森病无效。

（5）只能缓解症状，不能阻止病情发展。

2.治疗肝昏迷　左旋多巴在脑内转变成的多巴胺和少量NA，能对抗肝性脑病时的胺类假性递质的作用，恢复正常的神经活动，用于肝性脑病的辅助治疗。

【不良反应和注意事项】主要因其在体内转变为多巴胺所致。

1.胃肠反应　发生率约80%，表现为恶心、呕吐、食欲减退等。用量过大或加量过快更易引起，继续用药可以消失。偶见溃疡出血或穿孔。

2.心血管反应　约30%患者出现轻度体位性低血压。少数患者头晕，继续用药可减轻。多巴胺对β受体有激动作用，可引起心动过速或心律失常。

3.不自主异常运动　为长期用药所引起的不随意运动，多见于面部肌群，如张口、咬牙、伸舌、皱眉、头颈部扭动等。也可累及肢体或躯体肌群，偶见喘息或过度呼吸。另外还可出现"开-关现象"（on-off phenomenon），患者突然多动不安（开），而后又出现全身性或肌强直性运动不能（关），严重妨碍患者的正常活动。疗程延长，发生率也相应增加。此时宜适当减少左旋多巴的用量。

4.精神障碍　出现失眠、焦虑、噩梦、狂躁、幻觉、妄想、抑郁等。需减量或停药。

【注意事项】

1.不与维生素B_6合用，后者为多巴脱羧酶的辅基，可促进左旋多巴在外周脱羧。

2.抗精神病药能引起帕金森综合征，又能阻断中枢多巴胺受体，所以能对抗左旋多巴的作用。

3.不宜与肾上腺素受体激动剂、利舍平等合用。

4.糖尿病、高血压、心律失常、消化性溃疡者慎用，冠心病患者禁用。

卡比多巴

卡比多巴（carbidopa）是左旋多巴的外周脱羧酶抑制剂。与左旋多巴合用时，可减少多巴胺在外周组织的生成，同时提高脑内多巴胺的浓度。既能提高左旋多巴的疗效，又能减轻其外周的不良反应，是左旋多巴的重要辅助药。临床上将其与左旋多巴以1:10的比例配伍，作为治疗帕金森病的首选药，单用基本无药理作用。

司来吉兰

司来吉兰（selegiline），又叫思吉宁、金思平、丙炔苯并胺，为选择性和不可逆性MAO-B抑制药，可降低脑内多巴胺的代谢，延长多巴胺的有效时间。一般做治疗PD的辅助药物，可增强左旋多巴的疗效，降低左旋多巴的用量，减少外周不良反应。本品口服吸收迅速，1h血中浓度达峰值，易透过血脑屏障。偶出现焦虑、幻觉、运动障碍等。少数患者可见恶心、低血压、转氨酶暂时性增高等，应进早餐及午餐时服用，同时缓慢增加药物剂量，以减少消化道反应的出现。应避免同时服用氟西汀、帕罗西汀。

金刚烷胺

金刚烷胺（amantadine）可促进纹状体中残存的多巴胺能神经元释放多巴胺，抑制多巴胺再摄取，也能直接激动多巴胺受体，并有较弱的抗胆碱作用。起效快（用药2~3天达最大疗效），持续时间短（连续用药6~8周疗效逐渐下降）。与左旋多巴合用有协同作用。缓解震颤、僵直效果较好。本品还有抗病毒作用。

长期应用可出现下肢皮肤网状青斑；也常见头晕，失眠、噩梦；口干、便秘、视物模糊；过量可致惊厥。癫痫患者、哺乳期妇女禁用。

溴隐亭和培高利特

溴隐亭（bromocriptine）为中枢D_2受体激动剂。治疗帕金森病疗效与左旋多巴近似。还可抑制催乳素和生长激素的释放，可用于产后停乳和催乳素分泌过多症。此外，对部分肝昏迷患者有效。不良反应较多，且有剂量依赖性。常见口干、恶心、呕吐；体位性低血压；长期服用偶致肢端红痛、精神障碍和肺纤维化，应及时停药。

培高利特（pergolide）作用与溴隐亭相似，可激动多巴胺受体。美金刚（memantine）既能直接激动中枢多巴胺受体，还可促进多巴胺的释放。两药均可用于治疗帕金森病。

二、中枢抗胆碱药

胆碱受体阻断药可阻断中枢胆碱受体，减弱纹状体中乙酰胆碱的作用。现可用于：

1. 轻症患者。
2. 不能耐受左旋多巴或禁用左旋多巴的患者。
3. 与左旋多巴合用可使 50%患者症状得到进一步改善。
4. 治疗抗精神病药引起的帕金森综合征有效。

传统胆碱受体阻断药阿托品、东莨菪碱抗帕金森有效，但其外周抗胆碱作用引起的不良反应大，因此，多用人工合成中枢性胆碱受体阻断药，常用者为苯海索。

苯 海 索

苯海索（trihexyphenidyl）又名安坦。其外周抗胆碱作用为阿托品的 1/10～1/2，抗震颤疗效好，但改善僵直及动作迟缓较差。常见不良反应有口干、便秘、视物模糊、排尿困难等。青光眼、前列腺肥大者慎用。

丙 环 定

丙环定（procyclidine）又名开马君。作用与用途同苯海索。

工作项目四 抗异常运动药的用药护理程序

一、用药前评估

1. **明确用药目的** 抗癫痫药用于减少或消除癫痫发作，使癫痫患者正常生活或接近正常生活。抗惊厥药用于控制和缓解各种原因导致的惊厥。抗帕金森病药用于减轻或控制帕金森病症状，改善患者生活能力。
2. **掌握基本资料** 用药前应检测癫痫患者的血常规、脑电图、肝肾功能等；了解女性患者是否处于妊娠期或哺乳期等。确定癫痫患者的类型、发作频率和持续时间等。
3. 了解患者的服药史及药物过敏史；询问患者是否患有使用心动过缓、Ⅱ或Ⅲ度房室传导阻滞、阿-斯综合征、骨髓抑制或其他血液病，有无明显肝功能障碍等并发症。
4. 了解患者是否吸烟、饮酒。告诫患者多食富含维生素 D 的食物并常晒太阳。注意检测患者的血压、心率、眼压、肢体活动及肝肾功能等。女性患者是否处于妊娠期或哺乳期。
5. 询问病史及日常生活受影响程度（工作、穿衣、洗澡、吃饭和走路等）；观察记录患者症状，运动障碍情况（动作迟缓、障碍或完全不能活动）、肌震颤和僵直程度和范围等。

了解患者用药史和药物过敏史；询问患者是否合并青光眼、溃疡病、糖尿病、支气管哮喘、急性精神病，严重心、脑血管疾病及肝肾功能状况。

二、用药期间护理

本类药物需长期服用，在治疗过程中不可随意更换药物，也不能自行减药、停药。用药护理过程中应注意：

1. 详细了解患者患病及治疗情况，嘱患者及家属坚持按时服药，使其了解突然停药可能加重病情的危害性。
2. 教育患者建立、培养良好的生活规律和习惯，避免精神紧张、过度劳累、过饱，禁食辛辣刺激性食物，禁酒等。口服给药宜采用与食物同服或饭后服以减轻局部刺激。
3. 告诉患者服用苯妥英钠、苯巴比妥后尿液变红色或红棕色，对身体无害，停药后可自行消失，提醒服用苯妥英钠的患者注意口腔清洁和牙龈保护。
4. 注意用药剂量个体化，用药期间监测血药浓度。定期检查血象、肝功能。
5. 耐心向患者说明服用药物后短期内可能出现恶心、呕吐、厌食、腹泻、头晕、直立性低血压或一些精神活动障碍，此时通过调整剂量，注意饮食搭配和服用一些药物可以减轻其不良反应，促进患者配合治疗。
6. 左旋多巴制剂于饭前 30min 服用。避免与牛奶、鸡蛋、豆浆等同食，以减少由于食物中氨基酸竞争引起左旋多巴吸收的减少。服用左旋多巴禁用维生素 B_6，以免降低左旋多巴的疗效和增加不良反应。本类药物极易潮解，置干燥处避光保存。
7. 告知患者服用金刚烷胺时不应再睡前服药，以免兴奋、失眠。服药期间夜间小便应坐位排尿为好，一旦出现头晕、心悸等症状应立即平卧。有过敏者、哺乳妇女、孕妇禁用。服药期间不宜驾驶车辆、操作机器等。

三、用药后护理评价

癫痫发作次数或症状是否减少或消失；惊厥是否控制；肝、肾功能是否正常等。疼痛是否缓解，生命体征是否保持正常；震颤是否控制或减轻；生活质量是否提高。有无明显不良反应发生。

制剂和用法

苯妥英钠　片剂：0.05g、0.1g。抗癫痫、三叉神经痛：0.1g/次，3 次/日。注射剂：0.1g、0.25g。癫痫持续状态：0.25g 加生理盐水 20ml，缓慢静注。

卡马西平　片剂：0.1g、0.2g。抗癫痫：开始时

0.1g/次，2~3 次/日。治疗三叉神经痛：0.2~0.4g/次，2 次/日。

苯巴比妥　片剂：0.03g。抗癫痫：0.03g/次，3 次/日。

乙琥胺　胶囊：0.25g。糖浆：5%。0.25g/次，2 次/日，一周后 0.5g/次，2~3 次/日。

丙戊酸钠　片剂：0.1/0.2g。0.2~0.4g/次，3 次/日。

氯硝西泮　片剂：0.5~2mg。10 岁以下儿童 0.01~0.1mg/(kg·d)，分 3 次服。

左旋多巴　片剂：0.25g。0.25g/次，3 次/日，视患者耐受情况每隔 3~7 日增加每日量 0.25g，最大量每日 6g，分 4~6 次服。

卡比多巴　片剂：10mg、25mg。按 1∶10 与左旋多巴合用。

司来吉兰　片剂：5mg。5mg/次，不超过 10mg/日，早饭顿服或早饭和午饭时服，2~3 日后可降低左旋多巴剂量。

盐酸金刚烷胺　片剂：0.1g。0.1g/次，2 次/日。

培高利特　片剂：0.05mg、0.25mg、1.0mg。0.05mg/次，1 次/日，连用 2 日，然后每隔 3 日每日增加 0.1~0.15mg，平均有效剂量 3mg/日。

美金刚　片剂：10mg。注射液：10mg/2ml。10mg/次，1 次/日，一周后每日增加 10mg。维持量 10mg/次，3 次/日。

盐酸苯海索　片剂：2mg。1~2mg/次，3 次/日。

丙环定　片剂：2mg、5mg。2.5mg/次，3 次/日。

（孙　鹏）

工作任务三　抗精神失常药

精神失常是多种原因引起的认知、情感、意志、行为等精神活动异常的一类疾病。包括精神分裂症、躁狂抑郁症和焦虑症等疾病。治疗这些疾病的药物统称为抗精神失常药，可分为抗精神病药、抗躁狂抑郁药和抗焦虑药。

工作项目一　抗精神病药

学习目标

1. 掌握氯丙嗪的药理作用、用途、不良反应及用药注意事项。
2. 熟悉抗躁狂药和抗抑郁药的作用和用途。

案例分析

患者，男，大学生，23 岁，言行怪异、出现幻觉妄想 1 年入院。患者自小少语寡言，交往少，脾气急躁，1 年前因父亲病故和失恋，开始失眠、呆滞、郁郁不乐，逐渐对社交、工作和学习缺乏应有的要求，不主动与人来往，对学习、生活和劳动缺乏积极性和主动性，行为懒散，无故不上课，朋友和同学发现，患者的言语或书写中，语句在文法结构虽然无异常，但语句之间、概念之间，或上下文之间缺乏内在意义上的联系，因而失去中心思想和现实意义。听到火车鸣响就害怕，见到鸡鸣狗叫也恐慌，见到公安人员就称"我有罪"，不时侧耳倾听"地球的隆隆响声"；患者记忆智能无障碍，只是孤独离群，生活懒散，时而恐惧、激越，时而自语自笑、凝神倾听。认为自己被监视，"监视器就是邻居家的录音机和自己的手表"；声称自己被死者控制，哭笑不受自己支配。入院诊断为"精神分裂症偏执型"，经给予氯丙嗪治疗数 3 个月，病情好转。

问题：
1. 氯丙嗪对中枢神经系统的主要作用是什么？
2. 氯丙嗪治疗精神分裂症的机制是什么？

抗精神病药在临床上主要用于治疗精神分裂症，对其他精神失常的躁狂症状也有效。根据化学结构不同，可分为吩噻嗪类、硫杂蒽类、丁酰苯类及其他类。

一、吩噻嗪类

吩噻嗪类包括氯丙嗪及其衍生物。

氯　丙　嗪

氯丙嗪（chlorpromazine）又名冬眠灵（wintermin），是吩噻嗪类的代表药。口服首关消除明显，2~4h 血药浓度达峰值。肌内注射吸收迅速，但因刺激性强应深部注射，其生物利用度比口服大 3~4 倍。血浆蛋白结合率约 90%，亲脂性高，分布于全身各组织，脑内浓度可达血浆浓度的 10 倍。经肝转化，经肾排泄。老年患者对氯丙嗪的代谢与消除速率减慢。不同个体口服相同剂量氯丙嗪后，血药浓度相差可达 10 倍以上，故临床用药应个体化。氯丙嗪脂溶性高，蓄积于脂肪组织，排泄缓慢，停药后 2~6 周，甚至 6 个月，尿中仍可检出。

【作用和用途】氯丙嗪对中枢神经系统、内分泌系统和自主神经系统均有作用，这些作用与阻断中枢多巴胺（D_2）受体、外周 M 胆碱受体、α 肾上腺素受体有关。

1. 中枢神经系统

（1）对行为和精神活动的影响：正常人服用治疗量的氯丙嗪，出现安定、镇静、感情淡漠和对周围事物不感兴趣,活动减少。在安静环境中易诱导入睡,易唤醒,醒后神志清楚。可用于神经官能症。精神病患者用药后,在不引起过分镇静的情况下,可迅速控制兴奋躁动,躁狂症状消失。继续用药,可使幻觉、妄想、躁狂及精神运动性兴奋逐渐消失,理智恢复,情绪安定,生活自理。氯丙嗪主要通过阻断中脑-皮质和中脑-边缘系统多巴胺受体而起作用。临床主要用于治疗精神分裂症,亦用于治疗躁狂症状及伴有兴奋、紧张、妄想等症状的其他精神病。

(2)镇吐作用:小剂量阻断延脑催吐化学感受区(CTZ)多巴胺受体,大剂量直接抑制呕吐中枢,镇吐作用强。可用于尿毒症、放射病、胃肠炎、药物、癌症等引起的呕吐。对妊娠呕吐也有效。也可用于顽固性呃逆。但对刺激前庭引起的呕吐无效(如晕动症)。

(3)对体温调节的影响:氯丙嗪可抑制下丘脑体温调节中枢,使其调节功能失灵,导致体温随环境温度而变化。配合物理降温,可使发热体温和正常体温下降到正常以下。降低基础代谢,机体对各种病理刺激的反应减低。提高组织对缺氧的耐受力。扩张血管,增加器官血液供应,改善微循环。临床上常与异丙嗪、哌替啶配伍组成冬眠合剂,用于严重感染、甲亢危象、妊娠毒血症和低温麻醉等。

(4)增强中枢抑制药的作用:可增强麻醉药、镇静催眠药及镇痛药的作用。合用时应注意减量,以免加深对中枢神经系统的抑制。

2.内分泌系统 氯丙嗪阻断下丘脑结节-漏斗通路多巴胺受体,抑制下丘脑释放催乳素抑制因子,导致催乳素分泌增加,引起乳房肿大及泌乳。促肾上腺皮质激素、生长素、促性腺激素分泌减少。

3.自主神经系统 氯丙嗪能阻断外周α受体,还能抑制血管运动中枢和直接舒张血管平滑肌,使血管扩张,微循环改善,但降压作用易产生耐受性。氯丙嗪也能阻断外周M受体,作用较弱,无治疗意义。

【不良反应和注意事项】

1.中枢抑制反应 有嗜睡、乏力、淡漠等,随用药时间的延长可逐渐耐受。

2.M受体阻断的不良反应 表现为视物模糊、眼压升高、口干、少汗、便秘、尿潴留等。

3.α受体阻断的不良反应 鼻塞、血压降低,静脉注射或肌内注射后可出现直立性低血压、心动过速等。注射时应嘱患者卧床1~2h后方可缓慢起立,氯丙嗪引起的低血压应用去甲肾上腺素抢救,不能用肾上腺素抢救。

4.脑内其他部位多巴胺受体阻断的不良反应

(1)阻断黑质-纹状体通路的多巴胺受体,引起锥体外系反应。包括:①帕金森综合征,出现肌张力增高、面容呆板(面具脸)、动作迟缓、肌肉震颤、流涎等;②急性肌张力障碍,出现于用药后1~5天,由于舌、面、颈及背部肌肉痉挛,患者出现强迫性张口、伸舌、斜颈、呼吸运动障碍及吞咽困难;③静坐不能,患者出现坐立不安,反复徘徊。可用胆碱受体阻断药苯海索缓解。此外,还可引起迟发性运动障碍,表现为不自主、有节律的刻板运动,出现口-舌-颊三联征,如吸吮、舔舌、咀嚼等。早期发现及时停药可恢复,应用胆碱受体阻断药反可使之加重。

(2)阻断结节-漏斗通路的多巴胺受体可导致内分泌紊乱,引起乳房肿大及泌乳、排卵延迟,生长减慢等。

5.一次吞服超大剂量(1~2g)氯丙嗪后,可发生急性中毒,出现昏睡、血压下降达休克水平,并出现心动过速、心电图异常(P-R间期或Q-T间期延长,T波低平或倒置),应立即进行对症治疗。

6.变态反应 常见皮疹、光敏性皮炎。少数有肝损害、粒细胞减少等。用药期间应定期检查肝功能及血象,若有异常应立即停药并用抗生素预防感染。

【禁忌证】有心血管疾病的老年患者慎用,昏迷患者、有癫痫史者、严重肝功能损害者、青光眼患者禁用。

其他吩噻嗪类药常用的有奋乃静(perphenazine)、氟奋乃静(fluphenazine)、三氟拉嗪(trifluoperazine)等。它们的作用、临床应用、不良反应与氯丙嗪相似,主要特点有:抗精神病作用强,镇吐作用强,镇静降压弱,锥体外系反应多见。

新衍生物哌泊噻嗪(pipotiazine)为强效抗精神病药,且有抗组胺作用,对慢性精神病的退缩有显著激活作用。主要用于慢性精神分裂症。注射用药,作用维持时间长,不良反应同氯丙嗪。

硫利达嗪(thioridazine)是吩噻嗪类的哌啶衍生物,疗效不及氯丙嗪,但锥体外系反应少见,镇静作用强。

二、硫杂蒽类

硫杂蒽类的代表药物为氯普噻吨(chlorprothixene)又名泰尔登。其抗精神分裂症和抗幻觉、妄想作用比氯丙嗪弱,但镇静作用强,而抗肾上腺素作用和抗胆碱作用较弱,还有较弱的抗抑郁作用。适用于伴有焦虑或焦虑性抑郁的精神分裂症、焦虑性神经官能症及更年期抑郁症。不良反应为锥体外系反应,与氯丙嗪相似。

珠氯噻醇(clopenthixol)及氟哌噻吨(flupentixol)为选择性的多巴胺受体阻断作用的抗精神病药,作用较强,起效较快。不良反应同氯丙嗪。

三、丁酰苯类

本类药物有氟哌啶醇(haloperidol),其作用和氯丙嗪相似。抗精神病作用及锥体外系反应均很强,镇静、降压作用弱。主要用于以兴奋躁动、幻觉、妄想为主的精神分裂症及躁狂症。镇吐作用强，用于多种疾病及药物引起的呕吐，对持续性呃逆也有效。锥体外系反应多见。大量长期应用可致心肌损伤。同类药物氟哌利多（droperidol）作用维持时间短，常与镇痛药芬太尼合用作神经安定镇痛。

四、其他类

五氟利多（penfluridol）为长效抗精神病药。一次用药疗效可维持一周。抗精神病作用较强，镇静作用弱，锥体外系反应常见。适用于慢性精神分裂症患者维持与巩固疗效。同类药还有匹莫齐特（pimozide），其作用维持时间较五氟利多短，每日口服一次，疗效可维持24h。

舒必利

舒必利（sulpiride）抗精神病作用较强，无明显镇静作用，对自主神经系统几乎无影响。锥体外系反应轻。可用于急、慢性精神分裂症，抑郁症，呕吐。

氯氮平

氯氮平（clozapine）抗精神病作用较强，几无锥体外系反应，可引起嗜睡、流涎、粒细胞减少，应定期检查血象。

奥氮平

奥氮平（olanzapine）其不良反应主要为少数患者出现外周抗胆碱不良反应、嗜睡、体重增加以及一过性的肝酶活性增高等。在使用时应加以注意。

利培酮

利培酮（risperidone）有良好的抗精神病作用，可改善精神分裂症的阳性症状，而锥体外系等不良反应较轻。

工作项目二 抗躁狂症药和抗抑郁症药

躁狂抑郁症又称情感性精神障碍，是一种以情感病态变化为主要症状的精神病。表现为躁狂或抑郁两者之一反复发作（单相型），或两者交替发作（双相型）。其病因为脑内 5-羟色胺（5-HT）缺乏，在此基础上，NA 功能亢进为躁狂症，发作时患者情绪高涨，联想敏捷，活动增多。NA 功能不足则为抑郁，表现为情绪低落，言语减少，精神、运动迟缓、常自责，甚至自杀。

一、抗躁狂症药

除氯丙嗪、氟哌啶醇及抗癫痫药卡马西平等对躁狂症有效外，典型抗躁狂症药是锂制剂，以碳酸锂为代表。

碳酸锂

碳酸锂（lithium carbonate）口服吸收入血，缓慢通过血-脑屏障，能抑制脑内 NA 及多巴胺的释放，并促进其再摄取，降低突触间隙 NA 浓度而抗躁狂。临床主要用于治疗躁狂症。对精神分裂症的兴奋躁动也有效，与抗精神病药合用疗效较好，既可减少抗精神病药的剂量，同时，抗精神病药还可缓解锂盐所致恶心、呕吐等不良反应。

不良反应较多有个体差异性。用药初期有恶心、呕吐、腹泻、疲乏、肌肉无力、肢体震颤、口干、多尿等。常可在继续治疗1~2周内逐渐减轻或消失。此外，还可引起甲状腺功能低下或甲状腺肿，一般无自觉症状，停药后可恢复。蓄积中毒时，表现为中枢神经症状，如意识障碍、昏迷、肌张力增高、深反射亢进、共济失调、震颤及癫痫发作。故对服用锂盐的患者，应每日测定血锂浓度，当血锂高至 1.5~2.0mmol/L 时，应立即减量或停药。必要时静脉注射生理盐水以加速锂的排泄。

二、抗抑郁症药

常用抗抑郁药为三环类，以丙米嗪为代表。

丙米嗪

丙米嗪（imipramine）又名米帕明。口服吸收好，但个体差异大。广泛分布于全身各组织，以脑、肝、肾及心肌分布较多。在肝代谢，自尿排出。

【作用与用途】

1.中枢神经系统　本品抑制神经末梢突触前膜对 NA 及 5-HT 的再摄取，使突触间隙 NA 含量升高。可使抑郁症患者情绪高涨，精神振奋，抑郁症状明显改善。但起效慢，连续用药2~3周才见效，故不作应急治疗药物应用。主要用于各型抑郁症的治疗。对内源性、反应性及更年期抑郁症疗效较好，对精神分裂症的抑郁状态疗效较差。

2.自主神经系统　治疗量丙米嗪能阻断 M 胆碱受体，引起阿托品样作用。详见不良反应。

3.心血管系统　对心血管作用详见不良反应。

【不良反应】

1.中枢神经系统表现　乏力、肌肉震颤。某些患者用药后可由抑制状态转为躁狂兴奋状态，剂量大时易发生。

2.自主神经系统的不良反应　口干、便秘、视物模糊、眼压升高、心悸及尿潴留，因其阻断 M 受体所致。青光眼、前列腺肥大患者禁用。

3.心血管系统的不良反应　丙米嗪能降低血压，抑制多种心血管反射，易致心律失常，还可引起体位性低血压及心动过速。有心血管疾病的患者慎用。

4.过敏反应 极少数患者出现皮疹、粒细胞缺乏冀黄疸等过敏反应。

其他三环类药物还有地昔帕明(desipramine)、阿米替林(amitriptyline)、多塞平(doxepin 多虑平)、氯米帕明(chlorimipramine)等,用途与丙米嗪相似。

其他抗抑郁药还有马普替林(maprotiline)、诺米芬新(nomifensine)、氟西汀(fluoxetine)和文拉法辛(venlafaxine)等。

工作项目三 抗焦虑症药

焦虑症是以急性焦虑反复发作为特征的神经官能症,并伴有自主神经功能紊乱。发作时,患者自觉恐惧、紧张、忧虑、心悸、出冷汗、震颤及睡眠障碍。临床多用抗焦虑药治疗,首选苯二氮䓬类。此外,还有丁螺环酮(buspirone),它与苯二氮䓬之间无交叉耐药性,不良反应少、药物依赖性较低。

临床上选药根据临床症状和药理作用选择:焦虑症状明显的,以艾司唑仑为佳;睡眠障碍显著的,以氟西泮、硝西泮、地西泮、艾司唑仑为佳;肌肉松弛作用以硝西泮、氯硝西泮等为佳。

工作项目四 抗精神失常药的用药护理程序

一、用药前评估

1.明确用药目的 控制精神失常的急性症状,预防其复发和最大限度地恢复患者的日常工作和生活自理能力。

2.掌握基本资料

(1)给药前应先检测患者的立位及卧位血压、脉搏、肺活量、血常规、尿常规、肝功能、眼压、脑电图等,以备在治疗过程中观察对比。

(2)了解患者的精神状态、有无暴力行为、自杀倾向等;询问有无住院或门诊治疗史、有无精神病家族史。

(3)了解患者是否有药物过敏史等;是否合并低血压、青光眼、前列腺肥大、尿潴留、肠麻痹等病症。

(4)了解患者有无抽烟、饮酒的嗜好。

二、用药期间护理

1.应告诉患者注射氯丙嗪后要缓慢改变体位,以防止直立性低血压发生,一旦出现应用去甲肾上腺素抢救,禁用肾上腺素。

2.用药过程中要注意药物的相互作用。氯丙嗪可以加强乙醇、镇静催眠药、抗组胺药、镇痛药的作用;与某些肝药酶诱导剂如苯妥英钠、卡马西平合用可加速氯丙嗪的代谢,应注意适当调整剂量。氯丙嗪与吗啡、哌替啶合用时容易引起呼吸抑制和血压降低。

3.氯丙嗪局部刺激性较强,宜深部肌内注射。静脉注射可引起血栓性静脉炎,应以生理盐水或葡萄糖溶液稀释后缓慢注射。冬眠合剂要现用现配。

4.定时检测患者的血压、脉搏、体温、肝肾功能及粒细胞的变化等,必要时做脑电图及眼检查。

5.严密观察患者用药后的不良反应,告诉患者要缓慢改变体位,不可驾驶或操作重机器。

6.注意有无眩晕、嗜睡、口干,是否排尿、排便困难及视觉变化或皮肤发黄。密切注意患者是否有锥体外系反应或其他中毒反应。

7.锂盐不良反应较多,安全范围较窄,其胃肠道症状很常见,特别是恶心及腹泻,用药期间应特别注意观察,如在治疗过程中出现则可能提示过量,应立即停药。

8.大多数三环或四环类抗抑郁药具有镇静作用,因此适宜晚间一次服用,以减轻不良影响。三环类抗抑郁药应避免与单胺氧化酶抑制剂如异烟肼合用,以免发生高血压危象。

三、用药后护理评价

精神失常患者的幻觉、妄想、暴力行为及自杀倾向是否解除;生活自理和活动能力是否恢复。有无直立性低血压、口干、尿潴留、便秘等不良反应。

制剂和用法

盐酸氯丙嗪 片剂:12.5mg、25mg、50mg。镇吐:12.5~50mg/次。治疗精神病:25mg/次,4次/日,逐渐递增剂量至 200mg/次,4 次/日。注射液:25mg/1ml、50mg/2ml。肌内注射或生理盐水稀释后缓慢静注。

奋乃静 片剂:2~4mg。镇吐:2~4mg/次,3次/日。治疗精神病:2~15mg/次,4次/日。

盐酸氟奋乃静 片剂:2mg。2.5~20mg/日,分2次服。

盐酸三氟拉嗪 片剂:5mg。5~10mg/次,2~3次/日。

氯普噻吨 片剂:25mg、50mg。治疗精神病:75~600mg/日,分2~3次服。

氟哌啶醇 片剂:2mg、4mg。4~60mg/日,分2~3次服。注射液:5mg/1ml。5~10mg/次,肌内注射,2~3次/日。

五氟利多 片剂:20mg。10~40mg/次,1次/周。

舒必利 片剂:100mg。镇吐:0.1~0.2g/次。治疗精神病:0.1~0.8g/日,分2~3次服。

氯氮平 片剂:25 mg、50mg。50~300mg/日,

分 2~3 次服。

　　碳酸锂　片剂：0.25g。0.5~2g/日，分 2~3 次服。

　　盐酸丙米嗪　片剂：12.5 mg、25mg。25~150mg/日，分 2~3 次服。

　　盐酸阿米替林　片剂：25 mg、50mg。50~300mg/日，分 3 次服。

　　盐酸多塞平　片剂：25mg。50~200mg/日，分 2~3 次服。

　　盐酸氯米帕明　片剂：25mg。25mg/次，3 次/日。

　　盐酸氟西汀　胶囊：20mg。20~40mg/次，1 次/日。

　　丁螺环酮　片剂：5~10mg。5~10mg/次，3 次/日。

目标检测

一、填空题

1. 常用苯二氮䓬类药物有____、____、____和____等。
2. 巴比妥类药中属长效类的有____，中效类的有____，短效类的有____，超短效类的有____。
3. 巴比妥类药可用于____、____和____。
4. 巴比妥类随剂量由小到大，相继出现____、____、和____。
5. 苯妥英钠的临床应用是____、____和____。

二、选择题

1. 下列关于地西泮的叙述错误是（　）
   A. 大剂量不引起麻醉
   B. 小于镇静剂量即有抗焦虑作用
   C. 久用可产生依赖性
   D. 肌内注射吸收不规则，血药浓度较低
   E. 对快动眼睡眠时相无影响

2. 地西泮不具有的不良反应是（　）
   A. 嗜睡、乏力　　B. 共济失调
   C. 中枢麻醉　　　C. 白细胞减少
   E. 呼吸抑制

3. 地西泮临床不用于（　）
   A. 焦虑症　　　　B. 诱导麻醉
   C. 小儿高热惊撅　D. 麻醉前用药
   E. 脊髓损伤引起肌肉僵直

4. 常用苯二氮䓬类药中，起效快、作用强而短的药物是（　）
   A. 地西泮　　　　B. 艾司唑仑
   C. 三唑仑　　　　D. 奥沙西泮
   E. 劳拉西泮

5. 苯巴比妥急性中毒时，为加速其从肾排泄，应采取的措施是（　）
   A. 静滴生理盐水
   B. 静滴碳酸氢钠溶液
   C. 静滴5%葡萄糖溶液
   D. 静滴低分子右旋糖酐
   E. 静滴甘露醇

6. 巴比妥类急性中毒时，引起死亡的主要原因是（　）
   A. 心脏骤停　　　B. 肾衰竭
   C. 延脑呼吸中枢麻痹　D. 惊厥
   E. 吸入性肺炎

7. 治疗癫痫持续状态的首选药是（　）
   A. 静注苯巴比妥　B. 静注地西泮
   C. 口服水合氯醛　D. 静注硫喷妥钠
   E. 静注苯妥英钠

8. 治疗癫痫小发作应首选（　）
   A. 乙琥胺　　　　B. 丙戊酸钠
   C. 卡马西平　　　D. 苯巴比妥
   E. 扑米酮

9. 苯妥英钠不用于治疗癫痫（　）
   A. 大发作　　　　B. 持续状态
   C. 小发作　　　　D. 局限性发作
   E. 精神运动性发作

10. 治疗大发作和小发作混合型癫痫应选用（　）
    A. 丙戊酸钠　　　B. 乙琥胺
    C. 苯妥英钠　　　D. 苯巴比妥
    E. 劳拉西泮

11. 可引起牙龈增生的抗癫痫药是（　）
    A. 卡马西平　　　B. 苯巴比妥
    C. 丙戊酸钠　　　D. 扑米酮
    E. 苯妥英钠

12. 可用于治疗外周神经痛的抗癫痫药是（　）
    A. 丙戊酸钠　　　B. 卡马西平
    C. 扑米酮　　　　D. 苯巴比妥
    E. 氯硝西泮

13. 治疗子痫、破伤风等惊厥应选用（　）
    A. 苯巴比妥　　　B. 水合氯醛
    C. 硫酸镁　　　　D. 苯妥英钠
    E. 硫喷妥钠

14. 氯丙嗪主要通过____来发挥抗精神病作用（　）
    A. 增加 DA 的合成　B. 减少 DA 合成
    C. 阻断 DA 受体　　D. 活化 DA 受体

15. 下列属于中枢性抗胆碱药的（　）
    A. 山莨菪碱　　　B. 后马托品
    C. 阿托品　　　　D. 苯海索

16. 苯海索不宜用于（　）
    A. 不能耐受左旋多巴　B. 重症患者
    C. 轻症患者　　　　　D. 禁用左旋多巴者

17. 左旋多巴除了用于抗震颤麻痹外，还可用于（　）
    A. 脑膜炎后遗症　B. 乙型肝炎
    C. 失眠　　　　　D. 肝性脑病

18. 关于 L-dopa 的下列叙述错误的是（　）
    A. 口服后 0.5~2h 血浆浓度达峰值
    B. 作用快，初次用药数小时即明显见效

C.进入中枢神经系统的L-dopa不足用量的1%
D.外周脱羧形成的多巴胺是造成不良反应的主要原因

三、简答题

1.简述苯巴比妥的急性中毒的表现及解救措施。
2.简述苯二氮䓬类与巴比妥类药催眠作用的异同。
3.简述苯妥英钠的不良反应及用药监护。
4.氯丙嗪引起的低血压为什么不能用肾上腺素治疗？

（孙 鹏）

工作任务四 镇 痛 药

学习目标

1. 熟悉镇痛药的分类及麻醉药品的管理办法。
2. 掌握吗啡、哌替啶的作用、用途、不良反应及用药注意事项。
3. 了解其他镇痛药的应用和不良反应。
4. 掌握吗啡用药后的观察项目及中毒时的抢救措施。

案例分析

患者，女，74岁，双侧臀后及肛周剧烈烧灼样疼痛半月余。2年前曾做腰椎手术。半月前患者两次大便后出现疼痛，持续性烧灼样疼痛，不能坐位，口服可待因疼痛稍有缓解，到肛肠专科医院就诊，按慢性肛周炎治疗2周，疼痛未减轻。既往有高血压，糖尿病，甲亢病史。查体：神清，精神差，血压130/90mmHg，双侧臀后肛周痛觉超敏，腰部及椎旁局部压痛明显，未放散至大腿、小腿以及脚掌，直腿抬高试验阴性。

诊断：腰椎手术后疼痛；神经病理性疼痛。

治疗：美沙酮5mg b.i.d；骶管神经阻滞疗法；心理治疗。

经过25天治疗好转出院。

问题：

1. 美沙酮为哪类镇痛药？其镇痛机制如何？
2. 应用镇痛药的注意事项有哪些？

镇痛药（analgesics）是一类主要作用于中枢神经系统，选择性地消除或缓解疼痛而不影响其他感觉的药物。此类药镇痛作用强大，多用于各类剧痛。由于连续多次应用后易产生生理依赖性（成瘾性），故又称为麻醉性镇痛药（narcotiC.analgesics）或成瘾性镇痛药（麻醉药品）。典型的镇痛药为阿片生物碱类（吗啡、可待因）与人工合成品（哌替啶、阿法罗定、芬太尼、美沙酮、喷他佐辛、二氢埃托啡等）。

工作项目一 阿片生物碱类镇痛药

从阿片中提取的主要有吗啡和可待因。

吗 啡

吗啡（morphine）口服首关消除明显，生物利用度低。皮下、肌内注射吸收快，分布广，可通过胎盘，也可经乳汁排出。主要在肝内代谢，经肾排泄，少量经胆汁排出。

【作用和用途】

1. 中枢神经系统

（1）镇痛、镇静：镇痛作用迅速、强大、持久（1次给药可维持4～5h），对各种疼痛有效。对持续性、慢性钝痛效大于间断性锐痛。与全身麻醉药不同，在镇痛的同时意识清楚，听觉、视觉及触觉等不受影响。镇静作用明显，能消除由疼痛引起的紧张、焦虑、恐惧等情绪反应，提高对疼痛的耐受力。连续多次给药可出现忘乎所以、飘飘欲仙等欣快感。由于易成瘾，故仅用于其他镇痛药无效的急性锐痛如严重创伤、烧伤等。心肌梗死引起的剧痛，血压正常者可用吗啡止痛。其他疼痛基本上已被人工合成的镇痛药如哌替啶等代替。

（3）抑制呼吸：治疗量的吗啡可引起呼吸频率减慢，潮气量降低，肺通气量减少。剂量增加，抑制作用增强。急性中毒呼吸频率可减慢至3～4次/min。可被中枢兴奋药拮抗。临床可用于心源性哮喘的辅助治疗。心源性哮喘是左心衰竭引起急性肺水肿而导致的呼吸困难，注射吗啡有以下作用：抑制呼吸，缓解快而浅的呼吸；镇静，消除患者的焦虑、恐惧；扩张外周血管，降低外周阻力。若患者伴有休克、昏迷、严重肺部疾患或痰液多者禁用。

（4）镇咳：抑制咳嗽中枢，镇咳作用较其他镇咳药强，且对多种原因引起的咳嗽有效。但易产生依赖性，故一般不作镇咳药用。

（5）其他：可引起瞳孔缩小，中毒时可产生针尖样瞳孔。此外还可引起恶心、呕吐。

2. 兴奋平滑肌　提高胃肠平滑肌及括约肌的张力，抑制推进性蠕动，同时减少消化液分泌加上中枢抑制，可致便秘。收缩奥狄括约肌，使胆汁排出受阻，升高胆道压力，甚至诱发胆绞痛。也能收缩膀胱括约肌和支气管平滑肌，可致尿潴留和诱发哮喘。临床常选用阿片酊或复方樟脑酊，用于急、慢性腹泻。如伴有细菌感染，应合用抗生素。

3. 心血管系统　治疗量的吗啡对心率、心律和心收缩力无影响，但可以抑制血管平滑肌，在某些个体可引起体位性低血压。较大剂量静脉注射甚至使卧位患者的血压下降。更大剂量可出现心动过缓。吗啡也可升高颅内压。

【不良反应和注意事项】

1. 一般不良反应　可有嗜睡、眩晕、恶心、呕吐、便秘、排尿困难、胆绞痛、呼吸抑制、体位性低血压等。

2. 耐受性和成瘾性　反复用药后易发生，一旦停药则可出现烦躁、易怒、流涕、出汗、震颤、呕吐、腹痛、虚脱等戒断症状，引发患者的强迫性觅药行为。故必须严格遵守国家《麻醉药品管理办法》严格管理。

3. 急性中毒　用量过大时易发生急性中毒。表现为昏迷、瞳孔极度缩小、呼吸抑制、血压下降、发绀、尿少、体温下降，最后死于呼吸麻痹。一旦出现中毒症状，应立即人工呼吸、给氧、使用吗啡拮抗药纳洛酮抢救，口服者还应立即洗胃。给氧应注意不可给纯氧。其他应注意静脉补液及对症治疗。

4. 使用注意事项

（1）疼痛原因未明前忌用；胆、肾绞痛需与阿托品合用。

（2）支气管哮喘、肺心病患者禁用。

（3）颅内压升高、严重肝功能不全患者禁用。

（4）由于吗啡能通过胎盘或乳汁，胎儿和新生儿对吗啡敏感。除了会引起呼吸抑制外，反复使用吗啡类药物，胎儿和新生儿也会成瘾。同时能对抗催产素对子宫的兴奋作用，延长产程。故禁用于分娩止痛和哺乳妇女止痛。

可待因

可待因（codeine）又称甲基吗啡。口服易吸收，首关消除较少。经肝代谢。

可待因的镇痛作用仅为吗啡的1/12，镇咳作用为其1/4。持续时间与吗啡相似；镇静作用不明显。欣快感及成瘾性弱于吗啡。对呼吸中枢抑制作用轻，无明显的便秘、尿潴留及体位性低血压的作用。

临床上可用于中、轻度疼痛，与解热镇痛药合用有协同作用。还常用于镇咳（见镇咳药）。

工作项目二　人工合成镇痛药

吗啡镇痛作用强，但易成瘾。人工合成镇痛药成瘾性较吗啡小，临床最常用（表2-3-4）。

表2-3-4　人工合成镇痛药的比较

药名	作用和临床应用
美沙酮（methadone）	镇痛效力与吗啡相当，其他作用较吗啡弱。用于各种剧痛
芬太尼（fentanyl）	镇痛强（为吗啡的100倍）、快，维持时间短（1~2h）。用于各种剧痛，也可作为麻醉辅助用药
二氢埃托菲（dihydroetorphine）	镇痛强（为吗啡的1.2万倍）、快，维持时间较短（3~4h）。间断用药不易产生耐受性。用于剧痛
布桂嗪（fortanodyn）	镇痛为吗啡的1/3，作用快，维持时间较长（4~6h）。用于偏头痛、三叉神经痛、外伤性疼痛等。依赖性小，属Ⅰ类精神药品
曲马朵（tramadol）	镇痛为吗啡的1/5~1/10。作用快，维持时间同吗啡，但不抑制呼吸，对血管及平滑肌无影响。主要用于慢性疼痛及术后痛
喷他佐辛（pentazocine）	为阿片受体部分激动剂，镇痛为吗啡的1/3，抑制呼吸较弱，依赖性极小，属Ⅱ类精神药品。用于各种剧痛

哌替啶

哌替啶（pethidine）又名杜冷丁（dolantin）。口服易吸收，皮下或肌内注射吸收快，持续时间短（2~4h）。经肝转化，随尿排出。

【作用和用途】

1. 中枢神经系统　作用与吗啡相似。镇静作用明显，镇痛较弱，为吗啡的1/10，抑制呼吸作用与吗啡相当。可消除紧张、焦虑、烦躁不安等疼痛引起的情绪反应。抑制呼吸的作用较弱，少数患者可出现恶心、呕吐和眩晕。对中枢抑制较轻。

临床用于各种疼痛，如创伤性疼痛、手术后疼痛、内脏绞痛、晚期癌症的疼痛均有效。对绞痛患者，需合用解痉药如阿托品等。镇痛作用弱于吗啡，但成瘾性比吗啡轻，产生也较慢，几乎已取代了吗啡。其镇静作用可消除患者术前紧张、恐惧情绪，减少麻醉药用量。与氯丙嗪、异丙嗪合用组成冬眠合剂用于人工冬眠疗法。还能用于心源性哮喘，其治疗机制与吗啡相同。

2. 平滑肌　能提高胃肠道平滑肌及括约肌张力，但因作用时间短，故不引起便秘，也无止泻作用。能引起胆道括约肌痉挛，提高胆道内压力。治疗量对支气管平滑肌无影响，大剂量则可引起收缩。对妊娠末期子宫，不对抗催产素兴奋子宫的作用，不延长产程。

3. 心血管系统　治疗量可致体位性低血压，抑制呼吸，使脑血管扩张而致脑脊液压力升高。

【不良反应和注意事项】

1. 一般不良反应　与吗啡相似，可致眩晕、恶心、呕吐、出汗、体位性低血压等。
2. 依赖性　虽较吗啡慢，仍可产生。
3. 急性中毒　可出现昏迷、呼吸抑制、瞳孔散大、肌肉痉挛甚至惊厥。纳洛酮能对抗其呼吸抑制，但不能对抗其中枢兴奋症状，可合用抗惊厥药。
4. 注意事项

（1）禁用于支气管哮喘、肺心病、颅内压升高者。

（2）哌替啶能通过胎盘，新生儿对哌替啶抑制呼吸作用极为敏感，故产妇临产前2～4h内不宜使用。

芬太尼

芬太尼（fentanyl）镇痛作用较吗啡强100倍，起效快（15min起效），维持时间短（1～2h）。可用于各种剧痛。与全身麻醉药或局麻药合用可减少麻醉药用量。不良反应有眩晕、恶心、呕吐及胆道括约肌痉挛。大剂量产生明显肌肉僵直，纳洛酮能对抗。静脉注射过速易抑制呼吸，应注意。禁用于支气管哮喘、颅脑肿瘤或颅脑外伤引起昏迷的患者以及两岁以下小儿。

阿法罗定

阿法罗定（alphaprodine）又名安那度（anadol），为短效镇痛药。皮下注射起效快（5min），维持时间短（2h）。静注则1～2min见效，维持1～1.5h。用于短时止痛，也可与阿托品合用，以解除胃肠道、泌尿道平滑肌痉挛性疼痛。不良反应有眩晕、多汗、无力等。

美沙酮

美沙酮（methadone）药理作用性质、强度与持续时间与吗啡相似，耐受性与成瘾性发生较慢。抑制呼吸、缩瞳、引起便秘及升高胆道内压力都较吗啡轻。适用于创伤、手术及晚期癌症等所致剧痛，也用于治疗吸毒成瘾者。

曲马朵

曲马朵（tramadol）口服易吸收，不良反应和其他镇痛药相似，偶有多汗、头晕、恶心、呕吐、口干、疲劳等。治疗量时不抑制呼吸，也不影响心血管功能，不产生便秘等不良反应。适用于中度及重度急慢性疼痛及外科手术。不宜用于轻度疼痛，长期应用也可能发生成瘾。

布桂嗪

布桂嗪（fortanodyn）又名布桂嗪。镇痛作用为吗啡的1/3。临床多用于偏头痛、三叉神经痛、炎症性及外伤性疼痛、关节痛、痛经及癌痛。偶有恶心、头晕、困倦等神经系统反应，停药后消失。个别病历曾出现成瘾性，应慎用。

喷他佐辛

喷他佐辛（pentazocine）又名喷他佐辛。口服吸收良好，首关消除显著，需1～3h才达血药浓度峰值。在肝代谢，代谢速率个体差异大。

本药镇痛效力为吗啡的1/3，呼吸抑制作用约为吗啡的1/2。对胃肠和胆道平滑肌的作用弱，不引起便秘和胆内压升高。大剂量增快心率，升高血压。可用于各种慢性剧痛。

常见不良反应有镇静、眩晕、恶心、出汗。剂量增大能引起呼吸抑制、血压升高、心率增快；有时可引起焦虑、噩梦、幻觉等。纳洛酮能对抗其呼吸抑制的毒性。

二氢埃托啡

二氢埃托啡（dihydroetorphine）为我国生产的强镇痛药。其镇痛作用是吗啡的12000倍。用量小（20～40mg/次），镇痛作用短暂（2h）。小剂量间断用药不易产生耐受性而大剂量持续用药则易出现耐受性。常用于镇痛或吗啡类毒品成瘾者的戒毒。

工作项目三　其他镇痛药

四氢帕马丁是罂粟科草本植物延胡索中提取的生物碱，有效部分为左旋体，即罗通定（rotundine）。

口服四氢帕马丁及罗通定吸收良好，镇痛作用较哌替啶弱，但较解热镇痛药强，无成瘾性。有镇静、催眠作用。对慢性钝痛效果较好。可用于治疗胃肠、肝、胆内科疾病引起的钝痛、头痛及失眠。也可用于痛经及分娩止痛，对产程及胎儿均无不良影响。

治疗量不良反应少。大剂量可抑制呼吸，偶见恶心、乏力、眩晕等。

工作项目四　阿片受体拮抗剂

纳洛酮

纳洛酮（naloxone）本品化学结构与吗啡相似，能竞争性阻断阿片受体，对抗阿片受体激动剂的作用。临床主要用于抢救麻醉性镇痛药吗啡等急性中毒，解救呼吸抑制及其他中枢抑制症状，可使昏迷患者迅速复苏。也可用于阿片类药物成瘾的诊断。

纳曲酮

纳曲酮（naltrexone）作用与纳洛酮相同，作用维持时间较长。

【附】
癌痛的镇痛治疗——三级止痛阶梯治疗

该方法是对癌痛的性质和原因作出正确的评估后，根据癌症患者的疼痛程度和原因适当选择相应的镇痛药。对轻度疼痛的患者应主要选用解热镇痛抗炎药（如阿司匹林、对乙酰氨基酚、布洛芬、吲哚美辛栓剂等）；若为中度疼痛者应选用弱阿片药（如可卡因、氨酚待因、布桂嗪、曲马朵等）；若为重度疼痛者，应选用强阿片类药（如吗啡、哌替啶、美沙酮、二氢埃托啡等）。用药过程中要尽量选择口服给药途径；有规律的按时给药而不是按需给药；药物剂量应个体化；需要时可加辅助药物如解痉药，精神治疗等。

工作项目五 镇痛药的用药护理程序

一、用药前评估

1. 明确用药目的 预防或解除病因明确的各种中、重度疼痛，避免或减轻由疼痛所介导的各种生理功能紊乱。

2. 掌握基本资料

（1）机体状况：治疗前检测患者的血压、脉搏、末梢循环、瞳孔大小等基本参数，尤其是呼吸的次数与深度；女性患者是否处于妊娠期或哺乳期等。

（2）既往史：①明确疼痛的部位、发生时间、性质（如锐痛、刺痛、钝痛）；了解影响痛阈的精神因素（如焦虑、抑郁、恐惧、愤怒等）。②询问患者就诊前的用药史、药物过敏史等。③了解患者是否患有肺气肿、支气管哮喘、肺源性心脏病等。

（3）生活习性：了解患者是否抽烟、饮酒。

3. 实施卫生教育

（1）心理教育：向患者多作思想工作，从精神上给予关心、爱护和安慰等，分散患者对痛反应的注意力。

（2）用药教育：①在痛因未明确前，告诉患者忌用本类药物，以免掩盖症状而贻误诊治；疼痛原因明确后，要告诉患者定时定量用药，不要到疼痛剧烈时再用药，这样会导致用药量增加而使药效减低。②要教给患者减轻疼痛、增强药效的方法，如减少环境刺激，放松情绪，适当锻炼、参加娱乐活动等。③告诉患者本类药物的主要不良反应及预防办法，警告患者不得任意增加用药剂量或长期使用，说明阿片类药物成瘾的危害性。并告戒患者用药期间要戒烟、酒，以免加深中枢抑制。

二、护理措施

1. 注意用药方法

（1）药物配伍：①巴比妥类、苯妥英钠、吩噻嗪类等中枢抑制药可增强本类药物的镇痛效果，但对中枢的抑制作用亦增强，应谨慎合用。②用肌松剂前使用或加用本类药物，可加强神经肌肉阻滞作用。

（2）给药方法：①本类药物多采用口服、皮下或肌内注射，作肌内注射时要注意抽回血，不可误入静脉；一般不作静注或静滴，必要时用附加注射方式将一次量加入注射用 0.9%氯化钠溶液 10ml 中，以 4~5min 的速度缓慢注入，速度过快会抑制呼吸，甚至呼吸停止。②胆绞痛和肾绞痛的患者在用吗啡时应与阿托品合用。③对癌症患者倡导三级止痛阶梯疗法，即将癌症患者的疼痛分为轻、中和重度三级，分别使用非阿片类镇痛药、弱阿片类和强阿片类镇痛药止痛。

2. 加强用药监护

（1）监测有关数据：吗啡和哌替啶给药后应定时监测呼吸、血压有无变化；唇、舌、甲床的颜色及呼吸深度、意识有无改变等。如呼吸低于 6 次/min，有发绀出现，需辅助呼吸；如心率超过 110 次/min，应注意是否有心衰。

（2）重视用药监护：①应用本类药物后应卧床监护，如用药后产生头晕、恶心、体位性低血压等，要告诉患者缓慢改变体位，防止摔伤；注意瞳孔大小，吗啡中毒时可使瞳孔缩小，而哌替啶中毒时则使瞳孔散大。②吗啡可抑制咳嗽反射，降低膀胱尿意及导致便秘，故应鼓励患者咳痰、定时排便、多食富含纤维素食品、多饮水等。③哌替啶注射后有人会有角膜麻痹现象，而失去角膜反射，应警惕此现象发生，注意保护角膜。④本类药物大多极易产生耐受性和依赖性，如突然停药，可出现严重的戒断症状，故必须严格按照麻醉药品管理条例管理和使用。

（3）中毒急救处理：口服吗啡过量所致的急性中毒可用 1∶2000 高锰酸钾洗胃，同时人工呼吸，给氧（不给纯氧），使用中枢兴奋药尼可刹米；亦可静注吗啡拮抗剂纳洛酮等。

三、评价药物疗效

疼痛是否缓解，生命体征是否恢复或保持正常，呼吸道是否通畅。有无不良反应如头晕、体位性低血压、尿潴留、便秘等发生；有无药物的依赖性或毒性现象发生。

制剂和用法

盐酸吗啡 片剂：5mg、10mg。5~15mg/次，极量 30mg/次。注射液：10mg/ml。10mg/次，皮下注射。

盐酸哌替啶 注射液：50mg/1ml、100mg/2ml。50~100mg/次，肌内注射。极量 150mg/次。

盐酸美沙酮 片剂：2.5mg。5~10mg/次，极量 10mg/次。注射液：5mg/1ml。2.5~5mg/次，皮下或

工作模块三　中枢神经系统疾病用药

肌内注射，极量 10mg/次。

枸橼酸芬太尼　注射液：0.1mg/2ml。0.05~0.1mg/次，肌内注射。

盐酸双氢埃托菲　注射液：10.20μg/1ml。10~20μg/次，肌内注射。舌含片：20、40μg。20~40μg/次。

布桂嗪　片剂：30mg、60mg。30~60mg/次，3~4次/日。注射液 50mg/1ml、100mg/2ml。50mg/次，皮下注射。

盐酸曲马朵　胶囊：50mg。注射液：50mg/1ml。栓剂：100mg。50~100mg/次。2~3次/日。口服，皮下，肌内注射。缓慢静注或肛门给药。

盐酸喷他佐辛　片剂：25~50mg。25~50mg/次，极量 200mg/次。

罗通定　片剂：30~60mg。60~120mg/次，3次/日。注射液：60mg/2ml。60~90mg/次，肌内注射。

盐酸纳洛酮　注射液：0.4mg/1ml。0.4~0.8mg/次，肌内注射或静注。

舒马曲坦　片剂：50mg。100mg/次，4~24h 复发者可用第 2 次。

（钱洪鑫）

工作任务五　解热镇痛抗炎药

学习目标

1. 熟悉解热镇痛抗炎药的分类及共同药理作用。
2. 掌握阿司匹林的作用、用途、不良反应、用药后的观察项目和用药注意事项。
3. 了解其他解热镇痛抗炎药的作用及临床应用。

案例分析

患者，男，45岁，间断关节肿痛 7 年，发热伴四肢麻木、疼痛半个月就诊。患者于 6 年前无明显诱因出现双腕关节、膝关节痛，有晨僵现象，间断服中药治疗，效果不佳，后出现掌指、近指关节肿痛，晨僵持续一上午，下午才缓解，肩、肘关节、踝关节均出现疼痛。近半个月出现发热，体温最高达 38℃，四肢麻木、疼痛逐渐加重。查体：体温 38.5℃，双腕关节、左膝关节轻度肿胀，压痛，其他关节查体无异常，双下肢及双足轻度水肿，四肢远端痛觉、触觉减退。双足背伸不能。

辅助检查：类风湿因子阳性。

诊断：类风湿性关节炎。

治疗：阿司匹林 1g，4 次/d；泼尼松 7.5mg/d，清晨服用，逐渐减量。

经过 15 天治疗好转出院。

问题：

1. 为何给该患者服用阿司匹林治疗？
2. 阿司匹林的不良反应及用药注意事项有哪些？

解热镇痛抗炎药（antipyretic-analgesic and antiinflammatory agents）是一类具有解热、镇痛、大多数还有抗炎、抗风湿作用的药物。其化学结构和抗炎机制与甾体激素不同，故又称非甾体抗炎药（nonsteroidal antiinflammatory drugs, NSAIDs）。它们通过抑制体内前列腺素（PG）的生物合成而起作用。按化学结构可分为水杨酸类、苯胺类、吡唑酮类和有机酸类四类。此类药物的药理作用和作用机制基本相同。

工作项目一　解热镇痛抗炎药的基本药理作用

解热镇痛抗炎药具有以下三项基本药理作用。

1. 解热作用　本类药物可使发热者体温降到正常，而对正常人体温无影响。下丘脑体温调节中枢通过对产热和散热的调节，维持人的体温相对恒定。当外热原（病原体及其毒素等）进入体内后，刺激中性粒细胞产生和释放内热原（如白介素等），后者作用于中枢，使 PG 合成与释放增加，PG 使体温调节中枢体温调定点升高而引起发热。解热镇痛抗炎药通过抑制中枢 PG 合成酶（环氧酶 COX）减少 PG 合成与释放而达到解热作用。

发热是机体的一种防御反应，而且热型也是诊断疾病的重要依据。故对一般发热患者可不必急于用解热药；热度过高和持久发热消耗体力，引起头痛、失眠、谵妄、昏迷、小儿高热易发生惊厥，严重者可危及生命，这时应用解热药可降低体温，缓解高热引起的并发症。但解热药只是对症治疗，故仍应着重病因治疗。

2. 镇痛作用　本类药物只有中等强度镇痛作用，对常见慢性钝痛如头痛、牙痛、神经痛、肌肉或关节痛、痛经等有良好镇痛效果；对各种严重创伤性剧痛及内脏平滑肌绞痛无效；不产生欣快感与成瘾性，临床常用。

当组织损伤或炎症时，局部产生与释放致痛物质（如缓激肽、PG 等）。缓激肽作用于痛觉感受器引起疼痛；PG 不仅本身有致痛作用，还可使痛觉感受器对缓激肽等的敏感性提高，对炎性疼痛起到了放大作用。解热镇痛抗炎药主要抑制外周 PG 的合成而起镇痛作用。

3.抗炎作用 大多数解热镇痛药有抗炎作用，对控制风湿性关节炎的症状有肯定的疗效，但不能根治，也不能防止疾病发展及并发症的发生。

PG是参与炎症反应的重要活性物质，一方面可使炎症细胞激活，毛细血管通透性增加炎症反应；另一方面还可与缓激肽等致炎物质有协同作用。本类药物能够抑制PG合成，从而缓解炎症。

工作项目二 常用解热镇痛抗炎药

一、水杨酸类

水杨酸类药物包括阿司匹林、水杨酸钠和水杨酸。其中常用的是阿司匹林。

阿司匹林

阿司匹林（aspirin）又名乙酰水杨酸（acetylsalicy acid）。口服后经胃、小肠吸收，并迅速水解为水杨酸，以水杨酸盐的形式分布至全身组织，并可通过胎盘。水杨酸与血浆蛋白结合率高，可达80%～90%。经肝代谢，自肾排出。

肝对水杨酸的代谢能力有限。口服小剂量阿司匹林（1g以下）时，水解生成的水杨酸量较少，其代谢按一级动力学进行，半衰期为2～3h；当阿司匹林剂量≥1g时，水杨酸生成量增多，其代谢从一级动力学转变为零级动力学进行，半衰期为15～30h；如剂量再增大，血中游离水杨酸浓度急剧上升，可突然出现中毒症状。故长期大量用药时，为保证用药的有效性与安全性，剂量应渐增，并根据患者用药后的反应及血药浓度监测来确定给药剂量及间隔时间，并在治疗过程中经常调整剂量。

【作用和用途】

1.解热镇痛作用 有较强的解热镇痛作用。常与其他解热镇痛药组成复方制剂，用于感冒发热、头痛、牙痛、肌肉痛、神经痛及痛经等。此类药对低热的疗效不显著，不宜选用。用于高热退热时，需每小时观察体温一次，防止患者出汗太多，避免发生虚脱。

2.抗炎抗风湿 作用较强。可使急性风湿热患者于1～2天内退热，关节红、肿及剧痛缓解，血沉下降，患者主观感觉好转。对类风湿性关节炎也可迅速镇痛，消退关节炎症，减轻关节损伤，为首选药。一般成人每日3～5g，分4次于饭后服。

3.影响血液凝固过程

（1）小剂量（每天口服40～150mg）阿司匹林能抑制血小板中PG合成酶，减少血小板中TXA_2（血栓素A_2）的生成，从而抑制血小板聚集，防止栓形成。可用于缺血性心脏病、心绞痛、进展性心肌梗死患者的治疗，也可用于血栓性疾病如脑血栓、血管形成手术及旁路移植术的预防。

（2）稍大剂量（每日>300mg）的阿司匹林，能抑制血管壁中PG合成酶，减少PGI_2（前列环素，是TXA_2的生理对抗剂）合成，可能促进血栓形成。

（3）大剂量（日剂量>5g）阿司匹林长期使用，抑制凝血酶原的形成，可导致自发性出血。

【不良反应和注意事项】

1.胃肠道反应 口服刺激胃黏膜，引起恶心、呕吐、上腹不适。高血浓度时也可直接刺激延脑催吐化学感受器，引起恶心、呕吐。较大剂量口服可诱发、加重胃溃疡及引起胃出血，原有溃疡病者，症状加重。可能与该药的直接刺激作用和抑制PG合成，使PGE_2对胃黏膜的保护作用减弱有关。饭后服药，将药片嚼碎，同服抗酸药或服用肠溶片可减轻或避免以上反应。消化道溃疡者禁用。大剂量长期服用要注意可能引起胃溃疡、穿孔及出血，应注意监测。如出现消化道溃疡，应停药并采用H_2受体阻断药。

2.凝血障碍 一般剂量阿司匹林可抑制血小板聚集，大剂量（日剂量>5g）或长期服用，还能抑制凝血酶原的合成，延长凝血酶原时间，引起出血。可用维生素K防治。严重肝损害、低凝血酶原血症、维生素K缺乏以及口服抗凝剂或糖皮质激素者应避免服用阿司匹林。手术前一周或分娩前一周应停用。

3.过敏反应 偶见荨麻疹、血管神经性水肿过敏性休克等。某些哮喘患者服阿司匹林或其他解热镇痛药后可诱发哮喘，称"阿司匹林哮喘"。患者常在服药20min~2h内出现呼吸困难，可能与白三烯等内源性支气管收缩物质增多有关。一旦发生，应及时停药，并给予抗过敏药物治疗。肾上腺素治疗效果不佳，用糖皮质激素治疗效果好。哮喘、鼻息肉及慢性荨麻疹患者禁用。老年患者及伴有充血性心衰、低血容量、肝肾功能不全等禁用，因易出现高敏反应。对肝肾功能不全患者必须使用本药时，必须进行监护，如出现尿量减少、体重增加，血肌酐和尿素氮升高时应立即停药。严重肝病患者密切注意其出血倾向。

4.水杨酸反应 每日剂量大于5g时，可引起毒性反应，表现为头痛、眩晕、恶心、呕吐、耳鸣、视、听力减退，重者可致精神失常、酸碱平衡失调、呼吸困难等，称为水杨酸反应。严重中毒者应立即停药，静滴碳酸氢钠以碱化尿液，加速其排泄。

5.12岁以下儿童患病毒性感染伴发热者，应用本品偶见瑞夷（reye）综合征。表现为严重肝功能不良合并脑病，可致死，应慎用。

二、苯胺类

苯胺类药物的代表药是非那西丁（phenacetin）和

对乙酰氨基酚（paracetamol）。非那西丁本身及其代谢主要产物对乙酰氨基酚在体内均有药理活性。

对乙酰氨基酚

对乙酰氨基酚又名扑热息痛、对乙酰氨基酚，是非那西丁的体内代谢物。本品解热作用与阿司匹林相似，镇痛作用较弱，几乎无抗炎抗风湿作用。主要用于感冒发热及头痛、牙痛、神经痛、肌肉痛、痛经等。

治疗量时不良反应少，偶见皮疹、药热及黏膜损害等过敏反应。对乙酰氨基酚过量时（成人 10～50g），可致肝坏死；非那西丁过量则可产生高铁血红蛋白症及溶血性贫血。长期应用可有依赖及肾损害发生。肝、肾功能不全者慎用。

三、吡唑酮类

本类药物包括保泰松（phenylbutazone，布他酮）及其代谢产物羟基保泰松（oxyphenbutazone，羟布宗），另外还有新合成的苯唑泰松（azapropazone，炎痛爽）。

保泰松口服吸收迅速完全，约98%与血浆蛋白结合，再缓慢释出，血浆半衰期约为3天。易穿透入滑膜腔，浓度可达50%左右。经肝代谢。苯唑泰松口服约 4h 血药浓度达峰值，血浆半衰期约为12h。

【作用和用途】

本类药物抗炎抗风湿作用强而解热镇痛作用弱。临床主要用于风湿性及类风湿性关节炎、强直性脊柱炎。保泰松、苯唑泰松还可用于急性痛风的治疗。偶也可用于某些高热如恶性肿瘤、顽固性结核以及寄生虫病引起的发热。

【不良反应和注意事项】

保泰松毒性大，10%～45%患者均有不同程度的不良反应，其中10%～15%患者必须停药。

1.胃肠道反应　表现为恶心、呕吐、上腹不适、腹泻，饭后服药可减轻。大剂量可致胃、十二指肠出血、溃疡。故溃疡患者禁用。

2.水钠潴留　保泰松可直接促进肾小管对氯化钠及水的再吸收，引起水肿。服用本品药时应限制食盐摄入。高血压、心功能不全者禁用。

3.过敏反应　保泰松可引起皮疹。偶见剥脱性皮炎、粒细胞缺乏、血小板减少及再生障碍性贫血。应定期检查血象，一旦发生粒细胞减少，应立即停药，必要时可用抗生素防治感染。

4.肝肾损害　偶见。肝、肾功能不良者禁用。

5.甲状腺肿大及黏液性水肿　保泰松可抑制甲状腺摄碘，偶致甲状腺肿大及黏液性水肿。

羟基保泰松的胃肠道反应较轻，且无排尿酸作用。苯唑泰松不良反应轻，但仍能致肝肾功能减退。

四、其他有机酸类

吲哚美辛

吲哚美辛（indomethacin）又名吲哚美辛。口服吸收迅速，90%与血浆蛋白结合。经肝转化，代谢物从尿、胆汁、粪便排泄，部分以原形经肾排泄。半衰期为2～3h。

【作用和用途】吲哚美辛是最强的 PG 合成酶抑制药之一，解热镇痛抗炎抗风湿作用强。不良反应多，仅用于其他药不能耐受或疗效不佳的风湿性及类风湿性关节炎、强直性脊椎炎、骨关节炎，亦可用于恶性肿瘤引起的发热。

【不良反应和注意事项】不良反应多，治疗量时，发生率达 30%～50%。约20%患者必须停药。大多数反应与剂量过大有关

1.胃肠反应　有食欲减退、恶心、腹痛、腹泻；上消化道溃疡偶可穿孔、出血；还可引起急性胰腺炎。有溃疡病者禁用。

2.中枢神经系统　25%～50%患者有前额头痛、眩晕，偶有精神失常。有精神失常、癫痫、帕金森病患者及机械操作人员禁用。

3.造血系统　可引起粒细胞减少、血小板减少、再生障碍性贫血等。应定期查血象。

4.过敏反应　常见皮疹，严重者哮喘。"阿司匹林哮喘"者禁用。

甲芬那酸、氯芬那酸和双氯芬酸

甲芬那酸（mefenamic acid）、氯芬那酸（clofenamic acid）和双氯芬酸（diclofenac acid）均能抑制 PG 合成酶而具有抗炎解热及镇痛作用。主要用于风湿和类风湿性关节炎。甲芬那酸常见的不良反应有嗜睡、眩晕、头痛、恶心、腹泻，也可发生胃肠溃疡和出血，偶有溶血性贫血和骨髓抑制，暂时性肝、肾功能异常。肝、肾功能损害者及孕妇慎用。氯芬那酸不良反应少见，常见头晕及头痛。双氯芬酸的抗炎作用为芬酸类中最强者，不良反应小，但偶可使肝功能异常、白细胞减少。

布洛芬

布洛芬（ibuprofen），其缓释剂称芬必得。有良好的解热镇痛抗炎抗风湿作用。主要用于风湿性、类风湿性关节炎。其胃肠道反应较轻，易于耐受。但长期服用仍应注意。偶见视物模糊及中毒性弱视，出现时应立即停药。

阿西美辛

阿西美辛（acemetacin）在肝内转化成吲哚美辛而起作用。消化道刺激轻。主要用于抗风湿和抗炎。

不良反应有恶心、呕吐、头晕、头痛、口鼻干燥，面部水肿。

萘普生

萘普生（naproxen）作用与布洛芬相似。主要用于抗炎、抗风湿、镇痛。不良反应轻。可有胃肠反应，头晕、嗜睡、耳鸣、听力减退等。

酮洛芬

酮洛芬（ketoprofen）作用与布洛芬相似。主要用于抗炎、抗风湿。不良反应少而轻，可见恶心、呕吐、腹泻、心悸、出汗等。

吡罗昔康、美洛昔康和尼美舒利

吡罗昔康（piroxicam）又名炎痛喜康。解热、镇痛、抗炎作用强且持久。一天给药一次（20mg），可维持有效血药浓度。主要用于抗风湿类风湿性关节炎。不良反应少，患者耐受良好。长期服用也可致消化道出血、溃疡，应注意。

美洛昔康（meloxicam）和尼美舒利（nimesulide）抗炎强而不良反应小，用于治疗各类关节炎及组织炎症。不良反应有胃肠反应、出汗、面部潮红，发生率较低。

工作项目三 解热镇痛抗炎药的复方制剂

一些解热镇痛药常相互配伍，或配伍巴比妥类、咖啡因或抗组胺药以提高疗效和不良反应。但根据观察，复方并不优于单用，在连续服用不同商品名但含有同样成分时，就有中毒的可能，尤其是小儿，须慎用解热镇痛药的复方制剂（表2-3-5）。

表2-3-5 常用解热镇痛抗炎药的复方制剂及组成成分

成分	复方阿司匹林片	索米痛片	白加黑（白片）	白加黑（黑片）	阿尼利定注射液2ml/支
阿司匹林	0.2268				
非那西丁	0.162	0.15			
对乙酰氨基酚			0.325	0.325	
氨基比林					0.1
氨替比林		0.15			0.04
咖啡因	0.035	0.05			
右美沙芬			0.015	0.015	
苯巴比妥		0.015			0.015
苯海拉明				0.025	
伪麻黄碱			0.03	0.03	

工作项目四 解热镇痛抗炎药的用药护理程序

一、用药前评估

1.明确用药目的 用于感冒发热、慢性钝痛及风湿、类风湿性关节炎等病症，阿司匹林亦可用于防治血栓栓塞性疾病。

2.掌握基本资料

（1）机体状况：应检测患者的体温、出凝血时间及凝血酶原活动度、全血常规、肾功能等；了解女性患者是否处于妊娠期、月经期等。

（2）既往史：①检查患者疼痛的部位、程度、时间与引起疼痛的原因；询问患者有无用药史及药物过敏史。②了解患者是否合并消化性溃疡、严重肝损害、低凝血酶原症、维生素K缺乏症、血友病、哮喘及对本品有无过敏反应等。

（3）生活习性：了解患者是否有抽烟、饮酒之不良习惯。

3.实施卫生教育

（1）心理教育：要告诫患者不能稍有发热就急于用药，因为发热是机体的一种防御机制，同时发热也是诊断疾病的主要依据，故应待发热原因诊断明确后使用；应消除患者及家属因体温升高等症状产生的焦急心态（尤其是幼儿患者的父母）。

（2）用药教育：要向患者及家属介绍有关用药知识。如：①年老体弱和体温过高（40℃以上）者解热时药物应用小剂量，以免大量出汗而引起虚脱，并多喝水，以利排汗和降温。②抗炎药不会使风湿痛的症状立即消失，需要1~2周的疗程，应坚持用药。③服药期间避免饮酒或饮用含酒精的饮料，否则会增加胃肠反应。若出现困倦、头晕等，应避免驾驶或操作重机器等。

二、护理措施

1.注意用药方法

（1）药物配伍：①双香豆素、肾上腺皮质激素、苯妥英钠等可与阿司匹林等竞争与血浆蛋白结合，增加后者的血药浓度和毒性。②青霉素G、呋塞米、甲氨蝶呤等可与阿司匹林竞争从肾小管分泌，减少后者的排泄。

（2）给药方法：本类药物以口服给药为主，亦可注射给药。用药时应注意：①给药前要询问患者有无哮喘、鼻息肉、慢性鼻炎、花粉症、慢性荨麻疹等，此类患者特别易于出现过敏反应。②口服时减少胃肠反应的方法有：服药前服些牛奶或吃些蛋糕，将片剂压成粉与蜂蜜同服，加服胃膜素等。③合理安排给药时间，不要等到疼痛剧烈时才给药。④如已择期手术或分娩前一周应停止使用本类药。

2.加强用药监护

（1）监测有关数据：注意监测不同用途用药后的血药浓度是否在适宜范围内：如阿司匹林解热镇痛时，30～100μg/ml；抗炎时，150～300μg/ml；治疗风湿时，250～300μg/ml；抗血小板凝集时，100μg/ml。定时检查患者的出血时间、凝血时间、全血常规等。

（2）重视用药护理：①服用本类药物易出现胃肠、中枢神经、血液等方面的不良反应，护理人员应密切注意患者的饮食、精神状态、听力等是否有变化；如发现患者胃痛、眩晕、耳鸣、皮肤瘀斑、牙龈出血、月经量增多、便血（或柏油样大便）等，应通知医生，采取减量、停药或其他措施，如多饮水、服用抗酸剂等。②特别要注意指导患者非处方止痛药的应用等。

（3）中毒急救处理：急性水杨酸中毒时，应立即催吐、洗胃；维持水电解质平衡；对症治疗，碱化尿液、应用强效利尿剂，必要时成人作血液透析，儿童作用腹膜透析，婴儿应输血。

三、评价药物疗效

发热、疼痛或炎症是否缓解或消失。有无胃肠、血液、过敏等不良反应发生；肝、肾功能是否正常。

【附】

抗痛风药

痛风是体内嘌呤代谢紊乱所引起的疾病，表现为高尿酸血症。尿酸盐在关节、肾及结缔组织中析出结晶，急性发作时尿酸盐微结晶沉积于关节而引起局部粒细胞浸润及炎症反应。如未及时治疗则可发展为慢性痛风性关节炎或肾病变。急性痛风的治疗在于迅速缓解急性关节炎、纠正高尿酸血症等，可用秋水仙碱；慢性痛风的治疗在于降低血中尿酸浓度，常用别嘌呤和丙磺舒等。

秋水仙碱

秋水仙碱（colchicine）对急性痛风性关节炎有选择性消炎作用，用药后数小时关节红、肿、热、痛即行消退，对一般性疼痛及其他类型关节炎无效。不良反应较多，常见消化道反应。中毒时出现水样腹泻及血便、脱水、休克，对骨髓也有抑制作用。

别嘌呤

别嘌呤（allopurinol）多用于慢性痛风，不良反应少，偶见皮疹、胃肠反应、氨基转氨酶升高和白细胞减少等。

丙磺舒和苯溴马隆

丙磺舒（probenecid）口服吸收完全，血浆蛋白结合率85%～95%，大部分通过肾近曲小管排泄，易被再吸收，故排泄慢。本药竞争性抑制肾小管对有机酸的转运，增加尿酸排泄，可用于治疗慢性痛风。不良反应有胃肠道反应和过敏反应。

苯溴马隆（benzbromarone）作用似丙磺舒，减少肾小管对尿酸的再吸收而促其排泄。不良反应有头痛、恶心、腹泻。

制剂和用法

阿司匹林　片剂：0.05g、0.1g、0.3g、0.5g。肠溶片：0.3g、0.5g。栓剂：0.1g、0.3g、0.5g。解热镇痛：0.3～0.6g/次，3次/日。抗风湿：1.0g/次，3～4次/日。抗血栓：0.05～0.1/次，1次/日。

对乙酰氨基酚　片剂：0.3g、0.5g。0.3～0.6g/次，3次/日。

安乃近　片剂：0.5g。一次0.5～1.0g，1～3次/日，口服。注射液：0.25g/1ml、0.5g/2ml。一次0.25～0.5g，深部肌内注射。滴鼻剂：10%～20%。滴鼻：20%溶液每侧鼻孔1～3滴。

吲哚美辛　片剂、胶囊剂：25mg。25mg/次，2～3次/日。

阿西美辛　胶囊：30mg。30mg/次，3次/日。

布洛芬　片剂：0.1、0.2g。抗风湿：0.4～0.8g/次，3～4次/日。镇痛：0.2～0.4g/次，4次/日。

酮洛芬　胶囊：25、50mg。50mg/次，3次/日。

萘普生　片剂：0.125、0.25g。0.25g/次，3次/日。

吡罗昔康　片剂：20mg。20mg/次，1次/日。注射液：20mg/2ml。10～20mg，1次/日，肌内注射。

尼美舒利　片剂：100mg。100mg/次，2次/日。

（钱洪鑫）

工作任务六　中枢兴奋药

学习目标

1. 了解中枢兴奋药的分类及代表药名。
2. 掌握咖啡因的作用、应用、不良反应、用药后观察及用药护理。
3. 比较常用呼吸中枢兴奋药的作用、应用和不良反应。

案例分析

患者，女，70岁，因腹痛腹泻3h，呼之不应半小时入院。患者3h前无明显诱因出现腹痛，并相继稀水样便3次，无脓血、未呕吐，体温未测。自服阿片约10g，半小时前被发现呼之不应而来诊。查体：T 35.2℃，P 60次/min，R 8次/min，Bp 8/4kPa，浅昏迷，瞳孔0.1cm，口、鼻无特殊气味。

诊断：阿片中毒、急性肠炎并脱水、中毒性休克。

抢救措施：立即吸氧、扩容、抗生素控制感染、糖皮质激素地塞米松10mg、血管活性药物、纳络酮0.8mg肌内注射、中枢兴奋药可拉明0.375g静注。患者很快神志清醒，呼吸改善，血压回升，住院治疗5天后痊愈出院。

问题：
1. 在抢救措施中为何要加用尼可刹米？
2. 使用中枢兴奋药的用药护理有哪些？

中枢兴奋药（central stimulants）是能提高中枢神经系统功能活动的一类药物。根据其主要作用部位和功能可分为三类（图2-3-1）：主要兴奋大脑皮质的药，

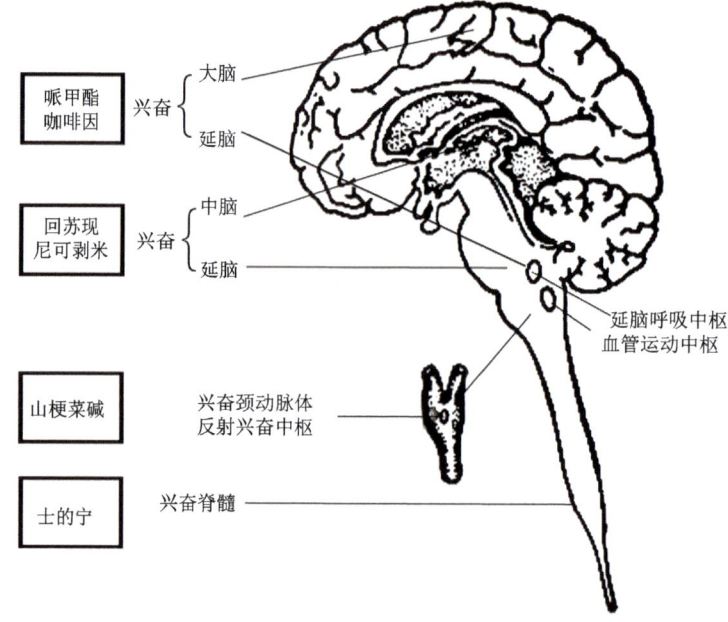

图2-3-1 中枢兴奋药作用部位图

如咖啡因等；主要兴奋延脑呼吸中枢的药，又称呼吸兴奋药，如尼可刹米等；促大脑功能恢复药，如甲氯酚酯、吡拉西坦等。随着剂量的增加，其中枢作用部位也随之扩大，过量均可引起中枢各部位广泛兴奋而导致惊厥。

工作项目一　主要兴奋大脑皮质的药

咖啡因

咖啡因（caffeine）为咖啡豆和茶叶中提取的生物碱。临床常见其复盐苯甲酸钠咖啡因，简称安钠加（CNB）。

【作用和用途】

1. **兴奋中枢神经系统**　小剂量（50～200mg）咖啡因，兴奋大脑皮质，可消除睡意，疲劳减轻，精神振奋，思维敏捷，提高工作效率。较大剂量可直接兴奋延脑呼吸中枢和心血管运动中枢，使呼吸加深加快，在呼吸中枢受抑时，尤为明显。中毒剂量时则引起整个中枢神经系统的广泛兴奋，发生阵挛性惊厥。临床主要用于严重传染病、中枢抑制药过量引起的呼吸抑制及中枢抑制，如昏睡及呼吸循环抑制等。

2. **心血管系统**　咖啡因可直接兴奋心脏、扩张血管，能对抗心血管运动中枢的兴奋效应，除可明显收缩脑小动脉，减少脑血管搏动的幅度而加强解热镇痛药缓

解头痛的作用外，对心血管系统作用不显著。临床常配伍麦角胺治疗偏头痛或配伍解热镇痛药治疗一般性头痛。

3.咖啡因能舒张支气管平滑肌、利尿及刺激胃酸分泌。

【不良反应和注意事项】一般少见，剂量较大时可致激动、不安、失眠、心悸、头痛。剂量过大可引起惊厥。乳婴高热时易致惊厥，应选用无咖啡因的复方解热药。

哌 甲 酯

哌甲酯（methylphenidate）又名哌甲酯（ritalin）。较小剂量时有较温和的中枢兴奋作用，能改善精神活动，解除轻度抑制及疲乏感；较大剂量时兴奋呼吸中枢；大剂量也能引起惊厥。

临床主要用于轻度抑郁及小儿遗尿症，此外对儿童多动综合征、发作性睡病有效。

治疗量时不良反应较少，偶有失眠、心悸、焦虑、厌食、口干。大剂量时可使血压升高而致眩晕、头痛等。癫痫、高血压患者禁用。久用可产生耐受性，并可抑制儿童生长发育。

工作项目二 主要兴奋延脑呼吸中枢的药

尼可刹米

尼可刹米（nikethamide）又名可拉明（coramin）。常用注射给药。作用维持时间短，一次静脉注射可维持5～10min。

【作用和用途】本品直接兴奋延脑呼吸中枢，同时也刺激颈动脉体和主动脉体化学感受器反射性兴奋呼吸中枢，并提高呼吸中枢对CO_2的敏感性，使呼吸加深加快，通气量增加，呼吸功能改善。作用温和，安全范围较大。用于各种原因引起的中枢性呼吸抑制。对各种中枢抑制药如吗啡等过量引起的呼吸抑制疗效较好。对巴比妥类中毒者效果较差。

【不良反应和注意事项】治疗量不良反应少。大剂量可出现出汗、恶心、呕吐、咳嗽、血压升高、心动过速、肌震颤及僵直等，中毒时可出现惊厥。小儿高热、心动过速、心绞痛患者慎用。

洛 贝 林

洛贝林（lobeline）又名山梗菜碱。

【作用和用途】本品通过刺激颈动脉体和主动脉体化学感受器，反射性兴奋呼吸中枢。作用短暂（数分钟），安全范围大，不易致惊厥。主要用于新生儿窒息、小儿感染性疾病引起的呼吸衰竭及一氧化碳中毒。

【不良反应和注意事项】较大剂量可兴奋迷走神经中枢而致心动过缓与房室传导阻滞。大剂量可兴奋交感神经节及肾上腺髓质而引起心动过速。

二甲弗林

二甲弗林（dimefline）又名二甲弗林。

【作用和用途】直接兴奋呼吸中枢。作用强（比尼可刹米强100倍），安全范围较小。主要用于中枢性呼吸抑制。

【不良反应和注意事项】主要引起恶心、呕吐等不良反应，过量易致抽搐和惊厥，小儿多见。静脉给药需用葡萄糖液稀释后缓慢注射，并严密观察患者反应。

贝 美 格

贝美格（bemegride）又名美解眠（megimide），中枢兴奋作用迅速，维持时间短，用量过大或注射太快可引起惊厥。可用作巴比妥类中毒解救的辅助用药。

多沙普仑

多沙普仑（doxapram）为新型的呼吸兴奋药。小剂量通过刺激颈动脉体化学感受器而反射性兴奋呼吸中枢，大剂量直接兴奋呼吸中枢。其特点为：对延髓呼吸中枢的选择性较高，使呼吸衰竭患者潮气量增加，血氧饱和度改善而对呼吸频率影响较小；治疗血药浓度范围小，如婴儿窒息的治疗浓度为1.5～6μg/ml，宜静脉滴注给药；半衰期相对较长，约为6h；过量也易致惊厥，以紧张阵挛为主。

主要用于早产儿窒息及其他原因引起的呼吸抑制或肺换气不足。静滴过快可引起溶血；静滴时间过长可引起血栓性静脉炎。

工作项目三 促大脑功能恢复药

吡拉西坦

吡拉西坦（piracetam）又名脑复康，为脑代谢改善药，属于γ-氨基丁酸的衍生物。具有激活、保护和修复脑细胞的作用。能促进脑内ATP及乙酰胆碱的合成并能增强神经兴奋的传导，可对抗由物理因素、化学因素所致的脑功能损伤，对缺氧所致的逆行性健忘有改进作用。能增强记忆，提高学习能力。临床用于老年精神衰退综合征、阿尔茨海默病、脑动脉硬化症、脑血管意外等原因引起的思维与记忆功能减退，也可用于儿童智力低下者。

甲氯芬酯

甲氯芬酯（meclofenoxate），又称氯酯醒、遗尿丁，作用于大脑皮质，促进脑细胞氧化还原代谢，增加对糖的利用，调节细胞代谢，为脑细胞的活动提供能量，提高神经细胞的兴奋性。对中枢抑制状态患者的中枢兴奋作用更明显。用于外伤性昏迷、阿尔茨海默病、中毒或脑动脉硬化引起的意识障碍、儿童精神迟钝、小儿遗尿症等

工作项目四 中枢兴奋药的用药护理程序

一、用药前评估

1. 明确用药目的 主要用于各种原因引起的缺氧、中枢性呼吸抑制、呼吸衰竭、新生儿窒息及促进机体大脑功能恢复等。

2. 掌握基本资料

（1）用药前应了解患者的日常生活能力、思维记忆能力等，监测患者的呼吸、心率、脉搏、血压、心电图、二氧化碳结合力等基本参数。

（2）确定患者呼吸抑制及呼吸衰竭的病因和程度。了解患者是否有药物过敏史及用药史。询问患者是否合并其他引起呼吸抑制及呼吸衰竭的疾病如呼吸肌麻痹等；有无精神病、癫痫、糖尿病、消化性溃疡等疾病；妊娠期妇女慎用。

（3）了解患者的相关饮食习惯，如每日的饮茶量及含咖啡成分的饮料量，是否抽烟及饮酒等。

二、用药期间护理及注意事项

本类药物安全范围较小，随剂量加大或用药次数过频均可引起中枢神经系统广泛而强烈的兴奋，甚至导致惊厥。在用药护理中应注意：

1. 用药期间应密切观察患者用药后的反应，如出现烦躁不安、局部肌肉震颤、抽搐等现象往往是产生惊厥的前兆。应立即报告医生，酌情减量或停药。

2. 治疗期间应密切观察精神异常现象并及时进行治疗，避免精神刺激，防止损害大脑组织功能。

3. 严格掌握适应证 本类药物主要用于中枢性呼吸抑制。在合理应用中枢兴奋药的同时，应注意综合治疗。如积极治疗原发病、畅通气道、氧疗、纠正酸碱平衡、抗感染等。

4. 中枢抑制药中毒引起的呼吸抑制，应以采用人工呼吸、吸氧，促进药物排泄等综合疗法为主，中枢兴奋药仅作辅助治疗。

三、用药后护理评价

呼吸抑制或缺氧症状是否得到改善或解除，是否出现药物毒性反应。

制剂和用法

尼可刹米 注射液：0.25g/ml、0.375g/1.5ml、0.5g/2ml。皮下、肌内或静注，0.25～0.5g/次，必要时每1～2h重复一次。极量：1.25g/次。

盐酸洛贝林 注射液：3mg/1ml、5mg/1ml、10mg/1ml。皮下或肌内注射：成人10mg/次。极量20mg/次，50mg/日。小儿1～3mg/次。静注：成人3mg/次，极量6mg/次，20mg/日。小儿一次0.3～3mg，必要时每隔30min可重复使用。

盐酸二甲弗林 注射液：8mg/2ml。肌内注射：8mg/次。静注：8～16mg/次，用葡萄糖注射液稀释后缓慢注射。静滴：16～32mg/次，用生理盐水或葡萄糖稀释。

盐酸多沙普仑 注射液：0.1g/5ml、0.4g/20ml。静注或静滴：1～2mg/（kg·次），静滴以5%葡萄糖注射液稀释。

安钠咖（苯甲酸钠咖啡因） 注射液：0.25g/1ml、0.5g/2ml。皮下或肌内注射：0.25～0.5g/次。极量：0.75g/次，3g/日。

哌甲酯 片剂：10mg。10mg/次，2～3次/日。6岁以上儿童5mg/次，2次/日。注射液：20mg/1ml。皮下、肌内或静注：一次10～20mg。

吡拉西坦 片剂：0.2、0.4g。0.4～0.8g/次，3次/日。注射液：1g/5ml、4g/20ml。肌内注射：1g/次，3次/日。静注：4g/次，1次/日。静滴：4～8g/次，用5%葡萄糖稀释。

目标检测

一、选择题

（一）A型题（单项选择题）

1. 吗啡的禁忌证无哪一项（ ）
   A. 肺心病　　B. 心源性哮喘
   C. 支气管哮喘　D. 颅内压升高

2. 新生儿窒息首选（ ）
   A. 尼可刹米　B. 二甲弗林
   C. 洛贝林　　D. 咖啡因

3. 吗啡中毒与其他中枢抑制药中毒的区别是（ ）
   A. 呼吸浅慢　B. 昏睡
   C. 瞳孔极小　D. 血压下降

4. 无镇静作用的药是（ ）
   A. 哌替啶　　B. 苯妥英钠
   C. 氯丙嗪　　D. 地西泮

5. 吗啡的作用无哪一项（ ）
   A. 镇静　　　B. 镇痛
   C. 镇吐　　　D. 镇咳

6.吗啡的作用原理是（ ）
   A.阻断阿片受体　　　B.激动阿片受体
   C.阻断 DA 受体　　　D.激动 GABA 受体
7.吗啡主要不良反应不包括（ ）
   A.呼吸抑制　　　　　B.成瘾
   C.排尿困难　　　　　D.诱发溃疡病
8.吗啡的用途无哪一项（ ）
   A.严重烧伤痛　　　　B.晚期癌痛
   C.支气管哮喘　　　　D.心源性哮喘
9.从阿片中提取的生物碱是（ ）
   A.哌替啶　　　　　　B.可待因
   C.芬太尼　　　　　　D.喷他佐新
10.哌替啶比吗啡常用的原因是（ ）
   A.镇痛作用强　　　　B.作用维持时间长
   C.不抑制呼吸　　　　D.成瘾性发生较慢
11.吗啡的镇痛作用主要用于（ ）
   A.急性锐痛　　　　　B.慢性钝痛
   C.胃肠绞痛　　　　　D.关节痛
12.心源性哮喘可选用（ ）
   A.肾上腺素　　　　　B.哌替啶
   C.多巴胺　　　　　　D.异丙肾上腺素
13.哌替啶的作用特点错误的是（ ）
   A.镇咳与可待因相似　B.镇痛比吗啡弱
   C.成瘾比吗啡慢　　　D.无止泻、便秘作用
14.胆绞痛选用（ ）
   A.吗啡　　　　　　　B.哌替啶
   C.阿托品　　　　　　D.哌替啶+阿托品
15.无抗炎抗风湿作用的药是（ ）
   A.阿司匹林　　　　　B.对乙酰氨基酚
   C.吲哚美辛　　　　　D.布洛芬
16.阿司匹林无哪一作用（ ）
   A.镇痛　　　　　　　B.抑制体温调节中枢
   C.抗炎抗风湿　　　　D.抑制血小板聚集
17.阿司匹林防治血栓形成的机制是（ ）
   A.抑制磷脂酶 A_2 使花生四烯酸减少
   B.抑制环氧酶，使 TxA_2 减少
   C.抑制环氧酶，使 PGI_2 减少
   D.对抗前列腺素的作用
18.解热镇痛药镇痛作用主要部位在（ ）
   A.大脑皮质　　　　　B.脑干网状结构
   C.第三脑室导水管周围灰质　D.外周
19.胃溃疡患者宜选用哪种解热镇痛药（ ）
   A.阿司匹林　　　　　B.对乙酰氨基酚
   C.吲哚美辛　　　　　D.保泰松
20.小儿遗尿症，多动症选用（ ）
   A.咖啡因　　　　　　B.哌甲酯
   C.二甲弗林　　　　　D.尼可刹米

（二）B 型选择题
A.哌替啶　B.阿司匹林　C.阿托品　D.氯丙嗪
1.骨折剧痛选用（ ）
2.感冒头痛选用（ ）
3.胃肠绞痛选用（ ）
A.安定　B.氯丙嗪　C.吗啡　D.阿司匹林
4.兴奋 BZ 受体，增强 GABA 作用（ ）
5.阿片受体激动剂（ ）
6.抑制前列腺素合成酶（ ）
7.阻断中枢 DA 受体（ ）

（三）X 型题（多项选择题）
1.吗啡禁用于支气管哮喘的原因是（ ）
   A.抑制呼吸中枢　　　B.抑制咳嗽反射
   C.促进组胺释放，收缩支气管　D.扩张血管引起体位性低血压
2.哌替啶的用途有（ ）
   A.其他药无效的剧痛　B.心源性哮喘
   C.麻醉前给药　　　　D.人工冬眠
3.胃溃疡禁用的药有（ ）
   A.水合氯醛　　　　　B.阿司匹林
   C.吲哚美辛　　　　　D.对乙酰氨基酚
4.下列叙述正确的是（ ）
   A.纳洛酮可激发吗啡成瘾者的戒断症状
   B.喷他佐辛是阿片受体部分激动剂
   C.哌替啶有镇咳作用
   D.罗通定镇痛作用与阿片受体无关
5.支气管哮喘禁用的药有（ ）
   A.阿司匹林　　　　　B.吗啡
   C.苯巴比妥　　　　　D.氯丙嗪
6.阿司匹林的禁忌证有（ ）
   A.支气管哮喘　　　　B.消化性溃疡
   C.低凝血酶原血症　　D.脑栓塞
7.阿司匹林的不良反应有（ ）
   A.胃肠反应　　　　　B.水杨酸反应
   C.凝血障碍　　　　　D.过敏反应
8.阿司匹林的用途有（ ）
   A.感冒发热过高　　　B.头痛
   C.风湿性关节炎　　　D.防治血栓栓塞

二、填空题
1.胃肠绞痛选用＿＿＿，牙痛选用＿＿＿，晚期癌痛 选用＿＿＿，胆绞痛选用＿＿＿、＿＿＿。
2.人工冬眠合剂的组成是＿＿＿、＿＿＿、＿＿＿。

三、简答题
1.吗啡治疗心源性哮喘的原理是什么？为什么禁用于支气管哮喘？
2.小剂量阿司匹林抗血小板聚集的原理是什么？为何剂量不宜过大？

四、论述题
1.吗啡与阿司匹林的镇痛作用有何异同（作用、原理、用途）？
2.氯丙嗪的降温与阿司匹林的解热作用有何异同（作用、原理、用途）？

工作任务七 中枢神经系统疾病用药的实践教学

工作项目一 药物的抗惊厥作用

一、苯巴比妥钠的抗惊厥作用

【目的】观察苯巴比妥钠的抗惊厥作用,并联系临床应用,分析其作用机制。

【器材】调剂天平1台、1ml注射器。

【药品】5%苯巴比妥钠注射液、2.5%尼可刹米注射液、生理盐水。

【动物】小鼠。

【操作】

1. 取小鼠2只,编号,称重,观察正常活动。
2. 甲鼠腹腔注射0.5%苯巴比妥钠注射液0.1ml/10g;乙鼠腹腔注射等容量生理盐水作对照。
3. 30min后,两鼠均腹腔注射2.5%尼可刹米溶液0.2ml/10g,观察并比较两鼠有无惊厥发生,惊厥出现的时间、程度和结果有何不同(后肢强直为惊厥指标)。

【结果】将实验结果记录于表2-3-6内,并进行分析。

【分析】

【结论】

二、地西泮的抗惊厥作用

【目的】观察地西泮的抗惊厥作用。

【原理】尼可刹米可吸收入血,以至出现兴奋、抽搐、惊厥。地西泮作用于边缘系统,加强了GABA能神经元的抑制作用,可有效地对抗中毒性惊厥。

【动物】家兔1只,体重2~3kg。

【药品】0.5%地西泮溶液、25%尼可刹米。

【器材】兔固定箱、台式磅秤、注射器(5ml)、针头(6号)。

【方法】取家兔1只,称重并观察正常活动情况,然后静脉注射25%尼可刹米(0.5ml/kg给药)。观察动物的活动姿势、肌张力及呼吸等变化。当家兔出现明显惊厥后,由耳静脉缓慢推注0.5%地西泮(按0.5ml/kg~1ml/kg给药),直到肌肉松弛为止。

【结果】将实验结果填入表2-3-7。

【注意事项】家兔出现强直性惊厥后,应缓慢推注地西泮,过快可抑制呼吸。

【分析】

【结论】

表2-3-6 苯巴比妥钠抗惊厥作用实验结果

鼠号	体重(g)	药物浓度及用量(ml)	有无惊厥	惊厥发生时间(min)	程度	持续时间(min)	结果
甲		5%苯巴比妥钠注射液					
		5%尼可刹米注射液					
乙		0.9%生理盐水					
		2.5%尼可刹米注射液					

注:本实验亦可腹腔注射2%苯甲酸钠咖啡因溶液0.2ml/10g,或皮下注射1%戊四氮溶液0.1ml/10g,引起惊厥。

表2-3-7 地西泮抗惊厥作用实验结果

项目	尼可刹米		注射地西泮
	给药前	给药后	
家兔反应			

工作项目二 镇痛药镇痛作用(小白鼠扭体法)

【目的】观察镇痛药的镇痛作用,并联系其临床应用。学习筛选镇痛药的实验方法。

【器材】天平1架、注射器(1ml)3支、针头(5号)3个、鼠笼1个、记号笔1支、计时表1块。

【药物】0.8%乙酸、0.2%盐酸哌替啶、生理盐水。

【动物】小白鼠4只。

【方法】

1. 取小鼠4只,称重、编号,随机分成2组,观察正常活动。
2. 甲组以0.2%盐酸哌替啶0.1ml/10g腹腔注射(i.p.);

乙组以生理盐水 0.1ml/10g i.p.。

3.30min 后，每鼠均以 0.8%乙酸 0.1ml/10g i.p.，观察 10min 内扭体反应（腹部内凹、后肢伸张、臀部抬起、身体扭曲）的动物数。

【结果】综合全实验室结果，计算药物镇痛百分率(表 2-3-8)。

【提示】

1.腹膜感觉神经分布广泛，乙酸注入腹腔，可刺激腹膜，引起疼痛（扭体反应）。如药物能镇痛则可抑制扭体反应。

2.乙酸宜临时配制。

【分析】

【结论】

$$药物镇痛百分率 = \frac{实验组无扭体反应动物数 - 对照组无扭体反应动物数}{对照组扭体反应动物数} \times 100\%$$

表 2-3-8　小白鼠扭体法实验结果

组别	鼠数	药物及用量	扭体反应鼠数	无扭体反应鼠数	镇痛百分率
甲	2	0.2%哌替啶			
乙	2	生理盐水			

工作项目三　尼可刹米对呼吸抑制的解救

【目的】观察吗啡对动物的呼吸抑制作用和尼可刹米对呼吸的兴奋作用，联系其临床应用。

【器材】兔秤 1 台、铁支架 1 个、张力换能器 1 个、多媒体、注射器（5ml、10ml）各 1 支、针头（5 号）2 个、酒精棉球、静脉夹。

【药品】1%盐酸吗啡、5%尼可刹米、20%乌拉担。

【动物】家兔 1 只。

【方法】

1.取家兔 1 只，称重，以 20%乌拉担 5ml/kg　i.v. 麻醉，仰卧固定。

2.沿剑突切开皮肤约 2cm，游离剑突，将膈肌连接于换能器上，开通多媒体记录仪，描记一段正常呼吸曲线。

3.由耳静脉较快地注入 1%盐酸吗啡 1~2ml/kg，观察并记录呼吸频率和幅度的变化。

4.待呼吸频率明显减慢和幅度显著降低时，立即由耳静脉缓慢注射 5%尼可刹米 1ml/kg，观察呼吸有何变化。

5.待呼吸抑制缓解后，以稍快的速度追加尼可刹米 0.5ml，观察惊厥出现否。

【结果】观察并记录实验结果，并描记呼吸曲线。

【提示】尼可刹米应事先准备好，如果呼吸过度抑制，解救不及时易致动物死亡。吗啡静脉注射要快，而尼可刹米静脉注射要慢。本实验也可用 0.4%二甲弗林 2ml/只替代尼可刹米。

【分析】

【结论】

表 2-3-9　尼可刹米对呼吸抑制的解救实验结果

动物	体重（kg）	观察内容	正常对照	给吗啡后	给尼可刹米后	尼可刹米 i.v.速度过快、过量中毒的表现
家兔		呼吸幅度（cm）				
		呼吸频率（次/min）				

（孙　鹏　钱洪鑫）

工作模块四　心血管系统疾病用药

工作任务一　抗高血压药

学习目标

1. 掌握抗高血压药物的分类及代表药物。
2. 掌握血管紧张素Ⅰ转化酶抑制剂、利尿药、钙拮抗药、β受体阻断药、血管紧张素Ⅱ受体(AT₁)阻断药的代表药及其作用、用途、不良反应和用药护理程序。
3. 了解其他抗高血压药物的代表药及其作用和用途。
4. 了解抗高血压药物的应用原则，能根据病情选择合适的药物。

案例分析

患者，女，50岁，患者于1年前发现劳累或情绪激动后常有头晕、头痛，头晕非旋转性，无恶心和呕吐，休息后可恢复正常，不影响日常工作和生活，因此未到医院就诊，半年前单位体检时测血压 150/95mmHg，嘱注意休息，未服药，一直上班。发病以来无心悸气短和心前区痛，进食、睡眠好，二便正常，体重无明显变化。既往体健，无高血压、糖尿病和心、肾、脑疾病史，无药物过敏史。吸烟30余年，不嗜酒，父亲死于高血压病。

诊断：高血压1级。

治疗：1.控制体重，限制钠盐，做医疗体操，禁烟酒；

2.在4周内多次复测血压。

3.氢氯噻嗪　12.5mg　每日1次。

4.不适随诊。

经治疗，患者病情好转。复查血压维持在130/85mmHg 左右，无其他不适症状。

问题：

1.常用的抗高血压药有哪些？

2.为何要给患者选用氢氯噻嗪？此药要注意什么不良反应？

高血压是一类以体循环动脉血压升高为主要表现的临床综合征，为最常见的心血管疾病。持续的高血压能损害心、脑、肾等重要器官，最终导致心功能不全、冠心病、脑卒中、肾功能不全甚至衰竭。高血压的诊断标准（世界卫生组织规定）：凡成年人未服用抗高血压药，在安静休息时收缩压≥18.7kPa（140 mmHg）和（或）舒张压≥12.0kPa（90mmHg）即可诊断为高血压。根据血压升高水平，又进一步将高血压分为1级（轻度）、2级（中度）和3级（重度）。高血压患者中，约90%为原发性高血压，约10%是继发性高血压。抗高血压药（antihypertensive drugs）又称降压药（hypotensive drugs），是一类能有效降低动脉血压，防止心、脑、肾等重要器官损害及并发症的药物。合理应用降压药不仅能将血压控制在正常水平，且能大大减少或防止重要器官损害，降低病死率，提高生活质量，延长患者寿命。高血压患者不仅需要坚持长期服药以控制症状，还应配合减轻压力、精神愉快、低盐饮食、减少烟酒、控制体重、适度体育锻炼等综合措施，方能获得更理想的治疗效果。

工作项目一　抗高血压药的分类

根据药物在血压调节系统中的主要影响及作用部位，可将抗高血压药分为四大类（表2-4-1）。

表2-4-1　抗高血压病药物的分类

类型	代表药
交感神经抑制药	
中枢性交感神经抑制药	可乐定，甲基多巴
神经节阻断药	樟磺咪芬，美卡拉明
去甲肾上腺素能神经末梢抑制药	利血平，胍乙啶

续表

类型	代表药
肾上腺素受体阻断药	哌唑嗪
α受体阻断药	普萘洛尔，吲哚洛尔
β受体阻断药	拉贝洛尔
α、β受体阻断药	
抑制肾素-血管紧张素-醛固酮系统药（抑制RAAS药）	卡托普利，依那普利
血管紧张素Ⅰ转化酶抑制剂	氯沙坦
血管紧张素Ⅱ受体（AT_1）阻断药	氢氯噻嗪
利尿降压药	
扩血管药	肼屈嗪，硝普钠
直接扩张血管药	硝苯地平，尼群地平
钙拮抗药	吡那地尔
钾通道开放药	吲达帕胺
其他扩血管药	

目前临床常用的降压药物为：肾上腺素受体阻断药、肾素-血管紧张素-醛固酮系统抑制药、利尿降压药、钙拮抗药四类。其他类药多为联合和组成复方制剂使用。

工作项目二 常用的抗高血压药

一、肾上腺素受体阻断药

1.$α_1$受体阻断药 主要为哌唑嗪、特拉唑嗪等。

哌 唑 嗪

哌唑嗪（prazosin）为喹啉衍生物，白色结晶粉末，常用其盐酸盐。

【作用】选择性地阻断突触后膜$α_1$受体，使血管平滑肌松弛，外周阻力下降而血压下降。其降压具有以下特点：①降压作用中等偏强；②降压时不出现反射性交感神经兴奋引起的心率加快、肾素释放；③不引起钠水潴留；④降压的同时对肾血流和肾小球滤过率影响不大，可用于伴有肾功能障碍的高血压患者；⑤能增加血中高密度脂蛋白（HDL）的浓度，有助于减轻冠脉病变。

【用途】适用于中度高血压的治疗。与β受体阻断药及利尿药合用可增强效果。

【不良反应和注意事项】主要为首剂现象，即首次用药后发生较严重的体位性低血压、心悸、晕厥。如将首剂限于0.5mg，于睡前服，可使首剂现象发生率显著下降。本类药还有特拉唑嗪（terazosin）等。

2.β受体阻断药 目前已有多种β受体阻断药供临床选用，如普萘洛尔（propranolol）、阿替洛尔（atenolol）、美托洛尔（metoprolol）等。现以普萘洛尔为例加以叙述。

普萘洛尔

【降压作用】普萘洛尔降压机制与其阻断β受体有关：①阻断肾入球小动脉上的β受体，肾素分泌减少，从而阻断肾素-血管紧张素-醛固酮系统对血压的影响，使血管舒张和血容量减少。②阻断心脏$β_1$受体，心率减慢，心肌收缩力减弱，心输出量减少。③阻断去甲肾上腺素能神经突触前膜的$β_2$受体，抑制正反馈调节，减少去甲肾上腺素的释放。④阻断中枢的β受体，使有关兴奋性神经元被抑制，引起外周交感神经活性降低。其降压具有以下特点：降压作用缓慢，口服1~2周后显效；降压过程平稳，不引起体位性低血压；长期用药亦不发生耐受性。

【用途】普萘洛尔一般适用于心率快，肾素水平偏高或伴有心绞痛的高血压患者，也适用于各型高血压的联合用药。

【不良反应】长期用药可见血糖及血脂升高等不良反应（详见第二篇工作模块一传出神经系统药物）。

3.α、β受体阻断药 主要为拉贝洛尔。

拉贝洛尔

拉贝洛尔（labetalol）又名柳胺苄心定，兼有α和β受体阻断作用，但阻断β受体的作用较强，对$α_1$受体阻断作用较弱，对$α_2$受体则无效。

通过阻断$α_1$受体和β受体而降压。口服2h达最大降压效应，持续8h，静注5min内既显效，3~10min达最大效应，持续4~6h。适用于各型高血压，静注可用于治疗高血压危象。不良反应常见的有眩晕、乏力、幻觉、胃肠道功能障碍等。儿童、孕妇及哮喘、脑出血患者忌用静注。

二、肾素-血管紧张素-醛固酮系统（RAAS）抑制药

RAAS 在血压调节及高血压发病机制中有重要影响（图 2-4-1）。近年合成的一系列血管紧张素 I 转化酶抑制剂（ACEI）如卡托普利（captopril）、依那普利（enalapril）、雷米普利（ramipril）、赖诺普利（iysinopril）等，以及血管紧张素 II 受体（AT_1）阻断药如：氯沙坦（losartan）、缬沙坦（valsartan）、依贝沙坦（irbesartan）等，均能有效地降低血压。

现代研究发现在局部组织中也存在独立的 RAAS，对神经系统及心血管起着调节作用。另外，实验证明血管紧张素 II（AT II）还能促进血管和心室的重构。

1.血管紧张素 I 转化酶抑制剂（ACEI） 主要为卡托普利和依那普利。

卡托普利

卡托普利（captopril）又名巯甲丙脯酸、开博通。

【药理作用】通过抑制血管紧张素 I 转化酶（ACE）（图 2-4-1）而产生降压作用。降压机制如下。

（1）抑制循环中的 RAAS：通过抑制 ACE，AT_2 生成减少和醛固酮的分泌减少，从而使血管舒张，血容量减少，血压下降。

（2）抑制局部组织中的 RAAS：本药对组织中的 ACE 抑制作用持久，减少去甲肾上腺素的释放。并能逆转心血管重构。

（3）减少缓激肽的降解：缓激肽（bradykinin, BK）水解受 ACE 催化，由于本药抑制 ACE 的活性而使水解减少，致使局部组织中 BK 浓度增高。BK 可促进 PGE_2 和 PGI_2 形成，后两者能舒张血管，降低外周阻力，有利于血压进一步下降。

其降压具有以下特点：①在降压的同时不伴有反射性心率加快。②长期应用不易引起电解质紊乱和脂代谢障碍，还可降低糖尿病、肾病等患者肾小球损伤的可能性。③降压作用强，起效快，口服 15min 既可生效，1~2h 作用达高峰，作用持续 4~5h。

【临床用途】用于各型高血压，特别使原发性及肾性高血压能使血压降低 15%~25%。对常规治疗无效的高血压，常与 β 受体阻断药或利尿降压药合用。也可用于难治性心力衰竭的治疗。

【不良反应】常见有干咳，发生率为 5%~20%，多见于用药开始几周内。还见于高血钾、味觉缺失、药热、皮疹、如首次剂量过大容易出现首剂现象。偶见粒细胞减少和蛋白尿。

依那普利

依那普利（enalapril）又名恩那普利。为不含巯基的强效 ACE 抑制药。

【作用和用途】抑制 ACE 的作用比卡托普利强 10 倍，且作用更持久。可用于高血压及充血性心力衰竭的治疗。

【不良反应】较少且轻，偶见又皮疹、味觉障碍，停药后即消失。

2.血管紧张素 II 受体（AT_1）阻断药 主要为氯沙坦等。

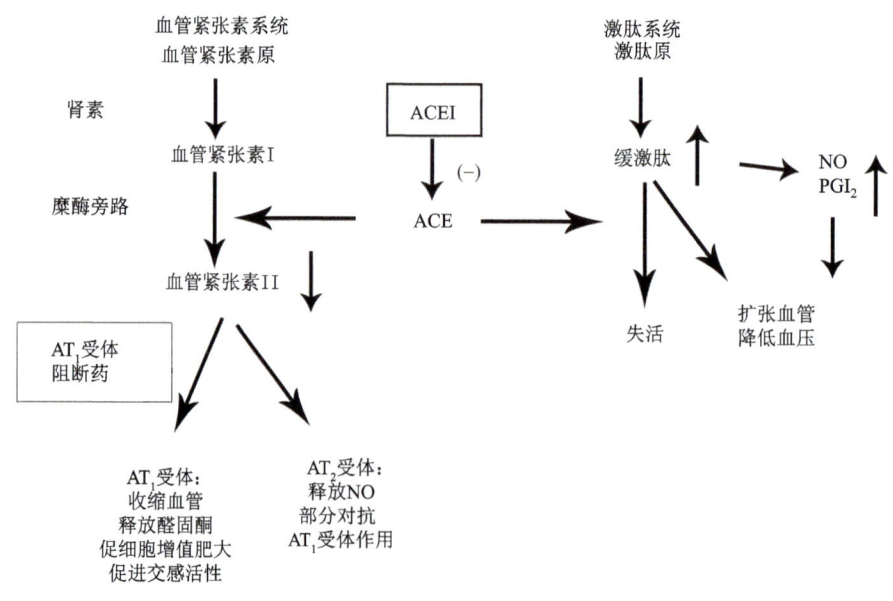

图 2-4-1　RAAS 及其抑制药的作用机制

氯沙坦

氯沙坦（losartan）又名洛沙坦（losartan）。

【作用】AT_1 受体广泛分布于血管、心、脑、肾、肾上腺皮质等。本药能选择性阻断 AT_1 受体，竞争性拮抗血管紧张素Ⅱ的作用。并能逆转心血管重构，还能增加肾血流量和肾小球滤过率。口服 50mg，一周起效，降压稳定，可持续 24h。

【用途】对各型高血压有效，主要用于不能耐受 ACEI 的高血压患者。

【不良反应】不良反应少，有头痛、眩晕等。

三、利尿降压药

利尿药除有利尿作用外，尚有降压作用，是目前临床常用复方降压制剂中不可缺少的成分，对轻度高血压单用利尿药既可显效。噻嗪类利尿药具有口服有效，降压作用温和，长期用药很少产生耐药性，不良反应较轻等优点，故经常选用。

氢氯噻嗪

氢氯噻嗪（hydrochlorothiazide）又名双氢克尿噻。

【降压作用】一般认为噻嗪类利尿药早期降压作用与排钠利尿有关。排钠利尿造成体内 Na^+、H_2O 负平衡，使血容量和细胞外液减少，心输出量减少血压下降。但连续用药 2~4 周后，血容量和心输出量已逐渐恢复，血压仍持续降低，其机制与以下几个因素有关：①因排钠而降低小动脉壁细胞内 Na^+ 的浓度，影响 Na^+-Ca^{2+} 交换，致使血管平滑肌细胞内 Ca^{2+} 减少，降低血管平滑肌对去甲肾上腺素等升压物质的反应性，致使血管平滑肌张力下降、血管舒张、血压下降。②诱导动脉壁产生扩血管物质，如激肽、前列腺素等。

【用途】轻度高血压可作为首选药单独使用，对中度或重度高血压常作为基础降压药与其他药物合用。

【不良反应】常见的有低血钾、钠、镁，尤其是低钾血症最常见。长期用药可引起高血脂、高血糖、及高尿酸血症。

四、钙拮抗药

本类药物可选择性的阻滞血管平滑肌细胞膜的 Ca^{2+} 通道，使 Ca^{2+} 内流减少，从而松弛血管平滑肌，产生降压作用。钙拮抗药降压时的优点是：血压下降时并不降低重要器官的血流量，不引起脂代谢紊乱及葡萄糖耐受性的改变。其中对外周血管作用较明显的硝苯地平、尼群地平则多用于高血压的治疗。而尼卡地平、尼莫地平、氟桂利嗪等选择性扩张脑血管作用较强，多用于缺血性脑血管疾病。

硝苯地平

硝苯地平（nifedipine）又名心痛定。其缓释片称得高宁；控释片称拜心同。

【作用】Ca^{2+} 在血管平滑肌兴奋-收缩耦联中也起耦联者的作用。平滑肌细胞受刺激而兴奋时 Ca^{2+} 进入细胞内，触发细胞内结合钙释放，胞质内游离的钙浓度升高，平滑肌收缩。硝苯地平的降压机制主要是抑制 Ca^{2+} 内流，从而使血管平滑肌松弛，血压下降。其特点如下：①降压作用迅速、强大，舌下给药 2~3min，口服 30min 显效，1~2h 达最大降压效应，作用持续 3h，但对正常血压则无降压作用。②小动脉血管平滑肌对该药的敏感性远高于小静脉，故主要表现为小动脉的扩张作用。③降压的同时伴有反射性心率加快，心搏出量增加，血浆肾素活性增高，长期服用本药可引起体液潴留。

【用途】对轻、中、重度高血压均适用，高血压危象和高血压伴有心力衰竭者也可取得良效，尤其适用于伴有肾功能不全或心绞痛的患者。可单使用，亦可于 β 受体阻断药合用，以消除降压时出现的心率加快和肾素活性增高的不良反应并增强降压效果。

【不良反应】常见的不良反应有头痛、面部潮红、眩晕、心悸、踝部水肿等。踝部水肿为毛细血管前血管扩张所致。

尼群地平

尼群地平（nitredipine）是一种较新的二氢吡啶类钙拮抗药。其作用和用途与硝苯地平相同，能选择性扩张血管，降低外周血管阻力。降压作用强、起效快、持续时间长为特点。口服 15~30min 见效，2~3h 降压最明显，作用持续 6~8h，一般连续用药 4~7 日血压可恢复至正常水平。本药尚有扩张冠状血管的作用，并降低心肌耗氧量，高血压并发冠心病患者尤为适用。也可单用治疗各型高血压，对单用疗效不佳者，可与 β 受体阻断药或利尿药合用。偶见头痛、头晕、心悸等。

同类药氨氯地平（amlodipine，洛活喜）、拉西地平（lacidipine，三精司乐平）、非洛地平（felodipine，波依定）等。降压起效慢，持续时间长，血压波动小，临床常用。

工作项目三　其他类型抗高血压药

一、中枢性交感神经抑制药

这类药物易通过血脑屏障进入脑组织，引起降压效应，常用药有可乐定和甲基多巴。

可乐定

可乐定（clonidine）又名氯压定，可乐宁，为咪唑啉衍生物。

【作用】研究证实其降压机制可能是：①激动了延髓头端（嘴部）腹外侧区的咪唑啉受体，该部位为中枢调节心血管功能的重要脑区。当咪唑啉受体被激动时外周交感神经张力降低，血压下降。②激动外周交感神经突触前膜的 α_2 受体，通过负反馈减少 NA 的释放，有助于血压下降。其降压具有以下特点：①血压下降时，心率减慢，心输出量减少，长期应用可引起水钠潴留。②作用中等偏强，口服 30min 后起效，2~4h 达高峰，持续 6~8h。③静注后可见血压短暂升高，随后持久下降。升压是激动外周 α_1 受体所致。随后出现的降压则与其中枢作用有关。④该药尚有镇静作用，可能与激动中枢 α_2 受体有关。⑤可乐定有镇痛效应，可能与内源性阿片肽的释放有关。此效应可被阿片拮抗剂拮抗。⑥抑制胃肠道分泌和蠕动，对兼有溃疡病的高血压患者较好。

【用途】口服用于中度高血压；静注或肌内注射用于治疗急重型高血压。本类药能降低眼内压，可用于治疗开角型青光眼，对预防偏头痛亦有效。

【不良反应】一般较轻，多为口干、便秘、嗜睡、乏力、心动过缓及水钠潴留，停药后消失。突然停药可致反跳现象，表现为心悸、血压升高等，故停药时应逐渐减量。

同类药有甲基多巴（methyldopa），系多巴的衍生物，为人工合成品。作用与可乐定相似，适用于治疗中度高血压。因肾血管阻力下降尤为明显，故降压时并不减少肾血流量，特别适用于肾功能不良的高血压患者。不良反应常见有嗜睡、眩晕、心动过缓、口干、腹泻等。少数人引起肝损害、溶血性贫血。

二、神经节阻断药

神经节阻断药是阻断植物神经节 N_1 受体的药物，如樟磺咪芬（三甲硫吩）、美卡拉明等。因交感神经被阻断，小动脉扩张，外周阻力降低，呈现舒张压下降；又因小静脉扩张，回心血量减少，心输出量亦相应减少，故收缩压下降作用明显。本药虽然具有降压作用强且显效快的优点，但因其不良反应较多且严重，目前临床上很少应用，只用于其他降压药物无效或急进性高血压、高血压危象或高血压脑病的患者。

三、去甲肾上腺素能神经末梢抑制药

该类药物主要作用于去甲肾上腺素能神经末梢，影响递质的再摄取、储存、释放等过程，从而使交感神经冲动传导受阻，表现为血管扩张，心率减慢，血压下降。本类药物的代表药为利血平和胍乙啶。后者因其不良反应较多，且较严重，临床上已很少应用。

利血平

利血平（reserpine）是自萝芙木根中提取的一种生物碱，现已能人工合成。

【作用】利血平与去甲肾上腺素能神经末梢内囊泡膜上的胺泵结合，干扰递质的再摄取、合成及储存，最终使递质耗竭。其降压具有以下特点：①降压作用缓慢、温和、持久。口服 1 周后显效，2~3 周作用最强，长期服用者停药后尚可维持 3~4 周。②具有镇静、安定作用。

【用途】本药常与氢氯噻嗪合用于轻度或中度高血压，提高疗效，减少不良反应。

【不良反应】常见的有嗜睡、淡漠等，严重时偶可引起精神抑郁症状等。此外易引起鼻塞、胃酸分泌增多、腹痛、腹泻、心动过缓等副交感功能相对亢进的症状。因此，消化性溃疡及精神抑郁患者禁用。

四、直接扩张血管药

本类药能直接松弛血管平滑肌，降低外周阻力，使血压逐渐恢复到正常水平。

肼 屈 嗪

肼屈嗪（hydralazine）又名肼苯哒嗪。

【作用和用途】本药主要通过直接松弛小动脉血管平滑肌，降低外周阻力，使血压下降。其降压具有以下特点：①降压时反射性兴奋交感神经，使肾素分泌增多，水钠潴留，心率加快，心输出量增加。②降压作用快而强，口服后 30min 显效，静注后 10~20min 生效，降压作用可持续 12h。临床多用于中度或重度高血压病的联合降压方案。

【不良反应】剂量稍大常引起头痛、心悸及胃肠反应，偶可出现面红、水肿及诱发心绞痛等。长期大剂量应用可引起类风湿性关节炎或红斑狼疮样综合征。

硝 普 钠

硝普钠（sodium nitroprusside）又名亚硝基铁氰化钠。本药能直接松弛全身小动脉和小静脉血管平滑肌，降低血压，减轻心脏的前、后负荷。对正常心脏的输出量影响不大，可增加衰竭心脏的输出量。本药具有强效、快速降压效果，静滴 30s 即显著降压，停药后 5min 血压回升，可通过控制滴速对血压进行必要的调节。临床上主要用于高血压危象和难治性心力衰竭，但应严密监测血压，预防因血压过低，影响心肌血液灌注，加重心肌缺血。不良反应可见消化道症状、头痛、心悸等。

五、钾通道开放药

二 氮 嗪

二氮嗪（diazoxide）又名氯苯甲噻嗪、降压嗪。

【作用和用途】通过开放血管平滑肌细胞膜钾通道，促进钾外流，使细胞膜超极化，导致Ca^{2+}通道失活，Ca^{2+}内流减少，从而扩张小动脉，降低外周阻力使血压下降。降压作用快而强，适用高血压危象或高血压脑病患者抢救。其降压程度与静注速度有关，如在10~15s内注完，其效果最佳。因药液碱性强，注射有灼热感，勿漏至血管外。

【不良反应】个别患者出现心悸、恶心、钠水潴留等不良反应。

米诺地尔

米诺地尔（minoxidil）又名长压定，敏乐定。可直接扩张小动脉而降压，其降压机制同二氮嗪。降压作用强而持久，口服4h生效，12~18h达高峰，一次用药可维持24h。适用于顽固性高血压患者。有肾素分泌增加，钠水潴留、心悸、多毛症等。常与利尿药，普萘洛尔、利血平等配伍。

六、其他扩血管药

吲达帕胺

吲达帕胺（indapamide）又名吲达胺、吲满速尿。

【作用和用途】具有钙拮抗作用和利尿作用，是一种新型的强效、长效降压药。通过抑制血管平滑肌细胞膜上的Ca^{2+}通道，扩张血管，降低外周阻力，产生降压效应。对轻度、中度高血压具有良好疗效，单独服用降压效果显著。

【不良反应】较轻，个别患者有头晕、头痛、恶心、失眠等，但不影响继续用药。大剂量时因利尿作用增强，可见低血钾。

工作项目四　抗高血压药物的应用原则

对高血压的药物治疗，多为长期服用。由于各药的降压机制、作用部位、降压特点及不良反应不尽相同，在应用过程中应注意以下原则：

1.根据病情特点选用药物　高血压的药物治疗主要选用疗效可靠、不良反应相对较轻的利尿药、β受体阻断药、钙拮抗药及ACEI四大类。对于轻度高血压患者，一般可优先选用利尿药；中度高血压患者，可选用β受体阻断药、钙拮抗药及ACEI或与利尿药联用；重度高血压患者，在上述联合用药的基础上，加用或改用作用强的米诺地尔、可乐定等。高血压危象、高血压脑病，宜静脉注射给药，如硝普钠等。

2.根据并发症选择药物　①高血压合并心力衰竭、心脏扩大者，宜用利尿药、卡托普利、哌唑嗪等，不宜选用β受体阻断药及钙拮抗药。②合并冠心病的高血压，避免选用单纯扩张小动脉的降压药，以防止因反射性心率加快而增加心肌耗氧量，应选用硝苯地平、普萘洛尔、小剂量利尿药等。③合并肾功能不全者，避免选用β受体阻断药，因此类药物具有减少心输出量影响肾血流量的作用。一般可选用可乐定、甲基多巴，必要时可加用呋塞米，亦可选用卡托普利、硝苯地平等。④高血压合并消化性溃疡者，宜用可乐定，不宜用利血平。⑤高血压合并支气管哮喘者，不宜用β受体阻断药。⑥高血压合并糖尿病或痛风者，不宜用噻嗪类利尿药。⑦高血压合并精神抑郁者，不宜用利血平或甲基多巴。

3.治疗剂量个体化　不同患者或同一患者在不同病程时期，需要的药物剂量不同。肼屈嗪、可乐定、普萘洛尔等药物所需治疗量可相差数倍。应根据"最好疗效，最少不良反应的原则"，选择每一个患者的合理剂量，即剂量个体化。

工作项目五　抗高血压药物用药护理程序

一、用药前评估

明确用药目的，使高血压患者血压降到正常或接近正常水平，预防或减少心、脑、肾等重要器官并发症。

掌握患者的高血压程度、分类，检查胸透或胸片、心电图、血和尿常规、血糖、血脂、肝及肾功能等指标。

询问是否用过降压药，药物种类、用法及有无不良反应等。孕妇，过敏体质者禁用。

了解有无其他疾病如充血性心衰、肺气肿、支气管哮喘及有无肾功能不全等病症。

了解患者可能引起高血压的危险因素，如生活和工作紧张程度，高钠、高脂肪饮食，及吸烟、饮酒等嗜好。

二、用药方法和监护

为避免食物对药物吸收的影响，宜在饭前1h空腹服用。对伴有胃肠刺激的药物，宜在饭后服药或与抗酸药同服。

指导患者采用低钠饮食、戒烟戒酒、控制体重、加强锻炼、健康饮食及生活等有利控制高血压的非药物治疗。

教育患者高血压应早期治疗，病长期不间断服药。在服药期间，药物在固定时间服用、有条件的可以监测血压情况。

有些降压药会使患者困倦、疲乏。用药期间，要劝告患者不要开车、高空作业等。

正确指导和观察患者用药后的疗效，尽量避免和防止药物的不良反应。注意用药方法：硝普钠遇光易被破坏，滴注时应避光；普萘洛尔、拉贝洛尔、硝苯地平也应避光保存；长期服药每天应固定时间；急症注射给药应注意剂量和给药速度。

三、急救与护理

1.指导患者用药宜从小剂量开始，用药期间切记突然停药，以防血压反跳性升高和出现高血压危象。

2.静脉用药要控制输液速度，定时观察血压、心率的变化，防止药物输入过快或患者对药物敏感引起的血压骤降，或其他并发症。

制剂和用法

盐酸哌唑嗪　片剂：1mg、2mg。首剂0.5mg，于睡前服，逐渐增至1次1~2mg，3~4次/日。

盐酸普萘洛尔　片剂：10mg。10~30mg/次，3~4次/日。

拉贝洛尔　片剂：100mg、200mg。口服：开始100mg/次，2~3次/日，如疗效不佳，可增至200mg/次，3~4次/日。注射剂：50mg/5ml。100~200mg/次，静注。

卡托普利　片剂：12.5mg、25mg。25~50mg/次，3次/日。

依那普利　片剂：5mg、10mg、20mg。10mg/次，1次/日。

氢氯噻嗪　片剂：10mg、25mg。12.5~25mg/次，2次/日。

硝苯地平　片剂：5mg、10mg。5~10mg/次，3次/日，口服或舌下含化。缓释片：20mg。20mg/次，2次/日。控释片：20mg。20mg/次，1次/日。

尼群地平　片剂：10mg。10mg/次，3次/日。

氨氯地平　片剂：5mg。5mg/次，1次/日。

盐酸可乐定　片剂：0.075mg。0.075~0.15mg/次，3次/日。注射剂：0.15mg/1ml。0.15~0.3mg/次，肌内注射，或加入50%葡萄糖液20~40ml缓慢静注，必要时6h重复1次。多用于危重高血压病。

甲基多巴　片剂：0.25g。开始0.25g/次，2~3次/日。

利血平　片剂：0.25mg。0.25~0.5mg/日，2次/日。注射剂：1mg/1ml。1~2mg/次。

盐酸肼屈嗪　片剂：10mg、25mg、50mg。先10mg/次，3~4次/日。以后25~50mg/次，3次/日。

硝普钠　粉针剂：50mg。水溶液不稳定，需现用现配（配制时间超过4h不宜再用）。50mg/次，先用5%葡萄糖注射液2~3ml溶解后再用同一溶液500ml稀释静滴，滴速为10~30滴/min，随时监测血压、调整滴速，滴注系统应黑纸包裹以防药品遇光破坏，血压下降后加用口服降压药，逐渐减量停药，以防反跳现象。

二氮嗪　注射剂：300mg/20ml。300mg/次，静脉注射。

米诺地尔　片剂：5mg。开始2.5mg/次，2次/日，逐渐增至5~10mg/次，2次/日。

吲达帕胺　片剂：2.5mg。2.5mg/次，1次/日，维持量可两日1次，2.5mg/次。

（王　清）

工作任务二　抗心绞痛药

学习目标

1.熟悉抗心绞痛药物的分类及代表药名。
2.掌握硝酸酯类药物的作用、用途、不良反应及用药注意事项。
3.熟悉β受体阻断药及钙拮抗药的作用和用途、不良反应及用药注意事项。

案例分析

患者，男，55岁，阵发性胸闷痛3年，加重1月。高血压15年，吸烟15年。患者在劳累及休息时均发作胸闷痛，每次持续几分钟，胸闷痛部位为胸骨后疼痛，休息或舌下含服硝酸甘油后可缓解。多次ECG检查发现多导联T波低平，但无动态性改变。心脏B超：左心室肥厚。

诊断：冠心病不稳定性心绞痛，高血压，高血脂。

治疗用药：阿司匹林75mg，qd；复方降压片2片，qd；硝酸甘油片：0.5mg/次，舌下含化；吉非贝奇0.6，bid；美托洛尔12.5mg，bid。

问题：
1.上述治疗中为何选用硝酸甘油，其不良反应及用药注意事项有哪些？
2.治疗方案中硝酸甘油与美托洛尔联合用药有什么优点？说明理由。

心绞痛是心肌急剧短暂的缺血、缺氧引起的一种临床综合征。常见于冠状动脉粥样硬化性心脏病。表现为突然发作的胸骨后部压榨性疼痛，可放射至左上臂内侧等部位。心绞痛的发作是由于心肌供氧和耗氧之间出现矛盾而引发的。所以，药物治疗是以增加心肌供氧和减少耗氧为基础（图2-4-2）。常用药物有硝酸酯类、β受体阻断药和钙拮抗药三类。

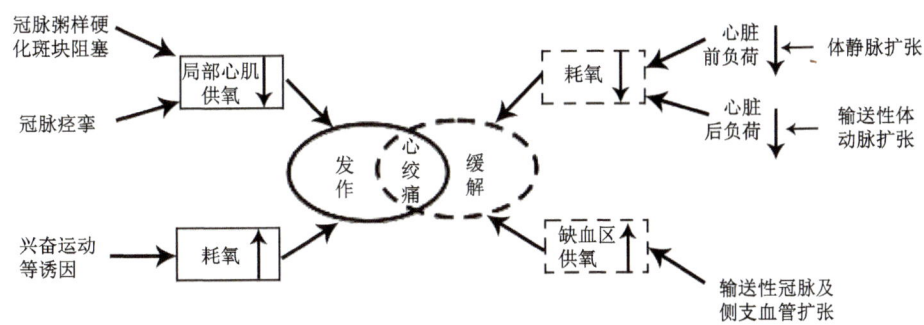

图 2-4-2 心绞痛发作及抗心绞痛药作用图

工作项目一 硝酸酯类

本类药物包括硝酸甘油（nitroglycerin）、硝酸异山梨酯（isosorbide dinitrate）、戊四硝酯（pentaerithrityl tetranitrate）、单硝酸异山梨酯（isosorbide mononitrate）等。

硝酸甘油

【作用】硝酸甘油（nitroglycerin）的作用是直接松弛血管平滑肌，影响全身血管系统。实验证明，其抗心绞痛的疗效是通过以下作用实现的：

1.降低心肌耗氧量　舒张容量血管，使回心血量减少、心室舒张末期容积缩小，室壁张力降低，心脏前负荷减轻；同时舒张阻力血管，左心室射血阻力减轻，降低心脏后负荷。两方面作用结合，使心肌耗氧量减少。这是硝酸甘油缓解心绞痛的主要原因。

2.改善冠脉侧支循环　冠状动脉发生狭窄时缺血区的阻力血管因缺氧和代谢产物堆积等原因而呈扩张状态。硝酸甘油一方面扩张较大的冠状血管和侧支血管，增加心肌供血和供氧。另方面对非缺血区阻力血管扩张作用弱，故其阻力比缺血区大，这就迫使血流从非病变区的输送血管经侧支血管流向缺血区，改善缺血区心肌的血液供应（图2-4-3）。

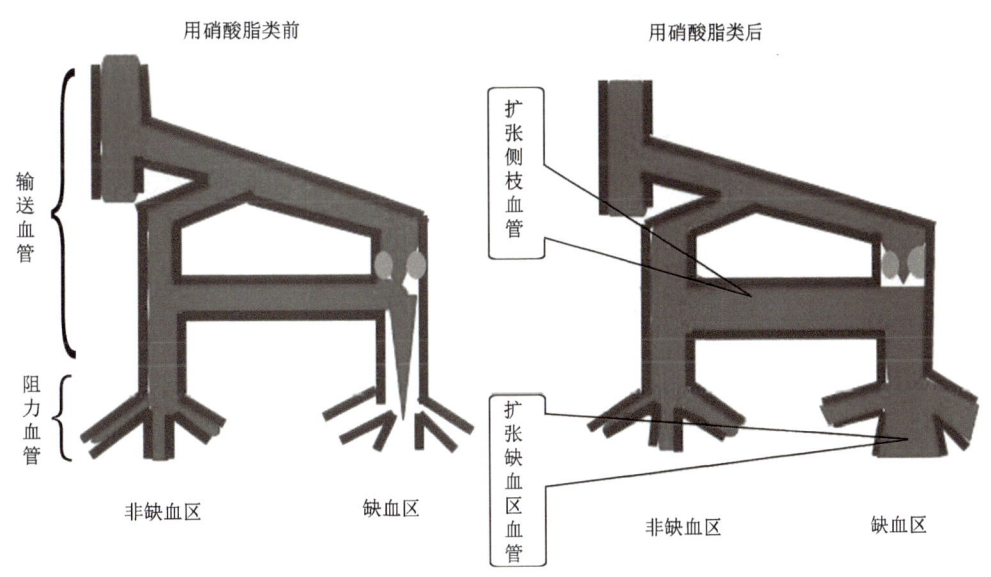

图 2-4-3 硝酸甘油改善冠脉侧支循环作用示意图

3.增加心内膜下层血液供应　由于容量血管扩张，回心血量减少，心室容积缩小；阻力血管扩张，减轻心脏射血阻力，使心室壁张力和心室内压降低，心内膜下层血管受到的压力减少，血液易从心外膜血管流向易缺血的心内膜下层；加之直接舒张心外膜血管，血流量增加，而使缺血严重的心内膜下层血液供应进一步增加。

【临床用途】对各型心绞痛均有效。也可用于急性心肌梗死及难治性心功能不全。

【不良反应】由于扩张血管，可引起短暂的面颈部潮红、眩晕、血管搏动性头痛等，剂量过大可致低血压，反射性心率加快，心肌收缩力加强，心肌耗氧量增加。因颅内及眼内血管同时扩张，颅内压升高和青光眼患者禁用。过量可致高铁血红蛋白症。

常用药还有硝酸异山梨酯（isosorbide dinitrate）又名消心痛。作用与硝酸甘油相似而较弱，但作用持续时间较长。主要用于预防心绞痛。

工作项目二 β受体阻断药

普萘洛尔

普萘洛尔（propranolol）又名心得安。临床除用于治疗高血压、快速型心律失常外，亦常用于治疗心绞痛。其他β受体阻断药阿替洛尔（atenolol、氨酰心安）、美托洛尔（metoprolol、美多心安）等也可选用。

【作用】普萘洛尔通过阻断心脏 $β_1$ 受体，使心率减慢，心肌收缩力减弱，从而减少心肌耗氧量。随着心率减慢，舒张期延长，有利于血液由心外膜向易缺血的心内膜灌注，改善心肌缺血区的供血、供氧，缓解心绞痛。另外，普萘洛尔通过促进氧合血红蛋白中氧的解离，增加心肌组织的供氧，改善心肌代谢，也有利于对心绞痛的缓解。

【用途】适用于稳定型及不稳定型心绞痛患者，对稳定型心绞痛最佳，兼有高血压或快速型心律失常者尤为适用。普萘洛尔与硝酸甘油合用可互补长短（表2-4-2）。

普萘洛尔不宜于与冠状动脉痉挛有关的变异型心绞痛，因冠脉上的 $β_2$ 受体被阻后，α受体作用占优势，易致冠状动脉收缩而加重心绞痛。

【不良反应】除一般不良反应外，长期用药突然停药易引起"反跳"。

工作项目三 钙拮抗药

钙拮抗药是继β受体阻断药之后公认的重要心血管药物之一。常用于抗心绞痛的钙拮抗药有硝苯地平（nifedipine）、维拉帕米（verapamil）、地尔硫䓬（diltiazem）等。

【抗心绞痛作用机制】

1.降低心肌耗氧 钙拮抗药通过阻滞 Ca^{2+} 内流，使小动脉扩张，外周阻力下降，心脏后负荷减轻，心肌收缩力减弱，心率减慢，心肌耗氧量减少。另外，钙拮抗药抑制 Ca^{2+} 进入神经末梢，抑制去甲肾上腺素释放，降低交感神经活性，减少心肌耗氧量。

2.增加缺血区供血 钙拮抗药通过扩张冠脉，促进侧支循环，增加冠脉血流量，改善心肌缺血区血液供应。

3.保护心肌细胞 心肌缺血时，细胞内及线粒体内 Ca^{2+} 超负荷，使线粒体的结构和功能均受到损害，ATP 的合成减少，细胞代谢减低，心肌能量来源耗竭，最终导致细胞死亡。本类药物通过阻滞 Ca^{2+} 通道，而避免细胞内 Ca^{2+} 超负荷，有利于改善心肌细胞的能量代谢，发挥对缺血心肌的保护作用。

【用途】可用于各型心绞痛，对变异型心绞痛最为有效。

表2-4-2 常用抗心绞痛药作用比较

项目	硝酸酯类	β受体阻滞药	钙拮抗药
室壁张力	↓	±	↓
心室容量	↓	↑	±
心室压力	↓	↑	↓
心脏体积	↓	↑	±
心肌收缩	↑	↓	↓
心率	↑	↓	±
血压	↓	↓	↓
心内膜下供血	↑	↑	↑
总血管阻力	↓	↑	↓
侧支血流量	↑	↑	↑

工作项目四 抗心绞痛药的用药护理程序

一、用药前评估

明确用药目的 用于预防和缓解各型心绞痛，减少心绞痛发作频率。

掌握患者基本资料：

1.记录患者的血压、心率、面部表情、体位等体征；了解心绞痛的发作次数、疼痛部位和程度、每次发作持续时间及有无诱发因素。

2.询问用于缓解心绞痛的药物类型、名称、剂量及用法等；了解患者是否有低血压及应用降压药物；有无心力衰竭、房室传导阻滞、高血脂及青光眼等病症。

3. 了解患者有无吸烟、饮酒、饮茶等习惯。

二、用药方法和监护

如为首次用药，先让患者卧床休息10min后测量血压，心率。用药1h候再测，药物效果可使血压下降10mmHg左右，注意观察患者用药后的反应如血压下降、出汗、面部潮红、发热等。

详细向患者及家属介绍本类药的用药知识，硝酸甘油性质不稳定，具有挥发性，应保存于棕色瓶内，启封后立即将棉花取出，一般本品有效期为6个月。另外硝酸甘油吸收个体差异大，一般宜从小剂量（半片）开始舌下含服。

嘱咐患者随身携带抗心绞痛药硝酸甘油，一旦发作将药片置于舌下，直至疼痛完全缓解。舌下含化药后，如有灼热或刺激感是药效的结果，不必惊慌。如果含化1片后疼痛仍不缓解，在5min内可再含1~2片，可连续用3次。若15min仍不见缓解，可能有心肌梗死，应立即报告医生治疗。

每次用药前，要把皮肤表面残存的药物清理干净。用药部位要经常更换，以免发炎。

告诉患者硝酸酯类舌下给药不可吞服；喷雾给药应将药物喷在口腔黏膜或舌下，不可把药物吸入；口服缓释剂，应将药物吞服，不可嚼碎，贴膜剂应将其贴在无毛的皮肤上。

三、急救与护理

1. 此类药物的主要不良反应是头痛。可采用物理治疗，如头部冷敷，保持环境安静或给予适量的温和止痛药来缓解症状。

2. 患者如对药物有不良反应，除采取必要的物理方法帮助患者改善症状外，还要鼓励患者继续用药，逐渐耐受和适应药物治疗。

制剂和用法

硝酸甘油　片剂：0.5mg。0.5mg/次，舌下含化。
注射剂：1mg/1m、2mg/1m、5mg/1m、10mg/1ml。5~10mg/次，溶于5%葡萄糖注射液250~500ml中静滴，用于缓解心绞痛及心肌梗死，开始以5~10μg/min速度滴入，以后根据患者反应逐渐增加用量。

硝酸异山梨酯　片剂：5mg。缓解5mg/次。预防5~10mg/次，3次/日。

盐酸普萘洛尔　片剂：10mg。抗心绞痛所需剂量较大，一般10mg/次开始，3次/日。

硝苯地平　片剂：10mg。10~20mg/次，3次/日，舌下含化或口服。

盐酸地尔硫䓬　缓释片：30mg。30~60mg/次，3次/日。

盐酸维拉帕米　片剂：40mg。40~120mg/次，3~4次/日。

（王　清）

工作任务三　抗心律失常药

学习目标

1. 了解心律失常的类型、发病机制及抗心律失常药物的分类、作用机制。
2. 掌握利多卡因、普萘洛尔、维拉帕米、胺碘酮的作用、用途、不良反应和用药注意事项。
3. 掌握奎尼丁的不良反应和用药注意事项。
4. 熟悉其他抗心律失常药物的用药护理程序。

案例分析

患者，女，72岁，反复心慌气短35年，加重10天。患者35年前无明显诱因出现心慌、气短，无心前区疼痛，ECG检查诊断为室上性心动过速，静推维拉帕米后缓解。之后反复发作，每次医院使用维拉帕米或毛花苷C后缓解。10天前，患者因劳累使上述症状再次发作并加重而就诊，否认高血压病、糖尿病史。查体：T 36℃，Bp 115/75mmHg，P 85次/min，神清语明步稳，查体合作，双肺听诊呼吸音清，心律绝对不齐，强弱不等，心率110次/min，未闻及杂音，双下肢无水肿，心电图检查诊断：房颤。治疗：胺碘酮，第1周0.2g，3次/d，第2周减为0.2g，2次/d，后用维持量0.2g，1次/d；阿司匹林100mg，1次/d。

问题：

维拉帕米和胺碘酮各属于哪一类抗心律失常药？其临床应用及用药注意事项有哪些？

正常心脏的跳动是在窦房结的控制下有节律进行的，当心脏的冲动起源异常或冲动传导障碍时均可引起心律失常。它有缓慢型和快速型之分，本工作任务主要讨论快速型心律失常的治疗药物。

工作项目一　心脏的电生理与抗心律失常药物的基本作用

一、正常心肌电生理

1. 心肌细胞膜电位　正常心肌在静息时，膜内负于膜外约–90mV，处于极化状态，当心肌细胞兴奋时发生除极与复极而形成动作电位。动作电位分为以下5个时相（图2-4-4）。

0相为快速除极，由Na^+快速内流所致。

1相为快速除极初期，由短暂K^+外流所致。

2相为缓慢复极期，又称平台期，由Ca^{2+}及少量Na^+内流与钾离子外流所致。

3相为快速复极末期，由K^+快速外流所致。

4相为静息期，通过Na^+-K^+-ATP酶转运，泵出细胞内的Na^+并泵回细胞外的K^+，使细胞内外的离子浓度及分布恢复到除极前的状态。非自律细胞的膜电位维持在静息水平，在自律性细胞则为舒张期自发除极。

2.快反应和慢反应电活动　心工作肌和传导系统细胞的膜电位大（-80～90mV），除极速度快，传导速度也快，呈快反应电活动，其除极由Na^+内流启动；窦房结，房室结细胞膜电位小（-70mV），除极速度慢，传导速度也慢，呈慢反应电活动，除极由缓慢的Ca^{2+}内流所致。当心肌病变时，由于缺血、缺氧可使膜电位减小，（少负），快反应细胞表现出慢反应电活动。

3.有效不应期　在复极过程中，当膜电位恢复到-60～-50mV时，细胞才能对刺激产生可扩布的动作电位。从0相除极开始到这以前的一段时间即为有效不应期（effective refractory period, ERP）。它反映快钠通道恢复有效开放所需的最短时间，其时间长短一般与动作电位时程（ADD）的长短变化相应，但程度可有不同。在一个动作电位时程中，ERP数值大，就意味着心肌对冲动不起反应的时间延长，故不易发生快速型心律失常。

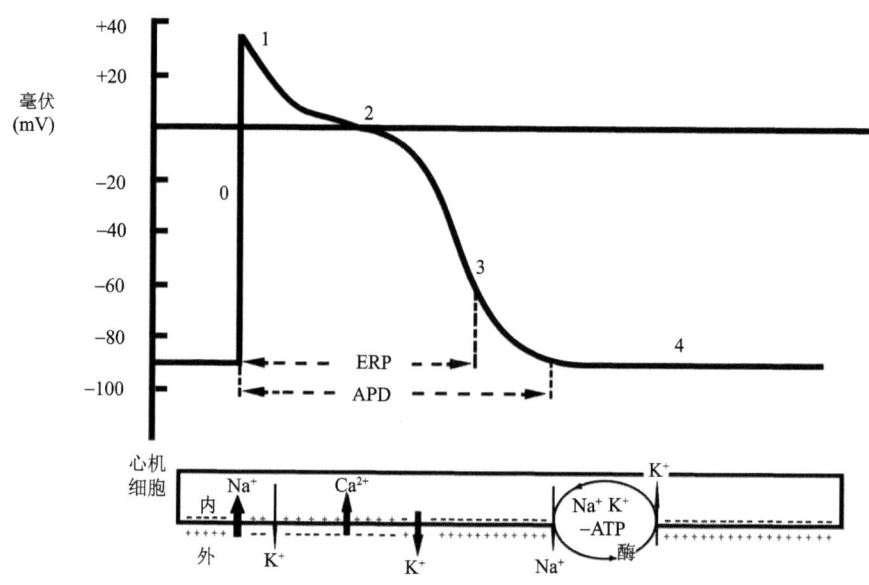

图2-4-4　心肌细胞膜电位与离子转运示意图
ERP：有效不应期；APD:动作电位时程

二、抗心律失常药物的基本作用

1.降低自律性　自律性增高是引起心律失常的主要机制之一。当自律细胞动作电位4相舒张期除极速率加快或最大舒张电位减小、阈电位水平下移，均可使冲动形成增多而引起快速性心律失常。

奎尼丁阻滞快反应细胞4相Na^+内流，维拉帕米抑制窦房结、房室结慢反应细胞4相Ca^{2+}内流和利多卡因促进4相K^+外流，使舒张电位增大（负值大），使其远离阈电位而降低自律性。

2.减少后除极触发活动　后除极是一个动作电位中继0相除极后所发生的，频率较快、振幅较小的除极。呈震荡性波动，膜电位不稳定，易诱发异常冲动的发放，称为触发活动。它是引起心律失常的一个重要因素。后除极分早后除极和晚后除极。早后除极主要由Ca^{2+}内流增多所引起；晚后除极是细胞内Ca^{2+}过多而诱发Na^+短暂内流所致。因此钙通道阻滞药和钠通道阻滞药对这类心律失常有效。

3.改变膜反应性而消除折返　膜反应性是指刺激所激发的0相上升最大速率与膜电位水平之间的关系。是决定传导速度的重要因素。一般膜电位大、0相上升快，动作电位振幅大，传导速度就快，反之，传导速度减慢。

传导异常是心律失常的重要原因。包括单纯性传导障碍和折返激动。折返激动，指冲动经传导环路折回原处而反复运行的现象。用图2-4-5示意说明。正常时浦肯野纤维AB与AC两支同时传导冲动到达心室肌BC，引起心肌一致地除极而兴奋收缩，而后，冲动在BC段内各自消失在对方的不应期中。如果AB支发生单向传导阻滞，冲动不能下传，而AC支传导

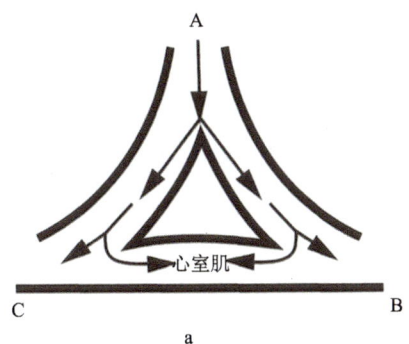
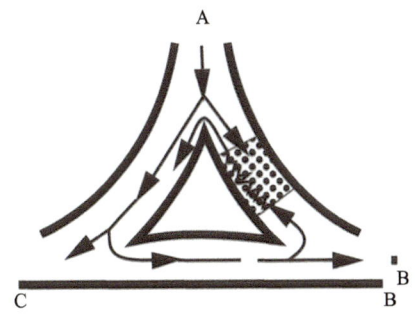

图 2-4-5 浦肯野纤维末梢正常冲动传导，单向阻滞和折返

a:正常冲动传导；b:单向传导阻滞和折返

的冲动经 BC 段逆行传至 AB 支，并得以逆行通过单向阻滞区，再次折回至 AC 支，此时 AC 支有效不应期已过，则可再次引起兴奋，形成折返。单个折返只引起一次期前收缩，连续折返可引发一连串的期前收缩，引起快速型心律失常。

苯妥英钠促进 4 相 K^+ 外流，使最大舒张电位增加并加快传导，从而取消单向阻滞而终止折返；奎尼丁抑制 0 相 Na^+ 内流，降低膜反应而阻滞传导，使单相传导阻滞变为双相阻滞而终止折返。

4.改变 ERP 及 APD 而减少折返

（1）绝对延长 ERP：如奎尼丁能抑制 Na^+ 通道，可延长 APD 与 ERP，但延长 ERP 更为显著，称绝对延长 ERP。折返易被消除。

（2）相对延长 ERP：如利多卡因促进 3 相 K^+ 外流，则能缩短 APD 和 ERP，但 APD 缩短比 ERP 缩短更明显，使 ERP 相对延长，也能消除折返。

三、抗心律失常药物的分类

根据药物对心肌电生理特性的作用，可将抗过速型心律失常药分为四类（表 2-4-3）。

表 2-4-3　抗心律失常药物的分类

分类	代表药物
Ⅰ类　钠通道阻滞药	
Ⅰ A. 适度阻滞 Na^+ 内流	奎尼丁、普鲁卡因胺等
Ⅰ B. 轻度阻滞 Na^+ 内流	苯妥英钠、利多卡因等
Ⅰ C. 重度阻滞 Na^+ 内流	普罗帕酮、氟卡尼等
Ⅱ类　β 受体阻断药	普萘洛尔、阿替洛尔等
Ⅲ类　延长动作电位时程药	胺碘酮索他洛尔等
Ⅳ类　钙通道阻滞药	维拉帕米、地尔硫䓬等

工作项目二　常用抗心律失常药物

一、Ⅰ类——钠通道阻滞药

1.I_A 类药物　该类药物能适度阻滞钠通道和抑制 K^+ 的通透性。减少 0 相 Na^+ 内流，使传导速度减慢；抑制异位起搏细胞 4 相 Na^+ 内流，降低自律性；减少 3 相 K^+ 外流，延长有效不应期（ERP）。

奎 尼 丁

奎尼丁（quinidine）是有茜草科植物金鸡纳树皮中提得的一种生物碱。

【作用】奎尼丁与心肌细胞膜上钠通道蛋白结合，影响膜对 Na^+、K^+ 的通透性。其抑制 Na^+ 内流作用大于抑制 K^+ 外流，其表现为以下几点。

（1）降低自律性：本药对异位起搏点有强大的抑制作用，因而能减少或消除异位起搏点冲动的发放，对窦房结自律性影响很小。

（2）减慢传导：使心房肌、心室肌及浦肯野纤维传导速度减慢，使病理情况下的单向传导阻滞变为双向阻滞，故可消除折返冲动。

（3）延长 ERP：用药后明显延长 ERP，故可取消或减少折返冲动形成。

另外，奎尼丁还具有抗胆碱作用和阻断 α 受体作用，使血管扩张，引起血压下降而反射性兴奋交感神经，上述两种作用，均可使窦性频率增加。

【用途】主要用于心房纤颤、心房扑动及室上性心动过速。对伴有心力衰竭的心房纤颤或心房扑动的患者，宜首先用强心苷治疗。亦用于预激综合征，以终止室性心动过速或抑制室性心动过速的反复发作。

【不良反应】常见的不良反应有恶心、呕吐、耳鸣、眼花等，临床称金鸡纳反应。因本药有阻断α受体作用，故易引起低血压。对原有窦房结功能低下或房室传导阻滞者，可能出现心动过缓，甚至心跳停止。极少数患者可出现呼吸困难、发绀、皮疹、喉头水肿等过敏反应。也有少数患者可出现心室率加快，如预先给足量强心苷，可防止发生。

普鲁卡因胺

普鲁卡因胺（procainamide）为局麻药普鲁卡因的衍生物。

【作用和用途】本品与奎尼丁作用基本相似，具有降低自律性、传导减慢、延长 ERP。与奎尼丁不同之处在于：①不具有α受体阻断作用；②抗胆碱作用弱；③减弱心肌收缩作用较弱，不良反应较少。

主要用于室性心律失常，包括室性早搏及室性心动过速；对房性心律失常也可选用，但对心房纤颤和心房扑动疗效较差。

【不良反应】口服常见恶心、呕吐。静注可引起低血压及窦性心动过缓。过敏反应常表现为皮疹、药热、粒细胞减少等。

丙 吡 胺

丙吡胺（disopyramide）又名达舒平。其作用与奎尼丁、普鲁卡因胺相似不良反应较轻，为广谱抗心律失常药，治疗量对血压无影响，是普鲁卡因胺和奎尼丁的良好代用品。主要用于室性早搏及室性心动过速，也可用于心房纤颤、心房扑动、室上性心动过速。对心力衰竭、房室传导阻滞、窦房结功能低下者禁用。

2.I_B类药物　该类药物的基本作用是：①轻度阻滞心肌细胞膜 Na^+ 通道，降低 0 相上升最大速率，略能减慢传导，在特定条件下甚至加快传导；②抑制 4 相 Na^+ 内流，降低自律性；③促进 3 相 K^+ 外流，缩短 ERP。

利多卡因

利多卡因（lidocaine）为一种常用的局部麻醉药，也是有效的抗室性心律失常药。

【作用】利多卡因的抗心律失常作用与奎尼丁不同，主要作用于心室，对心房作用较弱。

（1）降低自律性：在治疗浓度时，选择性作用于浦肯野纤维，轻度抑制 Na^+ 内流，降低 4 相斜率，抑制其自律性。

（2）缩短有效不应期：利多卡因由于促进 3 相 K^+ 外流，而缩短 ERP，利于消除折返。

（3）对传导速度的影响：治疗量对正常心肌传导无明显影响。对缺血区的浦肯野纤维和心室肌，可减慢传导速度，从而消除折返冲动。对血钾降低和因受损而部分除极的心肌组织，可加快传导速度，消除单向传导阻滞和折返冲动。大剂量时，则减慢传导速度。

【用途】为室性心律失常的首选药，对室性早搏、阵发性室性心动过速、心室纤颤等均有较好疗效。对强心苷中毒引起的室性心律失常也有较好疗效。

【不良反应】一般用量可见嗜睡、定向障碍等。静注过快或过量，可出现低血压、传导阻滞、心动过缓等。对原有传导障碍者，可引起严重传导阻滞，甚至心脏停搏。

苯妥英钠

苯妥英钠（phenytoin sodium）为常用的抗癫痫药，临床上也常用于抗心律失常。

【作用和用途】其作用与利多卡因相似。在传导方面苯妥英钠和利多卡因稍有不同，当心肌受损或强心苷中毒伴以低血钾时，本药促进 K^+ 外流而导致传导速度加快更明显，故苯妥英钠是治疗低血钾时强心苷中毒引起室性心律失常的首选药。此外，对强心苷中毒引起的房性心律失常无论是否伴有传导障碍，亦均有效。而对其他原因引起的心律失常疗效不肯定。

【不良反应】静注过快引起血压下降，偶致心动过缓、传导阻滞，甚至心跳停止。

美西律与妥卡胺

美西律（mexiletine）又名慢心律，化学结构与利多卡因相似，对心肌电生理特性的影响也与利多卡因相似。口服后 2~4h 作用达高峰，持续 6~8h 以上，主要用于室性心律失常，特别对心肌梗死急性期者疗效更佳。不良反应有恶心、呕吐，长期使用可见神经症状，如震颤、眩晕、共济失调等。

妥卡胺（tocainide）又名妥卡尼、室安卡因，是利多卡因脱去二个乙基加一个甲基而成。作用和用途与利多卡因相似，但口服有效，也较持久。不良反应与美西律相似。

3.I_C类药物　这类药物的基本电生理作用为：①阻滞心肌细胞膜 Na^+ 通道，抑制 0 相除极，明显减慢传导；②抑制异位起搏细胞 4 相 Na^+ 内流，减慢舒张期自动除极速率，降低自律性；③对复极过程影响较小。常用药有普罗帕酮、氟卡尼、恩卡尼和劳卡尼。

普罗帕酮

普罗帕酮（propafenone）又名心律平。

【作用和用途】主要是抑制浦肯野纤维和心室肌的 Na^+ 内流，对 K^+ 外流无明显影响。其作用表现为：降低自律性；减慢传导速度；延长 ERP。另外，具有轻度 β 受体阻断作用和轻微的 Ca^{2+} 阻滞作用（仅为维拉帕米的 1/100）。

用于防治室性或室上性心律失常，口服用于室性早搏、房性早搏、心房纤颤和心房扑动。因其导致心律失常较多见，有人主张仅限于其他抗心律失常药疗效不佳的患者。

【不良反应】有胃肠道症状。严重时导致心律失常。

二、Ⅱ类——β 受体阻断药

这类药物主要阻断 β 受体而对心脏发生作用。常用的药有普萘洛尔、阿替洛尔、美托洛尔、吲哚洛尔等，现以普萘洛尔为代表药介绍。

普萘洛尔

【作用】

（1）降低自律性：减慢窦房结和心房传导束、浦肯野纤维舒张期自动除极速率，降低自律性，在运动或精神紧张引起心率加快时作用更明显。

（2）减慢传导：治疗浓度一般不影响传导速度，但当血药浓度超过 100ng/ml 时，则明显减慢房室结和浦肯野纤维的传导。

（3）延长 ERP：对房室结的 ERP 有明显的延长作用。对心室肌因儿茶酚胺过多而缩短的 ERP 也有明显的延长作用。

【用途】主要用于心肌梗死后心律失常的防治；此外，对甲状腺功能亢进或交感神经功能亢进引起的窦性心动过速也有良效；对室上性心动过速、房性早搏常与强心苷合用以控制室率；对伴有心绞痛或高血压的心律失常患者更为适用。

三、Ⅲ类——延长动作电位时程药

这类药物能选择性地延长 ERP，主要延长心房肌、心室肌和浦肯野纤维细胞的 ERP，而对传导速度影响较小。

胺碘酮

胺碘酮（amiodarone）又名乙胺碘呋酮。

【作用】较明显的抑制复极过程，即延长 ERP，又阻滞 Na^+、Ca^{2+} 及 K^+ 通道，且有一定的 α 和 β 受体阻断作用。

（1）降低自律性：主要降低窦房结和浦肯野纤维的自律性，可能与其阻滞 Na^+ 和 Ca^{2+} 通道及阻断 β 受体的作用有关。

（2）减慢传导：一般对心房和心室肌的传导速度无影响，给药数周后，传导速度略有减慢。对浦肯野纤维及房室结的传导速度则有抑制作用，与其阻滞 Na^+ 和 Ca^{2+} 通道有关。

（3）延长 ERP：心房肌、心室肌及浦肯野纤维的 ERP 有明显延长，有利于消除折返冲动，这一作用较其他抗心律失常药更为明显。

【用途】本品为广谱抗心律失常药。适用于各种室上性和室性心律失常，如心房纤颤、心房扑动、心动过速及预激综合征等。

【不良反应】静脉注射过快可引起心动过缓、房室传导阻滞、低血压等。口服很少引起心脏不良反应，但因其含碘，长期服用可影响甲状腺功能。

四、Ⅳ类——钙拮抗药

该类药物对窦房结和房室结的 Ca^{2+} 内流阻滞。常用的药物有维拉帕米和地尔硫草等。

维拉帕米

维拉帕米（verapamil）又名戊脉胺、异搏定。

【作用】维拉帕米能选择性阻滞 Ca^{2+} 内流，使窦房结和房室结的 4 相斜率降低，使自律性降低；对因病变而膜电位减为 -60～-40mV 的心房肌、心室肌及浦肯野纤维的异常自律性也能降低。维拉帕米对窦房结和房室结的抑制作用尤为明显，低浓度就可以延长其 ERP，减慢其传导速度。由于 Ca^{2+} 内流也参与快反应活动的复极过程，高浓度时也能延长浦肯野纤维的 ERP，这些均有助于消除折返。

【用途】治疗房室结折返所致的阵发性室上性心动过速疗效佳，可作首选药物应用。治疗心房纤颤和心房扑动则能减少心室频率。对房性心动过速也有良好效果。

【不良反应】可有恶心、呕吐、头痛、眩晕、颜面潮红等。静注过快可引起窦性心动过缓、房室传导阻滞和低血压。

地尔硫䓬

地尔硫䓬（diltiazem）又名硫二氮草酮。作用与维拉帕米相似，对房室传导有明显的阻滞作用。主要用于室上性心动过速，对心房纤颤者可降低其心室率。

工作项目三　抗心律失常药的用药护理程序

一、用药前评估

1. 明确用药目的　主要用于各种快速型心律失常。
2. 掌握基本资料

（1）监测患者心电图，血压，肝肾功能。

(2) 询问是否用过抗心律失常药物，有无不良反应和过敏反应。

(3) 了解有无呼吸和循环系统疾病，有无传导阻滞、低血压等病症。

(4) 询问药物过敏史，尤其在使用奎尼丁、普鲁卡因胺、胺碘酮等药物之前，如有过敏者应禁用。

二、用药方法和监护

1. 告诉患者及家属明确各类药物的不良反应，指导患者如何应对不良反应，告诉患者预防直立性低血压的方法。

2. 教导患者不能随意加减剂量或服用药物，避免药物相互作用。密切观察心率、节律、血压等的变化。

3. 用量过大或静推速度过快，可抑制心脏和舒张血管，而引起心动过缓，房室传导阻滞及低血压等，要格外注意滴数控制，防止过量造成心脏停搏。

4. 注意某些抗心律失常药的特殊不良反应，如奎尼丁的金鸡纳反应和奎尼丁晕厥，胺碘酮的肺纤维化和角膜微粒沉积。

三、急救与护理

患心律失常的患者有可能发生或发展成致死性心律失常，各种必要的抢救设备如心肺呼吸器，心脏转复器及心脏起搏器等应配置齐全，随时待用。

制剂和用法

硫酸奎尼丁　片剂：0.2g。先服0.1g，观察1日，如无不良反应，以后2~4h/次，0.2g/次。

盐酸普鲁卡因胺　片剂：0.25g。首剂0.5~1g，以后0.25~0.5g/次，4次/日。心律纠正后，减至0.25g/次，2~3次/日。注射剂：0.2g/2ml、0.5g/5ml、1g/10ml。0.25~0.5g/次，肌内注射。必要时，可用本品0.5~1g以5%葡萄糖液200ml稀释，1~2ml/min，静滴。

丙吡胺　片剂：100mg。100mg/次，3次/日。

盐酸利多卡因　注射剂：0.1g/5ml、0.4g/20ml。先以本品50~100mg或1次1~2mg/kg，静注；见效后改为100mg，以5%葡萄糖100~200ml稀释后静滴，1~2ml/min。

苯妥英钠　片剂：0.1g。0.1~0.2g/次，2~3次/日。注射剂：0.25g/5ml。0.125~0.5g/次，以注射用水20~40ml稀释后于10min缓慢推注。必要时，5~10min后再静注0.1g，直至心律纠正或总量达0.5g为止。也可每次3~5mg/kg，1日3~4次，肌内注射。

盐酸美西律　片剂：50mg、100mg。400~600mg/次，3次/日。注射剂：100mg/2ml。100mg/次，静注，3~5min内缓慢推注。

盐酸妥卡胺　片剂：200mg。400~600mg/次，3次/日。注射剂：100mg、200mg/5ml、750mg/15ml。0.5~0.75mg/kg/min，缓慢静注。

盐酸普罗帕酮　片剂：50mg、100mg、150mg。100~200mg/次，3~4次/日。维持量：100~200mg/次，2次/日。注射剂：35mg/10ml。1~2mg/kg/次，稀释于20~40ml葡萄糖液中静注，5~10min注完。

盐酸普萘洛尔　片剂：10mg。用于心律失常，10~20mg/次，3次/日。注射剂：5mg/5ml。1~2mg/次，以5%葡萄糖液100ml稀释，缓慢静脉滴注，按需要调整滴注速度。

盐酸胺碘酮　片剂：200mg。100~200mg/次，1~4次/日。注射剂：150mg/3ml。300~450mg/日，静注，或300mg加于250ml生理盐水中静滴，30min内滴完。

维拉帕米　片剂：40mg。40~80mg/次，3次/日。注射剂：5mg/2ml。5~10mg/次，加入5%葡萄糖液10~20ml，缓慢静注。

盐酸地尔硫䓬缓释片：30mg。30~60mg/次，3次/日。

（王　清）

工作任务四　抗慢性心功能不全药

学习目标

1. 了解抗慢性心功能不全药的分类。
2. 掌握强心苷的作用和用途及不良反应，用药注意事项、心脏毒性的防治及给药方法。
3. 熟悉ACE抑制药和AT_1拮抗药的抗慢性心功能不全的机制。
4. 了解血管扩张药和β受体阻断药的作用。

案例分析

患者，女，50岁，因头晕、心悸、气喘二周就诊，并有尿量减少，且晚间下肢有肿胀感，用手指按压出现凹陷。查体：T 36.4℃，R 27次/min，HR 42次/min，血压140/90mmHg。半卧位，口唇发绀，颈静脉无怒张。两下肺可闻湿啰音，心律不齐，心尖部可闻及收缩期吹风样杂音。腹软，无压痛，肝肋下1指，脾未触及，双下肢轻度凹陷性水肿。心电图：心房颤动，Ⅱ度房室传导阻滞。胸片：双肺纹理粗，心影增大，呈靴形。超声心动图：室间隔和左心室后壁增厚，左房和左室增大，二尖瓣反流（轻度），左室射血分数50%。

诊断：①高血压1级；②慢性心力衰竭（全心衰）；③心房颤动。

治疗：福辛普利钠（血管紧张素转换酶抑制剂）、苯磺酸氨氯地平、地高辛、华法林（抗凝剂）、氢氯噻嗪和门冬酸钾镁（补钾药）。

治疗后：此后患者每周监测血压，定期门诊复查。服药后血压控制在(125～135)/(80～85)mmHg。坚持到公园散步。此后未再因心力衰竭住院治疗。

问题：
1. 地高辛治疗心衰的机制是什么？使用地高辛要注意什么？
2. 上述治疗方案中为何要补钾？

慢性心功能不全又称充血性心力衰竭（CHF），是指在适当的静脉回流下，心脏排出量不能满足机体组织需要的一种病理生理状态。其表现为心收缩力减弱，致使动脉供血不足，出现全身各器官的供血、供氧不足和重要器官功能障碍；心脏射血不全，心室腔内残余血增多，心室扩大，前负荷加重，致使静脉回流受阻，出现肺循环淤血：咳嗽、咯血、呼吸困难；体循环淤血：颈静脉怒张、肝脾大、腹水、下肢水肿及恶心、呕吐、厌食等消化道症状。

CHF时可发生收缩功能或舒张功能障碍。其病理变化有以下几方面：

1. 交感神经系统激活　是CHF发病早期的代偿机制。患者交感神经活性增高，致心肌收缩力加强、心率加快、血管收缩以维持血压，从而对心功能不全起到代偿作用。随着心耗氧量的增加，心负荷加重，这种代偿作用反而使病情加重，形成恶性循环。

2. 肾素-血管紧张素-醛固酮系统（RAAS）激活　中、重度的CHF患者，血浆肾素活性升高，循环血液中血管紧张素Ⅱ（ATⅡ）含量升高。RAAS的激活使血管强烈收缩，醛固酮增多促进体液潴留，ATⅡ还能促进去甲肾上腺素的释放，引起心室重构。

3. 心β₁肾上腺素受体密度下降　CHF患者心肌细胞的β₁受体因长期与较高浓度去甲肾上腺素接触而向下调节，这是使心肌细胞免受进一步损害的一种保护性机制。

CHF表现为收缩功能障碍时，可用正性肌力药加强心肌收缩性，也可用扩张血管药及利尿药降低心脏前、后负荷改善收缩功能。CHF表现为舒张功能障碍时，可用β受体阻断药、血管紧张素Ⅰ转化酶抑制药（ACEI）等，以抑制心肌肥厚，提高顺应性。

工作项目一　正性肌力药

一、强心苷

强心苷（cardiac glycosides）是一类具有强心作用的苷类化合物，为目前治疗CHF的主要药物。临床上常用的有洋地黄毒苷（digitoxin）、地高辛（digoxin）、去乙酰毛花苷（deslanoside，西地兰-D）和毒毛花苷K（strophanthin K）等（表2-4-4）。

【作用】

1. 增强心肌收缩力（正性肌力作用）　治疗量的强心苷能选择性地增强心肌收缩力，对功能不全的心脏作用更为显著。强心苷增强心肌收缩力具有三个显著特点，是强心苷治疗心功能不全的主要药理基础。

（1）提高收缩速率，延长舒张期：强心苷在增强心肌收缩力的同时提高收缩速率，使收缩期在整个心动周期中所占的时间缩短，舒张期相对延长。这既有助于静脉系统淤血的回流，也有利于心脏的休息和冠状动脉的血液灌流，从而改善心脏功能状态。

（2）降低衰竭心脏的耗氧量：心肌耗氧量取决于室壁张力（或心室容积），心率和心肌收缩状况等因素。衰竭而扩大的心脏，心室容积增大，加以代偿性心率增快，所以心肌耗氧量明显增加。使用强心苷后，虽然心肌收缩力增强而增加耗氧量，但由于心肌收缩力增强后心脏射血充分，心腔内残余血量减少，心室容积缩小，加之心率减慢。从而抵消了或超过因心肌收缩力增强而增加的耗氧量，所以总耗氧量是减少的。

（3）增加衰竭心脏的输出量：CHF时，由于交感神经活性增强和RAAS神经体液的参与，使外周阻力增高。强心苷在对衰竭心脏加强心肌收缩力时，由于每搏量的增加，通过刺激主动脉弓和颈动脉窦压力感受器，反射性兴奋迷走神经，使交感活性降低。因而血管呈现扩张倾向，外周阻力有所下降，心后负荷减轻，导致心输出量明显增加。

2. 减慢心率（负性频率作用）　强心苷的负性频率

表2-4-4　常用强心苷体内过程比较

分类	药物	给药方法	吸收率（%）	蛋白结合率（%）	肝肠循环	主要消除方法	半衰期
慢效	洋地黄毒苷	口服	90～100	97	26	肝代谢	5～7d
中效	地高辛	口服、静注	60～85	25	7	肾排泄	36h
速效	毒毛花苷K	静注		5	微量	肾排泄	19h

作用，主要表现在心功能不全而心率加速的患者。CHF时，由于心搏出量减少，对主动脉弓和颈动脉窦压力感受器刺激减弱，交感神经兴奋性相应升高，出现代偿性心率增快。治疗剂量的强心苷通过加强心肌收缩力，心搏出量增加，增强了对主动脉弓和颈动脉窦压力感受器的刺激，从而提高了迷走神经的兴奋性，使交感活性相应降低，呈现心率减慢和舒张完全。心率减慢可使心脏既得到更充分的休息，有利于得到较多的冠状动脉血液供应，还能使静脉回流更为充分而缓解CHF的症状。

3.抑制房室传导（负性传导作用） 治疗剂量的强心苷通过兴奋迷走神经，使房室结传导减慢，ERP延长；剂量较大时，强心苷能直接抑制房室结的传导，使部分心房冲动不能到达心室。强心苷还能提高浦肯野纤维的自律性，这和强心苷中毒易致心律失常有关。中毒剂量时，可引起不同程度的房室传导阻滞，甚至引起心搏停止。

此外，强心苷类药物尚有直接抑制肾小管对Na^+的重吸收作用，加上其改善血流动力学增加肾血流量的间接影响可产生利尿作用，也有利于纠正心力衰竭。

【作用机制】强心苷作用机制尚未充分阐明。现已明确强心苷首先与心肌细胞膜上的强心苷受体（即Na^+、K^+-ATP酶）特异性结合，通过抑制此酶的活性，使钠泵功能部分受阻，引起细胞内Na^+浓度一过性升高。当Na^+-K^+交换受抑制时，Na^+-Ca^{2+}交换增强，从而使心肌细胞内Ca^{2+}浓度升高，表现出心肌收缩力增强的作用。

【临床用途】

1.慢性心功能不全 强心苷控制CHF的疗效随病因和心衰过程而有明显差异。对心瓣膜病，某些先天性心脏病、高血压等引起的心功能不全疗效较好；对继发于甲状腺功能亢进、严重贫血、维生素B_1缺乏症所致的高排血量性心功能不全疗效较差；对肺源性心脏病、严重心肌损伤或有活动性心肌炎者，易引起强心苷中毒，此时应用强心苷应特别慎重；严重二尖瓣狭窄、缩窄性心包炎等原因，使心室充盈受限，强心苷疗效很差，甚至难以奏效。

2.某些心律失常

（1）心房纤颤：系心房各部位发生众多紊乱而细弱的纤维性颤动，每分钟可达400~600次。强心苷虽不易使其恢复窦性节律，但能通过抑制房室结的传导，控制心房过多冲动传到心室，从而使心室频率减慢，改善心脏的功能。

（2）心房扑动：源于心房的冲动与房颤相比较少但较强，每分钟达250~300次，易传入心室，使心室率过快而难以控制。强心苷能不均一的缩短心房不应期，使心房扑动转为心房纤颤，然后再发生治疗心

纤颤的作用。某些患者在转为房颤后，停用强心苷，有可能恢复窦性节律。

（3）阵发性室上性心动过速：强心苷通过兴奋迷走神经减慢房室传导而控制发作。

【不良反应及其防治】以往用量偏高，中毒发生率接近20%，现在用量减少，又常采用逐日给恒量地高辛的方法，故中毒率明显下降，已低于12%。

1.消化系统症状 较为常见，表现为恶心、呕吐、腹泻、厌食等。应注意与强心苷用量不足心衰未被控制所引起的胃肠淤血症状鉴别。

2.神经系统症状 包括头痛、头晕、视觉障碍、失眠等反应。强心苷中毒特有的黄视症、绿视症等视色障碍具有诊断价值，但较少见。

3.心脏毒性反应 包括原有心衰症状的加重和心律失常，这是强心苷中毒致死的原因。几乎临床上所见的各种心律失常都可见于强心苷中毒。最常见的类型有：①室性早搏约占33%；②房室传导阻滞约占18%；③房室结性心动过速约占17%；④房室结代节律约占12%；⑤房性心动过速兼房室阻滞约占10%；⑥室性过速约占8%；⑦窦性停搏约占2%。这些心律失常由三方面毒性作用所引起：浦肯野纤维自律性增高及异位节律出现；房室结传导抑制；窦房结自律性降低。

心脏毒性的防治。①预防：注意诱因，如低血钾、高血钙、低血镁、心肌缺氧等。警惕中毒先兆，当出现一定次数室性早搏，窦性心动过缓（低于60次/min）等，都应及时停用强心苷。②治疗：对快速型心律失常者可用钾盐静脉滴注或口服。因细胞外K^+可阻止强心苷与Na^+、K^+-ATP酶结合。也可用苯妥英钠，因它能与强心苷竞争性争夺Na^+、K^+-ATP酶而产生解毒效果。利多卡因也有效。对中毒时表现为心动过缓或房室传导阻滞者宜用阿托品解救。地高辛抗体的Fab片断对强心苷有强大选择性亲和力，能使与Na^+、K^+-ATP酶的结合的强心苷解离出来，对致死性中毒有明显疗效。每毫克地高辛需用80mg Fab拮抗。

【给药方法】强心苷给药方法有两种，传统给药方法和恒定剂量给药法。

1.传统给药方法 先给全效量，后改为维持量。即先在短期内给予足量的强心苷达到充分疗效，此量称为全效量（洋地黄化量或饱和量）。给予全效量的方法有：①缓给法。适于病情较缓的心力衰竭患者，一般在三天内给足全效量。②速给法。适用于病情较急，且一周内未用过强心苷者（曾用洋地黄毒苷者应为两周），24h内给以全效量。达到全效量后，为维持疗效，需每日补充消除量即维持量，以维持适当的血药浓度。一般多选用中效类地高辛口服每日0.25mg维持。

2.恒定剂量给药法 即逐日给恒定剂量的药物，

经4~5个半衰期后在血中达到稳定浓度。对病情不急的CHF患者多采用逐日给予地高辛0.25~0.375mg，经6~7日就能达到稳定的有效血浓度，从而取得稳定的疗效，且中毒发生率明显下降。

【药物相互作用】皮质激素、排钾利尿药可使机体出现低血钾，易诱发强心苷中毒；钙剂与强心苷有协同作用，两药合用毒性反应增强；奎尼丁可将组织中的地高辛置换出来，使90%患者的血药浓度提高1倍，两者合用宜酌情减少地高辛用量30%~50%；胺碘酮、维拉帕米等也能升高地高辛的血药浓度。

二、非苷类强心药

多巴酚丁胺（dobutamine）为多巴胺的衍生物，能选择性地激动β_1受体，使心肌收缩力增强，心输出量增加，心脏泵血功能改善，心率无明显改变。此外，多巴酚丁胺对β_2受体有一定激动作用，轻度扩张血管，降低外周阻力，减轻心脏后负荷，提高心脏泵血功能；并使肾血流量增加，肾功能得以改善，尿量增加，对治疗CHF会产生有利的作用。静脉给药起效快，但作用短暂，适用于心功能不全的紧急处理。

氨力农（amrinone 氨吡酮），米力农（milrinone）属磷酸二酯酶Ⅲ（PDE-Ⅲ）抑制剂。PDE-Ⅲ系cAMP的降解酶，当此酶的活性被抑制时，细胞内cAMP的降解减少，含量增加而呈现正性肌力作用和血管扩张作用。故可缓解CHF症状。

工作项目二 其他抗慢性心功能不全药

一、血管扩张药

扩张血管药通过扩张血管，降低心脏前、后负荷，能改善CHF患者的临床症状及血流动力学的变化、提高运动耐力。药物舒张小静脉（容量血管）可减少回心血量、降低前负荷，进而降低左室舒张末压、肺楔压，缓解肺淤血症状。药物扩张小动脉（阻力血管）可降低外周阻力，降低后负荷，进而改善心功能，增加心输出量，增加动脉供血，缓解组织缺血症状。血管扩张药虽能缓解CHF的症状，但并不能降低病死率。目前临床常用药物有：

1.硝酸酯类 主要作用于静脉，降低前负荷，用药后明显减轻呼吸困难；也能舒张小动脉，略降后负荷，硝酸甘油静脉滴注每分钟10μg，如症状缓解不明显可每5~10min增加5~10μg/min，直至症状缓解。

2.硝普钠 能同时舒张阻力血管和容量血管。对急性心肌梗死及高血压所致的CHF效果较好。静脉滴注开始每分钟12.5μg，每5~10min增加5~10μg。

3.肼屈嗪 主要舒张小动脉，降低后负荷，用药后心输出量增加，血压不变或略降，但不引起反射性心率加快。一般口服，每次50~75mg，每日4次。

4.哌唑嗪 能舒张小动脉和小静脉，后负荷下降明显、心输出量增加。对缺血性心脏病的CHF效果较好。口服首剂0.5mg，以后每隔6h服用1mg。

二、ACE抑制药和AT_1拮抗药

实验发现，血管紧张素Ⅱ（ATⅡ）能增加心肌和血管细胞内DNA及RNA的含量，增加蛋白质合成，促进心肌和血管细胞生长，从而引起心室和血管肥厚与重构。在CHF早、中期已出现心室肥厚与重构，这是机体代偿和适应的表现，如进一步发展将会引起细胞凋亡。由此可见心肌和血管的肥厚与重构是CHF发病中的主要危险因子。

血管紧张素Ⅰ转化酶（ACE）抑制药，如卡托普利、依那普利、西那普利等，通过抑制血管紧张素Ⅰ转化酶的活性，减少ATⅡ的生成。即能舒张血管，降低心脏前、后负荷，还能防止心肌和血管肥厚与构建，从而缓解和消除CHF患者的症状，降低病死率。

血管紧张素Ⅱ受体（AT_1）拮抗药，如氯沙坦、缬厄沙坦、贝沙坦等，通过直接阻断ATⅡ与其受体的结合，而发挥拮抗作用。类似于血管紧张素Ⅰ转化酶抑制药。

三、利尿药

利尿药能促进Na^+、水的排泄，减少循环血量，降低心脏的前、后负荷，消除和缓解静脉充血及其所引发的肺水肿和外周水肿。对轻度、中度和重度的CHF均可使用。

四、β受体阻断药

在CHF发病过程中，交感神经的活性明显增高、RAAS被激活，是CHF早期的代偿机制。交感神经活性长期增高则产生有害的影响，造成心肌细胞内Ca^{2+}超负荷、儿茶酚胺的增加和β受体数量减少，导致冠脉血流减少、心肌耗氧增加等，出现心肌收缩功能下降。

β受体阻断药，如美托洛尔、卡维地洛等，通过阻断儿茶酚胺对心脏的作用，抑制RAAS，上调β受体数量等作用，从而改善心肌缺血和心室的舒张功能。临床用于Ⅱ~Ⅲ级CHF患者，扩张型心肌病者尤为合适。

工作项目三 抗慢性心功能不全药的用药护理程序

一、用药前评估

1.明确用药目的 用于治疗慢性心功能不全，减慢心功能不全症状、改善运动耐力，提高患者生存率，或治疗某些心律失常。

2.掌握基本资料

（1）记录患者的体重、脉搏、心率和心律、血压、尿量等。了解患者心衰症状和体征有无咳嗽、气促、发绀、心悸、心脏扩大、肝大、颈静脉充盈、水肿、腹水等；是否处于哺乳期及老年体衰状态。监测心电图、中心静脉压和动脉血压、电解质、肝肾功能等指标等。

（2）询问是否用过强心苷及与强心苷有相互作用的药物。了解应用强心苷的患者是否患有如室性心动过速、心室颤动、低钾血症、高钙血症、房室传导阻滞、心肌炎、急性心肌梗死等病症。

（3）了解患者有无饮酒及喜好高盐饮食等习惯。

二、用药方法和监护

不同个体对强心苷的敏感性有较大差异，即使同一患者在不同病情条件下，所需剂量也有差异，故应用时须严密观察，及时调整用量。

用药期间必须密切监测患者的心率、节律及心电图。观察药物中毒的先兆症状，如恶心、呕吐，黄、绿、雾视，室性早搏及心电图的变化。

注意地高辛的用药，用药时要密切观察患者的反应，随时调整用量，以确保疗效，避免毒性反应，应用β受体阻断药，开始小剂量，逐渐递增，如出现低血压，应适当减量。

钙剂与洋地黄对心脏有协同作用，服用洋地黄期间禁用钙剂，静脉稀释液避免用林格液。

三、急救与护理

一旦中毒应立即停药，停用强心苷及排钾利尿药，酌情补钾，但房室传导阻滞及肾功能不全禁用钾盐。抗心律失常，对缓慢性心律失常可用阿托品治疗，对快速型心律失常，首选苯妥英钠，亦可用利多卡因。

制剂和用法

洋地黄毒苷　片剂:0.1mg。全效量0.7~1.2mg，0.1mg/次，3次/日，至0.7~1mg。维持量1次0.125~0.5mg，1次/日。

地高辛　片剂：0.25mg。全效量为1~1.5mg。首剂口服0.25~0.5mg，此后每6~8h口服0.25mg。维持量0.05~0.1mg/次，1次/日。极量0.4mg/次，1mg/日。

毒毛花苷K　注射剂：0.25mg/1ml。全效量0.25~0.5mg。0.125~0.25mg，加入25%~50%葡萄糖注射液20~40ml稀释后缓慢静脉注射，2h后再给予0.125mg至全效量。极量0.5mg/次，1mg/日。

去乙酰毛花苷（西地兰-D）　注射剂：0.4mg/2ml。全效量为1~1.6mg。首剂0.4~0.8mg，同上述法稀释后静注，2~4h后再注射半量，24h内达全效量。

盐酸多巴酚丁胺　注射剂：20mg/2ml。250mg/次，用5%葡萄糖注射液500ml稀释，2.5~10μg/kg/min速度静脉滴注。

氨力农　片剂：100mg。100~200mg/次，3次/日。注射剂：50mg、100mg/2ml。每次0.5~3mg/kg，静脉滴速为5~10μg/(kg·min)，最大量不超过10mg/(kg·日)。

米力农　片剂：2.5mg。2.5~7.5mg/次，4次/日。注射剂：0.05g/1ml。1mg/(kg·次)，以12.5~75μg/(kg·min)，静滴。

（王　清）

工作任务五　抗动脉粥样硬化药

学习目标

1.了解调血脂药的分类。

2.熟悉考来烯胺和洛伐他汀的作用和不良反应。

3.熟悉非诺贝特、氯贝丁酯的用途。

案例分析

患者男性，48岁，体较胖。无明显症状体征。健康体检时化验血脂，结果如下，测定值（正常参考值）：

TG　　14.0mmol/L（0.40~1.86mmol/L）

TC　　28.2mmol/L（3.89~6.48mmol/L）

LDLC　2.80mmol/L（0~4.14mmol/L）

HDLC　0.87mmol/L（1.04~1.74mmol/L）

空腹血浆在4℃放置24h呈奶油样混浊。

诊断：高血脂蛋白血症（Ⅳ型）。

治疗：洛伐他汀胶囊（苏尔清）治疗，每日1次，每次20mg（1粒）。

问题：

洛伐他汀属于哪一类调血脂药？调血脂药的用药注意事项有哪些？

工作项目一　调血脂药

调血脂药物是通过降低血脂或调整脂蛋白代谢以防治动脉粥样硬化。人体血浆中的脂蛋白主要分为四种类型，即①乳糜微粒（CM）：其功能主要是转运外源性甘油三酯，CM升高表现为高甘油三酯血症；②

极低密度脂蛋白（VLDL）：主要转运内源性甘油三酯，VLDL 升高则表现为高甘油三酯血症和高胆固醇血症；③低密度脂蛋白（LDL）：其功能为转运外源性胆固醇，LDL 升高表现为高胆固醇血症；④高密度脂蛋白（HDL）：有助于把组织中过剩的胆固醇以胆固醇酯的形式转运出来，有利于预防动脉粥样硬化。

一、主要降低胆固醇药

考来烯胺

考来烯胺（cholestyramine）又名消胆胺，降脂树脂 1 号，为碱性阴离子交换树脂。

【作用和用途】口服不易吸收，其主要作用是：①促进胆汁酸排泄。口服进入肠道后与胆汁酸形成络合物，中断胆汁酸的肝肠循环。由于肝中胆汁酸减少，肝内胆固醇向胆汁酸转化加强，血浆胆固醇相应降低。②减少胆固醇自肠内吸收。胆汁酸是肠道吸收胆固醇所需的物质，肠内胆汁酸减少，也影响食物中的胆固醇自肠道吸收。

以上作用使肝内胆固醇水平下降，肝产生代偿性改变，表现为肝细胞表面 LDL 受体数量增加，促进血浆中的 LDL 向肝内转移，导致血浆 LDL 和总胆固醇（TC）浓度下降。临床主要用于高胆固醇血症。

【不良反应】口服后可有恶心、腹泻、便秘、偶见腹泻，一般停药后自行消失。

洛伐他汀

洛伐他汀（lovastatin）系 HMG-CoA 还原酶制剂。

【作用和用途】能明显降低血浆 TC 和 LDL（下降 20%~40%）。如与考来烯胺合用，作用更强。也使 VLDL 明显下降，对甘油三酯（TG）作用较弱，并使 HDL 浓度升高。由于该药抑制肝细胞合成胆固醇的限速酶 HMG-CoA 还原酶的活性，故使肝内胆固醇合成减少。肝内胆固醇含量下降，可解除对 LDL 受体基因的抑制，使肝细胞表面 LDL 受体数量增加，从而促使血浆中 LDL 大量向肝中转移使血浆中的 LDL 降低。

主要与考来烯胺合用于高胆固醇血症。

【不良反应】不良反应轻，约 10%患者可有轻度胃肠道反应、头痛或皮疹。

二、主要降低三酰甘油药

氯贝丁酯

氯贝丁酯（clofibrate）又名氯倍特、安妥明。降脂作用明显，但不良反应多而严重。

【作用和用途】口服吸收迅速，水解后释放出有活性的酸基。通过激活脂蛋白脂酶，促进血浆 TG 分解为脂肪酸和甘油，进而被脂肪组织摄取并合成 TG 储存，从而使血浆 TG 含量下降。也能抑制肝内胆固醇合成并促进胆固醇经肠道排泄，使血浆胆固醇含量降低。对 LDL 的作用与患者血浆中 TG 水平有关。对单纯高甘油三酯血症患者的 LDL 无影响，但可使单纯高胆固醇血症患者的 LDL 下降。临床上主要用于高脂血症，尤其是高甘油三酯血症疗效更佳。

【不良反应】可有恶心、腹胀、腹泻，饭后服用可减轻，继续用药可自行消失；偶见头痛、乏力、白细胞减少、血清谷丙转氨酶升高，用药期间注意检查肝功能和血象。

非诺贝特

非诺贝特（fenofibrate）是较新的苯氧酸类调血脂药，其特点是药效强、毒性低。同类药还有吉非贝齐（gemfibyozil）、苯扎贝特（bezafibrate）、环丙贝特（ciprofibrate）等。

【用和用途】具有明显降低血浆 TG 和 TC 的作用，药效较氯贝特强，显效也快，口服 24h 即可见效，通常服用 1 个月血脂明显下降。适用于治疗高甘油三酯血症和高胆固醇血症，疗效优于氯贝丁酯，且不良反应少。

【不良反应】用药期间少数患者出现胃肠道反应及暂时性血清谷丙转氨酶升高。

烟酸和烟酸肌醇

烟酸（nicotinic acid）、烟酸肌醇（inositol hexanicotinas）是广谱调血脂药。

【作用和用途】大剂量烟酸主要降低血浆甘油三酯和 VLDL，长期用药还能抑制胆固醇的合成，使血浆胆固醇和 LDL 降低，并使 HDL 升高。烟酸能降低对甘油三酯酶有激活作用的 cAMP 的含量，使外周脂肪组织中甘油三酯分解减少，游离脂肪酸释放入血的量随之减少，而使肝合成甘油三酯减少，导致血中甘油三酯含量降低。主要用于高脂血症。大剂量能扩张小血管，可用于治疗末梢血管痉挛及视网膜炎等。

【不良反应】烟酸口服刺激胃肠，故溃疡病患者禁用。由于扩张血管，可致皮肤潮红、瘙痒等，一般停药后可消失。烟酸肌醇不良反应较少。

工作项目二　抗氧化药

自由基可损伤血管内皮，促发动脉粥样硬化。普罗布考，维生素 C 和维生素 E 等有抗氧化作用，对动脉粥样硬化有较好的防治作用。

普罗布考

【作用】本品能防止 LDL 的氧化，减轻其对血管内皮的损伤。因 LDL 的氧化物能损伤血管内皮，促进血小板黏附和血管平滑肌细胞移行和增生。另外本品能降低 TC 和 LDL。

【用途】用于Ⅱ型高脂血症及糖尿病或肾病综合征所致的继发性高脂血症。

【不良反应】恶心、呕吐、腹痛、腹胀、头痛、头晕、血管神经性水肿等。

工作项目三 多烯脂肪酸类

本类包括亚油酸，二十碳五烯酸（EPA）、二十二碳六烯酸等（DHA）。

本类在碳链中含有两个以上的双键，能影响胆固醇的吸收、转运和代谢，使胆固醇沉积到血管外组织，而减少血管内胆固醇沉积，而 EPA.DHA 除能降低 TG 和 VLDL 外，还能抑制血小板聚集、扩血管抗血栓、降血脂、均有益于防治动脉粥样硬化。但作用缓和，单用效果差，一般与其他药物组成复方制剂。

工作项目四 保护血管内皮药

动脉内皮受损是诱发动脉粥样硬化的主要因素之一，保护血管内皮免受损伤，是防治动脉粥样硬化的措施之一。该类药物多为一些多糖，如硫酸类肝素、硫酸软骨素 A、硫酸葡聚糖（右旋糖酐）等。这些药物结构中多带有大量负电荷，结合在血管内皮，防止血小板、白细胞及某些有害因子的黏附与刺激，而起保护血管内皮，防止平滑肌细胞增生作用，从而对动脉粥样硬化起到一定的防治作用。

工作项目五 抗动脉粥样硬化用药护理程序

一、用药前评估

1. 明确用药目的 用于预防动脉粥样硬化，纠正血脂的脂质代谢紊乱。

2. 掌握基本资料

（1）监测患者血浆 TC、LDL、VLDL、TG 及 HDL 水平，血压、血糖及动脉粥样硬化状况。了解患者是否处于妊娠及哺乳期。

（2）询问有无家族史，消化系统状况，是否用过抗凝药、性激素、抗心绞痛药和降血脂药等，有无溃疡及便秘等病症。

（3）了解患者有无烟酒嗜好，过量食用高胆固醇、高饱和脂肪酸食品习惯，是否缺乏锻炼、压力负荷过重等。

二、用药方法和监护

教育患者和家属不能单纯依赖药物，应注意控制饮食，采用低脂肪、低胆固醇、低热量食品。

告诉患者长期用药期间，应定期检查血象、血脂、血糖及肝功能。

告诉患者本类药物对胃有不同程度的刺激性，引起胃肠道反应，故溃疡病患者禁用烟酸类药物。

注意观察有无高血容量症的出现。

三. 急救与护理

在用本类药物的在最初几个月，应连续测量血清的低密度脂蛋白，以观察和评估药物的效果，血液指标持续升高或不正常，应及时与医生联系，考虑更换药物。

制剂和用法

考来烯胺 粉剂：一次 4~5g，一日 3 次，餐中服用。

洛伐他汀 片剂：20mg。20~40mg/次，1 次/日，必要时 4 周内增至 80mg/次，1 次/日。

氯贝丁酯 胶囊剂：0.25g、0.5g。0.25~0.5g/次，3 次/日。

非诺贝特 片剂或胶囊剂：0.1g。0.1g/次，3 次/日，血脂下降后改为 0.1g，1 次/日，3~4 月/疗程。

烟酸 片剂：50mg、100mg。50~100mg/次，3 次/日，饭后服。

烟酸肌醇 片剂：0.2g。0.2~0.4g/次，3 次/日，连续服用 1~3 个月。

（王 清）

工作任务六 心血管系统疾病用药物的实践教学

主要进行普萘洛尔的抗缺氧作用实验。

【目的】观察普萘洛尔的抗缺氧作用，分析其抗缺氧机制，联系临床应用。

【器材】250mm 广口瓶 1 个、天平 1 台、注射器 1ml 各 2 支、计时表 1 块。

【药品】0.1%普萘洛尔、生理盐水、钠石灰、凡士林。

【动物】小白鼠 2 只。

【方法】

1. 取小白鼠 2 只，称重，标号。

2. 给药 i.p.0.2ml/10g，甲鼠给 0.1%普萘洛尔，乙

鼠给生理盐水。

3.15min 后，将两鼠同时放入装有 15g 钠石灰的广口瓶中，瓶盖涂凡士林严盖，立即计时。观察记录两鼠死亡的时间（死亡指标：呼吸、心跳停止）。

【结果】综合全班各组结果，分别算出两鼠的平均存活时间，求得存活延长百分率，计入表 2-4-5。

$$存活延长百分率 = \frac{给药鼠平均存活时间-对照鼠平均存活时间}{对照鼠平均存活时间} \times 100\%$$

表 2-4-5 普萘洛尔的抗缺氧作用实验结果

编号	药物	存活时间
甲		
乙		

【注意事项】缺氧瓶必须完全密封不漏气，可用凡士林涂在瓶口。

小鼠腹腔注射部位应稍靠左下腹，勿损伤肝，避免将药品注入肠腔或膀胱。

注意室温，保持在 25℃左右。

【分析】

【结论】

目标检测

一、选择题

（一）**A 型题**（单项选择题）

1.关于硝普钠的描述错误的是（　　）
   A.通过直接扩张血管而降压
   B.水溶液稳定，可事先配制以备急需
   C.显效迅速，作用强大，维持时间短
   D.为高血压危象的首选药

2.与 ACEI 抗高血压作用无关的机制是（　　）
   A.抑制循环中的 RAAS，使 ATⅡ生成减少
   B.抑制局部组织中的 RAAS，使去甲肾上腺素释放减少
   C.抑制 ACE 使缓激肽水解减少
   D.抑制 ACE 使组胺释放增加

3.静脉注射出现血压先升后降现象的药是（　　）
   A.尼群地平　　B.可乐定
   C.二氮嗪　　　D.依那普利

4.具有中枢镇静作用的抗高血压药是（　　）
   A.可乐定　　　B.胍乙啶
   C.拉贝洛尔　　D.氢氯噻嗪

5.高血压伴有心绞痛者宜选用（　　）
   A.普萘洛尔　　B.卡托普利
   C.硝普钠　　　D.α-甲基多巴

6.抗心绞痛药的作用是（　　）

   A.扩张冠脉，改善侧支循环，增加心肌供血
   B.扩张外周血管，降低心脏前、后负荷
   C.抑制心肌收缩，减慢心率
   D.降低心肌耗氧，增加缺血区供血

7.关于硝酸甘油的描述错误的是（　　）
   A.使血管平滑肌松弛　　B.扩张冠脉侧支血管
   C.降低心肌耗氧　　　　D.升高左室舒张末压

8.硝酸甘油无哪一项不良反应（　　）
   A.体位性低血压　　　　B.血管搏动性头痛
   C.升高颅内压　　　　　D.心动过缓

9.下列哪种情况不应用普萘洛尔（　　）
   A.窦性心动过速　　　　B.稳定型心绞痛
   C.房室传导阻滞　　　　D.高血压病

10.普萘洛尔禁用于（　　）
   A.窦性心动过速　　　　B.室上性心动过速
   C.房性期前收缩　　　　D.房室传导阻滞

11.室性过速型心律失常伴有心力衰竭宜选用（　　）
   A.强心苷　　　　　　　B.溴苄胺
   C.维拉帕米　　　　　　D.普萘洛尔

12.室上性心动过速伴支气管哮喘禁用（　　）
   A.强心苷　　　　　　　B.利多卡因
   C.维拉帕米　　　　　　D.普萘洛尔

13.下述关于奎尼丁"金鸡纳反应"症状的叙述，哪一项不对的（　　）
   A.耳鸣　　　　　　　　B.恶心呕吐
   C.视觉障碍　　　　　　D.血压上升

14.下列哪项描述是强心苷与肾上腺素所共有（　　）
   A.减慢心率　　　　　　B.增加心肌收缩力
   C.房室传导加速　　　　D.使衰竭心肌耗氧量减少

15.强心苷中毒出现室性心动过速宜选用（　　）
   A.利多卡因　　　　　　B.奎尼丁
   C.苯妥英钠　　　　　　D.维拉帕米

16.强心苷引起房室传导阻滞或心动过缓宜选用（　　）
   A.肾上腺素　　　　　　B.阿托品
   C.吗啡　　　　　　　　D.新斯的明

17.洋地黄中毒时不应以钾盐治疗的是（　　）
   A.室性期前收缩　　　　B.心房扑动
   C.传导阻滞　　　　　　D.室上性心动过速

18.强心苷引起速型心律失常与下列哪项有关（　　）
   A.心肌细胞内 K^+ 减少
   B.心肌细胞内 Ca^{2+} 增加
   C.心肌细胞内 K^+ 增加
   D.心肌细胞内 Na^+ 减少

19.强心苷禁用于（　　）
   A.心房纤颤　　　　　　B.室性心动过速
   C.心房扑动　　　　　　D.阵发性室上性心动过速

20、心衰患者给予强心苷后，心脏变化无哪一项（　　）
   A.心率增加　　　　　　B.心输出量增加

C.心室容积下降　　D.心肌耗氧下降

（二）X型题（多项选择题）

1.高血压合并心力衰竭不宜选用（　）
   A.钙拮抗药　　　B.β受体阻断药
   C.利尿药　　　　D.ACEI

2.关于硝苯地平描述正确的是（　）
   A.降压作用强，但对正常血压无降压作用
   B.主要扩张小动脉血管
   C.降压时伴有反射性心率加快
   D.长期服用不引起体液潴留

3.下列属于钙拮抗剂的药物是（　）
   A.地尔硫䓬　　　B.米诺地尔
   C.氟桂利嗪　　　D.尼莫地平

4.地尔硫䓬抗心绞痛机制与哪项有关（　）
   A.抑制血管平滑肌 Ca^+ 内流
   B.抑制交感神经末梢 Ca^{2+} 内流
   C.抑制 Ca^{2+} 进入线粒体
   D.抑制心肌细胞 Ca^{2+} 内流

5.下列描述正确的是（　）
   A.硝酸酯类对各型心绞痛均有明显作用
   B.长期服用普萘洛尔不能突然停药，以免心绞痛复发
   C.硝酸酯类与钙拮抗剂联用，有引起严重低血压危险
   D.口服硝酸异山梨酯可预防心绞痛发作

6.奎尼丁的作用有（　）
   A.降低自律性　　B.加速传导
   C.延长 ERP　　　D.抑制收缩力

7.具有缩短 APD 作用的药物（　）
   A.利多卡因　　　B.普鲁卡因胺
   C.苯妥英钠　　　D.丙吡胺

8.诱发强心苷中毒的因素有（　）
   A.低血钾　　　　B.高血钙
   C.低血镁　　　　D.心肌缺氧

9.强心苷治疗 CHF 时，出现哪种情况为停药指标（　）
   A.视色异常
   B.频发性室性期前收缩
   C.窦性心率低于 60 次/min
   D.恶心呕吐

10.强心苷与下列何药联用易致心律失常（　）
   A.氢氯噻嗪　　　B.糖皮质激素
   C.氯化钙　　　　D.大量的葡萄糖

二、填空题

1.目前临床最常用的四类抗血压药是＿＿＿、＿＿＿、＿＿＿、＿＿＿。

2.常用的 ACEI 有＿＿＿、＿＿＿、＿＿＿等。

3.常用抗心绞痛药分为三大类＿＿＿、＿＿＿、＿＿＿。

4.抗过速型心律失常药为四大类＿＿＿、＿＿＿、＿＿＿、＿＿＿。

5.强心苷的常用制剂有＿＿＿、＿＿＿、＿＿＿。

6.强心苷的主要不良反应包括＿＿＿、＿＿＿、＿＿＿三大方面。

三、简答题

1.简述硝酸甘油与普萘洛尔联合用药治疗心绞痛的意义。

2.治疗 CHF 的药物有哪几类？主要代表药有哪些？

（王　清）

工作模块五　内脏系统疾病用药

工作任务一　利尿药和脱水药

工作项目一　利尿药

学习目标

1. 熟悉利尿药的分类及代表药物。
2. 掌握呋塞米的作用、用途、不良反应及用药注意事项。
3. 熟悉噻嗪类利尿药的作用和用途，掌握其不良反应及用药注意事项。
4. 熟悉螺内酯的用途及用药注意事项。

案例分析

患者，男，46岁，因"溺水后胸痛，咯血20余分钟"就诊。查体：T 37.6℃，P 112次/min，R 36次/min，Bp 156/86mmHg。急性面容，神清合作，双瞳孔等大等圆，直径3mm，光反射灵敏，口唇及甲床发绀，气管居中，呼吸浅快，双肺呼吸音粗，可闻及干湿啰音，HR 112次/min，律齐。辅助检查：血气分析提示：PO_2 44mmHg，PCO_2 49.3mmHg，pH 7.237，Bb 0mmol/L，HGb 187g/L。

诊断：溺水后急性肺水肿，急性呼吸窘迫综合征。

治疗：给予气管插管，呼吸机辅助呼吸，呋塞米利尿，地塞米松减轻肺水肿，硝酸甘油扩血管，抗生素抗感染，以及相关对症支持治疗。

问题：
1. 患者所患急性肺水肿为什么要用呋塞米利尿，其利尿机制是什么？
2. 呋塞米常见的不良反应是什么，应如何应对？

利尿药是一类选择性作用于肾，增加电解质和水的排出，使尿量增多，主要用于消除水肿的药物。

一、肾泌尿生理及利尿药的作用

肾的结构与功能的基本单位是肾单位，由肾小球、肾小囊和肾小管构成。尿的生成是经肾小球的滤过和肾小管的再吸收与分泌而实现的。利尿药则是通过增加肾小球的滤过或影响肾小管和集合管的再吸收与分泌而呈现利尿作用（图2-5-1）。

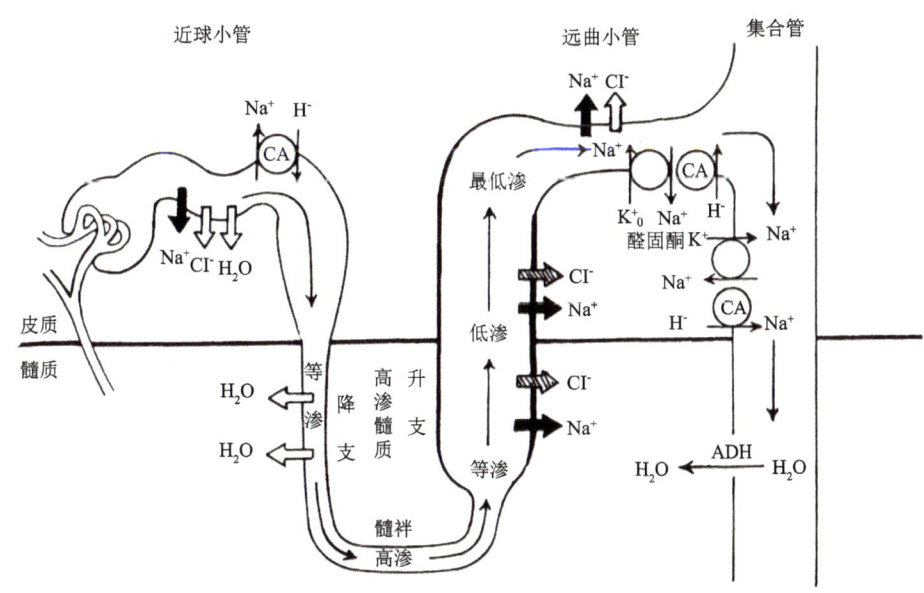

图 2-5-1 肾小管和集合管对水、电解质重吸收示意图

→：主动重吸收；⇨：被动重吸收；➡：继发性主动重吸收；CA：碳酸酐酶；ADH：抗利尿激素

1.增加肾小球的滤过 肾小球的滤过受肾血流量、有效滤过压等因素影响,肾血流量又受神经、体液的调节,一般都保持相对稳定。肾小球滤过的液体(原尿)成人每天约180L,但99%以上被肾小管和集合管再吸收,所以利尿药对肾小球滤过的影响临床实际意义不大。

2.减少肾小管和集合管的再吸收 从原尿的生成到终尿量和质的变化,主要经过一系列肾小管的再吸收和分泌完成的。

(1)近曲小管:此段再吸收的Na^+约占原尿Na^+量的60%~65%。Na^+通过Na^+、K^+-ATP酶(钠泵),主动再吸收。另外,管腔内Na^+也可通过Na^+-H^+交换而进入细胞内。若抑制碳酸酐酶使H^+生成减少,则Na^+-H^+交换减少,致使Na^+再吸收减少而引起利尿,碳酸酐酶抑制药乙酰唑胺能使H^+生成减少而发挥利尿作用。

(2)髓袢升支粗段的髓质和皮质部:此段可将原尿中的Na^+30%~35%再吸收,而不伴有水的再吸收。髓袢升支粗段Na^+的再吸收,是由管腔膜侧Na^+-K^+-$2Cl^-$共同转运系统来转运。该转运系统可将2个Cl^-、一个Na^+和一个K^+同向转运到细胞内。

当原尿流经髓袢升支时,随着Na^+、Cl^-的再吸收,管腔内尿液逐渐由高渗变为低渗,这就是肾对尿液的稀释功能。Na^+、Cl^-被再吸收到髓质间质后与尿素共同使髓袢所在的髓质组织间液的渗透压提升为高渗状态。这样,当尿液流经集合管时,由于管腔内低渗液体与髓质间的高渗状态存在着渗透压差,在抗利尿激素(ADH)作用下,大量水被再吸收回去,这就是肾对尿液的浓缩功能。因此,当髓袢升支粗段髓质和皮质部对Na^+、Cl^-的再吸收被抑制时,肾的稀释功能与浓缩功能都降低,呈现强大的利尿作用。高效能利尿药呋塞米等抑制升支粗段髓质和皮质部,而中效能利尿药噻嗪类等则抑制髓袢升支粗段皮质部(远曲小管开始部分)对Na^+、Cl^-的再吸收,产生利尿作用。

(3)远曲小管和集合管:5%~10%的Na^+在此段再吸收。再吸收的方式除继续进行Na^+-H^+交换外,同时也有Na^+-K^+交换,这是在醛固酮调节下进行的。

二、利尿药的分类

常用利尿药按它们的利尿效能分类如下:

1.高效能利尿药 有呋塞米、依他尼酸、布美他尼等。

2.中效能利尿药 包括噻嗪类利尿药及氯噻酮等。

3.低效能利尿药 包括留钾利尿药螺内酯、氨苯蝶啶、阿米洛利及碳酸酐酶抑制剂乙酰唑胺。

三、常用利尿药

1.高效能利尿药 主要为呋塞米、依他尼酸及布美他尼。

呋塞米、依他尼酸及布美他尼

呋塞米(furosemide,呋喃苯胺酸)、依他尼酸(etacrynic acid,利尿酸),布美他尼(bumetanide,丁苯氧酸)均为高效能利尿药。

【作用】三药的药理特性相似,均作用于髓袢升支粗段的髓质与皮质部,能特异性地与Cl^-竞争Na^+-K^+-$2Cl^-$共同转运系统的Cl^-结合部位,抑制Na^+、Cl^-再吸收而发挥强大的利尿作用。静注呋塞米可增加肾血流,对受损的肾功能发挥保护作用。高效能利尿药可使肾的稀释功能与浓缩功能都降低,排出大量近于等渗的尿液,Na^+、K^+、Ca^{2+}、Mg^{2+}、Cl^-、H_2O的排出都增加。Cl^-的排出往往超过Na^+,故可出现低氯性碱血症。

呋塞米与依他尼酸利尿效能相似,但依他尼酸不良反应较多、且严重;布美他尼较呋塞米利尿作用更强大,不良反应相似而较轻。

【用途】

(1)治疗各种水肿:可用于严重的心、肝、肾性水肿以及肺水肿和脑水肿。对急性肺水肿,静注后迅速解除症状。这是因为呋塞米能扩张血管,降低外周阻力,从而减轻左心负荷的缘故。同时,由于大量排尿,血液浓缩,血浆渗透升高,有助于消除脑水肿。

(2)防治肾功能不全:急性少尿型肾衰竭早期,静注呋塞米有较好的防治作用。由于利尿作用强大、迅速,可使阻塞的肾小管得到冲洗,减少肾小管萎缩坏死。因降低肾血管阻力,增加肾血流量可提高肾小球滤过率,也使尿量增多。

(3)加速毒物排出:对急性中毒的患者,配合静脉输液,可加速毒物随尿排出。

【不良反应】

(1)水与电解质紊乱:表现为低血容量、低血钾、低血钠、低氯碱血症、低血镁症等。其中低血钾症多见,注意及时补钾,或加服留钾利尿药。

(2)耳毒性:长期大剂量静脉给药,可引起耳鸣、听力下降或耳聋。当肾功能不全时较易出现。故应用本类药物期间,应避免和易损伤听神经的药物如氨基苷类抗生素合用。

(3)胃肠反应:常见有恶心、呕吐、上腹不适及胃肠道出血等,宜饭后服用。

(4)其他:由于抑制尿酸排泄,可诱发痛风。少数患者可发生粒细胞减少,血小板减少,溶血性贫血,间质性肾炎等。

2.中效能利尿药 主要为噻嗪类利尿药。

噻嗪类利尿药

噻嗪类利尿药有共同的基本结构,所以效能基本相同。本类药物中各个利尿药的效价强度可相差达数千倍，从弱到强的顺序依次为：氯噻嗪（chlorothiazide）＜氢氯噻嗪（hydrochlorothiazide）＜氢氟噻嗪（hydroflumethiazide）＜苄氟噻嗪（bendroflumethiazide）＜环戊噻嗪（cyclopenthiazide），临床最为常用的是氢氯噻嗪和环戊噻嗪。氯噻酮（chlortalidone）无噻嗪环结构，因其药理作用相似，故在此一并介绍。

【作用和用途】

1. 利尿作用　本类药物作用于髓袢升支粗段皮质部（远曲小管开始部位），能特异性地与Cl^-竞争Na^+-K^+-$2Cl^-$共同转运系统的Cl^-结合部位，抑制Na^+、Cl^-的再吸收，表现出利尿作用。在利尿的同时也排出较多的Na^+、K^+、Cl^-、HCO_3^-。临床用于各型水肿

2. 抗利尿　噻嗪类能明显减少尿崩症患者的尿量，其作用机制可能是由于本品抑制磷酸二酯酶使细胞内cAMP含量增加，从而提高远曲小管和集合管对水的通透性；同时因Na^+、Cl^-排出增加，使血浆渗透压下降，口渴减轻，饮水量减少，故尿量减少。主要用于肾性尿崩症及加压素无效的垂体性尿崩症。

3. 降压　噻嗪类药物尚能降低血压，可用于高血压患者。

【不良反应】长期用药主要有：①电解质紊乱，如低血钾、低血镁；②高尿酸血症；③高血糖、高脂血症等。糖尿病、痛风、严重肾衰竭者慎用或禁用。

3. 低效能利尿药　包括螺内酯、氨苯蝶啶和乙酰唑胺，前两者是留钾利尿药，后者是碳酸酐酶抑制药。

螺 内 酯

螺内酯（spironolactone）又名安体舒通。

【作用和用途】螺内酯的化学结构与醛固酮相似，可与远曲小管和集合管靶细胞的醛固酮受体结合，从而对抗醛固酮的潴钠排钾作用，呈现排钠留钾作用，使Na^+、Cl^-和水的排出增加而利尿。利尿作用弱而缓慢、持久，口服吸收不完全，服后1日显效，2~3日后达高峰，停药后持续2~3日。

因本药主要是拮抗醛固酮的作用，所以主要用于治疗醛固酮升高引起的顽固性水肿。

【不良反应】毒性较低。但长期使用，因K^+的排出减少而引起高血钾症。

氨苯蝶啶和阿米洛利

氨苯蝶啶（triamterene）又名三氨蝶呤、阿米洛利（amiloride）又名氨氯吡咪。

【作用和用途】氨苯蝶啶和阿米洛利都是直接抑制远曲小管和集合管对Na^+的再吸收，使Na^+、Cl^-和水排出量增加而利尿。由于Na^+的再吸收被抑制，Na^+-K^+交换随之减少，故K^+的排出减少。口服后2h可利尿，持续12~16h。单用时利尿作用较弱，常与高效或中效利尿药合用治疗心、肝、肾性水肿。

【不良反应】不良反应较少，偶有恶心、呕吐、腹泻、头痛、口干、嗜睡、皮疹等。长期用药者可使血钾升高，肾功能不全时尤应警惕高血钾的倾向。

乙酰唑胺

乙酰唑胺（acetazolamide）又名醋唑磺胺。

【作用和用途】由于抑制肾小管（主要是近曲小管）细胞的碳酸酐酶，使碳酸形成减少，H^+的分泌及Na^+-H^+交换随之减少，结果HCO_3^-、Na^+、K^+和水的排出增多而利尿。由于利尿作用弱，临床很少用于利尿。乙酰唑胺还可以抑制睫状体上皮细胞的碳酸酐酶，使房水形成减少，可降低眼压治疗青光眼。

【不良反应】不良反应较轻。但长期服用，由于K^+、Na^+、HCO_3^-的排出，可引起低血钾症和代谢性酸中毒，故应加服氯化钾和碳酸氢钠。

工作项目二　脱 水 药

学习目标

1. 熟悉甘露醇的作用和用途，掌握甘露醇的不良反应及用药护理程序。
2. 了解山梨醇和葡萄糖的用途。

案例分析

患者，男，61岁，3天前在行走途中出现右侧头痛，伴呕吐2次，继之左半身无力，不能站立，急诊就诊。既往患高血压20年。查体：昏睡，血压210/110mmHg，双瞳孔2.5mm，光反射灵敏，左侧口角力弱，伸舌偏左，左上肢肌力0级，左下肢肌力Ⅲ级，左侧上、下肢腱反射较右侧活跃，左侧下肢巴宾斯基（Babinski）征阳性，右下肢未引出病理反射，左侧面部及身体痛觉减退。血、尿、便常规及生化检查正常，心电图未见异常。

诊断：高颅压，高血压病3期。

治疗：①20%甘露醇，每次250ml，每6小时1次，静脉滴注；②甘油果糖，每次500ml，每12小时1次，静脉滴注；③乌拉地尔，不断调整剂量控制血压。

病情转归：10天后病情趋于平稳，甘露醇已开始减量，血压可通过口服药物控制在正常范围内，复查肾功能无异常。

问题：

1. 患者使用甘露醇治疗的原因是什么？
2. 甘露醇的临床用途有哪些？

脱水药又称渗透性利尿药。常用药物有甘露醇、山梨醇和葡萄糖。

甘露醇

甘露醇（mannitol）为白色结晶性粉末，易溶于水。

【作用和用途】

1.脱水　静脉给予 20%的高渗溶液后，因不易透入组织，迅速提高血浆渗透压，使组织内、脑脊液或房水中过多的水转移至血管内而呈现脱水作用。因此，可用于脑水肿，以降低颅内压；并可降低眼压而治疗青光眼。

2.利尿　静脉给药后，一方面因增加血容量，使肾小球滤过增加；另一方面它从肾小球滤过后，几乎不被肾小管再吸收，在管腔液中由于渗透压的作用而阻止水的再吸收；故能利尿。通过利尿作用，可维持足够的尿流量，使肾小管充盈，稀释管内有害物质，保护肾小管。此外，还能增加肾血流量。临床可用于预防急性肾衰竭。

【不良反应】不良反应少见，但注射过快可引起头痛、头晕、视物模糊。快速静脉注射，可因血容量突然增加，加重心负荷，故心功能不全者慎用。颅内有活动性出血者禁用，以免因颅内压迅速下降而加重出血。

山梨醇

山梨醇（sorbitol）为甘露醇的同分异构体，常用其25%水溶液。作用与甘露醇相似，由于山梨醇进入体内后，部分转化为果糖而影响其脱水作用，故疗效不如甘露醇。

葡萄糖

葡萄糖（glucose）静脉注射50%高渗溶液时也可产生高渗性利尿和脱水作用。因葡萄糖可进入组织细胞参与代谢，又易在肝和肌组织中合成糖原被储存，故脱水作用较弱，持续时间较短。单独用于脑水肿时可有反跳现象，一般与甘露醇交替使用，以巩固疗效。

工作项目三　利尿药和脱水药的用药护理程序

一、用药前评估与教育

1.明确用药目的　利尿药主要用于各种原因引起的水肿；也可用于治疗高血压、急性肾衰竭或加速体内毒物的排出。脱水药主要用于脑水肿和预防急性肾衰竭。

2.掌握基本资料

（1）机体状况：①记录患者治疗前血压、体重、体液平衡的情况，及水肿的部位和程度。②监测血液化验指标，如钾、钠离子水平、血糖、血尿酸、尿素氮、肌酸等基础值。

（2）既往史：①询问患者有无心、肝、肾及呼吸系统等疾病，如肝肾功能不全、妊娠、痛风、糖尿病和电解质失调等。②了解患者有无利尿药过敏史。③近期是否用过或正在应用与利尿药有相互作用的药物，如法华林、强心苷、氨基糖苷类抗生素、肾上腺糖皮质激素、锂剂等。

（3）生活习性：是否有嗜酒的习惯。

3.实施卫生教育　①让患者了解不同类型的利尿药可能引起的不良反应，一旦出现应及时报告医护人员。②教导患者合理安排用药时间，最好在早上或者上午服用，以避免起夜过多。若同时连续服用利尿剂和其他药物，应教导患者安排好不同的服药时间间隔。③需要长期在家服用利尿药的患者，应交给他们自称体重、自检水肿的方法，并按时记录；教导患者如何观察高血钾和低血钾的症状及熟悉补钾的食物（如西红柿汁、橘汁、香蕉、葡萄干以及土豆、菠菜等）。如有恶心、呕吐和心律不齐则表明血钾过低；而困倦、嗜睡、极度疲乏和心率减慢常提示有血钾升高。④尿量过多会引起脱水和血压降低；应教导患者避免饮酒，以免使血压更低。

二、护理措施与评价

1.注意用药方法

（1）药物配伍：①强效利尿剂与氨基糖苷类抗生素合用，增加耳毒性；与口服抗凝药合用增加抗凝作用；与强心苷合用增加心脏毒性；与头孢菌素Ⅱ合用增加肾毒性。②中效利尿药与强心苷合用增强洋地黄反应；与奎尼丁合用增加其作用和毒性等。

（2）给药方法：①强效利尿药：口服一般每日一次（晨8时）或每日两次（晨8时和午后2时）服药；肌内注射会引起局部刺激，宜深部注射；静注前应稀释后24h内用完。不得与全血混合滴注，切忌加入酸性液中静滴。②中效利尿药：多为口服给药，降压用剂量较小，常与其他降压药合用。③弱效利尿药：口服给药，餐后服用为宜。

2.加强用药监护

（1）监测有关数据：精确记录液体出入量，包括所有的饮料、饮食等；监测患者体重、血压、脉搏、呼吸，血清电解质（钾、钠和氯）、尿酸、血糖和血尿素氮等。

（2）重视用药护理：①静脉补钾，要注意药液的稀释比例和输入速度，并追踪钾的浓度变化。如引起局部血管的疼痛、痉挛,可给予局部热敷或减慢滴速。②在应用排钾利尿药时应注意观察有无关节痛等症状,监测患者血清尿酸水平,预防痛风出现。有痛风史的患者,应提醒医生给予预防性药物治疗。③用药期间要预防和避免脱水,在体液摄入量不足,尤其天气炎热大量盐分随汗液排出的情况下更易发生。为减少脱水,应注意:初期治疗用低剂量;每日测体重,依体重变化调整剂量;可采取间歇疗法。④脱水患者易引起血栓,尤其老年人更易发生。患者如发生头痛、胸痛、小腿或盆腔痛,应立即报告医生。⑤警惕耳毒性:表现为先有耳鸣、耳内胀满,以致听力丧失,一旦发生应停药。⑥注意个别利尿药的护理措施。如呋塞米禁用于对本品或磺胺过敏者,注射液变成黄色不能再用等。⑦脱水药为高渗液体,静脉注意不当外渗至皮下时,会引起组织细胞脱水造成局部组织坏死。输液过程中密切观察输液部位有无外渗,及时发现后立即停止输液,并给予33%硫酸镁外敷,或局部理疗。⑧甘露醇遇冷易结晶,故应用前应仔细检查,如有结晶,可置热水中或用力振荡待结晶完全溶解后再使用。当甘露醇浓度高于15%时,应使用有过滤器的输液器。⑨甘露醇在下列情况慎用:明显心肺功能损害者,高钾血症或低钠血症。低血容量,严重肾衰竭,孕妇,对甘露醇不能耐受者。

三、用药后护理评估

观察和记录体重和水肿消退程度、体液出入量是否平衡、电解质是否平衡、化验室检查指标,如血糖和尿酸是否正常。有无药物不良反应发生等。

制剂和用法

呋塞米　片剂:20mg。20~40mg/次,3次/日。注射剂:20mg/2ml。20mg/次,隔日一次,肌内注射或稀释后缓慢静注。

布美他尼　片剂:1mg。0.5~1mg/次,1~3次/日。注射剂:0.5mg/2ml。0.5~1mg/次,肌内注射或静注。

依他尼酸　片剂:25mg。25mg/次,1~3次/日。注射剂:25mg。25mg/次,以5%葡萄糖液溶解后缓慢静注,1~次/日。

氢氯噻嗪　片剂:10mg、25mg。25~50mg/次,25~100mg/日。

环戊噻嗪　片剂:0.25mg。0.25~0.5mg/次,1~2次/日。

螺内酯　片剂:20mg。20mg/次,3~4次/日。

氨苯蝶啶　片剂:50mg。50~100mg/次,1~3次/日。

乙酰唑胺　片剂:0.25g。治青光眼,0.25g/次,2~3次/日。利尿,0.25g/次,1次/日或隔日1次。

甘露醇　注射剂:10g/50ml、20g/100ml、50g/250ml。1~2g/kg/次,于30min内静脉快速滴注。

山梨醇　注射剂:25g/100ml,62.5g/250ml。1~2g/(kg·次),静脉快速滴注。

葡萄糖　注射剂:10g/20ml。40~60ml/次,静注。

工作项目四　利尿药和脱水药的实践教学

呋塞米的利尿作用

【目的】观察呋塞米的利尿作用,并联系其临床应用。

【动物】雄性家兔1只。

【药物】1%呋塞米注射液,生理盐水、液状石蜡。

【器材】兔手术台、导尿管、胶布、注射器(5ml、20ml各1支)、量筒、磅秤。

【方法与步骤】

1.取雄性家兔1只,称重,将家兔仰卧固定在手术台上。

2.由耳静脉缓慢注入生理盐水10ml/kg。

3.将充满生理盐水并涂过液状石蜡的导尿管插入膀胱(约10cm左右),当有尿液滴出时,用胶布固定于家兔体上。

4.压迫家兔下腹部,使膀胱排空。

5.观察正常30min尿量,并于其第10min记录1min尿滴数。

6.30min后,由耳静脉注射呋塞米0.5ml/kg,再次观察30min尿量,并于其第10min中记录1min尿滴数。比较给药前后的结果。

【结果】记录到表2-5-1中。

【分析】

【结论】

表2-5-1　呋塞米的利尿作用实验结果

	给药前	给药后
每分钟尿滴数		
30min尿量		

目标检测

一、选择题

(一)A型题(单项选择题)

1.心性水肿不宜选用(　)

A.氨苯蝶啶　　　　B.甘露醇

C.环戊噻嗪　　　　D.布美他尼

2.呋塞米不会引起（　　）
　A.低氯性碱血症　　B.低血钾症
　C.低血钠症　　　　D.高血镁
3.下列哪项不是甘露醇的适应证（　　）
　A.活动性颅内出血　B.脑水肿
　C.青光眼　　　　　D.急性肾功衰早期

（二）B 型题
　A.呋塞米　　　　　B.氢氯噻嗪
　C.螺内酯　　　　　D.氯苯喋啶
4.可用于肾性尿崩症治疗的药（　　）
5.不宜与氨基苷类药联用的药（　　）
6.巴比妥类药中毒为加速排泄应选用（　　）
7.长期使用引起血糖升高（　　）

（三）X 型题（多项选择题）
1.痛风患者不宜选用（　　）
　A.呋塞米　　　　　B.氢氯噻嗪
　C.甘露醇　　　　　D.螺内酯
2.与强心苷联用时需补钾的药物（　　）
　A.甘露醇　　　　　B.布美他尼
　C.呋塞米　　　　　D.氢氯噻嗪
3.呋塞米用于急性少尿型肾功衰早期是因为（　　）
　A.通过利尿，使阻塞的肾小管得到冲洗
　B.降低肾血管阻力，增加肾供血
　C.扩张肾血管，提高肾小球滤过率
　D.提高肾小管胶体渗透压

二、填空题
1.具有保钾的利尿药有＿＿＿、＿＿＿、＿＿＿。
2.呋塞米的主要用途有＿＿＿、＿＿＿、＿＿＿三大方面。
3.常用脱水药有＿＿＿、＿＿＿、＿＿＿。

三、简答题
简述氢氯噻嗪的利尿机制、作用、用途、不良反应及用药注意事项。

（田本滢）

工作任务二　抗变态反应药

工作项目一　组胺受体阻断药

学习目标

1.熟悉 H_1 受体阻断药的分类、药名、作用、临床用途；掌握其不良反应及用药注意事项。
2.了解组胺受体的分型、各型受体的分布及效应。

案例分析

患者，男，25岁，因在海滨度假进食大量海鲜致全身瘙痒伴呼吸困难就诊。查体：T 37.6℃，P 95次/min，R 36次/min，Bp 120/75mmHg，口唇和眼睑肿胀，全身大小不等、形态不规则的苍白色扁平风团，血常规检查见嗜酸性粒细胞增高。
诊断：过敏性荨麻疹。
治疗：葡萄糖酸钙注射液 1g 加于 5%葡萄糖注射液 100ml 中缓慢静滴；氯雷他定片口服，10mg，1次/日。
问题：
1.为何要选用葡萄糖酸钙和氯雷他定治疗该患者？
2.用上述二类药治疗过程中需注意哪些问题？

组胺（histamine）是自体活性物质之一，由组氨酸脱羧而成，主要存在于肥大细胞和嗜碱粒细胞的颗粒中，以皮肤、支气管黏膜、肠黏膜和神经系统中含量较多。当机体受到理化刺激或发生变态反应时，可引起这些细胞脱颗粒，导致组胺释放，通过与靶细胞的组胺受体（H 受体）结合而产生生物效应。组胺受体有 H_1、H_2 和 H_3 亚型。H_1 受体兴奋能引起血管扩张及通透性增加；兴奋支气管和胃肠平滑肌，引起支气管哮喘和胃肠绞痛。H_2 受体兴奋能引起胃壁细胞分泌胃酸等。H_3 受体主要是负反馈性调节组胺的合成与释放。由于组胺引起的病理反应与Ⅰ型变态反应症状颇为相似，所以组胺受体阻断药在临床上的应用受到较大重视。

一、H_1 受体阻断药

本类药物大多具有组胺的乙基胺结构，对 H_1 受体有亲和力而无内在活性，可与组胺竞争 H_1 受体，产生拮抗作用。常用药有苯海拉明（diphenhydramine，苯那君 benadryl）、异丙嗪（promethazine，非那根 phenergan）、氯苯那敏（chlorphenamine，扑尔敏）、赛庚啶（cyproheptadine）、阿司咪唑（astemizole，息斯敏）、特非那定（terfenadine）等。

【作用和用途】
1.抗过敏作用　H_1 受体阻断药能对抗组胺激动 H_1 受体引起的小血管扩张和胃肠、支气管平滑肌收缩，而对 H_2 受体无阻断作用。
临床上主要用于皮肤黏膜的过敏性疾病，如荨麻疹、血管神经性水肿、过敏性鼻炎等疗效较好；对药疹、接触性皮炎以及昆虫咬伤引起的皮肤瘙痒等有一定疗效；对过敏性哮喘疗效较差；对过敏性休克疗效更差，须用肾上腺素治疗。

2.中枢抑制作用　治疗量有镇静、嗜睡作用,这可能与阻断中枢 H_1 受体有关。其作用强度与个体敏感性和药物品种有关,以苯海拉明、异丙嗪作用最强,可用于烦躁、失眠患者。阿司咪唑和特非那定因不易透过血脑屏障,故几乎无中枢抑制作用。

3.抗晕止吐作用　苯海拉明和异丙嗪有较强的抗晕止吐作用,这与其中枢抗胆碱作用有关。对乘车、船等引起的晕动病、妊娠呕吐和放射病呕吐有效。

此外,多数药物尚有抗胆碱作用,可引起口干、便秘及呼吸道腺体分泌减少等。

【不良反应】常见的不良反应为嗜睡,尤以苯海拉明和异丙嗪多见。其次可引起恶心、呕吐、口干等。过量中毒先见中枢抑制,继而出现兴奋,最后又转入抑制,严重者因呼吸麻痹而致死。呼吸抑制时应进行人工呼吸,惊厥时静注地西泮解救。

二、H_2受体阻断药

本类药物可选择性地阻断 H_2 受体拮抗组胺引起的胃酸分泌增多而抑制胃酸分泌,用于治疗消化性溃疡(详见本模块工作任务四作用于消化系统药)。

工作项目二　钙　　剂

> **学习目标**
> 1.熟悉钙剂的常用制剂。
> 2.掌握钙剂的作用、临床用途、不良反应及用药注意事项。

临床上常用的钙剂有葡萄糖酸钙(calcium gluconate)、氯化钙(calcium chloride)乳酸钙(calcium lactate)。

【作用和用途】

1.抗过敏作用　钙剂能增加毛细血管的致密度、降低其通透性,使渗出减少,过敏症状减轻。可用于治疗过敏性疾病如荨麻疹、血管神经性水肿、血清病、接触性皮炎和湿疹等仅做辅助治疗,一般采用静脉给药。

2.促进骨骼和牙齿的正常发育　钙是构成骨骼和牙齿的主要成分。体内缺钙可引起佝偻病或软骨病。维生素D可增加钙吸收和骨骼钙化,故口服钙剂时应配伍维生素D。

3.维持神经肌肉的正常兴奋性　当血钙含量降低时,神经肌肉的兴奋性则升高,出现手足搐搦症。此时静注钙剂以迅速缓解症状。症状较轻或惊厥控制后可采用口服。

4.解救镁中毒　由于钙与镁的化学性质相似,可以相互竞争同一结合部位而产生对抗作用,故注射硫酸镁过量引起中毒时,可静注氯化钙或葡萄糖酸钙解救。

此外,钙离子可加强心肌收缩力和参与血液凝固过程。

【不良反应和注意事项】

1.钙剂刺激性强,不宜做肌内注射或皮下注射,静注时须稀释,并避免漏出血管外引起剧痛及组织坏死。如药液外漏应以0.5%普鲁卡因注射液做局部封闭。

2.钙剂静注时,可引起全身发热感,并兴奋心脏引起心律失常,故应缓慢注射和密切观察患者反应。在强心苷治疗期间禁用钙剂,以免加重强心苷的心脏毒性。

工作项目三　抗变态反应药的用药护理程序

一、用药前评估与教育

1.明确用药目的　主要用于缓解或消除以组胺释放为主的过敏性疾病和防晕止吐。

2.掌握基本资料

(1)机体状况:使用前应了解患者发生过敏反应后的主要症状,所涉及的组织、器官在呼吸、血压、心率等方面有何异常。

(2)既往史:了解患者用药史及过敏史;评估已知或可疑的过敏原,询问有无忌服的食品、药品和禁用的物品。询问患者是否处于妊娠及哺乳期。

(3)生活习性:了解患者是否饮酒,饮食、生活环境有无变化。

3.实施卫生教育

(1)心理教育:对患者及家属讲明过敏反应发生的道理,使其在心理上消除对过敏反应的恐惧感。

(2)用药教育:指导患者正确用药,如用于抗过敏治疗应早期服药,不要等过敏反应严重时再用。服药后过敏症状无明显改善时,不可随意加大剂量或乱用其他药物,应及时就医。交给患者避免和减少接触过敏源的方法及有关知识。还应告诉患者可能出现的不良反应,如头晕、困倦等。在服药期间避免驾驶及高空作业。

二、护理措施与评价

1.注意用药方法

(1)药物配伍:①治疗过敏反应疾病时本类药物不宜合用其他中枢抑制药,以免增加中枢抑制。②阿司咪唑,特非那定与红霉素、酮康唑、伊曲康唑合用,可使代谢抑制,造成药物过量。

(2)给药方法:①本类药物主要通过口服给药,苯海拉明、氯苯那敏可肌内注射,异丙嗪可肌内注射或静滴,因有刺激性,应深部肌内注射而不宜皮下注射。②为减轻胃肠反应的发生，常采用饭后服药，但阿司咪唑应在饭前1h给药为宜。若用于防晕止吐，应告诉患者在乘车、船前半小时服药。

2.加强用药监护

（1）监测有关数据：应注意监测患者的血压和心率的变化。特别是观察过敏反应症状的改善及患者视觉、听觉有无异常，以便调整用药方案。

（2）重视用药护理：①连续使用一种药物应注意其临床效果是否逐渐减弱，必要时应更换药物改善疗效。②本类药物最突出的不良反应是困倦、嗜睡，其程度取决于药物剂量及个体差异。除避免与其他中枢抑制药合用外，服药期间戒酒更为必要。③儿童服用本类药物有时可引起惊厥，因婴儿和胎儿对其敏感性高，故妊娠和哺乳期妇女慎用。

（3）中毒急救处理：过量或误服本类药物可致急性中毒，其突出表现为中枢抗胆碱作用所致散瞳、高热、心动过速、尿潴留、幻觉、共计失调和惊厥。无特殊解救药，应采取对症处理。

三、用药后护理评估

过敏反应的主要症状是否得到改善和控制。观察有无不良反应发生。

制剂和用法

苯海拉明　片剂：25mg。25~50mg/次，3次/日。注射剂：20mg/1ml。20mg/次，1~2日/次，肌内注射。

茶苯海明（苯海拉明与氯茶碱结合而成，又名乘晕宁）　片剂：25mg、50mg。25~50mg/次，在乘坐前半小时服用以预防晕动病。

异丙嗪　片剂：12.5.25mg。12.5mg~25mg/次，3次/日。注射剂：50mg/2ml。50mg/次，肌内注射。

氯苯那敏　片剂：4mg。4mg/次，3次/日。注射剂：10mg/1ml、20mg/2ml。5~20mg/次，肌内注射。

盐酸赛庚啶　片剂：2mg。2~4mg/次，3次/日。

阿司咪唑　片剂：10mg。10mg/次，1次/日。

特非那定　片剂：60mg。60mg/次，2次/日。

氯雷他定　片剂：10mg。10mg/次，1次/日。

西替利嗪　片剂：10mg。10mg/次，1次/日。

葡萄糖酸钙　片剂：0.3g、0.5g。0.5~2g/次，3次/日。注射剂：1g/10ml。1~2g/次，用10%~25%葡萄糖注射液稀释后缓慢静注（2ml/min）或加于5%~10%葡萄糖注射液50~100ml中静滴。

氯化钙　注射：0.5g/10ml、1g/20ml。0.5~1g/次，用5%葡萄糖注射液稀释静注（2ml/min）。

乳酸钙　片剂：0.25g、0.5g。0.5~1g/次，2~3次/日。

目标检测

一、选择题

（一）A型题（单项选择题）

1.无中枢抑制作用的H_1受体阻断药（　）
　A.阿司咪唑　　　B.赛庚啶
　C.异丙嗪　　　　D.氯苯那敏

2.H_1受体阻断药常用于（　）
　A.过敏性哮喘　　B.过敏性休克
　C.过敏性紫癜　　D.皮肤黏膜过敏症

3.苯海拉明的作用不正确的是（　）
　A.镇静　　　　　B.镇吐
　C.减少胃酸分泌　D.抗过敏

4.阿司咪唑抗过敏作用是由于（　）
　A.减少组胺释放　B.阻断H_1受体
　C.破坏组胺　　　D.对抗5-HT

（二）B型题

　A.异丙嗪　　　　B.阿司咪唑
　C.氯苯那敏　　　D.氯化钙

5.是冬眠合剂组成的成分之一（　）

6.不易通过血脑屏障的药是（　）

7.预防乘车船呕吐可选用（　）

8.中枢抑制作用最强的药是（　）

9.严禁肌肉，皮下给药的是（　）

（三）X型题（多项选择题）

10.H_1受体兴奋时可出现（　）
　A.小血管扩张　　B.胃肠平滑肌舒张
　C.支气管平滑肌收缩　D.胃酸分泌

11.钙剂的不良反应有（　）
　A.刺激性强　　　B.全身发热感
　C.心律失常　　　D.恶心、呕吐

12.钙剂可用于下列哪项治疗（　）
　A.镁盐中毒　　　B.软骨病
　C.手足抽搐症　　D.荨麻疹

二、简答题

1.简述H_1受体阻断药的作用和临床用途。

2.H_1受体阻断药常见的不良反应是什么？用药时应如何护理？

3.简述钙剂的主要作用和临床用途。

4.简述钙剂使用时的不良反应和注意事项。

（田本滢）

工作任务三 作用于呼吸系统的药物

学习目标

1. 熟悉平喘药、镇咳药、祛痰药的分类及代表药名。
2. 掌握沙丁胺醇、特布他林、氨茶碱、倍氯米松的作用、用途、不良反应和用药注意事项。
3. 熟悉可待因、喷托维林的作用、适应证及不良反应。
4. 了解氯化铵、乙酰半胱氨酸作用和用途的比较、不良反应和禁忌证。

案例分析

患者，男，35岁。咳嗽、发热2周，喘息5天。患者于2周前受凉后出现咽痛、咳嗽、发热，5天前出现喘息，夜间明显，自觉呼吸时有"喘鸣音"。常常于夜间憋醒。查体：T 36.2℃，P 80次/分，R 24次/分，Bp 120/80mmHg，意识清楚，口唇无发绀，颈静脉无充盈。双肺可闻及散在哮鸣音。心界不大，HR 80次/分，律齐，未闻及杂音。腹软，肝脾肋下未触及，双下肢无水肿，未见杵状指。辅助检查：血常规：WBC 7.6×10^9/L，N 75%，L 12%，E 10%（正常值0.5～5%），Hb 135g/L，PLT 234×10^9/L。胸片未见明显异常。

诊断：.支气管哮喘；上呼吸道感染。

治疗：
1. 联合使用支气管舒张剂（$β_2$受体激动剂，茶碱，抗胆碱药物）；
2. 吸入糖皮质激素；
3. 抗感染治疗。

问题：治疗哮喘的药分为哪几类？各类药物的适应证、不良反应和用药注意事项有哪些？

咳嗽、咳痰、喘息是呼吸道疾病的常见症状，这些症状如经久不愈，可导致支气管扩张、肺气肿及肺源性心脏病，给患者造成严重危害。咳、痰、喘三者常同时存在并相互影响，在治疗上也具有内在联系。呼吸道积痰引起咳嗽或哮喘，应用祛痰药排出积痰对咳嗽及喘息均有缓解作用。平喘药降低气管阻力，有利于排痰止咳。及时应用平喘药、镇咳药、祛痰药，并联合应用有效抗菌药，不仅能迅速控制症状，消除病因，也对防止病情发展有重要意义。

工作项目一 镇咳药

咳嗽是一种保护性反射，有利于痰液及异物排出。轻度咳嗽有助于排痰，不需用镇咳药，但剧烈频繁的咳嗽，会影响患者休息，加重病情，引起并发症，故及时应用有效的镇咳药有着积极的治疗意义。根据药物作用部位的不同可分中枢性镇咳药和外周性镇咳药两类。

一、中枢性镇咳药

中枢性镇咳药主要是抑制延髓咳嗽中枢而止咳，其镇咳作用较强，临床常用。

可 待 因

可待因（codeine）又称甲基吗啡。为阿片中的生物碱之一。可待因能选择性地抑制延髓咳嗽中枢，呈现迅速而强大的镇咳作用，并有镇痛作用。其镇咳作用强度为吗啡的1/4，镇痛作用为吗啡的1/7～1/10，抑制呼吸和成瘾性均较吗啡弱。

适用于其他镇咳药无效的剧烈干咳和中等程度的疼痛患者。对胸膜炎患者干咳伴有胸痛者尤为适用。多痰患者禁用。连续应用可产生耐受性和成瘾性，故应控制使用（表2-5-2）。

表2-5-2 可待因与咳必清比较

比较项目	可待因（Codeine）	咳必清（Toclase）
作用	镇咳，为吗啡1/4	镇咳，为可待因1/3
	镇痛，为吗啡1/10	扩支气管
		抑制呼吸感受器
用途	剧烈的刺激性干咳	上呼吸道感染引起的干咳（无痰）
	中等强度的疼痛	
不良反应	久用可成瘾	阿托品样不良反应
用药注意	属麻醉药品，应控制使用	青光眼、痰多者禁用
	痰多者禁用	

喷托维林

喷托维林（pentoxyverine）又名维静宁、咳必清。对延髓咳嗽中枢具有选择性抑制作用，并有局部麻醉作用和阿托品样作用。能抑制呼吸道黏膜感受器和松弛支气管平滑肌，故兼有外周性镇咳作用。镇咳作用为可待因的1/3，但无成瘾性。适用于呼吸道炎症引起的干咳、阵咳。偶见头晕、恶心、口干、腹胀、便秘等。禁用于青光眼患者。

苯丙哌林

苯丙哌林（benproperine）又名咳快好、苯哌丙烷。本品为非成瘾性镇咳药，镇咳作用较强，既抑制咳嗽中枢，又抑制肺及胸膜的牵张感受器，对平滑肌尚有松弛作用。其镇咳作用较可待因强2~4倍，不抑制呼吸，也不引起便秘。主要用于刺激性干咳和各种原因引起的咳嗽。口服易吸收，服后15~20min起效，维持4~7h。不良反应较轻，偶见口干、头晕、乏力、食欲缺乏、腹部不适和药疹等。

二氧丙嗪

二氧丙嗪（dioxopromethazine）又名二氧异丙嗪、克咳敏。本药为异丙嗪的衍生物，具有较强的中枢性镇咳作用，并具有H_1受体阻断作用和局麻作用。主要用于急、慢性支气管炎或其他原因所致的咳嗽。也可用于荨麻疹、过敏性鼻炎和皮肤瘙痒等。口服后30~40min起效，持续4~8h。不良反应较轻，可见困倦、头晕、乏力、精神不振等。

右美沙芬

右美沙芬（dextromethorphan，右甲吗南）抑制咳嗽中枢，镇咳作用比可待因略强。无镇痛作用，无依赖性，不抑制呼吸。口服15~30min见效，持续3~6h。适用于干咳及剧烈的咳嗽。偶见头晕，嗜睡，口干等不良反应。

二、外周性镇咳药

外周性镇咳药又称末梢性镇咳药。通过降低黏膜感受器的敏感性或减轻对黏膜的刺激，而发挥镇咳作用。

苯佐那酯

苯佐那酯（benzonatate）又名退嗽露（tassalon）。本药为丁卡因的衍生物，具有较强的局部麻醉作用，抑制肺牵张感受器和感觉神经末梢。其镇咳作用较可待因弱。对刺激性干咳、镇咳效果好，也可用于支气管镜检查或支气管造影前预防咳嗽。口服后20min起效，持续3~4h。其不良反应较轻，有嗜睡、头晕，偶见过敏性皮炎。

工作项目二 祛痰药

祛痰药是指能使痰液变稀、黏度降低，而易于咳出的药物。

一、痰液稀释药

本类药物口服后，通过刺激胃黏膜，反射性地引起呼吸道腺体分泌增多，使痰液稀释而易于咳出。

氯化铵

氯化铵（ammonium chloride）系偏酸性盐。口服后可刺激胃黏膜，反射性地引起呼吸道腺体分泌增多，使痰液变稀；并有部分药物经呼吸道黏膜排出时，由于盐类渗透压作用可带出水分，使黏痰稀释而易于咳出。适用于急性呼吸道炎症初期痰液黏稠而不易咳出的患者。本品很少单独使用，常与其他药物配伍制成复方制剂应用。氯化铵吸收后使体液及尿呈酸性，可用于酸化尿液和碱血症。空腹或稍大量服用，易引起恶心、呕吐。过量时可引起高氯性酸中毒。肝、肾功能不良者禁用。

二、黏痰溶解药

黏痰溶解药可裂解黏痰中的黏性物质，使黏痰液化，黏度降低，而易于咳出。

乙酰半胱氨酸

乙酰半胱氨酸（acetylcysteine）又名痰易净。其分子中所含巯基(-SH)能使痰液中黏蛋白多肽链的二硫键(-S-S-)断裂，痰的黏滞性降低而易于咳出；对浓痰中的DNA也有裂解作用，但必须使药液与痰液接触才能生效。适用于大量黏痰阻塞引起呼吸困难的紧急情况，本药对呼吸道有刺激作用，可引起恶心、呕吐、呛咳甚至支气管痉挛。氯化铵与乙酰半胱氨酸的比较见表2-5-3。

羧甲司坦

羧甲司坦（carbocisteine）又名羧甲半胱氨酸、化痰片。其祛痰作用与乙酰半胱氨酸相似。服后约4h显效，用于呼吸道炎症引起的痰液黏稠不易咳出的患者。偶有轻度头晕、胃部不适、恶心、腹泻、皮疹等。有消化性溃疡病史者慎用。

溴己新

溴己新（bromhexine）又名必嗽平。本品能裂解痰中黏性成分，使其黏度降低；也能刺激胃黏膜，使呼吸道腺体分泌增加，痰液稀释，易于咳出。用于痰液黏稠不易咳出的患者。

表2-5-3 氯化铵与乙酰半胱氨酸（痰易净）比较

比较项目	氯化铵（Amonii Chloridum）	痰易净（Acetylcysteine）
作用	p.o.对胃黏膜产生局部刺激，反射性引起呼吸道分泌，痰液变稀，易咳出	溶解黏痰，减低痰的黏滞性，易咳出
用途	与其他药配成复方制剂，用于急慢性呼吸道炎症痰多不易咳出者	雾化吸入用于治疗黏痰阻塞气道咳嗽困难者

工作项目三 平 喘 药

平喘药是用于缓解支气管哮喘或预防其发作的一类药物。支气管哮喘大致可分为外源性和内源性两类。外源性哮喘是由特异性抗原引起的Ⅰ性变态反应，通过释放组胺、白三烯 C_4、白三烯 B_4、前列腺素 D_2 等过敏介质所诱发。内源性哮喘多由呼吸道感染、寒冷空气、灰尘等非抗原因素刺激呼吸道黏膜感受器，通过迷走神经反射性地引起支气管痉挛、血管扩张、黏膜水肿、分泌增加，表现为副交感神经功能亢进现象。以上两种类型哮喘在发病过程中可互相影响，混合存在。

一、肾上腺素受体激动药

本类药物通过激动支气管平滑肌上的 $β_2$ 受体，使支气管扩张而平喘。常用药物如肾上腺素、异丙肾上腺素、麻黄碱，前两者平喘作用快而强，适用于支气管哮喘急性发作；后者平喘作用缓慢、温和而持久（3~6h），口服有效，用于预防哮喘发作或轻度患者的治疗。由于上述药物对 $β_1$ 和 $β_2$ 受体的选择性不高，扩张支气管的同时也兴奋心脏引起心悸等不良反应，故近年来，合成多种对 $β_2$ 受体选择性较高的新型平喘药（表2-5-4）。

沙丁胺醇

沙丁胺醇（salbutamol）又名沙丁胺醇、羟甲叔丁肾上腺素。本品对 $β_2$ 受体的激动作用强于 $β_1$ 受体，$β_2$ 受体作用与异丙肾上腺素相当或略强，兴奋心脏作用仅为异丙肾上腺素1/10。适用于支气管哮喘、喘息型支气管炎。预防发作可口服给药，制止发作宜气雾吸入，夜间发作可用缓释或控释制剂。口服后30min生效，维持4~6h，气雾吸入约5min显效，持续3~4h。少数患者可见恶心、头痛、头晕、心悸、骨骼肌震颤，反复应用可产生耐受性，剂量过大可产生心动过速。

特布他林

特布他林（terbutaline）又名羟沙丁胺醇、博利康尼。其平喘作用及适应证与沙丁胺醇相似，且应用方便，既可口服、气雾吸入，又可皮下注射。口服约30min生效，作用维持5~8h；气雾吸入5~10min生效，维持4h。偶有头痛、骨骼肌震颤、血糖升高等。甲状腺功能亢进患者及孕妇慎用。糖尿病患者应用，须注意控制血糖。

克仑特罗

克仑特罗（clenbuterol）又名氨哮素、克喘素。是一种新型强效平喘药。其平喘作用较沙丁胺醇强100倍而对心血管的影响较微弱，很少见心悸的不良反应，主要用于支气管哮喘和喘息型支气管炎。用药方便，既可口服也可气雾吸入，还可用栓剂直肠给药。口服后10~20min生效，作用持续4~6h；气雾吸入5~10min生效，作用维持2~4h，直肠给药对哮喘夜间发作者效果较好，约10~30min起效，可维持8~24h。

表2-5-4 常用 $β_2$ 受体激动药与异丙肾上腺素作用比较

药物	兴奋 $β_2$ 受体	兴奋 $β_1$ 受体	用药特点
Salbutamol 沙丁胺醇（沙丁胺醇）	10倍	1/10	除p.o.气雾外，还用缓释片，一次8mg, b.i.d.
Terbutaline 特布他林（博利康尼）	10倍	1/100	p.o, ih, 气雾
Clenbuterol 克仑特罗（氨哮素）	1000倍	1/1000	p.o., 气雾, 栓剂直肠给药

二、茶 碱 类

本类药物能促进内源性儿茶酚胺类物质释放、抑制磷酸二酯酶Ⅲ（PDE-Ⅲ）和阻断腺苷受体，而呈现作用。

氨 茶 碱

氨茶碱（aminophylline）是茶碱和乙二胺的复合物。

【作用和用途】

1. 平喘 氨茶碱对支气管平滑肌具有较强的松弛作用，尤其对痉挛状态的平滑肌作用突出，可使哮喘症状迅速缓解。口服用于慢性支气管哮喘的预防和治疗；静注用于严重哮喘发作或哮喘持续状态。

2. 兴奋心脏 能加强心肌收缩力，增加心输出量，静注治疗急性心功能不全或心源性哮喘。

3.利尿　能增加肾血流量、提高肾小球滤过率和抑制肾小管对Na^+的重吸收，用于心性水肿的辅助治疗。

此外，尚有松弛胆道平滑肌、扩张外周血管和兴奋中枢作用。

【不良反应和用药注意事项】

1.局部刺激作用　由于本药碱性较强，口服对胃有刺激，易致恶心、呕吐，宜饭后服或用缓释片剂。肌内注射可致局部肿痛，现已少用。

2.静注浓度过高或过快，可引起心悸、心律失常、血压骤降，故必须稀释后缓慢静注。

3.兴奋中枢　治疗量时少数人出现失眠、烦躁不安，可用镇静药对抗之。剂量过大可引起头痛、谵妄甚至惊厥等严重反应。

【药物相互作用】西咪替丁、红霉素、四环素可延长氨茶碱的$t_{1/2}$，易致血药浓度升高而中毒；苯妥英钠可加速氨茶碱的代谢，合用时应酌增用量。

二羟丙茶碱

二羟丙茶碱（diprophylline）又名甘油茶碱、喘定。其作用于氨茶碱相似，但不良反应较轻，对胃肠刺激性小，兴奋心脏的作用也较弱。主要用于支气管哮喘，可口服也可肌内注射。大剂量时有中枢兴奋作用。

三、M受体阻断药

M受体阻断药可对抗乙酰胆碱的M样作用和抑制肥大细胞释放过敏介质，从而呈现平喘作用。阿托品和东莨菪碱对支气管平滑肌的松弛作用较弱，故少用于平喘。

异丙托溴铵

异丙托溴铵（ipratropine）又名异丙阿托品。为阿托品的衍生物，与阿托品比较有以下特点：①口服难吸收，须采用气雾剂吸入给药，产生局部作用；②其扩张支气管作用较阿托品强而持久，有近似异丙肾上腺素的效果，吸入后5min生效，持续4~6h；③因呼吸道黏膜吸收量少，全身性不良反应较少见，亦不增加痰液的黏稠度；④主要用于喘息型支气管炎，也用于支气管哮喘。

四、肾上腺皮质激素类药

肾上腺皮质激素类药具有较强的抗炎、抗过敏作用和提高β受体对儿茶酚胺类的反应性，因而对治疗支气管哮喘有效。但长期应用不良反应多且严重，不宜常规使用。目前应用局部作用强而不良反应小的丙酸倍氯米松气雾吸入，获得较好的疗效。

倍氯米松

倍氯米松（beclomethasone）为地塞米松的衍生物。本药气雾吸入后直接作用于呼吸道而发挥抗炎平喘作用，能有效地控制哮喘发作。局部抗炎作用强大，平喘作用持续4~6h，对依赖皮质激素的慢性哮喘者，可代替口服给药。因显效慢，需连用10日左右才能发挥最大作用，故对严重哮喘发作，宜先用其他平喘药。对哮喘持续状态疗效差，不宜应用。主要不良反应为咽部白色念珠菌感染，每次吸药后水漱口有一定预防作用，偶有声音嘶哑。

氟尼缩松（flunisolide）、布地萘德（dudesonide，布的松）作用与倍氯米松相似。

五、抑制过敏介质释放药

由于本类药物能稳定肥大细胞膜，抑制过敏介质释放而呈现平喘作用。但作用缓慢，需连用数日才有效，故仅作支气管哮喘的预防用药。

色甘酸钠

色甘酸钠（sodium cromoglicate）又名咳乐钠、咽泰。本品能稳定肥大细胞膜，减少Ca^{2+}向细胞内转运，从而抑制肥大细胞脱颗粒，阻止组胺、白三烯等过敏介质的释放，发挥预防哮喘发作的作用。对于外源性哮喘的预防效果显著。对过敏性鼻炎、溃疡性结肠炎、春季角膜结膜炎等也有效。本品为干粉制剂，主要用其微细的粉末制成喷雾吸入给药，少数患者吸入后有咽部刺激症状，出现咽痒、呛咳、气急、胸闷、甚至诱发哮喘。如与异丙肾上腺素合用，可增强疗效和防止支气管痉挛。

酮替芬

酮替芬（ketotifen）为一新型的口服强效支气管哮喘预防药。它不仅稳定肥大细胞膜，抑制过敏介质释放；还能对抗组胺H_1受体作用，其作用比氯苯那敏约强10倍。对外源性、内源性或混合性哮喘均有预防发作的效果。用药后显效较慢，一般于6~12周疗效最好。此外，也可用于过敏性鼻炎、皮肤瘙痒症等。不良反应较少，偶有嗜睡、疲倦、口干、头晕等。

工作项目四　作用于呼吸系统药的用药护理程序

一、用药前评估

1.明确用药目的　平喘药主要用于防治哮喘的发作和复发，以缓解和控制气道阻塞的症状。镇咳药是制止剧烈而频繁的咳嗽，以减轻患者的痛苦。祛痰药用于消除痰液，有利于气道畅通和控制继发感染。

2.掌握基本资料

（1）机体状况：用药前应对患者的呼吸、CO_2结合力、血压、心率及肝肾功能状态作全面的检查和了解。

（2）既往史：①应了解患者咳嗽的性质及程度；痰液量、黏稠度及颜色，有无并发感染；喘息时间、程度和体位等。②询问病程、用药史及过敏史；检查有无并发症，如糖尿病、心血管病等。

（3）生活习性：了解患者有无吸烟、饮酒的嗜好。

3.实施卫生教育

（1）心理教育：告诉患者及家属，咳、痰、喘是呼吸道疾病的常见症状，只要正确合理的选用药物，完全可以达到有效的控制，并以求根治不再复发。

（2）用药教育：①向患者及家属讲吸烟、嗜酒影响呼吸系统疾病治疗的弊端；并介绍咳、痰、喘治疗用药的常规知识，酌情选药和配伍，并注意三者之间的关系。了解合用抗菌药对呼吸系统常见病的治疗价值。②指导患者气雾吸入剂的正确使用方法；教给患者正确选用止咳、祛痰、平喘的多种非处方药，以防重复用药；提醒使用激素类平喘药的患者，每日气雾吸入后应及时漱口，以清除咽喉部残留药物，减少咽部白色念珠菌感染。长期用药者，切勿突然停药。

二、用药方法及监护

1.注意用药方法

（1）药物配伍：①氨茶碱与受β体激动药、糖皮质激素等药物有协同；与β受体阻断药及巴比妥类等药物有拮抗作用。②氨茶碱为碱性药物，遇酸性药物易产生沉淀，故不宜与哌替啶、洛贝林、维生素C等药配伍。③乙酰半胱氨酸不能与青霉素、头孢菌素、四环素等抗生素合用，因易致失活。

（2）药物配制与储存：乙酰半胱氨酸不宜与金属、橡胶及氧化剂接触，故避免用此类容器盛放。配好后低温保存。

（3）给药方法：①氨茶碱过量易导致心脏毒性反应，如心律失常、血压骤降。因此，为安全起见，一般不做静脉注射，采用维持量静滴。如需静脉注射，0.25~0.5g氨茶碱应加25%或50%葡萄糖溶液20~40ml稀释后缓慢注射，时间不少于5min，尤其儿童、老人及合并肝硬化和肺心病患者。②乙酰半胱氨酸溶痰作用的最适宜pH为7~9，在酸性环境中明显减弱，故宜以本品20%溶液5ml与5%碳酸氢钠混合雾化吸入，或气管滴入，一般用药5~10min后，即可吸引排痰。

2.加强用药监护

（1）监测有关数据：①平喘药应用期间，必须定期监测患者的CO_2结合力、血象、血压、心功能等方面的变化。②应用祛痰药期间应随时注意患者的排痰量、痰的性状和颜色，肺呼吸音和潮气量等。

（2）重视用药护理：①氨茶碱的有效浓度及剂量个体差异较大，必要时应监测血药浓度，使给药方案个体化。②$β_2$受体激动药对心血管系统的激动作用普遍存在，特别对伴有心血管疾病的哮喘者，用药期间应密切注意心功能、血压等改变。③长期吸入丙酸倍他米松者，应在每次吸入后漱口，以防口腔感染。④使用镇咳药时要注意患者有无呼吸抑制和气道阻塞；尽量选用非成瘾性镇咳药，以防产生依赖性。⑤祛痰药氯化铵对胃黏膜刺激性大，极少单独应用，应选其复方制剂。⑥乙酰半胱氨酸对呼吸道有刺激性，必要时加用异丙肾上腺素对抗之；气管滴入后应及时吸痰，防止溶解的痰液阻塞气道。

（3）部分氟喹诺酮类药物（环丙沙星、培氟沙星等）可抑制茶碱的代谢，使茶碱血药浓度升高；红霉素、普萘洛尔、异丙肾上腺素、西咪替丁等可抑制肝药酶活性，减少茶碱代谢；苯巴比妥、苯妥英钠、利福平等肝药酶诱导剂可促进茶碱代谢，与上述药物合用时应适当调整茶碱的用量。

三、急救与处理

氨茶碱与$β_2$受体激动药过量用药易导致心脏毒性反应，如心律失常、血压骤降。一旦发生，立即停药，对症处理。

制剂和用法

磷酸可待因　片剂：15mg、30mg。15~30mg/次，3次/日。极量0.1g/次、0.25g/日。

枸橼酸喷托维林　片剂：25mg。25mg/次，3~4次/日。滴丸剂：25mg。25mg/次，3~4次/日。

磷酸苯丙哌林　片剂：20mg。20~40mg/次，3次/日。

盐酸二氧丙嗪　片剂：5mg。5mg/次，2~3次/日。

氢溴酸右美沙芬　片剂：15mg。15~30mg/次，3次/日。

苯佐那酯　糖衣丸剂：25mg、50mg。50~100mg/次，3次/日，服时勿咬破药丸，以免口腔麻木。

氯化铵　片剂：0.3g。0.3~0.6g/次，3次/日。

喷雾用乙酰半胱氨酸　粉剂：0.5g/支、1g/支。用时配成10%溶液，1~3ml/次，2~9ml/日，喷雾吸入；急救时以5%溶液，1~2ml/次，气管滴入。

羧甲司坦　片剂：0.25g。0.5g/次，3次/日。

溴己新　片剂：8mg。8~16mg/次，3次/日。

沙丁胺醇　气雾剂：20mg/瓶、28mg/瓶。一次吸入1~2揿（相当于0.1~0.2mg），4h/次。

长效喘乐宁片（缓释）：8mg/次，早、晚各1次。

喘特宁片（控释）：8mg/次，早、晚各1次。

硫酸特布他林　片剂：2.5mg。2.5~5mg/次，3

次/日。气雾剂：0.3~0.5mg/次，吸入。注射剂：0.25mg。0.25mg/次，皮下注射，15~30min疗效不显，可重复注射一次。

盐酸克仑特罗 片剂：20μg、40μg。20~40μg/次，3次/日。气雾剂：2mg/瓶。10~20μg/次，3~4次/日。栓剂：60μg。60μg/次，1~2次/日，塞入肛门。

氨茶碱 片剂：0.1g、0.2g。0.1~0.2g/次，3次/日。缓释片：0.1g。0.2~0.3g/次，12h/次。注射剂：0.25g、0.5g/2ml。0.25~0.5g/次，肌内注射，静注时用50%葡萄糖注射液20~40ml稀释，长于10min。

二羟丙茶碱 片剂：0.2g。0.1~0.2g/次，3次/日。注射剂：0.25g/2ml。0.25~0.5g/次，肌内注射。

异丙托溴铵 气雾剂：0.025%溶液，0.02~0.04mg/次，3~6次/日。

丙酸倍氯米松 气雾剂：10mg/瓶。1~2揿/次，3次/日（每按以下可喷出主药50μg）。

色甘酸钠 气雾剂：0.7g。1~2揿/次（相当于3.5~7mg），3~4次/日。滴眼剂：0.16g/8ml。1~2滴/次，4次/日。

富马酸酮替芬 片剂：1mg。1mg/次，2次/日。胶囊剂：1mg。1mg/次，2次/日。溶液剂：1mg/5ml。4~6岁2ml/次、6~9岁2.5ml/次、9~14岁3ml/次，2次/日。滴鼻剂：15mg/10ml。1~3次/日。

目标检测

一、选择题

（一）A型题（单项选择题）

1.沙丁胺醇的主要平喘的作用机制是（ ）
   A.激动β₂受体，激动腺苷酸环化酶
   B.阻断M受体，抑制鸟甘酸环化酶
   C.阻断腺苷受体，减少cAMP破坏
   D.稳定肥大细胞膜，减少过敏介质释放

2.既可抑制过敏介质释放，又有抗组胺作用的药是（ ）
   A.色甘酸钠   B.酮替芬
   C.氨茶碱   D.特布他林
   E.倍氯米松

3.关于异丙托溴铵描述错误的是（ ）
   A.通过阻断M受体，使细胞内cAMP水平降低而平喘
   B.解除支气管平滑肌痉挛作用强
   C.用雾化吸入法给药
   D.适用于支气管哮喘及慢性支气管炎
   E.抑制腺体分泌作用强，使痰液黏稠阻塞呼吸道

4.可待因主要用于（ ）
   A.长期慢性咳嗽   B.剧烈刺激性干咳
   C.多痰剧   D.支气管急性哮喘发作
   E.痰多不易咳出

5.有关乙酰半胱氨酸的叙述正确的是（ ）
   A.是呼吸道分泌增多而使痰液变稀   B.使痰液中黏蛋白二硫键断裂
   C.裂解痰液中的黏多痰   D.抑制咳嗽中枢
   E.松弛支气管平滑肌

6.喷托维林镇咳机制不包括（ ）
   A.抑制咳嗽中枢   B.局部麻醉
   C.阿托品样作用   D.抗H₁受体作用

7.抑制咳嗽中枢兼有阿托品样和局麻作用的药是（ ）
   A.可待因   B.喷托维林
   C.苯佐那酯   D.苯丙哌林
   E.二氧丙嗪

8.剧咳伴有黏痰患者应选用（ ）
   A.可待因   B.麻黄碱
   C.氯化铵   D.可待因+乙酰半胱氨酸
   E.咳必清

9.关于色甘酸钠描述错误的是（ ）
   A.可口服或雾化吸入给药   B.稳定肥大细胞膜，抑制过敏介质释放
   C.主要用于预防支气管哮喘发作 D.也可治疗过敏性鼻炎
   E.宜与少量异丙肾上腺素的合用

10.伴有心性水肿的支气管哮喘患者可选用下列何药平喘（ ）
   A.肾上腺素   B.普萘洛尔
   C.沙丁胺醇   D.吗啡
   E.氨茶碱

11.下列何药对咳嗽中枢无抑制作用（ ）
   A.可待因   B.喷托维林
   C.苯丙哌林   D.苯佐那酯
   E.氨茶碱

（二）X型题（多项选择题）

12.应用氨茶碱时应注意（ ）
   A.饭后服药   B.稀释后缓慢注射
   C.静注浓度勿过高 D.为防止失眠合用镇静药
   E.剂量过大可致心律失常

13.舒喘灵（ ）
   A.口服有效   B.具有支气管扩张作用
   C.反复使用易产生依赖性 D.可引起骨骼肌震
   E.对心率没有任何影响

14.通过兴奋支气管平滑肌上的β₂受体使平滑松弛的药物（ ）
   A.沙丁胺醇   B.氨茶碱
   C.丙酸倍氯米松   D.克仑特罗
   E.可待因

15.可制成平喘气雾剂的药物包括（ ）
   A.异丙肾上腺素   B.倍氯米松
   C.沙丁胺醇   D.异丙托溴铵
   E.色甘氨酸

16.常用的黏痰溶解剂是（ ）
   A.氯化铵   B.乙酰半胱氨酸
   C.溴己新   D.苯丙哌林

E.苯佐那酯

二、填空题

1.作用于呼吸系统的药分为_____、_____、_____三大类。

2.色甘酸钠常采用_____给药,预防支气管哮喘的发作,其平喘机制是_____。

3.氨茶碱的作用有_____、_____和_____。

4.苯佐那酯属于_____药,有较强的局部_____作用,通过抑制而减少咳嗽冲动的传导。

三、简答题

1.说出平喘药的分类及代表药物的作用机制。

2.叙述氨茶碱的不良反应和用药注意事项。

3.简述氯化铵祛痰机制。

(刘红美)

工作任务四　作用于消化系统的药物

工作项目一　助消化药

熟悉常用助消化药的作用、用途和用药注意事项。

助消化药多为消化液中的主要成分或促进消化液分泌的药物,能促进食物的消化。主要用于消化不良或消化液分泌不足引起的消化功能减弱。常用助消化药见表2-5-5。

工作项目二　抗消化性溃疡药

学习目标

1.熟悉抗消化性溃疡药的作用机制及药物分类。

2.掌握常用抗消化性溃疡药的作用特点床应用、不良反应及用药注意事项。

案例分析

患者,男,35岁,农民,因间断上腹痛5年、加重1周就诊。患者自5年前开始间断出现上腹胀痛,空腹时明显,进食后可自行缓解,有时夜间痛醒,无放射痛,有嗳气和反酸。无恶心、呕吐和呕血,饮食好,二便正常,无便血和黑便,

表2-5-5　常用助消化药的作用、用途和注意事项

药名	作用与用途	注意事项
稀盐酸(10%)(dilute hydrochloric acid)	口服后可增加胃内酸度和增强胃蛋白酶活性;促进胰液和胆汁的分泌,并有助于钙、铁的吸收。主要用于各种原因引起的胃酸缺乏症和消化不良等	应稀释后饭前或饭时服用
胃蛋白酶(pepsin)	主要在胃内水解蛋白质为蛋白月示和蛋白脒以及少量多肽和氨基酸,用于消化不良	在pH为2时活力最强,常与稀盐酸配伍;pH为6以上则发生变性而失活,忌与碱性药配伍
胰酶(pancreatin)	含胰蛋白酶、胰脂肪酶和胰淀粉酶,可消化蛋白质、脂肪和淀粉。适用于食欲缺乏、消化不良及胰腺疾患引起的消化障碍	此酶在PH为4以下活性降低,故制成肠溶片,服时不可咬破,以免被胃酸破坏。忌与胃蛋白酶合剂等酸性药物配用
干酵母(yeast)	为麦酒酵母菌的干燥菌体,含多种B族维生素,如维生素B_1、维生素B_2、维生素B_6、维生素B_{12}以及烟酸、叶酸、肌醇等。用于食欲缺乏、消化不良及维生素B缺乏症的辅助用药	无
乳酶生(lactasin, biofenmin)	为活的乳酸杆菌干燥制剂,在肠内能分解糖类成乳酸,使酸性增高,抑制腐败菌的繁殖,防止蛋白质腐败用于腹胀、消化不良及小儿消化不良引起的腹泻等	不宜与抗菌药或吸着药合用,以免影响疗效

体重无明显变化。既往体健无烟酒嗜好。查体:T 36.7℃,P 80 次/min,R 18 次/min,BP 120/80mmHg。一般状况可,心肺(-),腹平软,上腹中有压痛,无肌紧张和反跳痛,全腹未触及

包块,肝脾肋下未触及,Murphy征(-),移动性浊音(-),肠鸣音4次/min,双下肢不肿。实验室检查:Hb 132g/L,WBC $5.5×10^9$/L,N 70%,L 30%,PLT $250×10^9$/L。

> 诊断：消化性溃疡（十二指肠溃疡）。
> 治疗：
> 1.一般治疗：包括劳逸结合和注意饮食。
> 2.抗溃疡病药物治疗
> （1）根除 Hp：三联疗法（一种 PPI+两种抗生素）、四联疗法（PPI+枸橼酸铋钾+两种抗生素）。
> （2）抗胃酸分泌：H_2-RAs、PPI。
> （3）保护胃黏膜：硫糖铝、枸橼酸铋钾、米索前列醇。
> 问题：
> 治疗消化性溃疡的药分为哪几类，代表性药物分别是什么，各有什么特点？

消化性溃疡是指发生在胃和十二指肠的慢性溃疡。溃疡的形成和发展与损伤因素加强（胃酸、胃蛋白酶分泌增加），幽门螺杆菌感染及保护因素减弱（胃肠黏膜屏障减弱）有关。常用药物有：①抗酸药；②胃酸分泌抑制药；③溃疡面保护药；④胃肠解痉药；⑤抗幽门螺旋杆菌药。

一、抗酸药

本类药物为弱碱性化合物，口服后能直接中和胃酸，升高胃内容物 pH，减轻或消除胃酸对溃疡面的刺激，从而缓解疼痛；并能减弱胃蛋白酶的活性，降低对溃疡面的自我消化，有利于溃疡愈合。另外，某些抗酸药遇水可形成胶体状保护膜，覆盖于溃疡表面和胃黏膜，起保护作用。临床治疗消化性溃疡常采用复方制剂如胃舒平、胃得乐等，可提高疗效，减少不良反应（表 2-5-6）。

表 2-5-6 常用抗酸药作用特点和注意事项

药名	作用特点	注意事项
碳酸氢钠（sodium bicarbonate）	口服后易吸收，可引起碱血症；抗酸作用迅速、弱而短暂；中和胃酸时产生大量 CO_2，增加胃内压力，引起腹胀、嗳气等，甚至引起溃疡穿孔	遇酸或酸性药物可产生 CO_2，故不能与酸、生物碱盐类配伍
氢氧化铝（aluminium hydroxide）	口服不易吸收；抗酸作用较强、缓慢而持久；呈凝胶状可覆盖于溃疡面起保护作用；中和胃酸时产生三氯化铝具有收敛作用，保护溃疡面和防止溃疡出血，但可引起便秘，与氧化镁、三硅酸镁合用可克服	铝离子在肠中可与磷酸盐结合形成不溶性磷酸铝，长期服用可影响磷的吸收；铝离子与四环素类形成不溶性络合物影响后者的吸收，故二者不宜同服
氧化镁（magnesium oxide）	口服不易吸收；抗酸作用强、缓慢而持久；中和胃酸生成氯化镁，镁离子可引起轻泻，与碳酸钙配伍，可纠正此不良反应	镁离子与四环素形成不溶性络合物，影响后者吸收，故不宜同服
碳酸钙（calcium carbonate）	口服不易吸收；抗酸作用较快、较强而持久（约 3h）；中和胃酸时产生 CO_2，可引起嗳气；所产生的氯化钙在碱性肠液中性成碳酸钙、磷酸钙沉淀，可引起便秘。碳酸钙和氧化镁、三硅酸镁合用或交替使用，能克服便秘缺点	钙离子与四环素类可形成不溶性络合物，影响后者吸收，故不宜同服
三硅酸镁（magnesium trisilicate）	口服难吸收；抗酸作用缓慢、较弱而持久（4~5h）；中和胃酸产生二氧化硅和氧化镁，前者与水形成胶状物，覆盖在溃疡表面起保护作用，后者引起轻泻	不宜与四环素同服，以免影响后者吸收。

二、胃酸分泌抑制药

胃酸由胃壁细胞分泌。壁细胞表面有三种受体，分别为组胺 H_2 受体、M_1 胆碱受体和胃泌素受体，它们分别被相应物质激活后分泌胃酸。本类药物通过阻断以上不同受体和抑制胃壁细胞 H^+ 泵（H^+、K^+-ATP 酶）而使胃酸分泌减少，治疗消化性溃疡（图 2-5-2）。

1.H_2 受体阻断药 西咪替丁（cimetidine）又名甲氰咪胍。本药阻断组胺 H_2 受体，对各种刺激引起的胃酸分泌均有抑制作用（对基础胃酸分泌的抑制作用最强，对进食、胃泌素、迷走兴奋以及低血糖等诱导的胃酸分泌抑制作用较弱，但仍然有效），使胃酸分泌减少，促进溃疡愈合。用于消化性溃疡，能迅速缓解症状，对十二指肠溃疡疗效较好，对胃溃疡疗效稍差。停药后复发率较高，延长用药可减少复发。也可用于上消化道出血。不良反应有头痛、头晕、乏力、失眠、口干、便秘、腹泻、皮疹等。长期服用，可见转氨酶升高、肝损害，偶见肾衰竭，有抗雄激素作用，可引起男性乳腺发育、阳痿，妇女溢乳现象。孕妇慎用。

雷尼替丁（ranitidine）又名呋喃硝胺。本药抑制胃酸分泌作用比西咪替丁强4~10倍，具速效、长效的特点，对胃溃疡或十二指肠溃疡均有较好疗效，远期疗效优于西咪替丁，且复发率低。不良反应较少，有头痛、皮疹、腹泻等。孕妇慎用，8岁以下儿童禁用。

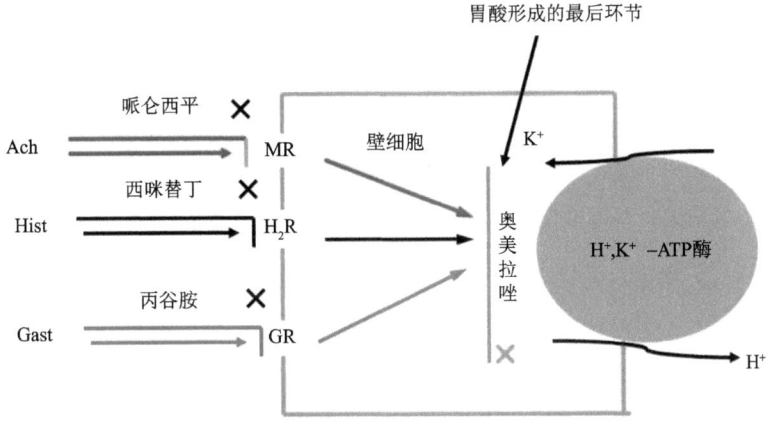

图 2-5-2 抑制胃酸分泌药作用部位

法莫替丁（famotidine）为长效、强效 H_2 受体阻断药，其作用强度比西咪替丁强20~50倍，对肝药酶无抑制作用。适用于胃溃疡、十二指肠溃疡、反流性食管炎、应激性溃疡及急性胃黏膜出血。不良反应有头痛、头晕、失眠、口干、便秘、腹泻，偶有白细胞减少、转氨酶升高。

2.M_1 受体阻断药　哌仑西平（pirenzepine）又名胃疾平。本品对胃壁细胞的 M_1 受体具有选择性阻断作用，对其他部位的 M 受体影响较小，治疗量时仅抑制胃分泌，使胃酸和胃蛋白酶分泌减少。主要用于治疗胃溃疡或十二指肠溃疡，疗效与西咪替丁相似，二者合用可提高疗效。不良反应较轻。

3.胃泌素受体阻断药　丙谷胺（proglumide）又名二丙谷酰胺。本品可阻断胃泌素受体，对抗胃泌素作用，故能抑制胃酸和胃蛋白酶的分泌，并对胃黏膜有保护作用和促进溃疡愈合作用。适应于治疗消化性溃疡，其疗效与西咪替丁相似。也可用于慢性胃炎、应激性溃疡病等。不良反应较轻，偶有口干、失眠、腹胀和白细胞减少。

4.胃壁细胞 H^+ 泵抑制药　奥美拉唑（omeprazole）又名洛赛克。本品为新型强效抗消化性溃疡药，能选择性抑制胃壁细胞 H^+ 泵的作用，使壁细胞分泌 H^+ 减少，从而减少胃酸分泌。与雷尼替丁相比，抑制胃酸分泌作用强，且复发率低，起效迅速，作用持续24h，适用于十二指肠溃疡、胃溃疡及反流性食管炎等。不良反应有头痛、口干、恶心、腹胀、腹泻、皮疹等。本药抑制肝药酶，减慢地西泮和苯妥英钠等药物的代谢。

三、溃疡面保护药

硫糖铝（sucralfate）又名胃溃宁。口服后在胃液酸性环境中能聚合成胶冻状，黏附于黏膜及溃疡表面，防止胃酸及胃蛋白酶的刺激和腐蚀作用；并能促进胃黏液的分泌，从而起保护作用，促进黏膜再生及溃疡愈合。适用于治疗胃溃疡、十二指肠溃疡、反流性食管炎等。不宜与抗酸药和胃酸分泌抑制药同服，以免影响疗效。不良反应较轻，偶有口干、恶心、便秘、胃部不适、头晕、皮疹等。

枸橼酸铋钾（bismuth potassiumcitate）又名得乐（De-Nol）。口服后在胃液酸性条件下，能与溃疡部位的蛋白质及氨基酸发生络合作用而凝结，形成坚固的氧化铋胶体沉淀，从而隔绝胃酸、胃蛋白酶、食物等对溃疡面的刺激和腐蚀；也能与胃蛋白酶结合而抑制其活性；还能使黏液分泌增加，从而促进溃疡愈合。适用于胃溃疡及十二指肠溃疡，其疗效与西咪替丁相似或稍高，且复发率低。本药无明显不良反应，服药期间可有恶心、舌及大便呈黑色，停药后即消失。牛奶及抗酸要可影响起作用，不宜同服。

米索前列醇（misoprostol）又名喜克溃。有保护胃黏膜细胞和抑制胃酸分泌的作用，主要用于胃及十二指肠溃疡，特别适用于阿司匹林等非甾体类抗炎药物引起的消化性溃疡与出血。

四、抗幽门螺杆菌药

由于幽门螺杆菌与消化性溃疡的发病有关，因此治疗消化性溃疡时加服抗菌药物，可提高疗效、降低复发率。如甲硝唑、四环素、氨苄西林、阿莫西林、庆大霉素等皆能杀灭此菌，但单用一种药物疗效差。近年来研究表明，消化性溃疡的药物治疗应包括胶体铋制剂在内的多种抗菌药物的联合应用（如铋制剂+阿莫西林+甲硝唑），既可获得满意的疗效，又能避免溃疡复发。

五、胃肠解痉药

本类药物如阿托品、山莨菪碱及溴丙胺太林等能阻断M胆碱受体，缓解胃肠平滑肌痉挛，从而减轻疼痛，可用于治疗消化性溃疡（详见拟胆碱药和抗胆碱药）。

工作项目三　止吐药和促胃动力药

学习目标

1. 熟悉常用止吐药的特点、用途、不良反应及用药注意事项。
2. 了解 5-HT_3 受体阻断药和多巴胺受体阻断药的止吐原理。

呕吐是一种复杂的反射性活动。催吐化学感受区（CTZ）、孤束核均有传入纤维与呕吐中枢相连。前庭也有胆碱能、组胺能神经经小脑与呕吐中枢相连。在CTZ 内有 5-HT_3、D_2、M_1 受体；在孤束核内有 5-HT_3、D_2、M、H_1 受体。影响上述神经和受体的药物均能对呕吐的反射活动产生作用。M受体阻断药如东莨菪碱等，通过对前庭胆碱能神经和中枢胆碱受体阻断，具有较强的止吐作用，用于晕动病呕吐、妊娠呕吐及放射病呕吐；H_1 受体阻断药如苯海拉明、异丙嗪等，通过对前庭组胺能神经和中枢组胺受体阻断，表现良好的止吐效果，用于晕动病、内耳眩晕症等所引起的呕吐。5-HT_3 受体阻断药如昂丹司琼和多巴胺受体阻断药如氯丙嗪、甲氧氯普胺等，通过对中枢和外周相应受体的阻断发挥止吐作用。本节主要介绍 5-HT_3 受体阻断药和多巴胺受体阻断药的止吐作用。

一、多巴胺受体阻断药

甲氧氯普胺（metoclopramide）又名胃复安、灭吐灵。本药为多巴胺受体阻断剂，通过阻断延髓催吐化学感受区的多巴胺受体（D_2 受体），产生较强的止吐作用；并能阻断胃肠壁多巴胺受体，拮抗多巴胺引起的胃体平滑肌松弛和幽门收缩，使胃及上部肠段的运动加强、幽门松弛，从而加速胃排空、改善胃肠功能。适用于各种原因引起的呕吐及胃肠功能失调所致的食欲缺乏、消化不良和顽固性胃胀气。有锥体外系症状及头晕、乏力、嗜睡等。注射给药还可引起体位性低血压。

多潘立酮（domperidone）又名吗丁啉（motilium）。本药不易透过血脑屏障，为外周多巴胺受体阻断剂，其止吐作用与甲氧氯普胺相似，且无锥体外系不良反应。能阻断胃肠壁多巴胺受体，拮抗多巴胺对胃肠的抑制作用，可增加食管下括约肌的张力、防止食物反流，增强胃蠕动，促进胃排空，协调胃及十二指肠运动，从而抑制恶心、呕吐。适用于治疗由胃排空引起的消化不良、反流性食管炎及各种原因引起的恶心、呕吐；也做为食管镜、胃镜检查前给药，以防检查时的恶心、呕吐。偶见一时性腹痛、腹泻、口干、头痛、皮疹等。婴幼儿及孕妇慎用。

二、5-HT_3 受体阻断药

昂丹司琼（ondansetron，枢复宁）能选择性阻断中枢及迷走神经传入纤维 5-HT_3 受体，产生强大止吐作用。对抗肿瘤药顺铂、环磷酰胺、阿霉素等引起呕吐的止吐作用迅速、强大。但对晕动病及多巴胺激动剂阿扑吗啡引起呕吐无效。临床用于肿瘤化疗、放疗引起的恶心、呕吐。不良反应轻，可有头痛、头晕、便秘或腹泻。

临床应用其他的 5-HT_3 受体阻断药有格雷司琼（granisetron）、多拉司琼（dolasetron）、托烷司琼（tropisetron）等。临床研究表明，格雷司琼 3mg、多拉司琼 100mg、托烷司琼 5mg 与昂丹司琼 8mg 疗效相近。

工作项目四　泻　　药

学习目标

1. 掌握硫酸镁的作用和用途不良反应及注意事项。
2. 了解接触性泻药、滑润性泻药的作用机制和特点。

泻药是指能促使肠内容物排出的药物。按其作用机制不同可分为三类：

一、容积性泻药

硫酸镁（magnesium sulfate）又名泻盐。味苦咸，易溶于水。

【作用和用途】

1. 导泻　口服硫酸镁后，由于 Mg^{2+} 和 SO_4^{2-} 不易被吸收，在肠内形成高渗盐溶液而阻止肠内水分的吸收，使肠腔容积增大，刺激肠壁，反射性地引起肠蠕动加强而导泻；此外盐类本身对肠黏膜也有化学性刺激作用，促进肠蠕动。需空腹应用并大量饮水，1~6h 排出液体样粪便。主要用于药物或食物中毒时排出肠内毒物或服用某些驱肠虫药后用以导泻。但中枢抑制药中毒时应选用硫酸钠导泻，因少量 Mg^{2+} 吸收后，对中枢神经有抑制作用而加重中毒。

2.利胆　口服高浓度的硫酸镁溶液（33%）或用导管注入十二指肠，Mg^{2+} 刺激肠黏膜，反射性地引起胆总管括约肌松弛、胆囊收缩，促进胆汁排出，呈现利胆作用。可用于阻塞性黄疸、慢性胆囊炎和胆石症。

3.抗惊厥　注射硫酸镁后，由于血中 Mg^{2+} 浓度升高，可引起中枢抑制和骨骼肌松弛而产生抗惊厥作用。Mg^{2+} 的肌松作用是由于对抗 Ca^{2+} 参与神经递质的释放和骨骼肌收缩引起的。可用于多种原因引起的惊厥，尤其对子痫的惊厥有良效。

4.降低血压　注射给药时，Mg^{2+} 可直接扩张外周血管，降低血压，且降压作用迅速；也可扩张冠状动脉，增加心肌供血、供氧。用于治疗高血压危象和高血压脑病。

此外，慢性心功能不全常伴有低镁，由于缺镁可影响心肌能量的产生而加重心功能不全，还可诱发细胞内缺钾，并使低钾难以纠正。因此，对于顽固性心衰应考虑低镁的可能，可静滴硫酸镁治疗。注意血镁过高可抑制心脏。

【不良反应和注意事项】

1.硫酸镁注射过量或静注速度过快，使血镁过高引起中毒，出现中枢抑制、肌腱反射消失、血压急剧下降、呼吸抑制等。一旦出现中毒应立即进行人工呼吸，并静注氯化钙或葡萄糖酸钙解救（见抗过敏药）。

2.硫酸镁用于导泻时，因刺激肠壁可引起盆腔充血，故孕妇、月经期妇女禁用。

3.吸收后的 Mg^{2+} 主要经肾排泄，故肾功能不良或老年患者禁用或慎用。

二、接触性泻药

酚酞（phenolphthalein）又名酚夫。口服后在肠内遇碱性肠液形成可溶性钠盐，作用于结肠，促进其蠕动而起缓泻作用。服后 6~8h 排出软便，适应于习惯性便秘。一次服药作用可维持 3~4 日；部分药物由尿排出，尿呈碱性时显红色。不良反应较少，偶有皮疹、过敏性肠炎及出血倾向。婴儿禁用，幼儿及孕妇慎用。

三、滑润性泻药

液状石蜡（liquid paraffin）为一矿物油，口服后在肠内不被消化和吸收，可润滑肠壁和软化粪便使之易于排出。适用于慢性便秘、高血压或痔疮患者的便秘。久用可影响脂溶性维生素和钙、磷的吸收。

甘油（glycerol）常用其栓剂由肛门给药，因其熔化后形成高渗透压刺激直肠可引起排便反射，并有局部润滑作用，用药后数分钟即可排便。不影响营养物质的吸收。适用于儿童及老年人的便秘。

开塞露（enema glycerine）为含甘油或山梨醇的制剂，装入特制塑料容器内供直肠给药用。利用其高渗透压刺激直肠引起排便的作用治疗便秘。使用时将容器顶端刺破，插入肛门将药液挤入直肠即可。

工作项目五　止泻药

学习目标

了解常用止泻药的名称、作用特点、用途、不良反应及用药注意事项。

腹泻是多种疾病的症状，治疗时应以对因方法，同时给予止泻药，以控制症状和防止机体脱水及电解质紊乱。

一、影响肠平滑肌止泻药

复方樟脑酊（tincture camphor compound）为含阿片酊的复方制剂，由于其中所含吗啡能增加胃肠平滑肌张力，减弱肠蠕动而产生较强的止泻作用。适用于较严重的非细菌性腹泻。但有成瘾性，不宜长期服用。

地芬诺酯（diphenoxylate）又名苯乙哌啶、止泻宁。为哌替啶的衍生物，无镇痛作用，其对肠道的作用类似吗啡，可减少肠蠕动而止泻。适用于急、慢性功能性腹泻。偶有口干、思睡、腹部不适及烦躁、失眠等不良反应，长期大剂量服用可产生成瘾性。

洛哌丁胺（loperamide）又名苯丁哌胺、易蒙停。本药主要作用于肠壁，能直接抑制胃肠平滑肌收缩和减少乙酰胆碱的释放，从而抑制肠蠕动，减少排便次数。其止泻作用比地芬诺酯强而迅速，适用于急、慢性腹泻。偶见口干、恶心、腹痛、眩晕、皮疹等。

二、收敛、吸附药

鞣酸蛋白（tannalbin）由鞣酸和蛋白质制成。口服后在碱性肠液中可分解释出鞣酸起收敛作用，能使肠黏膜表面蛋白质凝固，形成一层薄膜起保护作用，以减轻刺激和减少炎性渗出而起止泻作用。用于胃肠炎引起的腹泻和一般性腹泻。

碱式碳酸铋（bismuth subcarbonate）又名次碳酸铋。本药为极细粉末，具有收敛和保护作用，口服后在肠内形成保护膜而起止泻作用，用于一般性腹泻。

药用炭（medicinal charcoal）又名活性炭。是极细不溶性粉末，因其颗粒小，故表面积大，吸附力强，服后到达肠腔，吸附大量气体、毒物和细菌毒素，减轻对肠壁的刺激；并能减少毒物和细菌毒素的吸收起止泻和阻止毒物吸收的作用。用于腹泻、胃肠胀气和食物中毒等。

工作项目六 利胆药

> **学习目标**
> 了解常用利胆药的名称、用途、不良反应及用药注意事项。

一、促胆汁分泌药

去氢胆酸（dehydrocholic acid）为胆酸的衍生物。口服后能促进胆汁分泌，增加胆汁中的水分和胆汁总量，而固体成分并不增加，使胆汁变稀，可消除胆汁淤滞，预防胆道感染和促使胆道小结石的排出。适用于胆囊炎、胆石症患者。不良反应有口干、皮肤瘙痒等。胆道完全阻塞和严重肝功能不全者禁用。

苯丙醇（phenylpropanol）又名利胆醇。本药促进胆汁分泌作用强，可促进胆汁中固体成分的分泌排出，并可松弛胆道括约肌和促使胆固醇转变成胆汁酸，具有促进消化、增加食欲、排除结石和降低胆固醇等作用。适用于胆囊炎、胆道感染、胆石症及高胆固醇血症等。偶有胃部不适、恶心、呕吐、腹泻等。胆道阻塞性黄疸患者禁用。

二、促胆囊排空药

高浓度的硫酸镁溶液口服或用导管注入十二指肠，反射性地引起胆囊收缩，促进胆汁排出（见工作项目四）。

三、溶解胆石药

熊去氧胆酸（ursodeoxycholic acid）能促进胆汁酸的分泌，并抑制胆固醇的合成和分泌，降低胆汁中胆固醇的含量，防止胆固醇结石的形成。长期服用对已形成的胆固醇结石有溶解作用。用于胆固醇型胆结症、胆囊炎等。有腹泻、头痛、皮肤瘙痒等。

工作项目七 肝炎辅助用药和抗肝性脑病药

一、肝炎辅助用药

联苯双酯（bifendate）具有保肝解毒作用，提高肝细胞解毒功能，减轻肝细胞损害，降低血清谷丙转氨酶及促进肝细胞再生，从而改善肝功能。适用于慢性迁延性肝炎及药物引起的转氨酶升高患者。不良反应少见，偶有胃部不适、轻度恶心。

门冬氨酸钾镁（potassium magnesium aspartate）又名天冬氨酸钾镁。由于门冬氨酸参与肝细胞内"鸟氨酸循环"，促进血中氨（NH_3）生成尿素，而降低血氨，改善肝细胞功能。主要用于急性黄疸性肝炎，急、慢性肝病及肝功能不良者。对肝性脑病也有一定疗效。门冬氨酸易通过生物膜，故可做为载体，促使 K^+ 和 Mg^{2+} 进入细胞内，纠正细胞内缺 K^+、Mg^{2+} 的情况。用于强心苷中毒引起的心律失常、慢性心功能不全、冠心病及心肌炎后遗症等。静滴速度过快可出现恶心、呕吐、颜面潮红、胸闷、血压下降等。

二、抗肝性脑病药

肝性脑病又称肝昏迷，是由于肝衰竭，使其代谢功能障碍，不能清除血液中有毒的代谢产物所引起。严重肝病患者尿素合成功能降低，导致血氨升高，氨是有毒物质，进入脑组织后，主要干扰其能量代谢，使 ATP 生成减少，引起中枢神经功能障碍出现昏迷。另外，也可因肝功能障碍，体内苯乙胺和酪胺不被消除，可通过血脑屏障，在脑内转化为苯乙醇胺和章胺（β-多巴胺），二者的化学结构与中枢神经递质儿茶酚胺类似，可作为"假递质"代替生理递质储存在囊泡中，从而影响了中枢神经冲动的传导，引起中枢神经功能紊乱，表现为意识改变和昏迷为主的一系列精神神经症状。目前治疗肝性脑病的药物有降血氨药和抗假递质药。

1.降血氨药 乳果糖（lactulose）系有半乳糖和果糖合成的双糖。本药口服后到达结肠被细菌分解为乳酸和乙酸，使肠内 pH 降低，促使肠腔中的 NH_3（氨）转变为 NH_4^+（铵）由肠道排出。同时，促使血中氨向肠腔内扩散，而降低血氨。用于肝性脑病的治疗，与新霉素合用效果更好。另外，乳果糖在肠腔中被分解产生酸性物质，刺激肠蠕动而引起腹泻，可用于慢性便秘。大剂量应用可致恶心、腹泻、胃肠胀气等。

谷氨酸（glutamic acid）又名麸氨酸。本药在 ATP 供能和谷氨酰胺合成酶的催化下，与血中游离氨结合生成无毒的谷氨酰胺由尿排出，从而降低血氨，治疗肝性脑病。静滴速度过快，可引起流涎、皮肤潮红、呕吐等不良反应。过量注射其钠盐可致碱血症和低血钾症。肾功能不良者慎用。

γ-氨基丁酸（γ-aminobutyric acid，GABA）又名γ-氨酪酸。本药在体内与 α-酮戊二酸反应生成谷氨酸而降低血氨，并能增加葡萄糖膦酸酯酶的活性，改善脑细胞功能。用于治疗肝性脑病，但疗效并不理想。

2.抗假递质药 左旋多巴（levodopa）口服吸收后通过血脑屏障进入脑组织，经过酶促反应生成多巴胺和去甲肾上腺素递质，从而补充中枢递质，改善因假递质造成的中枢神经冲动传导障碍，使神经传导恢复正常，促使肝昏迷患者苏醒。用于肝性脑病患者，其苏醒效果较好，但左旋多巴与降血氨药均不能改善患者的肝功能。

工作项目八 作用于消化系统药的用药护理程序

一、用药前评估

1.明确用药目的 本类药物在临床主要用于治疗消化性溃疡，以及用于催吐、止吐、导泻、止泻、助消化等。

2.掌握基本资料

（1）了解患者钡餐透视或胃镜检查的资料及检测肝肾功能情况。询问患者是否处于妊娠期。在使用强泻药硫酸镁时，应了解患者的呼吸、脉搏、血压、膝腱反射、肾功能情况及营养状况。

（2）了解曾用过哪些抗溃疡病的药物及其剂量、方法、疗程、效果及不良反应如何。询问有无贫血、出血、大便的颜色及疼痛发作的时间、性质、有无其他肝、肾功能不全等并发症。

（3）询问是否存在诱发和加重溃疡病的因素，如吸烟、饮酒、喝浓茶及其他不良饮食习性。了解便秘患者的饮食特点及规律，尤其是习惯性便秘者。

（4）在使用强泻药硫酸镁时，应了解患者的呼吸、脉搏、血压、膝腱反射、肾功能情况及营养状况。

（5）对患者及家属说明消化性溃疡病的发病、治疗、及愈后常识，使其解除思想压力。特别指出溃疡病与心理因素的关系。告诫患者按疗程有规律的用药，同时克服一切诱发因素，如吸烟、饮酒、心理压力及应用对胃有刺激的药物和食物等。

二、用药方法及监护

1.应指导患者正确使用本类药物。服用抗酸药片剂应嚼碎后咽下，且最好在每餐后 1h、3h 及睡前各服 1 次。其余抗溃疡药均应有规律、按疗程服药；服用 H_2 受体阻断剂需连续用药，疗程足够，至少 1 个疗程（4~8）周，症状缓解后继续以半量维持 1 疗程。

2.用药过程注意监护不良反应，服用抗酸药后可能出现便秘、腹泻、嗳气、口干等情况。服用 H_2 受体阻断药应定期检查血象、肝、肾功能；奥美拉唑长期服用需定期检查胃黏膜有无肿瘤样增生。

3.药物配伍 ①抗酸药避免与奶制品、酸性食物及饮料同服。②氢氧化铝干扰地高辛、华法林、双香豆素、普萘洛尔、四环素等药的吸收，应尽量避免同用。③硫糖铝在 pH<4 时聚合成胶冻发挥作用，故不宜与抗酸药和抑制胃酸分泌的药物合用。④枸橼酸铋钾不宜与牛奶和抗酸药同服。

4.应告知患者在服用助消化药稀盐酸前应稀释后在饭前或进餐时服用，且用非金属吸管吸药，以保护牙齿；如餐后服用，服后应用碱性溶液漱口。服用胰酶时应注意在餐间服用，且需要整片或胶囊内服，不能嚼碎后吞服。

5.告知患者治疗便秘应先从调节饮食着手、多食富含纤维素的蔬菜、水果，并养成定时便的习惯，然后根据需要酌情使用适当的导泻药。

6.根据不同患者的需要，如习惯性便秘、急性便秘或排出毒物等，酌情选用不同的泻药。一般在急需导泻时，如患者身体情况允许，可选用导泻作用快而强的泻药；习惯性便秘或年老体弱及妊娠期妇女等，则宜选用作用缓和的泻药。

7.为提高硫酸镁的导泻效果，应告诉患者空腹服药，并大量饮水，防止导泻过度，产生脱水和其他不良反应。肾功能不全者和中枢抑制药中毒者应禁用硫酸镁。硫酸镁口服可致反射性盆腔器官充血和失水，孕妇及月经期妇女禁用。肌内注射可致剧痛，应深部注射。

三、急救与处理

中毒急救处理：硫酸镁静注过量或过速可致急性中毒，引起血压下降、呼吸麻痹及各种反射消失。故应缓慢注入，并密切注意观察患者的呼吸、血压和膝腱反射。若膝腱反射消失或迟钝，呼吸少于每分钟 16 次，应立即停药，进行人工呼吸及缓慢静注钙剂（葡萄糖酸钙或氯化钙）。

制剂和用法

稀盐酸 10%的盐酸溶液：0.5~2ml/次，于饭前或饭时用水稀释后服用。

含糖胃蛋白酶 粉剂：120U/g、1200U/g。120U/g：2~4g/次，3 次/日；1200U/g：0.2~0.4g/次，3 次/日，饭前服。合剂：每100ml 含胃蛋白酶 2~3g、稀盐酸 1ml，10ml/次，3 次/日，饭前服。

胰酶 片剂：0.3g、0.5g。0.3~1.0g/次，3 次/日，饭前服。

多酶片 片剂：每片含淀粉酶 0.12g、胃蛋白酶 0.04g、胰酶 0.12g。1~2 片/次，3 次/日，饭前服。

干酵母 片剂：0.3g、0.5g。0.3~4.0g/次，3 次/日。

乳酶生 片剂：0.3g。0.3~0.9g/次，3 次/日。

碳酸氢钠 片剂：0.3g、0.5g。0.3~2g/次，3 次/日。

氢氧化铝 片剂：0.3g。0.6~0.9g/次，3 次/日。

氢氧化铝凝胶：为白色黏稠混悬液，含4%氢氧化铝，4~8ml/次，3 次/日。

复方氢氧化铝片（胃舒平）：每片含氢氧化铝 0.245g、三硅酸镁 0.105g、颠茄流浸膏 0.0026ml。2~4 片/次，3 次/日，饭前半小时或胃痛时嚼碎服下。

氧化镁　片剂：0.2g。0.2~1g/次，3次/日。
碳酸钙　片剂：0.5g。0.5~2g/次，3次/日。
三硅酸镁　片剂：0.5g。0.5~1g/次，3次/日。
西咪替丁　片剂：0.2g。0.2~0.4g/次，4次/日，分别于每餐饭后和睡前服用，连用6~8周。胶囊剂：0.2g。用法和用量同片剂。
雷尼替丁　片剂：150mg。150mg/次，2次/日，早、晚饭后服，连用4~8周。
法莫替丁　片剂：20mg。20mg/次，2次/日，早、晚饭后服。注射剂：20mg/2ml。20mg/次加入0.9%氯化钠注射液或5%葡萄糖注射液20ml，缓慢静注或静滴，2次/日。
哌仑西平　片剂：25mg、50mg。50~75mg/次，2次/日，于早、晚饭前1.5h服。注射剂：10mg。10mg/次，2次/日，肌内注射或静注。
丙谷胺　片剂：0.2g。0.4g/次，3次/日，饭前服。
奥美拉唑　片剂：20mg。20mg/次，2次/日或20~40mg/次，1次/日。
硫糖铝　片剂：0.25g。1.0g/次，3次/日，于饭前1h嚼碎服。
枸橼酸铋钾　片剂：0.3g。0.3g/次，4次/日，于每餐饭前半小时和睡前各服1次，连用8周
甲氧氯普胺　片剂：5mg。5~10mg/次，3次/日。注射剂：10mg/1ml。10~20mg/次，肌内注射。
多潘立酮　片剂：10mg。10mg/次，3次/日，儿童0.3mg/(kg·次)，3次/日，饭前15min服。滴剂：10mg/1ml及混悬剂：1mg/1ml。用量及用法同片剂。
硫酸镁　粉剂：导泻5~20g/次，饮水200~500ml，清晨空腹服；利胆2~5g/次，3次/日或33%溶液，10ml/次，3次/日，饭前服。注射剂：1.0g、2.5g/10ml。1g/次，肌内注射；静滴时，1~2.5g/次以5%葡萄糖注射液将硫酸镁稀释成1%溶液缓慢滴注。硫酸钠的用法与硫酸镁相同。
酚酞　片剂：50mg、100mg。50~200mg/次，睡前服。
液状石蜡　5~30ml/次，15~60ml/日。
甘油　栓剂：每粒1.82g。1粒/次，塞入肛门。
开塞露　成人20ml/次，小儿10ml/次。
复方樟脑酊：每毫升含阿片酊0.05mg。2~5ml/次，3次/日。
复方地芬诺酯片，每片含盐酸地芬诺酯2.5mg，硫酸阿托品0.025mg。1~2片/次，3次/日。
洛哌丁胺　胶囊剂：2mg。2mg/次，首次4mg，4~6小时/次。
鞣酸蛋白　片剂：0.25g、0.3g。1~2g/次，3次/日。
碱式碳酸铋　片剂：0.3g、0.5g。0.5~2g/次，3次/日。

药用炭　粉剂：肠道疾患1~3g/次，3次/日；解毒10~30g/次。
去氢胆酸　片剂：0.25g。0.25~0.5g/次，3次/日。
苯丙醇　胶丸剂：0.1g、0.2g。0.1~0.2g/次，3次/日。
熊去氧胆酸　片剂：50mg。利胆50mg/次，3次/日；溶解胆石450~600mg/日，分2次/日。
联苯双酯　滴丸剂：1.5mg。7.5mg~15mg/次，3次/日。
门冬氨酸钾镁　注射剂：1g/10ml。10~20ml/次，加入5%或10%葡萄糖注射液250~500ml中静滴。
乳果糖　溶液：5g/10ml、50g/100ml。10ml/次，3次/日。
谷氨酸　片剂：0.3g、0.5g。2~3g/次，3次/日。谷氨酸钠注射剂：5.75g/20ml。11.5g/次，1日不超过23g，稀释后缓慢滴注。谷氨酸钾注射剂：6.3g/20ml。6.3g/次，稀释后缓慢滴注。
γ-氨基丁酸　片剂：0.25g。1g/次，3~4次/日。注射剂：1g/5ml。1~4g/次加入5%葡萄糖注射液500ml中缓慢滴注，2~3h滴完。
左旋多巴　片剂或胶囊剂：0.25g。治疗肝性脑病，将本品5g溶于100ml生理盐水1次鼻饲或口服。亦可做保留灌肠。

工作项目九　作用于消化系统药的实践教学

实验一　硫酸镁的导泻作用

【目的】观察硫酸镁对肠道的作用，分析其作用原理

【器材】天平1架、注射器（1ml）1支、灌胃针1个、手术剪1把、眼科镊1把、蛙板1块、米尺1把、棉花。

【药品】卡红生理盐水（1%卡红溶于生理盐水中）、卡红硫酸镁溶液（1%卡红溶于10%硫酸镁溶液中）

【动物】小白鼠2只。

【方法】取已饥饿6~8h、体重相近的小白鼠2只，分别用卡红硫酸镁溶液和卡红生理盐水1ml灌胃40min后将两鼠拉颈椎脱臼处死，固定于蛙板上，立即剖开腹腔，比较两鼠肠蠕动及肠膨胀情况，将幽门至直肠的肠系膜进行分离，将肠管小心拉成直线，测量两鼠肠管中卡红离幽门距离，最后将肠腔剪开，观察两鼠大便性状。

【结果】记录到表2-5-7。

【分析】

【结论】

表 2-5-7　硫酸镁的导泻作用实验结果

鼠号	灌胃药液	用药 40min 后			
		肠蠕动	肠容积	卡红到达距离	粪便性状
甲	卡红硫酸镁				
乙	卡红生理盐水				

实验二　硫酸镁的吸收作用及中毒后的解救

【目的】观察硫酸镁吸收中毒时的症状及钙盐的解救作用。

【器材】磅秤 1 台、注射器（10ml\5ml）各 1 支、针头 2 个、酒精棉球、棉球。

【动物】家兔 1（2kg 左右）只。

【方法】取家兔 1 只，称重，观察正常活动及肌张力，由家兔耳静脉注射 10%硫酸镁溶液 2ml/kg，观察所发生的症状，家兔行动困难，低头卧倒时立即由耳静脉缓慢注入 5%氯化钙溶液 4~8ml，直至四肢立起为止，抢救后可能再次出现麻痹，应再次给予钙剂。

【注意事项】硫酸镁静注过速时，引起呼吸麻痹，动物死亡，静脉注入太慢中毒症状不明显，因此速度应适中为宜。

【结果】记录到表 2-5-8 中。

表 2-5-8　硫酸镁的吸收作用及中毒后的解救实验结果

	给药前	硫酸镁	氯化钙
活动情况			
肌张力			

【分析】

【结论】

目标检测

一、选择题

（一）A 型题（单项选择题）

1.奥美拉唑治疗消化性溃疡病的机制是（　　）
　A.阻断 H_2 受体，抑制胃酸分泌　　B.阻断 M_1 受体，抑制胃酸分泌
　C.中和胃酸　　D.抑制胃壁细胞质子泵
　E.竞争性阻断胃泌素受体，抑制胃酸分泌

2.关于氢氧化铝叙述正确的是（　　）
　A.中和胃酸作用强而持久　　B.口服易吸收
　C.不影响排便　　D.对溃疡面有保护作用
　E.可治疗代谢性酸中毒

3.主要通过保护胃黏膜而发挥抗消化溃疡的药物是（　　）
　A.硫糖铝　　B.哌仑西平
　C.碳酸氢钠　　D.西咪替丁
　E.丙谷胺

4.通过阻断 M_1 受体，减少胃酸分泌的药是（　　）
　A.西咪替丁　　B.法莫替丁
　C.哌仑西平　　D.奥美拉唑
　E.枸橼酸铋钾

5.关于多潘立酮的叙述不正确的是（　　）
　A.为新型胃动力药　　B.具有增强胃蠕动，促进胃排空作用
　C.强力止吐　　D.合用抗胆碱药可增强其作用
　E.可用于多种原因引起的恶心、呕吐

6.属于接触性泻药的是（　　）
　A.硫酸镁　　B.酚酞
　C.液状石蜡　　D.甘油
　E.硫糖铝

（二）X 型题（多项选择题）

7.注射硫酸镁可产生哪些作用（　　）
　A.导泻　　B.利胆
　C.抗惊厥　　D.扩张血管
　E.降压

8 常用的助消化药包括（　　）
　A.胰酶　　B.胃蛋白酶
　C.稀盐酸　　D.乳酶生
　E.复方氢氧化铝

9.对溃疡面有保护作用的药物是（　　）
　A.氢氧化铝　　B.枸橼酸铋钾
　C.米索前列醇　　D.法莫替丁
　E.硫糖铝

10 下列药物配伍合理的是（　　）
　A.稀盐酸+胃蛋白酶
　B.胰酶+碳酸氢钠
　C.乳酶生+诺氟沙星
　D.氢氧化铝+三硅酸镁
　E.阿托品+甲氧氯普胺

二、填空题

1.通过抑制胃酸分泌而抗消化性溃疡的药物分为___、___、___和___四类。

2.抗消化性溃疡药分为____、____、____、____和____。

3.常用的黏膜保护药有____、____和____。

4.目前治疗肝性脑病的药物有____和____。

三、简答题

1.说出奥美拉唑的作用、用途、不良反应和用药指导。

2.叙述硫酸镁的作用、用途、不良反应和用药指导。

（刘红美）

工作任务五　作用于血液及造血系统的药物

工作项目一　抗贫血药

学习目标

1. 熟悉常用铁制剂的名称，掌握铁制剂的作用、用途、不良反应及防治。
2. 熟悉叶酸、维生素 B_{12} 的作用和用途。

案例分析

患者，女，14岁，半年前开始出现无明显诱因头晕、乏力。近1个月来，头晕、乏力加重，并伴有活动后心慌。进食、二便正常，无鼻出血和齿龈出血。既往体健，无胃病史，无药物过敏史。月经初潮12岁，7天/28天，末次月经20天前，自诉近6个月来月经量多。查体：精神萎靡，疲倦貌，一般状态尚好，面色苍白，口唇、眼结膜及指甲床色淡，头发干枯。化验结果：血常规检查：Hb 60g/L，RBC.3.0×10^{12}/L，红细胞平均体积 70fl（参考值 82~98fl），平均血红蛋白量 25pg（参考值 28.3~34.3pg），红细胞比容 30%，WBC（白细胞）6.5×10^9/L。

诊断：缺铁性贫血（月经过多导致）。

治疗：

1. 右旋糖酐铁，50mg/次，1次/日，深部肌内注射。
2. 进食富含铁质的食物。
3. 妇科会诊。

问题：

临床常用有铁制剂有哪些？如何选择？

贫血是指循环血液中的红细胞数或血红蛋白量低于正常值。常见的贫血类型有，缺铁性贫血；巨幼红细胞性贫血；再生障碍性贫血。

铁　制　剂

常用的铁制剂有硫酸亚铁（ferrous sulfate）、枸橼酸铁铵（ferriC.ammoniumcitrate）、富马酸亚铁（ferrous fumarate）和右旋糖酐铁（iron dextran）。

【作用和用途】铁是红细胞成熟过程中合成血红蛋白必不可少的原料。当铁缺乏时，血红蛋白合成减少，红细胞的体积缩小，故缺铁性贫血又称小细胞低色素性贫血。

正常情况下机体对铁的需要量不多（1~1.5mg/d），且红细胞破坏后释放的铁还可以反复利用，人体不易缺铁。但长期慢性失血（如月经过多、痔疮出血、钩虫病等）机体需要量增加而补充不足（妊娠、儿童生长发育期），胃肠吸收减少（如萎缩性胃炎、胃癌等），红细胞大量破坏（如疟疾、溶血）等情况下，可造成缺铁性贫血。以上原因引起的缺铁性贫血均应给予铁剂治疗。

【不良反应】口服铁剂主要可致恶心、呕吐、腹痛及腹泻等反应，饭后服可减轻。铁剂也可引起便秘。

叶　酸

叶酸（folic acid）人体对叶酸的需要量约为50μg/d。

【作用和用途】叶酸吸收后在肝经叶酸还原酶作用生成四氢叶酸，后者作为一碳单位的传递体，参与氨基酸和核酸的合成。叶酸缺乏时，增殖旺盛的骨髓或消化道上皮组织最易受到影响，可使红细胞中的DNA合成受阻，分裂增殖速度下降，血液中红细胞数量减少，发育和成熟停滞，红细胞多停留在幼稚阶段。形成巨幼红细胞性贫血。

叶酸作为补充治疗用于叶酸缺乏而导致的巨幼红细胞性贫血，如营养性、婴儿期或妊娠期巨幼红细胞性贫血。对于维生素 B_{12} 缺乏所致的恶性贫血，叶酸只能纠正血象，不能改善神经损害症状，所以不能替代维生素 B_{12} 治疗恶性贫血。长期应用叶酸对抗剂，如甲氨蝶呤、乙胺嘧啶、甲氧苄啶等引起的巨幼红细胞性贫血，因二氢叶酸还原酶受到抑制，叶酸在体内不能转变为四氢叶酸，故应用叶酸无效，需用亚叶酸钙治疗。

维生素 B_{12}

维生素 B_{12} 是一组含钴维生素的总称。人体的生理需要量为 1~2μg/d。

【作用和用途】

1. 促进 N^5-甲基四氢叶酸转变为四氢叶酸　维生素 B_{12} 在使同型半胱氨酸转变为甲硫氨酸的过程中，使 N^5-甲基四氢叶酸转变为四氢叶酸。当维生素 B_{12} 缺乏时可导致叶酸缺乏之症状，出现与叶酸缺乏相似的巨幼红细胞性贫血。

2. 促进甲基丙二酰辅酶 A 变成琥珀酰辅酶 A　当维生素 B_{12} 缺乏时，甲基丙二酰辅酶 A 积聚，导致异常脂肪酸合成，影响神经髓鞘的脂质合成，出现神经症状。

维生素 B_{12} 主要用于治疗恶性贫血。此外，还用于治疗神经炎、神经萎缩、神经痛、肝炎、肝硬化、白细胞减少，再生障碍性贫血等。偶见过敏反应。

工作项目二　影响凝血功能药

学习目标

1. 掌握止血药的分类及各代表药的作用、用途、不良反应及防治。
2. 掌握抗凝血药的分类及各代表药的作用、用途、不良反应及防治。

正常人血液在血管里流动，既不凝血，也不出血，取决于血管组织、血小板、凝血因子的功能与凝血系统所保持的动态平衡，如果这种平衡状态被破坏，则可导致出血性疾病或形成血栓。止血药和抗凝血药主要是通过影响凝血过程和纤溶过程发挥作用。

凝血过程：是由凝血因子参与的生化反应过程。内源性或外源性凝血时，产生活化的Ⅸ因子或Ⅲ因子能激活Ⅹ因子，活化的Ⅹ因子使凝血酶原（Ⅱ因子）变为凝血酶（Ⅱa），凝血酶使可溶性纤维蛋白原转变为不溶性的纤维蛋白，网罗血液中的有形成分，导致血凝块的形成。

纤溶过程：是纤维蛋白被分解和液化的过程。血浆中存在大量无活性的纤溶酶原，在各种激活物，如组织激活物尿激酶或血管激活物等的作用下，转变为有活性的纤溶酶，纤溶酶能将已形成的纤维蛋白降解液化，发挥抗凝血作用（图2-5-3）。

一、促凝血药

案例分析

患者，男，48岁，黑便2天，呕血4h就诊。患者2天前发现有黑色大便，每日3~4次，量不等，伴头晕、乏力及恶心，无呕吐。4h前进食中突发恶心呕吐，呕吐物为咖啡样食物，伴心慌、头晕、出冷汗、口渴。既往有十二指肠溃疡病史。查体：血压87/60mmHg，心率123次/min，贫血貌，意识清醒，四肢冷，双肺及腹部检查无异常。

诊断：急性上消化道出血。

治疗：静脉滴注奥美拉唑80mg，垂体后叶素10U。

问题：为何要选用垂体后叶素治疗？其止血机制如何？

促凝血药，又称止血药，是使出血停止的药物。根据作用机制不同，可分为四类。

1. 促进凝血因子生成药　主要为维生素K。

维生素K

维生素K（vitamin K）包括维生素K_1、维生素K_2、维生素K_3和维生素K_4。维生素K_1和维生素K_2为天然品，具有脂溶性，需胆汁协助吸收。维生素K_3和维生素K_4为人工合成品，具有水溶性，不需胆汁协助即可吸收。

【作用和用途】维生素K作为辅酶在肝内参与凝

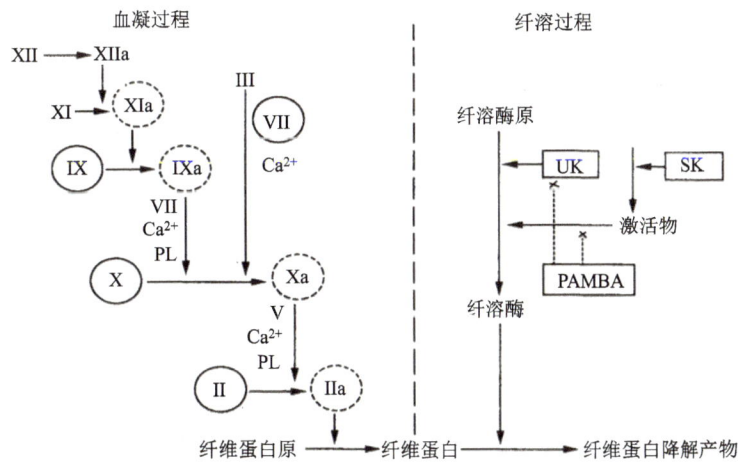

图 2-5-3　血凝过程、纤溶过程及药物对其影响示意图

PL：血小板磷脂　UK：尿激酶　SK：链激酶
○ 内为维生素 K 促进生成的凝血因子　← 激活或促进
○ 内为肝素促进灭活的凝血因子　× ← 抑制

血因子Ⅱ、Ⅶ、Ⅸ、Ⅹ的合成。当维生素K缺乏时，上述凝血因子合成减少，凝血时间延长，常发生皮下、牙龈及胃肠道出血等。

主要用于维生素K缺乏引起的出血。维生素K缺乏常见于：胆汁缺乏，如梗阻性黄疸、胆瘘、肝病及慢性腹泻；新生儿及早产儿；长期使用广谱抗生素、水杨酸类药物、香豆素类药物者。

【不良反应】维生素K_1静注过快可出现面部潮红、出汗、胸闷、血压下降，甚至虚脱。新生儿、早产儿大量应用维生素K_3和维生素K_4可致溶血性贫血、高胆红素血症及核黄疸。

2.促进血小板生成药　主要为酚磺乙胺。

酚磺乙胺

酚磺乙胺（etamsylate）又名止血敏、止血定。

【作用和用途】能促进血小板生成并增强血小板的功能，还可增强毛细血管的抵抗力，降低毛细血管通透性。作用快，维持时间长，毒性低。用于手术前后预防出血以及治疗消化道、肺、脑、眼底出血、鼻出血及血小板减少性紫癜等。

【不良反应】偶见过敏反应。

3.抗纤维蛋白溶解药　主要为氨甲苯酸、氨甲环酸和抑肽酶。

氨甲苯酸、氨甲环酸

氨甲苯酸（aminomethylbenzoic acid，PAMBA）又名止血芳酸、对羧基苄胺。氨甲环酸（tranexamic acid，AMCHA）又名止血环酸、凝血酸。

【作用和用途】抗纤溶药能竞争性抑制纤溶酶原激活物，高浓度时也抑制纤溶酶，从而抑制纤维蛋白溶解而止血。主要用于纤溶酶活性亢进引起的出血，如产后出血、前列腺、肝、胰、肺等手术后的出血。

【不良反应】毒性低，不良反应少。用量过大可引起血栓形成，诱发心肌梗死。

抑 肽 酶

抑肽酶（aprotinin）是一种由牛肺中提取的多肽类酶制剂。既能对抗纤溶酶原激活物，又能直接抑制纤溶酶，作用快而强。临床用于纤溶亢进性出血。此外，抑肽酶对胰腺中的多种酶类也有抑制作用，故可防治胰腺炎。本药毒性低，偶见过敏反应。

4.收缩血管药　垂体后叶素和安特诺新。

垂体后叶素

垂体后叶素（pituitrin）是从猪、牛、羊的脑垂体后叶中提取的制品，是一种混合物，其有效成分为缩宫素（催产素）和加压素（抗利尿素）。缩宫素为子宫兴奋药（见本模块工作任务六）。垂体后叶素是多肽类物质，口服易破坏，只能注射给药。

【作用和用途】垂体后叶素所含的加压素能直接作用于血管平滑肌，使小动脉、小静脉及毛细血管收缩，对内脏血管作用明显，尤其对肺血管及肠系膜血管作用更明显，可使血流减少，静脉压力降低，血小板易于在破裂血管处聚集而形成血栓，达到止血效果。临床主要用于咯血及肝门静脉高压引起的上消化道出血。加压素还能增加肾远曲小管和集合管对水的再吸收，使尿量减少，具有抗利尿作用，故可治疗尿崩症。

【不良反应】静注过快可出现面色苍白、心悸、胸闷、恶心、腹痛、血压升高及过敏反应等。高血压、冠心病、动脉硬化、心功能不全患者禁用。

安特诺新

安特诺新（adrenosin）又名安络血。安特诺新能降低毛细血管的通透性，促使毛细血管断端回缩而发挥止血作用。适用于毛细血管通透性增加引起的出血，如过敏性紫癜、鼻出血、视网膜出血等。

二、抗凝血药

> **案例分析**
>
> 患者，男，47岁，间断胸闷、心悸5天。患者于5天前无明显诱因出现胸闷、心悸，伴头痛、恶心，持续约半小时后缓解，后多次出现无明显诱因心前区闷痛，伴左背部疼痛，持续2~3min可缓解。测血压160/100mmHg；辅助检查：心电图正常；冠脉造影结果：冠状动脉粥样硬化。
>
> 诊断：冠心病，不稳定性心绞痛。
>
> 治疗：硝酸甘油，美托洛尔，阿司匹林肠溶片，肝素。
>
> 问题：为什么治疗该患者要用肝素？肝素有哪些用药注意事项？

抗凝血药是能阻止血液凝固和防止血栓形成的药物，主要用于治疗血栓栓塞性疾病及防止血栓形成。

肝　　素

肝素（heparin）是从家畜肠黏膜或肺中提取的黏多糖硫酸酯，带负电荷，呈强酸性。

【作用】肝素能促进抗凝血酶Ⅲ（AT Ⅲ）的抗凝血作用。AT Ⅲ是血浆中的一种生理性抗凝物质，使凝血酶、ⅫA、ⅪA、ⅩA、ⅨA因子活性丧失，血液不能凝固。肝素能和AT Ⅲ结合，并能使其抗凝血作用提高数百倍。此外，肝素还能抑制血小板的功能。肝素在体内或体外都有迅速而强大的抗凝血作用。

【用途】

1. 治疗血栓栓塞性疾病　如心肌梗死、脑血管栓塞、肺栓塞、血栓性静脉炎等，防止血栓的形成和扩大。对已形成的血栓无溶解作用。

2. 治疗弥散性血管内凝血　早期应用防止纤维蛋白原及其他凝血因子的耗竭，以防继发性出血。并能防止微血栓形成，改善微循环。

3. 用于心血管直视手术、体外循环、心导管检查等。

【不良反应和注意事项】过量可引起自发性出血，表现为各种黏膜出血、关节积血和伤口出血等。应用时，经常测定凝血时间，一般以凝血时间是治疗前的2~3倍为宜。肝素轻度过量，停药即可。若过量引起严重出血，除停用肝素外，还需注射特殊对抗药鱼精蛋白（protamine）进行抢救。1mg鱼精蛋白可中和100U的肝素，每次用量不超过50mg。肝肾功能不全、出血倾向、消化性溃疡、高血压、孕妇禁用。

【药物相互作用】水杨酸类、口服抗凝剂、依他尼酸、右旋糖酐等可增强肝素的抗凝作用，甚至引起出血，肝素不宜与上述药物合用。

香豆素类

主要有双香豆素（dicoumarol）、华法林（warfarin，苄丙酮香豆素）、醋酸香豆素（acenocoumarol，新抗凝）等。为人工合成的口服抗凝血药。

【作用】华法林的化学结构与维生素K相似，可竞争性拮抗维生素K的作用，阻碍凝血酶原和Ⅶ、Ⅸ、Ⅹ因子的合成，从而发挥抗凝作用。对已形成的凝血因子无拮抗作用，故体外无效。作用缓慢，口服12~24h生效，3日达高峰，停药后可维持数日。

【用途】用于防治血栓栓塞性疾病。因生效慢难应急，作用持久不易控制，故一般与肝素同时应用，经1~3日后停用肝素。凝血原酶时间维持在25~30s（正常12s）。

【不良反应】过量易引起自发性出血，应立即停药，并用大量维生素K对抗。

枸橼酸钠

枸橼酸钠（sodium citrate）又名柠檬酸钠。

【作用和用途】枸橼酸钠的枸橼酸根离子，能与血浆中Ca^{2+}结合，形成一种不易解离的可溶性络合物，从而降低血中的Ca^{2+}浓度，使血凝过程受阻，发挥抗凝作用。本药仅作为体外抗凝剂，用于体外血液的保存。输血时，每100ml全血中加入2.5%枸橼酸钠溶液10ml，可防止血液凝固。

本药不适宜于体内抗凝，因血中Ca^{2+}浓度降低可发生低钙抽搐等。在大量输血（超过1000ml）或输血速度过快时，机体不能及时氧化枸橼酸钠，可引起血钙下降，导致心功能不全，血压下降。此时应立即静注钙盐解救。

三、溶 栓 药

链激酶、尿激酶

链激酶（streptokinase）又名溶栓酶。是由β-溶血性链球菌培养液提得的冷冻干燥制剂。尿激酶（urokinase）是从人的尿中提取的蛋白质冰冻干燥制剂。

【作用和用途】链激酶和尿激酶能直接或间接地促进纤溶酶原转变为纤溶酶，水解纤维蛋白，使血栓溶解。对已机化的血栓则无溶解作用。临床用于治疗急性血栓栓塞性疾病如急性肺栓塞、深部静脉栓塞、脑栓塞和急性心肌梗死等。

【不良反应】偶见过敏反应。过量引起出血，可注射氨甲苯酸类药物对抗。

蝮蛇抗栓酶

蝮蛇抗栓酶（ahylsantinfarctase）是从蝮蛇毒中分离的一种制剂。有明显的抗凝血、抑制血栓形成和溶解血栓的作用。防治脑血栓的效果较好。偶见过敏反应。

四、抗血小板功能药

双嘧达莫

双嘧达莫（dipyridamole）又名潘生丁。能抑制血小板内磷酸二酯酶，阻止cAMP分解，提高血小板内cAMP含量，从而抑制Ca^{2+}的活化，降低血小板的黏附、聚集及释放功能。可与阿司匹林合用预防血栓性疾病，也可与华法林合用预防心脏手术后血栓形成。

工作项目三　促进白细胞增生药

白细胞减少是指血液中的白细胞总数低于$4.0×10^9/L$。引起的病因有多种，如苯中毒、某些药物、X线及放射性物质，某些感染等。治疗时应针对发病原因用药，对骨髓造血功能受损者，使用兴奋骨髓造血功能药促进白细胞增生；对由于免疫抗体形成而破坏中性粒细胞者，使用糖皮质激素等减少白细胞破坏；对感染或其他疾病引起的还应控制感染或治疗有关疾病。目前促进白细胞增生药物的疗效多数不够满意。常用的促进白细胞增生药有：维生素B_4、鲨肝醇、肌苷、白血生和利血生等。

工作项目四　血容量扩充药

> **学习目标**
> 1. 熟悉右旋糖酐的作用、用途、不良反应及防治。
> 2. 血容量扩充药是指能够提高血液胶体渗透压，扩充血量的药物。其特点是能比较持久地维持血液胶体渗透压，不具有抗原性及热源性等。

右旋糖酐

右旋糖酐（dextran）是多分子葡萄糖的聚合物。根据聚合分子多少，右旋糖酐可分为中分子右旋糖酐（分子质量7万，简称右旋糖酐70）、低分子右旋糖酐（分子质量4万，简称右旋糖酐40）和小分子右旋糖酐（分子质1万，简称右旋糖酐10）。

【作用和用途】

1.扩充血容量　静脉注射使血液胶体渗透压升高，细胞外液中的水分吸收入血，迅速扩充血容量。用于大量失血或失血浆（如烧伤）的低血容量性休克患者。一般用中分子右旋糖酐，因其分子质量大，持续时间长，可达12小时。

2.改善微循环　右旋糖酐分子可覆盖于红细胞表面，使红细胞不易聚集，并使血容量增加及血液稀释故可改善微循环，用于治疗休克（如感染性休克）。低分子和小分子右旋糖酐的疗效比较明显。

3.抗凝血　右旋糖酐分子可覆盖在血小板的表面和损伤的血管内膜上，抑制血小板和纤维蛋白的聚集，阻止血栓形成，同时血液稀释、微循环改善都有助于阻止血栓形成，故可防止休克后期弥散性血管内凝血。也可用于防止心肌梗死、脑血栓形成、血栓性静脉炎等。低分子及小分子右旋糖酐抗凝效果较好。

4.利尿　低分子和小分子右旋糖酐的分子较小，可迅速由肾小球滤过，但在肾小管不被再吸收，可发挥渗透性利尿作用。适用于防止急性肾衰竭。

【不良反应】偶见过敏反应。用药前取0.1ml作皮内试验。开始应用时，要缓慢滴注。连续应用时，引起凝血障碍，故禁用于血小板减少症和出血性疾病。

羟乙基淀粉

羟乙基淀粉（hydroxyethylamyl）又名淀粉代血浆，706代血浆。由玉米淀粉制成，也为葡萄糖聚合物，分子质量在2.5~4.5万之间。作用、用途与右旋糖酐相同。

工作项目五　调节酸碱平衡药

碳酸氢钠

碳酸氢钠（sodium bicarbonate）又名小苏打、重碳酸钠。

【作用和用途】

1.纠正代谢性酸中毒　解离的碳酸氢根离子与氢结合，使体内氢离子浓度降低。

2.碱化尿液　经肾排泄时使尿液碱化，用于巴比妥类中度时加速其排泄、防止磺胺类药物在秘尿道析出结晶、增强氨基苷类抗生素治疗泌尿道感染的疗效。

3.用于心脏复苏　纠正缺氧性酸中毒时钾离子从细胞内向细胞外弥散所造成的高血钾症，减轻心脏的进一步抑制，并使心肌收缩性及应激性增高。

4.治疗胃酸过多症（见作用于消化系统药物）。

【不良反应和注意事项】对局部组织有刺激性，注射时切勿漏出血管。过量可致代谢性碱中毒。碳酸氢钠可加重水钠潴留、缺钾等，对于充血性心力衰竭、急慢性肾衰竭、缺钾的患者，补充碳酸氢钠时要慎重。

乳酸钠

乳酸钠（sodium lactate）进入体内后，其乳酸根在有氧条件下，经肝转化为碳酸氢根，故可用于治疗代谢性酸中毒。作用不及碳酸氢钠迅速，在高血钾症或普鲁卡因胺、奎尼丁等引起的心律失常伴有酸中毒者，以乳酸钠治疗为宜。过量可引起碱血症，休克、缺氧、肝功能不良及乳酸性酸中毒者不宜使用。

氨基丁三醇

氨基丁三醇（trometamol）又名三羟甲基氨基甲烷、缓血酸铵。

【作用和用途】本药为氨基缓冲剂，它能摄取氢离子而纠正酸中毒。作用较强，并能透过细胞膜，可在细胞内外同时纠正酸中毒。可用于代谢性及呼吸性酸中毒，也可用于心脏复苏，因心脏呼吸停止时往往为混合型酸中毒。

【不良反应和注意事项】可引起低血糖、低血压、恶心、呕吐。注射时勿漏出血管，以免引起组织坏死。可抑制呼吸，呼吸性酸中毒患者应用时必须同时给氧，慢性呼吸性酸中毒患者禁用。过量或肾功能不全时可引起碱血症，慢性肾性酸中毒患者禁用。

工作项目六 作用于血液及造血系统药的用药护理程序

一、用药前评估

1.明确用药目的 抗贫血药主要是补充及参与造血物质的不足，须根据不同类型贫血选择药物，且应结合病因治疗；止血药用于治疗各种原因所致的出血及出血性疾病；抗凝血药用于防治血栓形成及血栓栓塞性疾病；血容量扩充药可扩充血容量，防止血栓形成，改善微循环，用于防治休克等。

2.掌握基本资料

（1）询问患者年龄、妇女有无妊娠、是否为生长期儿童等。记录患者的心率、呼吸及血压。监测血液检查的各项指标，如红细胞计数、网织红细胞计数、血细胞比容等资料。

（2）询问患者用药史，有无药物不良反应，是否正在使用能产生相互作用的药物。了解有无用药的禁忌证，如消化性溃疡、肝硬化、溶血性贫血等；有无影响药物吸收的因素。

（3）了解饮食习惯，如偏食、挑食及烹饪方法等。

二、用药期间护理

抗贫血药在用药护理过程中应注意：

影响铁吸收的因素：稀盐酸、维生素C、果糖、半胱氨酸等能促进Fe^{3+}还原为Fe^{2+}，有利于铁的吸收；而胃酸缺乏、抗酸药、饮食中的高钙、高磷及茶叶中的鞣酸等能使铁盐沉淀，妨碍铁的吸收；四环素类能与铁络合，相互影响吸收，应避免同服。

为减少胃肠刺激，口服铁剂、维生素B_{12}应在饭后30min服用。肠溶片勿研碎或嚼服。如有胃肠不适、腹泻或便秘发生，可通过调整饮食来缓解。注射铁剂期间应停止口服铁剂，以免发生过量中毒反应。

用药期间应定期做血常规等检查。注射给药的患者，要监测生命体征的变化，观察药物的不良反应，如有呕吐、腹痛、心率加快、嗜睡、昏迷等应立即停药，通知医生组织抢救。

止血药在用药护理中应注意：

告知患者止血药可能出现的不良反应，如胃肠道反应，以维生素K_3和K_4多见；较大剂量K_3可致早产儿、新生儿发生溶血及高铁血红蛋白症；G-6-PD缺乏的患者也可诱发溶血性贫血。

静脉注射维生素K_1速度应缓慢，以防呼吸困难、血压下降等。

抗凝血药在用药护理过程中应注意的问题：

向患者介绍抗凝血药的用药目的和用药后可能发生的不良反应；告知患者自己应随时观察出血的症状，如有无牙龈出血、皮下出血点及淤斑等。

华法林可通过乳汁影响乳儿，故用药期间应停止哺乳；并应避免与未经医生许可的药物合用。口服抗凝血药香豆素类过量出血可用维生素K对抗。

肝素因刺激性较大，不宜肌内注射，须静脉注射或静脉滴注，且要注意经常更换注射部位。应用肝素后，不能突然停药，以免出现暂时性高凝状态而导致血栓形成。肝肾功能不全、有出血体质、消化性溃疡、严重高血压患者及妊娠期妇女禁用。肝素过量易引起自发性出血，应备好解救药，一旦发生，立即停药并用鱼精蛋白对抗。

三、用药后护理评估

各项血液指标是否恢复正常，营养状况是否改善，体力和活动耐力是否增强。有无药物的不良反应或过敏反应发生等。血栓栓塞的症状和体征是否缓解和改善，有否发生无自发性出血或外伤性出血等反应。

制剂和用法

硫酸亚铁 片剂：0.3g。0.3g/次，3次/日，饭后服。缓释片：0.45g。0.45g/次，2次/日。

枸橼酸铁铵 糖浆剂（10%）：小儿1~2ml/(kg·日)，成人10ml/次，3次/日，饭后服。

富马酸亚铁 片剂或胶囊剂：0.2g。0.2~4g/次，3次/日。

右旋糖酐铁 注射剂：25mg/1ml。25~50mg/次，1次/日，深部肌内注射

叶酸 片剂：5mg。5~10mg/次，3次/日。

亚叶酸钙 注射剂：3mg/1ml。3~6mg/次，1次/日，肌内注射。

维生素B_{12} 片剂：25mg、50mg。25mg/次，3次/日。注射剂：0.05mg/ml、0.1mg/ml、0.25mg/ml、0.5mg/ml。0.025~0.1mg/日或隔日0.05~0.2mg，肌内注射。

维生素K_1 注射剂：10mg/ml。10mg/次，1~2次/日，肌内注射。静注，不超过5mg/min。

维生素K_3 注射剂：4mg/1ml。4mg/次，2~3次/日，肌内注射。

维生素K_4 片剂：2mg、4mg。4mg/次，3次/日。

酚磺乙胺 注射剂：0.25.0.5g/2ml、1g/5ml。0.25~0.5g/次，2~3次/日，肌内注射或静注。0.25~0.75g/次，2~3次/日稀释后静滴。

氨甲苯酸 注射剂：0.05g/5ml、0.1g/10ml。0.1~0.3g/次，静注或静滴。极量：0.6g/日。

氨甲环酸 片剂：0.25g。0.25g/次，3~4次/日。注射剂：0.1g/2ml、0.25g/5ml。0.25~0.5/次，0.75~2g/

日，静注或静滴。

抑肽酶　注射剂：5万U、10万U。5~10万U/次，5~20万U/日，临用前用5%葡萄糖注射液稀释后静脉滴注。

垂体后叶素　注射剂：5U/1ml、10U/1ml。5~10U/次，缓慢静注或静滴。极量：1次20U。

安特诺新　片剂：2.5mg、5mg。1次2.5~5mg，1日3次。注射剂：5mg/1ml、10mg/2ml。5~10mg/次，2次/日，肌内注射。

肝素　注射剂：1000、5000、12 500U/2ml。5000~10 000U/次，稀释后静注或静滴。

鱼精蛋白　注射剂：50mg/5ml、100mg/10ml。一次用量不超过50mg，静注。

华法林　片剂：2.5mg、5mg，第1日突击量5~20mg，以后维持量2.5~7.5mg/日。

枸橼酸钠　注射剂：0.25g/10ml。100ml血加本药2.5%溶液10ml。

链激酶　粉针剂：10.20万U、30万U、50万U。50万~60万U/次，静滴，4次/日。

尿激酶　注射剂：1万U、10万U、20万U、50万U、100万U、150万U。50~150万U/次，静滴。

蝮蛇抗栓酶　注射剂（冷冻粉针剂）：每支0.25U。0.008U/（kg·次），静滴，滴速以40滴/min为宜。

双嘧达莫　片剂：25mg。25~100mg/次，3次/日。注射剂：10mg/2ml。10~20mg/次，1~3次/日，肌内注射。静注宜用50%葡萄糖20ml稀释后缓慢注射。静滴用50%葡萄糖250ml稀释后滴注，30mg/日。

右旋糖酐　中分子注射剂（6%溶液）：每瓶500ml。静滴，一般不超过1000ml；低分子注射剂（6%、10%溶液）：每瓶500ml。静滴，用量视病情而定；小分子注射剂（12%溶液）：每瓶500ml。用法同上。

羟乙基淀粉　注射剂（6%）：每瓶500ml。静滴，用量视病情而定。

碳酸氢钠　片剂：0.5g。0.5~2g/次，3次/日。注射剂（5%）：10ml、100ml、250ml。静滴。

乳酸钠　注射剂（11.2%）：20ml、50ml。静滴，剂量视病情而定。用前稀释成等渗液。

氨基丁三醇　注射剂（7.28%）：10ml、20ml、100ml。静滴，剂量视病情而定。

目标检测

一、选择题

（一）A型题（单项选择题）

1.不属于维生素K适应证的是（　　）

　A.长期服用阿司匹林所致出血　　B.长期服用四环素所致出血

　C.慢性腹泻所致出血　　D.DIC后期继发性出血

2.促进血小板生成的止血药是（　　）

　A.氨甲环酸　　B.酚磺乙胺

　C.抑肽酶　　D.安特诺新

3.右旋糖酐不宜用于（　　）

　A.低血容量性休克　　B.防治急性肾衰竭

　C.防治心肌梗死　　D.治疗心功能不全

4.不具有抗血小板作用的药是（　　）

　A.双嘧达莫　　B.氨基丁三醇

　C.前列环素　　D.噻氯匹啶

5.关于肝素描述错误的是（　　）

　A.口服不吸收，一般采取静脉给药

　B.作用强，但显效较慢

　C.使用过程中，应经常测定凝血时间作为调节剂量的指标

　D.严重高血压，消化性溃疡，孕妇禁用。

（二）B型题

　A.铁制剂　　B.叶酸

　C.维生素B_{12}　　D.亚叶酸钙

6.恶性贫血宜选用（　　）

7.营养性巨幼红细胞性贫血宜选用：

8.药物性巨幼红细胞性贫血宜选用：

9.口服时必须与"内因子"结合形成复合物才能被肠壁吸收（　　）

　A.维生素K　　B.酚磺乙胺

　C.氨甲苯酸　　D.垂体后叶素

10.既能止血又能治疗尿崩症的药物（　　）

11.肝门脉高压引起上消化道出血首选（　　）

12.DIC后期继发性出血宜选（　　）

13.早产儿、新生儿出血宜选（　　）

　A.肝素　　B.华法林

　C.枸橼酸钠　　D.抑肽酶

14.体内体外均有效的抗凝药（　　）

15.体外无抗凝作用的药（　　）

16.不能用于体内抗凝的药（　　）

17.显效慢的药物是（　　）

（三）X型题（多项选择题）

18.维生素K缺乏将引起哪些凝血因子的合成减少（　　）

　A.Ⅱ　　B.Ⅶ

　C.Ⅸ　　D.Ⅹ

19.肝素不宜与哪些药物联用（　　）

　A.阿司匹林　　B.右旋糖酐

　C.华法林　　D.双嘧达莫

20.叶酸治疗贫血无关的作用是（　　）

　A.为红细胞的组成成分　　B.为合成血红蛋白的主要原料

　C.使血红素增加　　D.参与DNA的形成

二、填空题

1.临床常用的铁制剂有____、____、____、____。

2.写出下列药物又名：酚磺乙胺____，氨甲苯酸____，链激酶____，安特

诺新____。

3.下列各药过量使用引起自发性大出血，可分别用何药对抗肝素____，林枸橼酸钠____尿激酶____。

4.右旋糖酐的作用是____、____、____、____。

5.促进白细胞增生的药有____、____、____。

三、问答题

影响铁剂吸收的因素哪些？

（黄 玲 王 清）

工作任务六　作用于子宫平滑肌的药物

学习目标

1. 掌握缩宫素的作用、临床用途、不良反应及用药注意事项。
2. 熟悉麦角新碱、前列腺素的作用、临床用途、不良反应及用药注意事项。
3. 了解子宫平滑肌抑制药的作用和临床应用。

案例分析

某女，27岁，初产妇，妊娠42周，尚未临产。超声显示：胎盘功能正常，羊水量减少，诊断为过期妊娠，给予缩宫素2.5U静脉滴注催产，要求护士根据宫缩、胎心情况调整滴速，每隔15～25min调节1次，最大滴速不得超过30滴/min，直至出现有效宫缩。

问题：

为何缩宫素只小剂量2.5U？缩宫素的适应证有哪些？使用时应注意什么事项？

工作项目一　子宫平滑肌兴奋药

子宫平滑肌兴奋药是一类选择性兴奋子宫平滑肌，引起子宫收缩的药物。

缩宫素

缩宫素（oxytocin）又称催产素，是由垂体后叶分泌的肽类激素。临床使用的主要是人工合成品，易被酸、碱和消化酶破坏，口服无效，须注射给药。

【药理作用】缩宫素直接兴奋子宫平滑肌，加强其收缩。其作用具有以下特点：①加强子宫收缩的性质与剂量有关。小剂量缩宫素（2~5U）能加强子宫平滑肌的节律性收缩；大剂量（6~10U）则引起强直性收缩。②子宫对缩宫素的敏感性与女性激素有关。雌激素能提高敏感性，孕激素则降低敏感性。③子宫不同部位对缩宫素的作用有明显差异。子宫底部平滑肌收缩，子宫颈部平滑肌松弛。④作用快（静注3~5min出现作用），维持时间短（停药后仅维持20~30min）。

【临床用途】

1.催产和引产　对于胎位正常、宫口开全且无产道障碍的宫缩无力产妇，可用小剂量缩宫素增强子宫收缩力，促进分娩。对过期妊娠或必须提前终止妊娠者，如死胎、妊娠合并严重心脏病、妊娠中毒症、肺结核等的孕妇，可用缩宫素诱发宫缩。

2.产后止血　当胎儿娩出24h内，阴道出血达400ml以上者，称产后出血。此时应立即皮下注射或肌内注射大剂量缩宫素（6~10U），迅速引起子宫平滑肌强直性收缩，压迫肌层内血管而止血。但缩宫素作用维持时间短，可用麦角新碱维持子宫收缩状态。

【不良反应和注意事项】在催产和引产时，过量可致子宫收缩频率过快，甚至强直性收缩，导致胎儿窒息或子宫破裂。因此，在使用过程中应注意：①严格掌握剂量和滴注速度，避免引起子宫强直性收缩。②严格掌握禁忌证，凡产道异常，胎位不正，头盆不称，前置胎盘，多胎妊娠，三次妊娠以上的经产妇和有剖宫产史者禁用。

麦角生物碱

主要有麦角新碱（ergometrine）、麦角胺（ergotamine）和麦角毒（ergotoxine）。

【作用和用途】

1.兴奋子宫　麦角新碱选择性兴奋子宫平滑肌。其作用具有以下特点：①剂量稍大即引起强直性收缩。②临产时或新产后最敏感。③子宫不同部位对麦角新碱的作用无明显差异。子宫底部和颈部平滑肌均收缩，故禁用于催产和引产。④作用强、快（静注立即显效），维持时间长（3~6h）。临床主要用于产后出血或产后子宫复原。

2.收缩血管　麦角胺可直接收缩血管，用于脑动脉扩张和搏动幅度增大引起的偏头痛。可与咖啡因合用，以促进其吸收，并加强收缩脑血管作用。

3.阻断α受体　大剂量麦角毒和麦角胺能阻断α受体，翻转肾上腺素的升压作用。尤其是麦角毒的氢化物，双氢麦角碱（海得金）的阻断α受体作用强，且抑制血管运动中枢和体温调节中枢，常与异丙嗪和哌替啶组成冬眠合剂应用。

【不良反应】麦角新碱偶致过敏反应；注射给药

可致恶心、呕吐、血压升高。麦角毒和麦角胺可损害血管内皮细胞，长期使用可引起肢端干性坏疽。

前列腺素

前列腺素（PG）种类很多，作为子宫兴奋药的主要有前列腺素 E_2（PGE_2）、前列腺素 F_{2a}（$PGF_{2\alpha}$）以及 15-甲基前列腺素 F_{2a}（15-MEPGF$_{2\alpha}$）。

【作用和用途】

1.兴奋子宫　PG 兴奋子宫平滑肌，具有以下特点：①小剂量 PG 给足月或接近足月妊娠孕妇，所引起的子宫收缩和正常分娩相似。大剂量 PG 可使子宫平滑肌强烈收缩，影响胎盘的血液供应，使其脱落而达药物性人工流产或中期引产的目的。②子宫对 PG 的敏感性与女性激素关系不大。对妊娠各期均能引起收缩。③对子宫不同部位的作用也存在明显差异。

临床对无禁忌证而出现宫缩无力的孕妇，可用 PGE_2、$PGF_{2\alpha}$ 催产。对需要提前终止妊娠者，可用 PGE_2、$PGF_{2\alpha}$ 和 15-MEPGF$_{2\alpha}$，采用静滴或宫腔内羊膜腔外注射给药，进行流产和引产。

2.避孕　PGE_2 或 $PGF_{2\alpha}$ 能使多种动物黄体萎缩溶解，孕激素分泌减少；使子宫平滑肌强烈收缩，阻碍受精卵着床而产生抗早孕作用。

工作项目二　子宫平滑肌抑制药

子宫平滑肌抑制药，主要应用于痛经和防治早产。目前，具有子宫平滑肌抑制作用，并具有治疗价值的药物有：β_2 受体激动药，如利托君（ritodrine）；前列腺素合成酶抑制剂；缩宫素拮抗剂；钙拮抗剂；硫酸镁等。

利 托 君

利托君（ritodrine；羟苄羟麻黄碱；利妥特灵）是专门作为子宫松弛药而设计开发的，为选择性 β_2 肾上腺素受体激动药，可特异性抑制子宫平滑肌。能减弱妊娠和非妊娠子宫的收缩强度，减少频率，并缩短子宫收缩时间。产妇女使用本药后，可延缓分娩，使妊娠时间接近正常。用于防治早产，一般先采用静脉滴注，取得疗效后，口服本药维持疗效。

本品禁用于妊娠不足 20 周和分娩进行期（子宫颈扩展大于 4cm 或开全 80%以上）的孕妇。它对 β_2 受体的激动作用选择性不强，同时也作用于 β_1 受体，故可发生心悸、胸闷、胸疼和心律失常等反应，反应严重者应中断治疗，故有严重心血管疾患的患者禁用。静脉注射时，还可有震颤、恶心、呕吐、头痛和红斑以及神经过敏、心烦意乱、焦虑不适等不良反应。口服还可有心率增加、心悸和震颤、恶心和颤抖、皮疹和心律失常等反应。

工作项目三　作用于子宫平滑肌药的用药护理程序

一、用药前评估

1.明确用药目的　根据各药特点，分别用于催产、引产、产后止血、子宫复原等。

2.掌握基本资料

（1）详细了解妊娠妇女的呼吸、心率、血压等基本生命体征，询问妊娠周数和次数，并仔细监测胎位、宫缩、胎心等。

（2）了解妊娠期妇女有无流产、死胎、剖宫产史等。充分评估妊娠妇女和胎儿的状态，如胎位是否正常，是否患有心脏病、高血压等并发症。

（3）询问妊娠期妇女有无吸烟、饮酒、吸毒等嗜好。

二、用药方法和监护

1.对患者及家属进行有关产科方面的知识宣教，使其保持情绪的稳定，消除顾虑，配合治疗，讲明药物可能会出现的不良反应。

2.使用缩宫素前要了解妊娠期妇女孕产史、既往史、家族病史等。仔细监测胎位、宫缩、胎心。用药期间加强用药监护，如监测患者血压、心率、胎心、子宫收缩的频率和持续时间。严格掌握用药剂量，根据子宫收缩情况调整静滴速度。

3.麦角生物碱不得与血管收缩药、升压药合用，以免出现严重高血压甚至脑血管破裂。

4.前列腺素引产有致使宫颈或子宫损伤的可能，故在引产后应全面检查产妇是否有子宫损伤的情况；另外，本品对胃肠及支气管平滑肌都有兴奋作用，用药过程中应密切注意观察可能引起的胃肠道反应及呼吸变化。

5.低钙血症使麦角新碱的效应减弱，应谨慎静脉注射钙盐，以恢复宫缩。麦角新碱不宜与洋地黄同用。

6.本类药物与糖皮质激素合用可出现肺水肿，严重者可导致死亡。同类药物还有特布他林、沙丁胺醇、克伦特罗等，也可激动子宫平滑肌上的 β_2 受体，使子宫平滑肌松弛，产生与利托君相似的松弛子宫平滑肌的作用，增加子宫和胎盘的血流量，改善子宫内供血供氧，用于预防早产。

三、用药后护理评价

是否安全达到催产、引产、产后止血等目的。

制剂和用法

缩宫素　注射剂：5U/1ml，10U/1ml。子宫出血，5~10U/次，肌内注射；引产或催产，一般用 2.5~5U，加入 5%葡萄糖注射液 500ml 内静滴，最快不超过

40滴/min。

马来酸麦角新碱　注射剂：0.2mg/1ml、0.5mg/ml。肌内注射，0.2~0.5mg/次；静滴，0.2mg/次，以5%葡萄糖溶液稀释。片剂：0.2mg、0.5mg。0.2~0.5mg/次。

麦角胺咖啡因　片剂：（每片含酒石酸麦角胺1mg，咖啡因100mg）偏头痛发作时口服半片至1片，如无效，隔1h后重复同剂量。

麦角流浸膏　2ml/次，3次/日，连续口服2~3日。极量：12ml/日。

前列腺素E_2　注射剂：1mg/2mg/1ml。羊膜腔、宫腔内羊膜腔外注射或静滴。

前列腺素F_2　注射剂：5mg/1ml。羊膜腔、宫腔内羊膜腔外注射或静滴。

15-甲基前列腺素F_2　注射剂：1mg/1ml，2mg/2ml。羊膜腔、宫腔内羊膜腔外或肌内注射。

利托君　注射剂：静滴，150mg/次，加入输液500ml稀释为0.3mg/ml，开始时，控制滴速使剂量为每分钟0.1mg，并逐渐增加至有效剂量，通常保持在每分钟0.15~0.35mg，待宫缩停止后，至少持续输注12h。片剂：10mg/片。每2小时10mg，此后每4~6小时10~20mg，每日总剂量不超过120mg。

目标检测

一、选择题

（一）A型题（单项选择题）

1. 麦角新碱禁用于催产是因为（　）
   A. 作用持久而弱　　B. 对宫体、宫颈收缩作用均很强
   C. 易至血压下降　　D. 妊娠末期子宫对其敏感性化
   E. 中枢抑制明显

2. 产后出血首选的药物是（　）
   A. 缩宫素　　　　B. 垂体后叶素
   C. 酚磺乙胺　　　D. 维生素K
   E. 麦角新碱

3. 对血管平滑肌有明显舒张作用的药物是（　）
   A. 麦角胺　　　　B. 垂体后叶素
   C. 催产素　　　　D. 麦角新碱
   E. 加压素

4. 不能用于引产的药物是（　）
   A. 地诺前列酮　　B. 地诺前列素
   C. 催产素　　　　D. 麦角新碱
   E. 卡波前列素

5. 能使子宫产生节律性收缩，并可有效松弛子宫颈的药物为（　）
   A. 催产素　　　B. 麦角生物碱
   C. 地诺前列素　D. 麦角胺
   E. 垂体后叶素

6. 麦角胺用于偏头痛的机制在于（　）
   A. 舒张脑血管，增加供氧　B. 阻断α受体，使血管舒张
   C. 阻断β受体，使血管收缩　D. 收缩脑血管，减少动脉搏动幅度
   E. 扩血管降压，减少动脉搏动刺激

7. 麦角新碱对子宫的药理作用确切描述应是（　）
   A. 对宫颈宫体作用均强　B. 节律性收
   C. 兴奋子宫颈作用弱　　D. 选择性收缩子宫平滑肌
   E. 兴奋宫体，松弛宫颈

（二）B型题

A. 麦角新碱　　　　B. 麦角胺
C. 氢化麦角毒　　　D. 麦角流浸膏

8. 与咖啡因合用治疗偏头痛的药（　）
9. 用于产后子宫复原的药（　）
10. 用于产后出血的药（　）

（三）X型题（多项选择题）

11. 关于前列腺素，描述正确的是（　）
    A. 能通过静脉给药，也可通过子宫内羊膜腔外给药，用于中期引产
    B. 能使孕激素分泌减少，用于避孕
    C. 对宫缩无力孕妇可用其催产
    D. 个体对其作用的反应差异不大

二、填空题

1. 临床常用的子宫兴奋药有____、____、____、____。
2. 催产素可用于____、____和____。
3. 小剂量催产素使子宫产生____，而大剂量则使子宫产生____。
4. 雌激素使子宫对催产素的敏感性____，孕激素使子宫对催产素的敏感性____，妊娠早期子宫对催产素的敏感性____，妊娠后期子宫对催产素的敏感性____。

三、简答题

缩宫素用于催产的依据是什么？

（胡　琛）

工作模块六　内分泌系统疾病用药

激素是由内分泌腺或内分泌细胞所合成和分泌的一类高效能生物活性物质，它们在维持人体的正常生理功能和内环境稳定中起重要作用。激素类药物包括天然激素制剂、激素的人工合成品以及抗激素制剂。激素制剂既可采用生理剂量补充机体激素水平不足，用于内分泌功能低下性疾病的治疗，大剂量发挥药理作用治疗有关疾病。抗激素药多用于体内激素水平过高而引起的疾病。

工作任务一　肾上腺皮质激素类药物

肾上腺皮质激素（adrenocortical hormones）是肾上腺皮质所分泌的激素的总称，属甾体类化合物。可分为3类：①盐皮质激素（mineral corticoids），由球状带分泌，主要为醛固酮；②糖皮质激素（glucocorticoids，GC），由束状带合成和分泌，包括可的松和氢化可的松；③性激素，由网状带所分泌，主要是雄激素。临床常用的皮质激素是指糖皮质激素。

工作项目一　糖皮质激素

学习目标

1. 掌握糖皮质激素类药物的临床用途。
2. 熟悉糖皮质激素类药物的用法及疗程、禁忌证。
3. 了解糖皮质激素类药物的作用机制、体内过程。
4. 掌握糖皮质激素的不良反应及护理注意事项。

案例分析

患者，男，38岁，60kg。因感冒后出现颜面、双下肢水肿，尿量减少至500ml/日，伴腹胀入院。体格检查血压150/98mmHg，全身水肿，下肢凹陷性水肿，双肺下部呼吸音减弱。血常规Hb154g/L，尿常规示尿蛋白（++++），24h尿蛋白定量7.13g/L。

诊断：肾病综合征。

治疗：
1. 休息、低盐饮食；
2. 使用白蛋白；
3. 泼尼松60mg/d，qd，用药12周。之后每周减6mg，减至10mg/d后维持半年；
4. 抗凝治疗；
5. 使用钙尔奇补钙，兰索拉唑护胃，呋塞米利尿。

经上述治疗，患者病情逐渐好转康复。

问题：
1. 使用泼尼松治疗过程中为何要补钙、护胃、利尿？
2. 使用泼尼松为何要逐渐减量？

糖皮质激素作用广泛而复杂，且随剂量不同而异。常用糖皮质激素类药物见表2-6-1。

临床常用的药物有：可的松（cortisone）、氢化可的松（hydrocortisone）、泼尼松（prednisone）、泼尼松龙（prednisolone）、地塞米松（dexamethasone）、曲安西龙（triamcinolone）、倍他米松（betametasone）、氟氢可的松（fludrocortisone）、氟轻松（fluocinolone）。

【体内过程】

糖皮质激素口服、注射均易吸收。可的松和氢化可的松口服后血药浓度1~2h可达峰浓度，一次给药作用可持续8~12h。糖皮质激素类药物主要在肝代谢，可的松和泼尼松在肝分别转化为氢化可的松或泼尼松龙后才具有生物活性，严重肝功能不全的患者只宜选用氢化可的松或泼尼松龙，肝药酶诱导剂，如苯巴比妥、苯妥英钠、利福平可加快糖皮质激素分解，合用时需增加剂量。

【生理效应】

1. 糖代谢　增加肝糖原、肌糖原含量并升高血糖。
2. 蛋白质代谢　促进蛋白质分解，抑制蛋白质合成，久用可致生长减慢、肌肉消瘦、皮肤变薄、骨质疏松、淋巴组织萎缩和伤口愈合延缓等。
3. 脂肪代谢　促进脂肪分解，减少合成。久用能增高血胆固醇含量，使四肢脂肪减少，还使脂肪重新分布于面部、胸、背及臀部，形成满月脸和向心性肥胖。
4. 水和电解质代谢　较弱的盐皮质激素的作用，保钠排钾。久用可致水肿和高血压。促进钙的排泄，长期应用可致骨质脱钙。

表 2-6-1 常用糖皮质激素类药物

类别	药物	糖代谢（比值）	水代谢（比值）	抗炎作用（比值）	等效剂量（mg）	半衰期（min）	作用持续时间（h）	口服常用量（mg/次）
短效	氢化可的松	1	1	1	1	20~90	8~12	10~20
	可的松	0.8	0.8		0.8	25~90	8~12	12.5~25
中效	泼尼松	3.5	0.6	3.5	5	>200	12~36	2.5~10
	泼尼松龙	4.0	0.6	4.0	5	>200	12~36	2.5~10
	甲泼尼龙	5.0	0.5	5.0	4	>200	12~36	2.0~8.0
	曲安西龙	5.0	0	5.0	4	>200	12~36	2.0~8.0

【药理作用】

1.抗炎作用　糖皮质激素有强大的抗炎作用，能对抗各种原因（如物理、化学、生物、免疫等）所引起的炎症和炎症病理发展过程的不同阶段。在炎症早期可抑制毛细血管扩张，减轻渗出、充血、水肿、白细胞浸润及吞噬反应，从而改善红、肿、热、痛等症状；在后期可抑制毛细血管和成纤维细胞的增生，延缓肉芽组织生成，防止粘连及瘢痕形成，减轻后遗症。但糖皮质激素在抑制炎症、减轻症状的同时，也降低机体的防御功能，可致感染扩散、阻碍创口愈合。

2.抗免疫作用　对免疫过程的许多环节均有抑制作用，因此可用于治疗过敏性休克。小剂量糖皮质激素抑制细胞免疫，大剂量则能抑由 B 细胞转化成浆细胞的过程，使抗体生成减少，干扰体液免疫。中毒性菌痢、暴发型流行性脑膜炎、中毒性肺炎、重症伤寒及败血症、结核性脑膜炎、心包炎、心瓣膜炎等。病毒性感染如水痘，一般不用激素，因用后可降低机体的防御能力，导致感染扩散而加重病情。但对严重的传染性肝炎、流行性腮腺炎、乙型脑炎等，对机体危害严重，需加用糖皮质激素迅速控制症状，防止或减轻并发症、后遗症。

3.抗休克　超大剂量的糖皮质激素可以抗休克，其作用与下列因素有关：①扩张痉挛收缩的血管和加强心脏收缩；②降低血管对某些缩血管活性物质的敏感性，使微循环血流动力学恢复正常，改善休克状态；③稳定溶酶体膜，减少心肌抑制因子（MDF）的形成；④提高机体对细菌内毒素的耐受力。

3.炎症及炎症后遗症　一般炎症早期使用糖皮质激素类药物可防止组织过度损害。如结核性脑膜炎、心包炎、风湿性心瓣膜炎、损伤性关节炎、睾丸炎。另外对虹膜炎、角膜炎、视网膜炎、视神经炎和烧伤后疤痕挛缩等非特异性眼炎，也可迅速消炎止痛、防止疤痕形成和组织粘连。

4.抗内毒素作用　糖皮质激素可提高机体对内毒素的耐受力，还可降低下丘脑体温调节中枢对内热源的敏感性，减少内热源的释放，具有迅速良好的解热作用。用于严重的中毒性感染，如肝炎、伤寒、脑膜炎、败血症及晚期癌症的发热。糖皮质激素对外毒素无效。

4.自身免疫性疾病及过敏性疾病

（1）自身免疫性疾病：风湿热、风湿性心肌炎、风湿性及类风湿性关节炎、全身性红斑狼疮、皮肌炎和肾病综合征等应用糖皮质激素后可缓解症状，但不能根治。

5.其他作用

（1）血液系统：糖皮质激素能刺激骨髓造血功能，使红细胞、血红蛋白、血小板、纤维蛋白原和中性白细胞增多，使淋巴细胞和嗜碱性粒细胞数量减少。

（2）过敏性疾病：荨麻疹、血清病、血管神经性水肿、支气管哮喘和过敏性休克等。

（3）异体器官移植手术后所产生的排异反应也可应用糖皮质激素，与环孢素合用疗效更好。

（2）中枢神经系统：能提高中枢神经系统的兴奋性，出现欣快、激动、失眠等，偶可诱发精神失常。大剂量对儿童能致惊厥。

5.抗休克治疗　感染中毒性休克时，在有效的抗菌药物治疗下，可及早、短时间突击使用大剂量糖皮质激素，见效后即停药，糖皮质激素停药后再撤去抗菌药；对过敏性休克，首选肾上腺素，糖皮质激素为次选药；对心源性休克，须结合病因治疗；对低血容量性休克，在补液补电解质或输血后效果不佳者，可合用超大剂量的糖皮质激素。

（3）消化系统：糖皮质激素能使胃酸和胃蛋白酶分泌增多，提高食欲，促进消化，但长期应用可诱发或加重溃疡病。

【临床用途】

1.替代疗法　用于急、慢性肾上腺皮质功能减退症（包括肾上腺危象）、脑垂体前叶功能减退及肾上腺次全切除术后作替代疗法。

2.严重感染　细菌性感染：糖皮质激素类的抗炎、抗毒、抗休克作用，可用迅速缓解症状、减轻炎症，帮助患者度过危险期，但必须与有效抗菌药合用。如

6.血液病　可用于急性淋巴细胞性白血病、再生

障碍性贫血、粒细胞减少症、血小板减少症和过敏性紫癜等的治疗,停药后易复发。

7.局部应用 对接触性皮炎、湿疹、肛门瘙痒、神经性皮炎、银屑病等都有疗效,多采用氟轻松、泼尼松龙软膏、霜剂,剥脱性皮炎应全身用药。眼科用于葡萄膜炎、视神经炎、视网膜炎、过敏性眼炎。

【不良反应】见图2-6-1,图2-6-2。

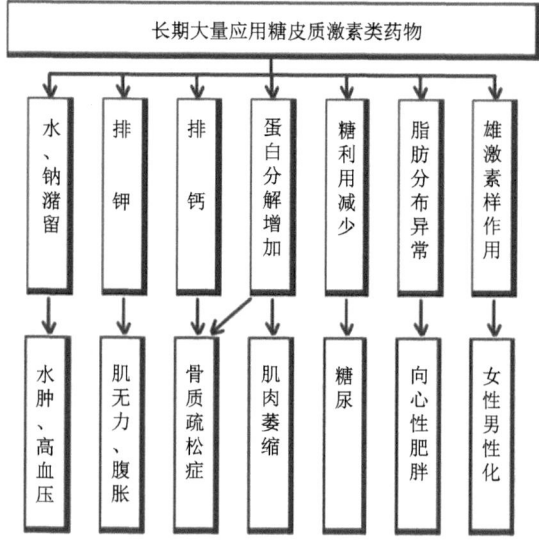

图2-6-1 长期服用糖皮质激素类药物的不良反应示意图

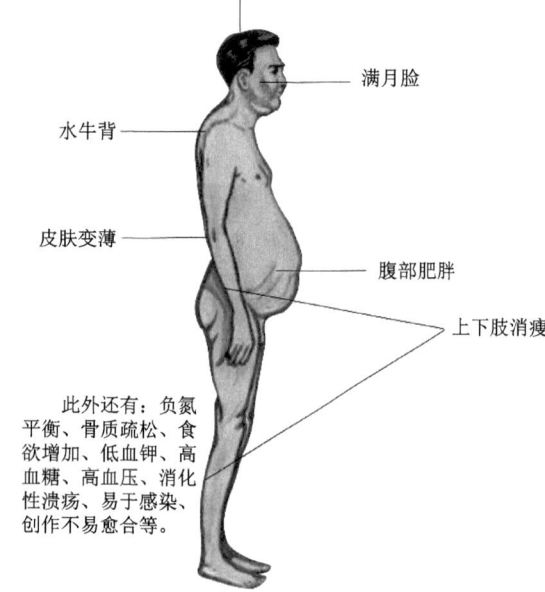

图2-6-2 长期服用糖皮质激素的不良反应示意图

1.长期大量应用引起的不良反应

(1)类肾上腺皮质功能亢进(库欣综合征):因代谢紊乱所致,如满月脸、水牛背、向心性肥胖、皮肤变薄、痤疮、水肿、低血钾、高血压、糖尿等。停药后可自行消退,必要时采取对症治疗,并采用低盐、低糖、高蛋白饮食等,注意补钾、补维生素D和钙,必要时加用抗高血压药、抗糖尿病药治疗。

(2)诱发或加重感染:因糖皮质激素抑制机体防御功能,抗炎不抗菌。长期应用常可诱发感染或使体内潜在病灶扩散,还可使原来静止的结核病灶扩散、恶化。

(3)诱发或加重溃疡:使胃酸、胃蛋白酶分泌增加,抑制胃黏液分泌,降低胃肠黏膜的抵抗力,故可诱发或加剧胃、十二指肠溃疡,甚至造成消化道出血或穿孔。需加用抗酸药或胃酸分泌抑制药雷尼替丁。

(4)心血管系统并发症:长期应用可引起高血压和动脉粥样硬化。

(5)骨质疏松、肌肉萎缩、伤口愈合迟缓等:骨质疏松多见于儿童、老人和绝经妇女,严重者可有自发性骨折。因抑制生长素分泌和造成负氮平衡,还可影响生长发育。对孕妇偶可引起畸胎。

(6)眼部并发症:可引起眼压升高和白内障,应定期去眼科检查。

(7)其他:诱发糖尿病、精神失常。有精神病或癫痫病史者慎用。

2.停药反应

(1)医源性肾上腺皮质功能不全:长期大剂量应用糖皮质激素,由于反馈性抑制垂体—肾上腺皮质轴,肾上腺皮质功能萎缩用药突然停药时,一旦突然停药可出现肾上腺皮质功能不全,表现为恶心、呕吐、乏力、低血压、休克,病死率高,需及时抢救。为避免肾上腺皮质失用性萎缩,停药必须缓慢,不可骤停。

(2)反跳现象:因患者对激素产生了依赖性或病情尚未完全控制,突然停药或减量过快而致原病复发或恶化。常需加大剂量再行治疗,待症状缓解后再逐渐减量、停药。

【禁忌证】肾上腺皮质功能亢进、抗菌药不能控制的感染、严重精神病、癫痫、活动性消化性溃疡病、新近胃肠吻合术、骨折、创伤修复期、角膜溃疡、严重高血压、糖尿病、孕妇等。当适应证与禁忌证并存时,权衡利弊,慎重决定,必要时在其他措施的配合下,应用糖皮质激素帮助患者度过危险,目的达到后尽早减药或撤药。

【用药注意事项】

1.不宜控制的感染一般不用,细菌性感染加用有效抗菌药。

2.掌握适应证、防止并发症、注意禁忌证。

3.掌握常用制剂的特点:

(1)糖皮质激素类药在肝中代谢,肝功能不全时半衰期均延长。

(2)可的松、泼尼松经肝转化后才有效,肝功能不全不宜选用。

（3）氟氢可的松、氟轻松对水盐代谢影响最强，不宜体内给药。

4.长期使用不能减量太快或突然停药。

5.长期使用应低盐、低糖、高蛋白饮食并补钾、补钙。

6.长期使用应定期检查血压、血钾、尿糖、便血。

【用法及疗程】

1.大剂量突击疗法　用于严重中毒性感染及各种休克。氢化可的松首次剂量可静脉滴在200～300mg，一日量可达1g以上，疗程不超过3天。例如，抑制器官移植急性排斥危象时，可采用氢化可的松静脉给药，3日序贯用量为3.2g和1g，必要时加用环磷酰胺，常可迅速见效。大剂量应用时宜并用氢氧化铝凝胶等以防止急性消化道出血。

2.一般剂量长期疗法　用于自身免疫性疾病及血液病如结缔组织病、肾病综合征、顽固性支气管哮喘、淋巴细胞性白血病等。治疗阶段泼尼松口服10～20mg，每日3次，产生临床疗效后，逐渐减量，每5～7日减5mg，直减至维持量，维持阶段泼尼松口服每日5~10mg，持续数月。在长时间使用激素治疗过程中，遇下列情况之一者，应撤去或停用皮质激素：①维持量已减至正常基础需要量，如泼尼松每日 5～7.5mg，经过长期观察，病情已稳定不再活动者。②因治疗效果差，不宜再用激素，应改药者。③因严重不良反应或并发症，难以继续用药者。

3.小剂量替代疗法　适用于治疗急、慢性肾上腺皮质功能不全症（包括肾上腺危象、阿狄森氏病）、脑垂体前叶（腺垂体）功能减退及肾上腺次全切除术后。每日给予生理需要量，氢化可的松每日10～20mg、可的松12.5~25mg。

4.隔日疗法　糖皮质激素的分泌具有昼夜节律性，每日上午8～10时为分泌高峰，随后逐渐下降，午夜12时最低。长期疗法中对某些慢性病采用隔日1次给药法，将两日的总药量在隔日早晨1次给予，此法优点在于此时正值激素正常分泌高峰，对肾上腺皮质功能的抑制较小，减轻长期用药引起的不良反应。宜用泼尼松、泼尼松龙等中效制剂。

工作项目二　促皮质素

促皮质素（ACTH）是维持肾上腺正常形态和功能的重要激素。为多肽类，口服无效。临床主要用于长期使用皮质激素停药前后，以防止发生皮质功能不全。

工作项目三　盐皮质激素

醛固酮（aldosterone）和去氧皮质酮（desoxycortone）。它们能促进肾远曲小管对 Na^+、Cl^- 的重吸收和 K^+、H^+ 的排出，具有明显的潴钠排钾作用。主要用于慢性肾上腺皮质功能减退症。

工作项目四　肾上腺皮质激素类药物的用药护理程序

一、用药前评估

1.明确用药目的　糖皮质激素主要用于缓解或控制各种炎症、过敏反应的症状、自身免疫性疾病、休克及抑制器官移植的排斥反应等。

2.掌握护理对象基本情况　测定患者血压、心率、体重、液体出入量、血糖、血钾水平，询问患者是否处于妊娠或哺乳期。询问患者是否有高血压、精神病、糖尿病、溃疡病史及过敏史。

3 用药教育　①对需要长期用药患者，告知其该类药物的不良反应，且不良反应会随停药而逐渐消失。②必须按医嘱用药，不可随意增减或停药。让患者学会自我监护，如有水钠潴留症状和体征（体重增加、下肢水肿等）、大便变黑等，及时报告医护人员。③有溃疡病、糖尿病、结核病、高血压病史的患者，一旦出现原发疾病的症状和体征，应及时告知医护人员。④适当活动，防止静脉炎或血栓形成。

二、用药方法和监护

1.药物配伍　注意糖皮质激素与其他药物相互作用，如与排钾利尿药等药物合用可引起低钾血症；与解热镇痛药阿司匹林等合用，消化道溃疡的发生率会增高；与苯妥英钠、苯巴比妥等合用，可加速其灭活。

2.药物配置与储存　溶解促皮质激素药液时应缓慢注入溶液，并轻轻滚动瓶子促进溶解。过快注入或用力震荡，均会使药液产生气泡；药液应现配现用，避热保存。

3.给药方法　有家族过敏体质者，在用药前应先做皮试，于用药后15min内注意观察患者有无过敏现象，并备好肾上腺素等抢救药物。氟氢可的松、氟轻松对水盐代谢影响最强，不宜体内给药。

4.用药监测　每日测量血压、记录出入水量，定期测体重、尿糖、血常规，做大便潜血试验，1~2周查血清钾、钠、钙，做胸透1次；定期眼科检查，老年患者应定期拍摄骨盆X线片。

三、急救与处理

1.长期用糖皮质激素患者如要停药应逐渐减量，在停药前连用7天促皮质激素以促进肾上腺皮质功能的恢复，停药后数月遇感染、创伤、大失血或手术时，应补充糖皮质激素。

2.为减少不良反应可采取下列措施：①加服维生素D和钙片，尤其是老人、儿童及更年期妇女。②加服抗酸药及保护胃黏膜的制剂。③低钠、低糖、高蛋白、高维生素饮食，多食用含钾丰富的事物。注意观察患者是否有低钾症状，如肌无力、惊厥、心悸、恶心等症状，若出现应及时补钾。④防止感染，若出现严重感染应使用抗感染药物。⑤长期用药者应建立用药卡片，记录用药及反应情况。

制剂和用法

氢化可的松（hydrocortisone） 片剂：10mg/片；20mg/片。替代疗法：10~20mg/d；药理治疗：10~20mg/次，20~80mg/d。氢化可的松注射液：10mg/2ml，25mg/5ml，100mg/20ml。100mg/次或遵医嘱，1~2次/日。临用时用生理盐水或5%葡萄糖溶液500ml稀释后，静脉滴注。软膏：0.5%~2.5%。外用。眼膏：0.5%。

醋酸可的松（cortisone acetate） 片剂：5mg/片；25mg/片。12.5~25mg/次，1~4次/日。醋酸可的松注射液：50mg/2ml；125mg/5ml；250mg/10ml。25~125mg/次，2~3次/日，肌内注射。眼膏：0.25%；0.5%；1%。

泼尼松（prednisone，强的松） 片剂：5mg/片。开始一般剂量5~10mg/次，2~4次/日。维持量5~10mg/日。泼尼松注射液25mg/2ml；50mg/2ml；100mg/2ml。肌内注射，25~50mg/次。软膏：4mg/支，10mg/支。外用。眼膏：0.3%。

泼尼松龙（prednisolone，强的松龙） 片剂：5mg/片。开始10~40mg/日，分2~3次服，维持量5~10mg/日。注射液10mg/2ml。静脉滴注10~20mg/次，加入5%葡萄糖溶液50~500ml中。泼尼松龙混悬液125mg/5ml。关节腔或局部注射，5~50mg/次。软膏：0.5%。

甲泼尼龙（methylprednisolone） 片剂：2mg/片；4mg/片。开始16~24mg/日，分2次服，维持量4~8mg/日。甲泼尼龙混悬液：20mg/1ml；40mg/1ml。关节腔或肌内注射，10~80mg/次。甲泼尼龙琥珀酸钠注射液：相当于甲泼尼龙40mg/支，125mg/支，250mg/支，500mg/支，1000mg/支，2000mg/支。静脉滴注0.8~1mg/d,加入5%葡萄糖溶液250~500mg中。

曲安西龙（triamcinolone，去炎松） 片剂：4mg/片。8~40mg/次，每天或隔日清晨1次服。维持量4~8mg/d。混悬液：10mg/1ml；40mg/1ml；125mg/5ml。10~25mg/次，关节腔或局部注射。每周1~2次。

地塞米松（dexamethasone，氟美松） 片剂：0.75mg/片。开始0.75~3mg/次，2~4次/日，维持量0.5~0.75mg/日。地塞米松注射液2mg/1ml，5mg/1ml，5~10mg/次，1~2次/日。肌内注射或加入5%葡萄糖注射液500ml中静脉滴注。软膏0.05%。

倍他米松（betamethasone） 片剂：0.5mg/片。开始1.5~2mg/日，分2次，维持量0.5~1mg/日。倍他米松醋酸酯注射液：1.5mg/1ml。6~12mg/次，肌内注射。

氟氢可的松（fludrocortisone） 片剂：0.1mg/片。替代疗法，0.1~0.2mg/d，分2次服。软膏：0.025%。局部涂药，2~4次/日。

氟轻松（fluocinolone） 软膏、洗剂、霜剂：0.025%，外用，2~4次/日。

去氧皮质酮（desoxycortone） 片剂：舌下含片2mg/片。2~10mg/d。皮下埋植片，75mg/片；100mg/片；125mg/片。埋植于背部肩胛间皮下，每次300~450mg。

促皮质素 静脉滴注，5~25U/次，溶于生理盐水内，于8小时内滴入，1次/日。

（金卫华）

工作任务二　甲状腺激素及抗甲状腺药

工作项目一　甲状腺激素

学习目标

1. 熟悉甲状腺激素的临床用途。
2. 掌握甲状腺激素的不良反应及护理注意事项。

案例分析

患者，女，50岁。因"水肿半年，加重伴乏力半月"入院。患者4年前因甲状腺相关眼病行激素冲击疗法，后左眼突出减轻，眼部不适好转，口服强的松维持并逐渐减量半年后停用。半年前无明显诱因出现全身浮肿，半月前上述症状加重并伴有乏力、嗜睡、便秘、体重较前增加7.5kg左右。

入院后行甲状腺彩超示：甲状腺体积缩小，内部回声增粗。甲状腺功能：TSH升高（116.407μU/ml），T_3降低（0.28nmol/l），T_4降低（0.13μg/dl），血钾3.36mol/L。

诊断：甲状腺功能减退。

治疗：甲状腺激素肌内注射，症状改善后改口服。经治疗后患者全身水肿消退，乏力、思睡、便秘等症状较前明显缓解。

问题：出院后患者要注意哪些问题？

甲状腺激素制剂主要用于甲状腺功能低下症。甲状腺激素包括甲状腺素（thyroxin，T_4）和三碘甲状腺原氨酸（triiodothyronine，T_3）。正常人每日释放 T_4 与 T_3 量分别为 75μg 及 25μg。

【甲状腺激素的合成、储存、分泌与调节】T_3、T_4 在体内的合成与储存部分是在甲状腺球蛋白上（TG）进行的，过程如下：①摄取，血液循环中的碘化物被甲状腺细胞通过碘泵主动摄取；②活化，碘化物在过氧化酶的作用下被氧化成活性碘。活性碘与 TG 上的酪氨酸残基结合，生成一碘酪氨酸（MIT）和二碘酪氨酸（DIT）；③合成与储存，在过氧化酶作用下，一分子 MIT 和一分子 DIT 耦联生成 T_3，二分子 DIT 耦联成 T_4。合成的 T_3、T_4 储存于滤泡腔内的胶质中；④释放，在蛋白水解酶作用下，TG 分解并释出 T_3、T_4 进入血液。⑤调节，垂体前叶分泌的促甲状腺激素可促进 T_3、T_4 合成与释放及甲状腺细胞增生。当血液中 T_3、T_4 浓度升高时，又能负反馈抑制促甲状腺激素合成与分泌。

【体内过程】

T_4 口服后 50%～75%被吸收，吸收率因肠内容物等的影响而不恒定。T_3 有 90%～95%被吸收，且吸收率较恒定。严重的黏液性水肿时口服吸收不良，须肠外给药。两者与血浆蛋白结合率均高，可达 99%以上但 T_3 与蛋白的亲和力低于 T_4，其游离量可为 T_4 的 10 倍。T_3 的 $t_{1/2}$ 为 2 天，用药后 6h 内起效，24h 左右作用达高峰。T_4 的 $t_{1/2}$ 为 5 天，用药后 24h 内无明显作用，最大作用在用药后 7~10 天。因 T_4 和 T_3 $t_{1/2}$ 均超过 1 天，每天只需用药一次。主要在肝、肾线粒体内脱碘，代谢产物经肾排泄。甲状腺激素可通过胎盘和进入乳汁。妊娠和哺乳期应予注意。

【药理作用】

1.维持生长发育　甲状腺激素为人体正常生长发育所必需，对骨和脑的发育尤为重要，其分泌不足或过量都可引起疾病。若胎儿或新生儿甲状腺功能低下，可表现为以智力迟钝和身材矮小为特征的呆小病（克汀病）；成人甲状腺功能低下时，则可引起黏液性水肿。

2.促进代谢　甲状腺激素能促进物质氧化，增加氧耗和产热，提高基础代谢率。

3.提高交感神经系统的敏感性　甲状腺功能亢进时患者对交感神经递质及肾上腺皮质激素的敏感性增高，出现神经过敏、急躁、震颤、心率加快、心输出量增加等现象。

【临床应用】甲状腺激素主要用于甲状腺功能低下的替代疗法。

1.呆小病　孕妇在妊娠期应注意碘的摄入，以预防呆小病必须尽早，应在出生后 3 个月以内补给甲状腺激素，过迟则即使身材可以发育正常但智力却难以改善。

2.黏液性水肿　一般服用甲状腺片，从小剂量开始，逐渐增大至足量。黏液性水肿昏迷者可静脉注射左甲状腺素或左旋三碘甲状腺原氨酸，待患者清醒后改口服。

3.单纯性甲状腺肿　甲状腺激素可抑制 TSH 分泌，使甲状腺明显缩小或消失，但停药后易复发。

【不良反应】过量可引起甲状腺功能亢进的临床表现，如心悸、震颤、多汗、食欲增加、体重减轻、失眠等，在老人和心脏病患者中，可发生心绞痛和心肌梗死，宜用 β 受体阻断药对抗，并应停用甲状腺激素。

工作项目二　抗甲状腺药

学习目标

1.熟悉各种常见抗甲状腺药的作用、适应证。
2.掌握常见抗甲状腺药临床常见的不良反应及护理注意事项。

案例分析

患者，女，52岁，因"多汗、烦躁半年"入院。患者半年前无明显诱因出现出汗、烦躁，伴乏力明显、颈部不适，为气管轻度压迫感，双侧颈部及上胸部轻度胀痛，呈持续性，无明显加重缓解因素，体重进行性下降约 4kg。查甲状腺功能五项，FT 310.30pg/ml，FT4 3.66ng/dl，TSH 0.014μTU/ml，T_3 3.43nmol/l，T_4 18.55μg/dl。

诊断：甲状腺功能亢进。

治疗：低碘饮食，补充能量、营养心肌细胞，抗甲状腺素药物丙硫氧嘧啶治疗甲亢，普萘洛尔减慢心率等治疗。经治疗后患者乏力及胸骨角压痛、活动后出汗较前明显好转。

问题：

1.用丙硫氧嘧啶治疗甲亢时应注意哪些事项？
2.上述治疗方案中为何要加用普萘洛尔？普萘洛尔的禁忌证有哪些？

可用于治疗甲状腺功能亢进（甲亢）的药物有硫脲类、碘和碘化物、放射性碘及 β 受体拮抗药。

一、硫脲类

硫脲类是最常用的抗甲状腺药，可分为两类：①硫氧嘧啶类，包括甲硫氧嘧啶（methylthiouracil），丙硫氧嘧啶（propylthiouracil）；②咪唑类，包括甲巯咪唑（thiamazole，甲硫咪唑），卡比马唑（carbimazole，甲亢平）。

【体内过程】口服吸收迅速，分布广泛，能通过胎盘和进入乳汁。主要在肝代谢。丙硫氧嘧啶 $t_{1/2}$ 约为2h，甲巯咪唑 $t_{1/2}$ 为6~13h。甲巯咪唑起效快，作用时间长，卡比马唑需在体内转化为甲巯咪唑后发挥作用，故起效慢。

【药理作用】

1.抑制甲状腺激素的合成 硫脲类药抑制甲状腺过氧化酶阻止酪氨酸的碘化及耦联，从而抑制甲状腺激素的生物合成。硫脲类药对已合成的甲状腺激素无效，须待已合成的激素被消耗后才能完全生效。一般用药2~3周甲亢症状开始减轻，1~3个月基础代谢率才恢复正常。本类药物长期应用后，可使血清甲状腺激素水平显著下降，反馈性增加TSH分泌而引起腺体代偿性增生。

2.抑制外周组织的T_4转化为T_3 能迅速控制血清中生物活性较强的T_3水平，故在重症甲亢、甲亢危象时该药可列为首选。

3.抑制甲状腺免疫球蛋白生成，有一定的病因治疗作用。

【临床用途】

1.甲状腺功能亢进的内科治疗 适用于轻症和儿童、青少年患者；中、重度患者及年老体弱或合并严重心、肝、肾疾病而不宜手术者；术后复发及不宜用^{131}I治疗者。开始治疗给大剂量以对甲状腺激素合成产生最大抑制作用。经1~3个月后症状明显减轻，药量即可递减，直至维持量，疗程1~2年。

2.甲状腺功能亢进的手术前准备 为减少甲状腺次全切除手术患者在麻醉和手术后的并发症，防止术后发生甲状腺危象。在手术前应先服用硫脲类药物，使甲状腺功能恢复或接近正常。然后于术前两周加服碘剂，以利手术进行及减少出血。

3.甲状腺危象的治疗 甲状腺危象是因甲状腺功能极度亢进，甲状腺激素合成和分泌过多，使患者生理功能严重紊乱，患者可因高热、虚脱、心力衰竭、肺水肿、电解质紊乱而死亡。此时除主要应用大剂量碘剂和采取其他综合措施外，大剂量硫脲类可作为辅助治疗，以阻断甲状腺激素的合成。

【不良反应】

常见有过敏反应，如皮疹、药热；消化道表现为厌食、呕吐、腹痛、腹泻；最严重不良反应为粒细胞缺乏症，一般发生在治疗后的2~3个月内，故应定期检查血象，白细胞低于$3\times10^9/L$时立即停药并采取措施，若用药后出现咽痛或发热，立即停药可恢复。

二、碘及碘化物

碘（iodine）和碘化物（iodide）常用的有碘化钾（potassium iodide）和复方碘溶液（compound iodine solution，卢戈液）。

【作用和用途】不同剂量的碘化物对甲状腺功能可产生不同的作用。

小剂量的碘用于治疗单纯性甲状腺肿。食用碘盐可有效防止单纯性甲状腺肿。

大剂量碘产生抗甲状腺作用，主要是抑制甲状腺激素的释放。此外，大剂量碘还可抑制甲状腺激素的合成。其特点：作用快而强，但不持久。大剂量碘的应用只限于以下情况：①甲状腺功能亢进的手术前准备，一般在术前两周给予复方碘溶液（卢戈液，lugol solution）以使甲状腺组织退化、血管减少，腺体缩小变韧、利于手术进行及减少出血；②甲状腺危象的治疗，可将碘化钾加到10%葡萄糖溶液中静脉滴注，也可服用复方碘溶液，需同时配合服用硫脲类药物。

【不良反应】

1.过敏反应 一般过敏反应有发热、皮疹，少数对碘过敏者在用药后立即或几小时后发生血管神经性水肿，上呼吸道水肿及严重喉头水肿。

2.慢性碘中毒 长期应用表现为口腔及咽喉烧灼感，唾液分泌增多，眼刺激症状等，停药后可消退。

3.诱发甲状腺功能紊乱 长期服用碘化物可诱发甲亢。碘还可进入乳汁并通过胎盘引起新生儿甲状腺肿，故孕妇及乳母应慎用。

三、放射性碘

临床应用的放射性碘是^{131}I，其$t_{1/2}$为8天。

【作用】利用甲状腺高度摄碘能力，^{131}I可被甲状腺摄取，并可产生β射线（占99%），射程仅在2mm内，因此其辐射作用只限于甲状腺内，破坏甲状腺实质，而很少波及周围组织。^{131}I还产生γ射线（占1%），可在体外测得，故可用作甲状腺摄碘功能的测定。

【用途】

1.甲状腺功能亢进的治疗 ^{131}I用于不宜手术、术后复发、硫脲类无效或过敏者。

2.甲状腺功能检查 甲状腺功能亢进时，摄碘率高，摄碘高峰时间前移。

【不良反应】易致甲状腺功能低下，故应严格掌握剂量和密切观察有无不良反应，一旦发生甲状腺功能低下可补充甲状腺激素对抗之。

四、β受体阻断药

普萘洛尔主要通过阻断β受体的作用而改善甲亢症状。β受体阻断药不干扰硫脲类药物对甲状腺的作用，且作用迅速，对甲亢所致的心率加快，心收缩力增强等交感神经活动增强的表现很有效。与硫脲类药物合用则疗效迅速而显著。

工作项目三 甲状腺激素及抗甲状腺药的用药护理程序

一、用药前评估

1. 基本情况及检查　检测患者心率、体重、身高。检查心电图和血液 TSH、T_3、T_4 水平。
2. 既往史　询问患者有无家族性的甲状腺疾病，有无高血压、糖尿病等。
3. 卫生教育　①告诉患者本类药物要长期服用，要做好心理准备。②教给患者和家属观察甲状腺功能亢进和低下的症状和体征。③告诉患者坚持用药的重要性，不可随意漏服、改变剂量或改变间隔时间，不能因症状好转而自行停药。

二、用药方法和监护

1. 药物配伍　用甲状腺素期间避免用苯妥英钠、阿司匹林、双香豆素类及口服降血糖药。
2. 药物储存　甲状腺素、碘剂放在棕色瓶内，室温下避光保存。
3. 给药方法　①甲状腺激素应清晨空腹服用，以免影响睡眠。②静注左旋甲状腺激素时，应将 500μg 药物溶于 5ml 等渗盐水中，静注速度控制在 100μg/min，现配现用，不能用于静滴。③碘剂或碘化物制剂应在饭后给药，并用大量水送服，以减少胃肠刺激。
4. 监护　①定期检查血浆 TSH、T_3、T_4 水平。②应用甲状腺激素时，观察患者有无药物过量引起的毒性反应（类似甲状腺功能亢进症状）；老年人或心脏病患者注意有无胸痛和心肌梗死的症状。③硫脲类药物可引起凝血酶原减少，应注意观察有无出血现象；注意是否出现甲状腺功能减低的表现。④注意观察碘剂引起的过敏反应。⑤甲亢患者因代谢率过高，常常疲乏、烦躁、难以安静休息，应尽量减少外界的刺激和干扰，保证患者足够的休息。⑥女性患者服药期间若发现怀孕，应及时通知医生，终止或调整用药剂量。处于妊娠期的患者应严格控制药物在最小有效剂量范围，分娩前 2~3 周停药。哺乳期最好不用药。

三、急救与处理

1. 使用甲状腺激素类药物时，若发现有药物过量引起的毒性反应，如心率大于 100 次/min 时，应暂停用药，及时通知医生调整药物用量。
2. 使用抗甲状腺药物时，若出现甲状腺功能减低的症状或血浆 T_3、T_4 水平低于正常时，应减少药物剂量，必要时可补充甲状腺激素。
3. 若出现过敏反应如药疹等，轻者予抗组胺药，重者应停药，改用其他药物。但如果使用碘剂出现过敏反应，一旦发现及时停药，加服食盐或大量饮水促进碘排泄。
4. 硫脲类药物易致粒细胞缺乏，若用药后出现咽痛或发热，应立即停药。

制剂和用法

甲状腺　片剂：治疗黏液性水肿，开始不超过 15~30mg/日，渐增至 90~180mg/日，分 3 次服。基础代谢恢复到正常后，改用维持量（成人一般为 60~120mg/日）。单纯性甲状腺肿，开始每日 60mg，渐增至 120~180mg/日，疗程一般为 3~6 个月。

甲状腺素钠　本品 0.1mg 相当于甲状腺片 60mg，口服 0.1~0.2mg/日，静脉注射 0.3~0.5mg/日。

丙硫氧嘧啶　开始剂量 300~600mg/日，分 3~4 次；维持量 25~100mg/日，分 1~2 次服。

甲硫氧嘧啶　剂量基本同上。

甲巯咪唑　开始剂量 20~60mg/日，分 3 次服，维持量 5~10mg/日。

卡比马唑　15~30mg/日，分 3 次服。4~6 周后如症状改善，改用维持量，2.5~5mg/日，分次服。

碘化钾　治疗单纯性甲状腺肿开始剂量宜小，10mg/日，20 日为一疗程，连用 2 疗程，疗程间隔 30~40 日，1~2 个月后，剂量可渐增大至 20~25mg/日，总疗程约 3~6 个月。

复方碘溶液（卢戈液）　每 1000ml 含碘 50g、碘化钾 100g，治疗单纯性甲状腺肿：0.1~0.5ml/次，1 次/日，2 周为一疗程，疗程间隔 30~40 日。用于甲亢术前准备：3~120 滴/次，3 次/日，稀释后服用，服 2 周。用于甲状腺危象：首次服 2~4ml，以后每 4 小时 1~2ml。或静脉滴注，3~5ml 加于 10%葡萄糖液 500ml 中。

（金卫华）

工作任务三　胰岛素及口服降血糖药

胰岛素及口服降血糖药主要用于治疗糖尿病。糖尿病是多种原因导致的胰岛素绝对或相对的不足所致的代谢紊乱性疾病。糖尿病的发病率在全球范围内呈上升趋势，已成为全世界发病率和死亡率最高的疾病之一。糖尿病的临床表现有高血糖、糖尿、多食、多饮、多尿。慢性并发症有心血管、肾、视网膜和神经系统的病变，急性并发症有糖尿病酮症酸中毒、高渗性非酮症糖尿病昏迷。

糖尿病的治疗原则包括以下5方面：

1. 一般治疗　对患者和家属进行耐心的宣传教育，让患者了解疾病的相关知识，学会正确使用血糖计，纠正不良生活习惯。

2. 饮食治疗　根据患者具体情况制订总热量，合理分配蛋白质、脂肪、糖类的比例。

3. 体育锻炼　根据患者的年龄、性别、体力、有无并发症等不同条件，进行有规律的合适运动，长期坚持。

4. 口服药物治疗。

5. 胰岛素治疗。

工作项目一　胰　岛　素

学习目标

1. 掌握胰岛素的临床用途。
2. 掌握胰岛素适应证及不良反应。
3. 熟悉糖尿病的治疗原则。

案例分析

患者，男，71岁，软弱无力，进食减少，口渴、多尿2周，近2天嗜睡。急诊检查：血压70/50mmHg，神智朦胧，皮肤干燥，呼吸34次/min，心率108次/min，尿糖(++++)，尿酮(+)，血糖41mmol/L。诊断为高渗性非酮症糖尿病昏迷。入院后立即补液及使用小剂量胰岛素治疗(6U/h)。经治疗，患者血糖逐渐下降，病情好转。

问题：

哪些疾病需要用胰岛素治疗？其不良反应有哪些？

胰岛素（insulin）是由胰岛B细胞分泌，药用胰岛素一般多由猪、牛胰腺提取，目前可通过重组DNA技术合成胰岛素。胰岛素口服无效，必须注射。

【常用制剂】

胰岛素制剂按起效快慢和作用维持时间长短可分为短效、中效和长效3类。

【体内过程】

胰岛素易被消化酶破坏，口服无效，必须注射给药，多采用皮下注射，如需静脉给药应给予胰岛素。胰岛素代谢迅速，$t_{1/2}$为9~10min，但作用可维持数小时。胰岛素制剂及作用时间见表2-6-2。

【药理作用】

1. 降低血糖　胰岛素可增加葡萄糖的转运，加速葡萄糖的氧化和酵解，促进糖原的合成和储存，抑制糖原分解和异生而降低血糖。

2. 影响脂肪代谢　胰岛素促进脂肪合成并抑制其分解，减少游离脂肪酸和酮体的生成。

3. 影响蛋白质代谢　胰岛素可促进蛋白质的合成，抑制蛋白质的分解。

4. 影响钾代谢　促进钾向细胞内转运。

【临床用途】

注射用胰岛素制剂仍是治疗胰岛素依赖型糖尿病（IDDM）的唯一药物，对胰岛素缺乏的各型糖尿病均有效。

1. 治疗糖尿病　胰岛素对各型糖尿病均有效。主要用于以下情况：①重症糖尿病（胰岛素依赖型糖尿病，IDDM，1型）。②非胰岛素依赖型糖尿病（NIDDM，2型）经饮食控制或用口服降血糖药未能控制者。③糖尿病发生各种急性或严重并发症者，如酮症酸中毒及非酮症高血糖高渗性昏迷。酮症酸中毒治疗原则是立即给予足够的胰岛素，纠正失水、电解质紊乱等异常和去除诱因。高渗性非酮症性昏迷治疗原则是纠正高血糖、高渗状态及酸中毒，适当补钾，但不宜贸然使用大剂量胰岛素，以免血糖下降太快，细胞外液中水分向高渗的细胞内转移，导致或加重脑水肿。④合并重度感染、消耗性疾病、高热、妊娠、创伤以及手术的各型糖尿病。

2. 纠正细胞内缺钾　胰岛素常与葡萄糖、氯化钾合用，纠正细胞内缺钾。用于心肌梗死早期，防治心肌梗死引起的心律失常。

【不良反应】

1. 低血糖反应　是胰岛素的主要不良反应。使用胰岛素过量或用药后未及时进食所致，可出现饥饿感、出汗、心跳加快、焦虑、震颤等症状，严重者引起低血糖休克。

2. 过敏反应　多见皮疹，可伴有恶心、呕吐、腹泻等胃肠症状，偶可引起过敏性休克。

3. 胰岛素耐受性　指患者血中胰岛素含量正常或高于正常，但胰岛素的生物效应明显降低。产生急性耐受常由于并发感染、创伤、手术、情绪激动等应激状态所致。此时血中抗胰岛素物质增多，或因酮症酸中毒时，血中大量游离脂肪酸和酮体的存在妨碍了葡萄糖的摄取和利用。

4. 局部反应　在注射部位可出现皮下脂肪萎缩或皮下硬结。

表 2-6-2 胰岛素制剂及作用时间

效果	分类与药物	给药途径	给药时间	作用时间（h） 开始	最强	持续
短效						
	胰岛素（regular insulin）	静脉	餐前半小时 3 次/日	即刻	0.5	2
		皮下		0.5~1	2~4	6~8
	结晶锌胰岛素（crystalline zinc insulin）	静脉	餐前45min 3 次/日	即刻	0.5	2
		皮下		0.1~1	4~6	6~8
	半慢胰岛素锌混悬液（semilants insulin）	皮下	餐前半小时 3 次/日	1~2	4~6	12~16
中效						
	慢胰岛素（lente insulin）	皮下	早、晚餐前半小时 2 次/日	2~3	8~12	18~24
	低精蛋白质锌胰岛素（protamine zinc insulin）	皮下	同上	3~4	8~12	18~24
长效						
	精蛋白锌胰岛素（protamine zinc insulin）	皮下	早（或晚）餐前 1 次/日	4~6	16~18	20~36
	特慢胰岛素锌混悬液（ultralente insulin）	皮下	同上	5~7	16~18	20~36

工作项目二 口服降血糖药

学习目标

1. 熟悉口服降血糖药的名称、作用特点。
2. 口服降血糖药的适应证及不良反应。
2. 熟悉糖尿病的治疗原则。

案例分析

患者，男，54 岁，确诊 2 型糖尿病 2 年，予合理饮食和运动治疗并口服二甲双胍 500mg，每日 3 次。查体：身高 173cm，体重 78kg，血压 130/90mmHg。复查空腹血糖 5.2mmol/L，三餐后 2h 血糖分别为 11.4 mmol/L、13.1 mmol/L、12.6 mmol/L（空腹血糖和餐后 2h 血糖正常值分别为 3.9~6.1mmol/L、3.9~7.8mmol/L）。

问题：
目前该患者是否需要调整用药？如果需要，该如何调整？

一、磺酰脲类

常用的有甲苯磺丁脲（tolbutamide，D_{860}，甲糖宁），氯磺丙脲（chlorpropamide，P-607），格列本脲（glibenclamide，优降糖），格列吡嗪（glipizide，吡磺环己脲），格列齐特（gliclazipe，达美康），格列苯脲（glimepride）及格列喹酮（gliquidone，糖适平）。

【药理作用】

1.降低血糖 对糖尿病患者和正常人都能使血糖降低。磺脲类的主要作用是刺激胰岛 β 细胞释放胰岛素。用于胰岛功能尚存的非胰岛素依赖型糖尿病且单用饮食控制无效者。另外，降糖作用也与抑制胰高血糖素的分泌，提高靶细胞对胰岛素的敏感性，长期应用还可诱导胰岛素受体数目增多，亲和力增强。

2.抗利尿作用 氯磺丙脲能促进抗利尿素的分泌，产生抗利尿作用。

【临床用途】

1.治疗糖尿病 用于胰岛功能尚存的 2 型糖尿病单用饮食控制无效者，或与胰岛素合用可减少胰岛素的用量。

2.治疗尿崩症 氯磺丙脲可减少尿崩症患者的尿量，使尿渗透压增高。

【不良反应】常见不良反应为恶心、腹痛、腹泻。大剂量还可引起中枢神经系统症状、粒细胞减少和肝损害。

二、双胍类

主要包括二甲双胍（metformin，二甲双胍）、苯乙福明（phenformine，苯乙双胍）。

【作用与用途】双胍类可降低糖尿病患者血糖水平，无论胰岛功能是否丧失都有效，但对正常人无作用。其作用机制可能是降低食物吸收及糖原异生、促进组织摄取葡萄糖等。主要用于轻中度Ⅱ型糖尿病患者，尤其适用于肥胖者，单用饮食控制无效者。

【不良反应】胃肠道反应最常见，包括食欲下降、恶心、腹部不适、腹泻、口中有金属味等，与食物同服或减少剂量可缓解。严重的不良反应为乳酸性酸中毒，因双胍类药物促进肌肉组织对葡萄糖的无氧酵解，使乳酸产生增加所致。

三、α-葡萄糖苷酶抑制药

α-葡萄酒糖苷酶抑制药是一类新型口服降血糖药，其中阿卡波糖（acarbose）及伏格列波糖（voglibose）已用于临床，其降血糖的机制是：在小肠上皮刷状缘与碳水化合物竞争水解碳水化合物的酶，从而减慢水解产生葡萄糖的速度并延缓葡萄糖的吸收。

四、胰岛素增敏药

本类药物主要的作用是增加肌肉和脂肪组织对胰岛素的敏感性而发挥降低血糖功能。他们多为噻唑烷二酮（thiazolidinedione）的衍化物，如罗格列酮（rosiglitazone，文迪雅），环格列酮（ciglitazone），吡格列酮（pioglitazone），恩格列酮（englitazone）等。可用于2型糖尿病患者。

工作项目三 胰岛素及口服降血糖药的用药护理程序

1.用药前评估

（1）掌握基本情况：检测患者血压、体重、血糖、尿糖、血电解质。

（2）既往史：了解患者是否用过胰岛素或其他降糖药，用过哪种制剂，剂量及效果如何；是否有过敏史。询问患者是否有肝硬化、胰腺炎、肾炎病史。

（3）卫生教育：①指导患者及家属观察高血糖和低血糖的反应，及低血糖发生时的应急处理措施。②告知患者饮食控制与治疗效果之间的关系，要注意饮食方面的自我控制，主动配合治疗。帮助患者设计适当的生活计划，选择适度的锻炼项目，增强体质，提高抵抗力。③教会患者正确使用胰岛素的方法和测定血糖的方法。

2.用药方法和监护

（1）药物配伍：口服降糖药、乙醇、普萘洛尔等药物可提高胰岛素的降血糖作用，而肾上腺素、生长激素、糖皮质激素、呋塞米、雌激素、口服避孕药等药物会减弱其作用。大量饮酒、雷尼替丁、西咪替丁、磺胺类、吲哚美辛、青霉素、水杨酸钠、双香豆素等药物能增强磺酰脲类的降糖作用；钙通道阻滞药、口服避孕药、糖皮质激素、吩噻嗪类和噻嗪类利尿药能降低磺酰脲类的降糖作用。若合用时应注意调整剂量。

（2）药物储存：胰岛素应于2~8℃的冰箱中保存，但不能冷冻。

（3）给药方法：①胰岛素采用皮下、肌内或静脉注射。皮下注射胰岛素通常为上臂外侧、大腿外侧和腹部，其中腹部是优先选择的部位。注意每次更换部位，以免产生局部脂肪萎缩或皮下硬结。注射剂量必须准确。切忌注入静脉引起低血糖反应。②口服降糖药，1日1次应在早餐前服用，1日2次应分在早、晚餐前服用。③磺酰脲类药物起效慢，应在餐前半小时服用。新一代的磺酰脲类降糖药有缓释、控释剂型，一天仅空腹服用一次即可。剂量必须合适，患者外出需要随身携带含糖食物。④双胍类药物可与食物同服以降低胃肠道反应。⑤**α-葡萄糖苷酶抑制剂类药物应于吃第一口饭时服用**，小剂量开始，逐步加量。⑥胰岛素增敏剂不受饮食影响，因此饭前饭后服用均可，1天服用2次。

（4）监护：①治疗过程中观察血糖、尿糖变化。②注意注射胰岛素与进食的时间关系，如进食时间改变，注射时间也相应改变。③使用磺酰脲类药物和胰岛素增敏剂应定期检查肝肾功能和血象。④告知患者定期随诊。

3.急救与处理

（1）低血糖反应：症状有饥饿感、头晕、软弱、出汗、心悸，甚而出现神经症状，如定向失常、烦躁不安、语无伦次、哭笑无常，有时可更严重，甚而昏厥、抽搐、状似癫痫，昏迷不醒，以致死亡。告知患者低血糖的前驱症状（心动过速、心悸、出汗、头昏、疲劳）和潜在的低血糖因素（进食减少、呕吐、腹泻、超常运动、终止妊娠）。

轻者进食或饮用糖水即可缓解。较重者应立即静脉注射50%葡萄糖40ml以上，继以静脉滴注10%葡萄糖水直至清醒状态；有时可先注胰高血糖素，每次皮下或肌肉1mg，如低血糖反应历时较久而严重者还可采用氢化可的松，每次100~300mg于5%~10%葡萄糖水中静滴。当低血糖反应恢复后必须谨慎估计下次剂量，分析病情，以防再发。

（2）过敏反应：少数患者有过敏反应，如荨麻疹、血管神经性水肿、紫癜，极个别有过敏性休克。此种反应大致由于制剂中有杂质所致。轻者可治以抗组胺类药物，重者须调换高纯度制剂如单组分人胰岛素，由于其氨基酸序列与内源性胰岛素相同，且所含杂质极少，引起过敏极罕见，或可改用口服药。

（3）乳酸性酸中毒：双胍类药物易诱发乳酸性酸

中毒，轻症者可仅有疲乏无力、恶心、呕吐、食欲降低、腹痛，头昏、困倦、嗜睡、呼吸稍深快。中至重度者可有恶心、呕吐、头痛、头昏、全身酸软、口唇发绀、深大呼吸（不伴酮臭味）、血压和体温下降、脉弱、心率快，可有脱水表现，意识障碍、嗜睡、木僵、昏睡等症状，更重者可致昏迷、死亡。

急救方法：①补液扩容，根据患者的年龄、心肺功能，调节适当的注射液滴速，维持足够的心输出量与组织灌注。注意中心静脉压变化，预防脑水肿等并发症的发生。②调节酸碱平衡紊乱，轻者口服碳酸氢钠，中或重者需静脉补液、补碱。③补充胰岛素。④血液透析。⑤正确氧疗，急性期予以高流量鼻导管给氧，6~8L/min，必要时给予面罩同麻醉机加压给氧。

急救护理应注意：①体位，出现心力衰竭、肺水肿时应立即给予半卧位，从而缓解呼吸困难；因喉头水肿，喉头分泌物增多，患者肩下垫枕，保持下颌前伸，利于通气。待病情稳定后，可将患者调整为斜卧位。②清除气道分泌物，患者由于酸中毒、肺水肿常随呼气涌出大量泡沫痰，必要时及时吸出，避免呼吸困难加重和误吸，吸痰时动作要轻、稳、缓，以免出现损伤，加重感染。

制剂和用法

胰岛素　通常24小时内所排尿糖每2~4g者，给胰岛素1U，中型糖尿病患者每日需给5~10U，重型者每日用量在40U以上。一般饭前半小时皮下注射，3~4次/日，必要时可作静注或肌内注射。

低精蛋白锌胰岛素　早饭前（或加晚饭前）30~60min给药，仅作皮下注射。

珠蛋白锌胰岛素　早饭前（或加晚饭前）30min给药，1~2次/日，皮下注射。

精蛋白锌胰岛素　早饭前30~60min给药，1次/日，皮下注射。

甲苯磺丁脲　口服，第一天服用1g/次，3次/日；第2天起0.5g/次，2次/日。

氯磺丙脲　口服，0.1~0.3g/次，1次/日，待血糖降到正常时，剂量酌减。

格列本脲　口服，开始每日早饭后服2.5mg，以后逐渐增量，但每日不得超过15mg，待增至每日10mg时，应分早、晚两次服，至出现疗效后，逐渐减量至2.5~5mg/日。

格列齐特　口服，开始时40~50mg/日，1次/日；随后按情况递增至160~320mg/日。日剂量超过160mg时，需分2次服。

格列喹酮　口服，开始时15mg/日，早餐前30分一次；随后可按情况递增15mg/日，直至45~60mg/日，分2~3次服。

甲福明　0.25~0.5g/次，3次/日，饭后服。

罗格列酮　每次2~4mg，2次/日。

（金卫华）

工作任务四　性激素类药及避孕药

性激素（sex hormones）为性腺分泌的激素，包括雌激素、孕激素和雄激素。目前临床应用的性激素类药物是人工合成品及其衍生物。常用的避孕药（contraceptives）大多属于性激素制剂。

工作项目一　雌激素类药及抗雌激素类药

学习目标

1. 掌握雌激素类药物的临床用途，熟悉常用药物的名称。
2. 掌握雌激素类药物的不良反应及注意事项。

案例分析

患者，女，18岁，月经16岁初潮，不规律，5~10天/1~2月，量较多，有血块。近两月症状加重，血常规检查示血红蛋白44g/L，红细胞2.8×10^{12}/L。B超检查示宫腔内少量积液，余无异常。诊断为青春期功血，继发贫血。后给予患者补液，止血、输血纠正贫血。使用苯甲酸雌二醇2mg肌内注射，6h/次，24h后出血仍多，苯甲酸雌二醇改为2mg肌内注射，4h每次，并加用丙酸睾酮，50mg，1次/天。阴道出血量明显减少，一周后阴道出血停止。之后丙酸睾酮逐渐停药，苯甲酸雌二醇逐渐减量，并与黄体酮合用调整月经周期。调整三月后月经周期渐正常。

问题：

雌激素类药物为何要逐渐减量？丙酸睾酮有何作用？调整月经周期为何要用雌激素和孕激素合用？

一、雌激素类药

常用的雌激素类药物有雌二醇（estradiol）、己烯雌酚（stilbestrol）、炔雌醇（ethinyl estradion，乙炔雌二醇）、尼尔雌醇（nilestriol）等。

【作用】

1.对未成年女性，雌激素能促使其第二性征和性器官发育成熟。如子宫发育、乳腺腺管增生及脂肪分布等。

2.对成年妇女，除保持女性性征外，并参与形成月经周期。它使子宫内膜增殖变厚（增殖期变化），并在黄体酮的协同作用下，使子宫内膜继续增厚进入分泌期，提高子宫平滑肌对缩宫素的敏感性。

3.较大剂量时，可发挥抗排卵作用，并能抑制乳汁分泌，此外还有对抗雄激素的作用。

4.在代谢方面，有轻度水、钠潴留作用。能增加骨骼钙盐沉积，加速骨骺闭合。

【用途】

1.绝经期综合征　绝经期综合征是更年期妇女因雌激素分泌减少，垂体促性腺激素分泌增多，造成内分泌平衡失调的现象。采用雌激素替代治疗可抑制垂体促性腺激素的分泌，从而减轻各种症状。此外，老年性阴道炎及女阴干枯症等，局部用药也能奏效。

2.卵巢功能不全和闭经　原发性或继发性卵巢功能低下患者以雌激素替代治疗，可促进外生殖器、子宫及第二性征的发育。与孕激素类合用，可产生人工月经周期。

3.功能性子宫出血　可用雌激素促进子宫内膜增生，修复出血创面，也可适当配伍孕激素，以调整月经周期。

4.乳房胀痛　部分妇女停止授乳后可发生乳房胀痛，可用大剂量雌激素抑制乳汁分泌，克服胀痛，俗称回奶。

5.晚期乳腺癌　绝经五年以上的乳腺癌可用雌激素治疗，缓解率可达40%左右。

6.前列腺癌　大剂量雌激素类可使症状改善，肿瘤病灶退化。这是其抑制垂体促性腺激素分泌，使睾丸萎缩而抑制雄激素的产生所致，也是抗雄激素的作用参与。

7.痤疮　青春期痤疮是由于雄激素分泌过多所致，故可用雌激素类治疗。

【不良反应及注意事项】

1.常见恶心、食欲缺乏，早晨多见，口服时多见。

2.长期大量应用可引起子宫内膜过度增生及子宫出血，故有子宫出血倾向及子宫内膜炎者慎用。

二、抗雌激素类药

本类药物能与雌激素受体结合，发挥竞争性拮抗雌激素作用。其显著特点是对生殖系统表现为雌激素拮抗作用，而对骨骼及心血管系统发挥拟雌激素作用。常用药物有氯米芬、他莫昔芬、雷洛昔芬等。

氯米芬

氯米芬（clomiphene，氯酞酚胺）为三苯乙烯衍生物，与己烯雌酚的化学结构相似。有较弱的雌激素活性，能与雌激素受体结合，发挥竞争性拮抗雌激素的作用。它能促进人的垂体前叶分泌促性腺激素，从而诱使排卵；这可能是因阻断下丘脑的雌激素受体，从而消除雌二醇的负反馈性抑制。用于不孕症和闭经，乳房纤维囊性疾病和晚期乳癌等。连续服用大剂量可引起卵巢肥大，故卵巢囊肿患者禁用。

工作项目二　孕激素类药

学习目标

1.掌握孕激素类药物的临床用途，熟悉常用药物的名称。

2.掌握孕激素类药物的不良反应及注意事项。

案例分析

患者，女，28岁，停经12^{+3}周，下腹坠痛伴阴道出血3h入院。孕1产0，末次月经2012年4月18日，停经40天自查尿HCG（+），停经后有恶心、呕吐早孕反应。现无明显诱因出现下腹坠胀伴阴道出血3h，约50ml，色暗红。B超显示宫内单活胎，孕12周左右，胎心正常，宫颈内积液。诊断为先兆流产。

治疗：卧床休息，黄体酮肌内注射，每日1次。连续用药1周后出血逐渐停止。

常用的孕激素有黄体酮（progesterone，孕酮）、甲羟孕酮（medroxyprogesterone，安宫黄体酮）、甲地孕酮（megestrol）炔诺酮（norethisterone）。

【作用】

1.月经后期，在雌激素作用的基础上，使子宫内膜继续增厚、充血、腺体增生并分支，由增殖期转为分泌期，有利于孕卵的着床和胚胎发育。

2.抑制子宫收缩，降低子宫对缩宫素的敏感性。

3.一定剂量可抑制垂体前叶LH的分泌，从而抑制卵巢的排卵过程。

4.促使乳腺腺泡发育，为哺乳作准备。

【用途】

1.功能性子宫出血　因黄体功能不足所致子宫内膜不规则的成熟与脱落而引起子宫出血时，应用孕激素类可使子宫内膜协调一致地转为分泌期,故可维持正常的月经。

2.痛经和子宫内膜异位症 可抑制子宫痉挛性收缩从而止痛,也可使异位的子宫内膜退化。

3.先兆流产与习惯性流产 由于黄体功能不足所致的先兆流产与习惯性流产,孕激素类有时可以安胎,但对习惯性流产,疗效不确实。19-去甲睾酮类具有雄激素作用,可使女性胎儿男性化,故不宜采用,黄体酮有时也可引起生殖器畸形,须注意。

4.子宫内膜腺癌、前列腺肥大或癌症。

【不良反应】不良反应较少,偶见头晕、恶心及乳房胀痛等。长期应用可引起子宫内膜萎缩,月经量减少,并易诱发阴道真菌感染。

工作项目三 雄激素类药和同化激素类药

学习目标

1. 熟悉雄激素类药物的临床用途,熟悉常用药物的名称。
2. 掌握雄激素类药物的不良反应及注意事项。

一、雄激素类药

常用的有丙酸睾酮（andronate）、甲睾酮（methyltestosterone）、苯乙酸睾酮（testosterone phenylacetate）。

【作用】

1.生殖系统 促进男性征和生殖器官发育,保持其成熟状态。尚有抗雌激素作用。

2.同化作用 雄激素能显著地促进蛋白质合成（同化作用）,减少氨基酸分解（异化作用）,使肌肉增长,体重增加,降低氮质血症。

3.骨髓造血功能 在骨髓功能低下时,大剂量雄激素可促进骨髓造血功能。

【用途】

1.睾丸功能不全 无睾症或类无睾丸（睾丸功能不全）时,作替代疗法。

2.功能性子宫出血 利用其抗雌激素作用使子宫平滑肌及其血管收缩,内膜萎缩而止血。对严重出血病例,可合用己烯雌酚、黄体酮和丙酸睾酮。

3.晚期乳腺癌 对晚期乳腺癌或乳腺癌转移者,采用雄激素治疗可使部分病例的病情得到缓解。

4.再生障碍性贫血 用丙酸睾酮或甲睾酮可使骨髓功能改善。

【不良反应及注意事项】

1.长期应用于女性患者可引起男性化现象。

2.胆汁郁积性黄疸。应用时若发现黄疸或肝功能障碍时,则应停药。

3.孕妇及前列腺癌患者禁用。因有水、钠潴留作用,对肾炎、肾病综合征、肝功能不良、高血压及心力衰竭患者也应慎用。

二、同化激素类药

苯酸诺龙（nandrolone phenylpropionate）、司坦唑醇（stanozolol,康力龙）及美雄酮（metandienone,去氢甲基睾丸素）等。本类药物主要用于蛋白质同化或吸收不良,以及蛋白质分解亢进或损失过多等情况;如严重烧伤、手术后慢性消耗性疾病、老年骨质疏松和肿瘤恶病质等患者。

长期应用可引起水钠潴留及女性轻微男性化现象,有时引起肝内毛细胆管胆汁郁积而发生黄疸。肾炎、心力衰竭和肝功能不良者慎用,孕妇及前列腺癌患者禁用。

工作项目四 避孕药

生殖过程是一个复杂的生理过程,包括精子和卵子的形成与成熟、排卵、受精、着床以及胚胎发育等多个环节,阻断其中任何一个环节都可以达到避孕和终止妊娠的目的。这些环节多发生在女性体内,这使女性避孕药较男性避孕药发展为快。与其他药物比较,避孕药有下列几个特点:①应用广,如女用口服避孕药在目前全世界有数千万人使用;②服药时间长,可达10年以上;③对于安全度要求特别高;④一般药物的疗效达到70%~80%已算不错,避孕药则远非如此,目前应用的避孕药虽尚未能达到100%的疗效,但总要接近99%才算满意。

一、主要抑制排卵的避孕药

【药理作用】现应用的女性避孕药以此类为主。它们由不同类型的雌激素和孕激素类组成,主要避孕作用是抑制排卵。一般认为雌激素通过负反馈机制抑制下丘脑GnRH的释放,从而减少FSH分泌,使卵泡的生长成熟过程受到抑制,同时孕激素又抑制LH释放,两者协同作用而抑制排卵。动物实验证明,甾体避孕药的抗排卵作用可被外源性促性腺激素所防止,此结果支持上述说法。如按规定用药,用药期间避孕效果可达99%以上。停药后,垂体前叶产生和释放FSH和LH以及卵巢排卵功能都可以很快恢复。

除以上作用外,此类药物还可干扰生殖过程的其他环节,例如:可能使子宫内膜的正常增殖受到抑制,腺体少而内膜萎缩,因此不适宜受精卵的着床;还可能影响子宫和输卵管制的正常活动,改变受精卵在输卵管的运行速度，以致受精卵不能适时地到达子宫。此外，宫颈黏液变得更黏稠，使精子不易进入子宫腔等。

【分类及用途】

1.短效口服避孕药　如复方炔诺酮片、复方甲地孕酮片及复方炔诺孕酮片等。从月经周期第5天开始，每晚服药1片，连服22天，不能间断。一般于停药后2~4天就可以发生撤退性出血，形成人工月经周期。下次服药仍从月经来潮第5天开始。如停药7天仍未来月经，则应立即开始服下一周期的药物。偶尔漏服时，应于24h内补服一片。

2.长效口服避孕药　是以长效雌激素类药物炔雌醚与不同孕激素类如炔诺孕酮或氯地孕酮等配伍而成的复方片剂。每月服一次，成功率为98.3%。服法是从月经来潮当天算起，第5天服一片，最初两次间隔20天，以后每月服一次，每次一片。

3.长效注射避孕药　如复方己酸孕酮注射液（即避孕针1号），第一次于月经周期的第5日深部肌内注射2支，以后每隔28日或于每次月经周期的第11~12天注射一次，每次1支。注射后一般于14天左右月经来潮。如发生闭经，仍应按期给药，不能间断。

4.埋植剂　以己内酮小管（约φ2mm×30mm）装入炔诺孕酮70mg，形成棒状物，植入臂内侧或左肩胛部皮下。

5.多相片剂　为了使服用者的激素水平近似月经周期水平并减少月经期间出血的发生率，可将避孕药制成多相片剂，如炔诺酮双相片、三相片和炔诺孕酮三相片。双相片是开始10天每日服一片含炔诺酮0.5mg和炔雌醇0.035mg的片剂，后11天每日服一片含炔诺酮1mg和炔雌醇0.035mg的片剂，这种服用法，很少发生突破性出血，是其优点。三相片则分为开始7天每日服一片含炔诺酮0.5mg和炔雌醇0.035mg的片剂，中期7天，每日服用一片含炔诺酮0.75mg和炔雌醇0.035mg的片剂，最后7天每日服用一片含炔诺酮1mg和炔雌醇0.035mg的片剂，其效果较双相片更佳。炔诺孕酮三相片则为开始6天每日服用一片含炔诺孕酮0.05mg和炔雌醇0.03mg的片剂，中期5天每日服用一片含炔诺孕酮0.075mg和炔雌醇0.04mg的片剂，后10天每日服用一片含炔诺孕酮0.125mg和炔雌醇0.03mg的片剂，这种服法更符合人体内源性激素的变化规律，临床效果更好。

【不良反应】

1.类早孕反应　少数妇女在用药初期可出现轻微的类早孕反应，如恶心、呕吐及择食等。一般坚持用药2~3个月后可减轻或消失。

2.子宫不规则出血　较常见于用药后最初几个周期中，如出现不规则出血，可加服炔雌醇。

3.闭经　有1%~2%服药妇女发生闭经，有不正常月经史者较易发生。如连续两个月闭经，应予停药。

4.乳汁减少　少数哺乳妇女乳汁减少。长效口服避孕药可通过乳汁影响乳儿，使其乳房肿大。

5.凝血功能亢进　国外报道本类药物可诱发血栓性静脉炎、肺栓塞或脑血管栓塞等。国内虽尚未见报道，但仍应注意。

6.其他　可能出现痤疮、皮肤色素沉着，个别人可能血压升高。

【禁忌证及应用注意】充血性心力衰竭或有其他水肿倾向者慎用。急慢性肝病及糖尿病需用胰岛素治疗者不宜用。对长期用药是否会增加肿瘤发病率的问题，各家报道不一，但仍应注意，如长时用药过程中出现乳房肿块，应立即停药。宫颈癌患者禁用。

二、主要干扰孕卵着床的避孕药

此类药物也称探亲避孕药，主要使子宫内膜发生各种功能和形态变化，使之不利于孕卵着床。我国多用大剂量炔诺酮（5mg/次）或甲地孕酮（2mg/片）；此外还研制成一种新型抗着床药双炔失碳酯（anorethidrane dipropionate，53抗孕片）。本类药物主要优点是应用不受月经周期的限制，无论在排卵前、排卵期或排卵后服用，都可影响孕卵着床。一般于同居当晚或事后服用。同居14日以内必须连服14片，如超过14日，应接服Ⅰ号或Ⅱ号口服避孕药。

三、主要影响精子生成的避孕药

棉　酚

棉酚（gossypol）是棉花根、茎和种子中所含的一种黄色酚类物质。其作用部位在睾丸细精管的生精上皮，可使精子数量减少，直至无精子。停药后可逐渐恢复。经健康男子试用，每天20mg，连服两个月即可达节育标准，有效率达90%以上。

不良反应有乏力、食欲减退、恶心、呕吐、心悸及肝功能改变等。服药者如发生低血钾肌无力症状，应予处理。

四、抗早孕药

抗早孕药是指用于终止早期妊娠的药物。临床常用米非司酮和米索前列醇序贯配伍用药。其方法简便，完全流产率高，对母体无明显不良反应，流产后月经可迅速恢复，对再次妊娠无影响。

米非司酮

米非司酮（mifepristone，息隐）是一种合成的类固醇化合物，对孕激素受体的亲和力比黄体酮高5倍，而无孕激素活性，能与黄体酮竞争孕激素受体，从而阻断黄体酮对子宫内膜的作用而终止妊娠。主要用于终止 7 周以内的妊娠，其方法简便，安全流产率高，不需宫内操作，无创伤性，避免手术操作可能造成的穿孔、损伤、粘连等一系列并发症。与前列腺素类药物合用可提高完全流产率，减少不良反应发生率。不良反应可见恶心、呕吐、头晕、腹痛等；也可出现不完全流产，造成阴道大出血，应密切观察用药后反应。过敏者禁用，35 岁以上孕妇避免使用。

米索前列醇

米索前列醇（misoprostol）为前列腺素 E_1 的衍生物，抗生育作用强。对妊娠子宫有明显收缩作用，并有促进宫颈软化和扩张作用。与米非司酮合用的抗早孕效果良好，两者配伍为目前最佳方案。适用于终止 49 天内的早期妊娠。

用法：①单次口服米非司酮200mg 或一次25mg，一日 2 次，连服 3 天；②36～48h 后再口服米索前列醇 600μg。注意观察用药后的反应，可见腹泻、恶心、呕吐、头痛、眩晕等，过敏者禁用。

值得提出的是，药物流产的主要不良反应是流产后出血长和出血量多，虽在药物流产后加用宫缩剂及抗生素，但疗效仍不显著。出血量多者需急诊刮宫。此外，必须警惕异位妊娠，若误行药物流产可导致休克。

五、人工流产或引产药

在上述避孕药未按规定使用或因故停用而受孕后，一般可行人工流产术作为补救措施。本类药物主要通过影响子宫和胎盘功能而促使胚胎死亡后娩出，达到人工流产而终止妊娠。

依沙吖啶

依沙吖啶（雷佛奴尔，利凡诺，ethacridine, rivanol）原为消毒防腐剂，也具有中期引产作用。其引产作用机制为药物注入羊膜腔或宫颈内羊膜腔外后，增加液体容积，机械性压迫胎胎，使胎膜剥离。此外，该药本身也能引起子宫收缩，是收缩频率与幅度均增加，妊娠越近晚期越显著，其作用于内源性 PG 产生协同作用，引产率高达96%。一般一次 50~100mg（2mg/kg），临时用时用蒸馏水配成 0.1%~0.2%溶液注入羊膜腔内或宫颈内羊膜腔外，39~63h 后，胎儿及胎盘自然娩出。

本品在安全剂量内一般无不良反应，过量可损害肝肾，引起溶血性血尿，故肝肾功能不全者禁用。

工作项目五　性激素类药及避孕药的用药护理程序

一、用药前评估

1.患者基本情况　检测患者血压、体重、肝肾功能，女性做乳腺、盆腔检查，询问是否处于月经期、妊娠期和绝经期。

2.既往史　询问患者有无严重肝病、生殖器官疾病史，询问患者是否有过敏史。

3.卫生教育　指导患者按时用药，恶心、呕吐是常见的不良反应，可与食物同服或睡前服用降低消化系统症状。告知患者用性激素可能有性欲和性特征的改变，停药后可恢复，消除紧张心理。告诉患者按时用药的重要性，尤其是避孕药物不能漏服。

二、用药方法和监护

1.药物配伍　①巴比妥类、苯妥英钠、利福平等药物可降低雌激素类药物作用。②雌激素类药物可降低口服抗凝药物的作用，增加三环类抗抑郁药的毒性。③雄激素与肾上腺皮质激素、促皮质激素同用，可增加水肿；与抗凝药同用，将增强抗凝效果；与抗糖尿病药同用，可使其降血糖作用增强；与保泰松、羟基保泰松同用，可使水钠潴留等作用增强。④维生素 C 可增强口服避孕药的作用；利福平、氯霉素、苯巴比妥、苯妥英钠、对乙酰氨基酚及保泰松等药物可加速炔诺酮和炔雌醇在体内的代谢，导致避孕失败。

2.储存　性激素类药应避光、防潮、室温存放。

3.给药方法　可口服、肌内注射、静注、阴道内给药、埋置或置入宫内等。应根据需要采用不同给药方法。①雌激素类药物应从小剂量开始，逐渐加大剂量，不可随意增减用量或停药，防止撤退性出血。②己烯雌酚静注时，开始 10~15min 内以 1~2ml/min 的速度缓慢滴入，如无不良反应可将余液在 1h 以上的时间滴入（本品油溶液不可静注）。③黄体酮有刺激性，应肌内深注，且每次更换注射部位。④甲羟孕酮注射处可能疼痛，应注意是否发生无菌性脓肿，注射处是否出现肿块或变色。

4.用药监护：①嘱患者每年做乳腺、盆腔检查，2~3 年做宫内膜活检。②告知患者在用雌激素类药期间可能有阴道突然出血或间断出血，突然出血可在增加用量后停止，持续出血者应作进一步检查。③用丙酸睾酮者，注意患者是否有水钠潴留，应限制钠入量，每周测体重两次。④雄激素和同化激素可加强低血糖倾向，糖尿病患者应注意是否出现低血糖，必要时调整降糖药的用量。⑤使用避孕药初期可能会出现类早孕反应，如恶心、呕吐、食欲减退等，严重者可加服维生素 B_2；用药最初几个周期有出现子宫不规则出血可能。⑥用女性避孕药患者一个疗程后若不发生撤药性出血，应考虑已怀孕；如准备妊娠，应停药，并在三个月内选择其他避孕措施，以免女性激素导致胎儿先天异常的危险。

三、急救与处理

用雄激素类药物时,患者出现体重上升伴下肢水肿时,应减量并加用利尿剂。

制剂和用法

苯甲酸雌二醇 肌内注射,1~2mg/次,2~3次/周。

己烯雌酚 用于卵巢功能不全、垂体功能异常的闭经或绝经期综合征：一日量不超过0.25mg；用于人工周期,口服0.25mg/日,连服20日,待月经后再服,用法同前,共3周。

炔雌醇 作用比己烯雌酚强,用量为后者的1/2。

黄体酮 肌内注射,先兆流产或习惯性流产：10~20mg/日。检查闭经的原因：10mg/日,共3~5日,停药后2~3日若见子宫出血,说明闭经并非由于妊娠。

醋酸甲羟孕酮 口服,2~10mg/日。

甲地孕酮醋酸酯 口服,2~4mg/次,1次/日。

炔诺酮 口服,1.25~5mg/次,1次/月。

丙酸睾酮 肌内注射,10~50mg/日,1~3次/周。

甲睾酮 舌下给药或口服,5~10mg/次,1~2次/日。

苯乙酸睾酮 肌内注射,10~25mg/次,2~3次/周。

苯丙酸诺龙 肌内注射,25mg/次,1~2次/周。

美雄酮 口服,5~10mg/次,2~3次/周。

司坦唑醇 口服,2mg/次,2~3次/日。

目标检测

一、名词解释
隔日疗法

甲状腺危象

胰岛素耐受性

二、填空题
1.糖皮质激素的疗程及用法有_____、_____、_____、_____。

2.突然停用糖皮质激素类药物会导致_____、_____。

3.常用的抗甲状腺药可分为_____、_____和_____。

4.碘和碘化物不良反应有_____、_____和_____。

5.胰岛素制剂必须_____给药。

6.胰岛素的主要不良反应有_____、_____和_____。

7.雌激素类药应从_____剂量开始,逐渐_____剂量以减轻不良反应。

三、选择题
（一）A型题（单项选择题）

1.长期大量应用糖皮质激素的不良反应是（　　）
　A.骨质疏松　　　　　B.粒细胞减少症
　C.血小板减少症　　　D.过敏性紫癜
　E.花粉症

2.糖皮质激素大剂量突击疗法适用于（　　）
　A.感染中毒性休克　　B.肾病综合征
　C.结缔组织病　　　　D.恶性淋巴瘤
　E.顽固性支气管哮喘

3.糖皮质激素一般剂量长期疗法适用于（　　）
　A.垂体前叶功能减退　B.阿狄森病
　C.肾上腺皮质全切除术后　D.中心性视网膜炎
　E.败血症

4.糖皮质激素隔日疗法的给药时间是（　　）
　A.隔日中午　　　　　B.隔日下午
　C.隔日晚上　　　　　D.隔日午夜
　E.隔日早上

5.治疗伴高血压的慢性活动性风湿性关节炎宜首选（　　）
　A.泼尼松龙　　　　　B.泼尼松
　C.地塞米松　　　　　D.阿司匹林
　E.保泰松

6.糖皮质激素治疗严重急性感染的主要目的是（　　）
　A.减轻炎症反应　　　B.减轻后遗症
　C.增强机体抵抗力　　D.增强机体应激性
　E.缓解症状,帮助患者度过危险期

7.糖皮质激素对血液和造血系统的主要作用是（　　）
　A.使红细胞增加　　　B.使中性粒细胞增加
　C.使血小板增加　　　D.刺激骨髓造血功能
　E.提高纤维蛋白原浓度

8.不宜外用的糖皮质激素药物是（　　）
　A.氢化可的松　　　　B.泼尼松龙
　C.甲泼尼松　　　　　D.泼尼松
　E.地塞米松

9.糖皮质激素的药理作用不包括（　　）
　A.抗炎　　　　　　　B.抗免疫
　C.抗病毒　　　　　　D.抗休克
　E.抗过敏

10.糖皮质激素不适用于下列哪种情况的治疗（　　）
　A.中毒性菌痢　　　　B.重症伤寒
　C.真菌感染　　　　　D.暴发型流行性脑膜炎
　E.猩红热

11.小剂量碘主要用于（　　）
　A.呆小病　　　　　　B.黏液性水肿
　C.单纯性甲状腺肿　　D.抑制甲状腺素的释放
　E.甲状腺功能检查

12.甲状腺危象的治疗主要采用（　　）
　A.大剂量碘剂　　　　B.小剂量碘剂
　C.大剂量硫脲类药物　D.普萘洛尔
　E.甲状腺素

13.治疗呆小病的主要药物是（　　）

A.甲硫咪唑　　　　B.卡比马唑

C.丙硫氧嘧啶　　　D.甲状腺素

E.小剂量碘剂

14.治疗黏液性水肿的主要药物是（　　）

A.甲硫咪唑　　　　B.丙硫氧嘧啶

C.甲状腺素　　　　D.小剂量碘剂

E.卡比马唑

15.下列哪种疾病禁用甲状腺激素（　　）

A.克汀病　　　　　B.呆小病

C.甲状腺危象　　　D.黏液性水肿

E.单纯性甲状腺肿

16.糖尿病酮症酸中毒时宜选用（　　）

A.精蛋白锌胰岛素　B.低精蛋白锌胰岛素

C.珠蛋白锌胰岛素　D.氯磺丙脲

E.大剂量胰岛素

17.合并肾功能不全的糖尿病患者易发生不良反应的药物是（　　）

A.格列吡嗪　　　　B.格列本脲

C.甲苯磺丁脲　　　D.氯磺丙脲

E.格列齐特

18.可降低磺酰脲类药物降血糖作用的药物是（　　）

A.保泰松　　　　　B.水杨酸钠

C.氯丙嗪　　　　　D.青霉素

E.双香豆素

19.可使磺酰脲类游离药物浓度升高的药物是（　　）

A.氯丙嗪　　　　　B.糖皮质激素

C.噻嗪类利尿药　　D.口服避孕药

E.青霉素

20、老年糖尿病患者不宜用（　　）

A.格列齐特　　　　B.氯磺丙脲

C.甲苯磺丁脲　　　D.甲福明

E.苯乙福明

21.雌激素的临床用途有（　　）

A.痛经　　　　　　B.功能性子宫出血

C.消耗性疾病　　　D.先兆流产

E.绝经期前的乳腺癌

22.抑制排卵避孕药的较常见的不良反应是（　　）

A.子宫不规则出血　B.闭经

C.类早孕反应　　　D.哺乳妇女乳汁减少

E.乳房肿块

23.关于探亲避孕药的服药时间，下列哪项是正确的（　　）

A.必须在排卵前　　B.必须在排卵后

C.必须在排卵期间　D.月经周期的任何一天

E.必须在月经来潮的第5天

24.治疗再生障碍性贫血可用（　　）

A.雌激素类药　　　B.雄激素类药

C.同化激素类药　　D.孕激素类药

E.盐皮质激素类药

（二）X型题（多项选择题）

1.糖皮质激素的禁忌证有（　　）

A.水痘　　　　　　B.严重高血压

C.花粉症　　　　　D.真菌感染

E.癫痫

2.糖皮质激素的适应证有（　　）

A.血小板减少　　　B.血清热

C.花粉症　　　　　D.骨折

E.角膜溃疡

3.糖皮质激素的不良反应有（　　）

A.低血钾　　　　　B.高血压

C.骨质疏松　　　　D.高血糖

E.荨麻疹

4.糖皮质激素的临床应用有（　　）

A.过敏性休克　　　B.感染中毒性休克

C.心源性休克　　　D.低血容量性休克

E.各种休克

5.糖皮质激素对中枢神经系统的作用有（　　）

A.欣快　　　　　　B.呼吸抑制

C.失眠　　　　　　D.激动

E.诱发精神失常

6.糖皮质激素对消化系统的作用有（　　）

A.胃酸分泌增加　　B.胃蛋白酶的分泌增加

C.抑制胃黏液分泌　D.增加胃黏液分泌

E.诱发脂肪肝

7.糖皮质激素的不良反应有（　　）

A.自发性骨折　　　B.畸胎

C.诱发胰腺炎　　　D.角膜溃疡

E.胃十二指肠溃疡

8.硫脲类药物的临床应用包括（　　）

A.轻症甲亢　　　　B.儿童甲亢

C.青少年甲亢　　　D.甲亢术后复发

E.克汀病

9.大剂量碘的应用有（　　）

A.甲亢的术前准备　B.甲亢的内科治疗

C.单纯性甲状腺肿　D.甲状腺危象

E.黏液性水肿

10.治疗甲亢的药物有（　　）

A.硫脲类　　　　　B.碘化物

C.放射性碘　　　　D.β受体阻断药

E.钙拮抗药

11.丙硫氧嘧啶的主要临床适应证有（　　）

A.黏液性水肿　　　B.甲状腺危象

C.甲亢术前准备　　D.单纯性甲状腺肿

E.甲状腺功能亢进

12.胰岛素的不良反应有（　　）

A.嗜睡、眩晕等中枢神经系统症状

B.粒细胞减少

C.肝损害

D.急性耐受性

E.慢性耐受性

13.磺酰脲类的不良反应有（　）

　A.变态反应　　　B.慢性耐受性

　C.粒细胞减少　　D.胆汁淤积性黄疸及肝损害

　E.嗜睡、眩晕等中枢神经系统症状

14.胰岛素主要用于下列哪些情况（　）

　A.重症糖尿病　　B.非胰岛素依赖性糖尿病

　C.糖尿病合并妊娠　D.糖尿病酮症酸中毒

　E.糖尿病合并重度感染

四、简答题

1.简述糖皮质激素的不良反应。

2.简述糖皮质激素的用法及疗程。

3.简述甲状腺激素的临床应用及不良反应。

4.简述硫脲类药物的临床用途及不良反应。

5.简述碘及碘化物的用途和不良反应。

6.简述胰岛素的临床应用和用药注意事项。

7.总结口服降糖药的种类？

8.孕激素类药物的临床用途有哪些？

（金卫华）

工作模块七　化学治疗药物

对病原微生物、寄生虫及癌细胞所致疾病的药物治疗统称为化学治疗，简称化疗。用于治疗病原微生物、寄生虫及癌细胞所致疾病的药物称为化学治疗药物，简称化疗药物。化学治疗药物包括抗微生物药、抗寄生虫药和抗恶性肿瘤药。抗微生物药是指对微生物有抑制或杀灭作用，用于防治病原微生物感染性疾病的一类药物。抗菌药、抗真菌药和抗病毒药均属于抗病原微生物药。抗菌药是一类能抑制或杀灭病原菌，用于防治细菌感染性疾病的药物，包括抗生素和人工合成的抗菌药物（图2-7-1）。

在应用抗病原微生物药防治感染性疾病时，应注意机体、病原体和药物三者之间的关系（图2-7-2）。在药物与病原体之间，药物对病原体有抑制或杀灭作用，病原体则可能产生耐药性，在药物与机体之间，药物可对人体产生防治作用，也可产生不良反应。在病原体与机体之间，病原体对机体有致病作用，同时也刺激机体产生防御反应。在整个治疗过程中，药物是阻止疾病发展、促进康复的外来因素，起主导作用的是机体的反应性及防御功能。因此，治疗时应从整体观念出发，采取多种措施以调动和增强机体的防御功能，充分发挥药物的治疗作用，取得理想的治疗效果。

工作任务一　抗病原微生物药物概论

> **学习目标**
> 1. 掌握抗病原微生物药物的基本概念。
> 2. 区别广谱抗菌药和窄谱抗菌药。
> 3. 熟悉抗菌药的作用机制及耐药性的产生机制。

工作项目一　抗病原微生物药物的基本概念

1. **化疗指数**　是衡量化疗药物毒性大小的指标，以动物半数致死量（LD_{50}）与感染动物的半数有效量（ED_{50}）之比来表示，也可用5%致死量（LD_5）与95%的有效量（ED_{95}）之比来表示。化疗指数大，表示药物毒性小，安全范围大，临床应用价值高。但化疗指数高者并非绝对安全，如对机体几无毒性的青霉素类就有可引起过敏性休克的不良反应。

2. **抗菌谱**　抗菌谱是指抗菌药物的抗菌范围。某些抗菌药物仅对单一菌种或一属细菌有作用，其抗菌谱窄，称窄谱抗生素，如异烟肼只对抗酸分枝杆菌有作用。另一些药物抗菌范围广泛，它们不仅对革兰阳性、阴性细菌有抗菌作用，并对衣原体、肺炎支原体、立克次体等病原体也有抑制作用，如四环素类抗生素和氯霉素，称广谱抗菌药。

3. **抗菌活性**　抗菌活性是指药物抑制或杀灭病原微生物的能力。一般可用体外与体内（化学实验治疗）两种方法来测定。体外抗菌试验对临床用药具有重要意义。能够抑制培养基内细菌生长的最低浓度称之为最低抑菌浓度（MIC），能够杀灭培养基内细菌的最低浓度称之为最低杀菌浓度（MBC）。

4. **抑菌药**　是指仅有抑制微生物生长繁殖而无杀灭作用的药物，如四环素等。

5. **杀菌药**　是指不仅能抑制微生物生长繁殖，而且能杀灭之，如青霉素类、氨基苷类抗生素等。

6. **抗生素后效应**（postantibiotic effect，PAE）　是指抗生素发挥抗菌作用后，药物在体内已降低至最低抑菌浓度或被消除之后，细菌生长仍受到持续抑制的

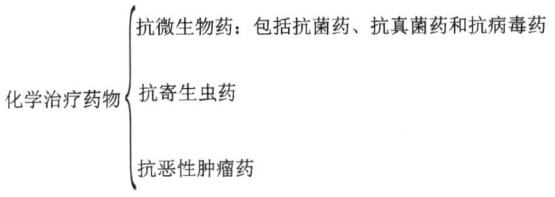

图2-7-1　化学治疗药物分类

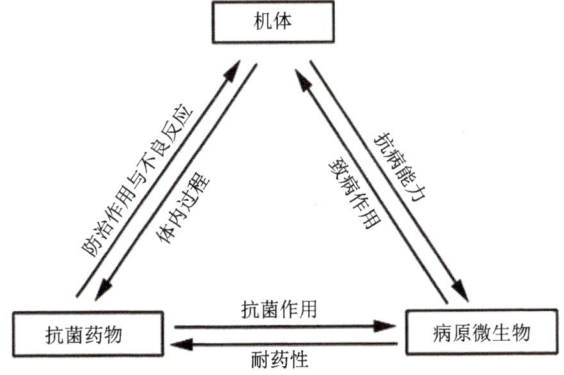

图2-7-2　机体、抗菌药物及病原微生物的相互作用关系

效应。几乎所有的抗生素都有后效应，临床大部分抗生素并非按 $t_{1/2}$ 给药，如青霉素 G 等。

7.耐药性（抗药性，resistance） 是指细菌与抗菌药物反复接触后，对抗菌药物的敏感性下降甚至消失。一种病原菌仅对一种抗菌药产生耐药性者称为单药耐药，一种病原菌同时对两种以上抗菌药产生耐药性者称为多重耐药。

工作项目二 抗微生物药物的作用机制

抗菌药物的抗菌作用主要是干扰病原菌的生化代谢过程，从而影响其结构与功能，致使其失去生长繁殖的能力而达到抑制或杀灭病原菌的作用（图 2-7-3）。

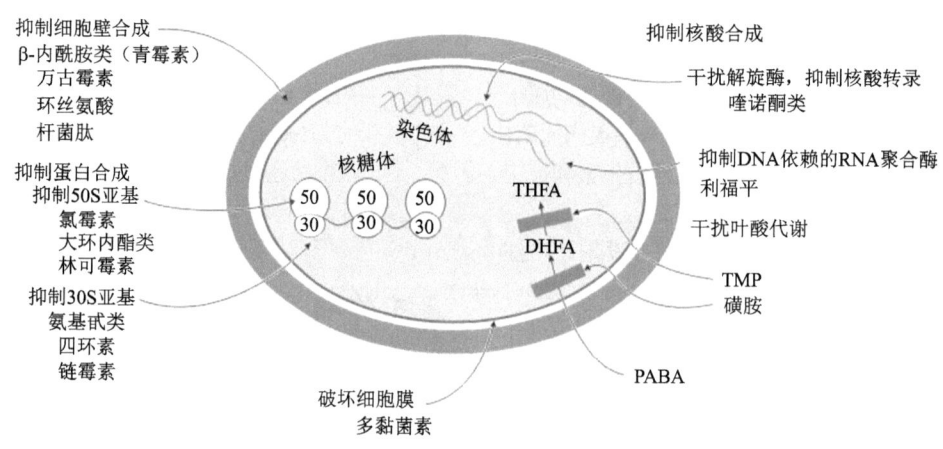

图 2-7-3 抗微生物药物的作用机制示意图

一、抑制细菌细胞壁的合成

细菌的细胞壁位于细菌的最外层，厚而坚韧，它不但能保持细菌一定的外形，还能抵抗胞内、外较大的渗透压差，使自身免受渗透压改变的损害，维持细菌的正常功能。细菌细胞壁的基础成分是胞壁黏肽，青霉素和头孢菌素类抗生素是作用于胞质膜上的靶点青霉素结合蛋白（PBPs），抑制转肽酶的转肽作用，阻碍粘肽的合成，导致细菌细胞壁的缺损，而受菌体的高渗透压影响，水分由外界不断渗入，致使细胞膨胀、变形，在自溶酶的影响下，细胞破裂溶解而死亡。

二、影响胞质膜的通透性

细菌胞质膜是由类脂质和蛋白质分子构成的一种半透膜，具有渗透屏障和运输物质的功能。影响胞质膜功能的抗菌药物能使胞质膜的通透性增加，菌体内的重要成分如蛋白质、氨基酸、核苷酸等外漏，导致细菌死亡。

三、抑制细菌蛋白质合成

四环素类、大环内酯类、氨基糖苷类等抗生素均通过抑制细菌蛋白质合成而发挥抗菌作用。它们在不同部位、不同环节，以不同形式抑制细菌蛋白质合成。使细菌生长繁殖受抑制或杀死细菌。

四、抑制细菌核酸代谢

喹诺酮类通过抑制细菌 DNA 回旋酶，阻止 DNA 复制而产生抗菌作用，利福平能抑制以 DNA 为模板的 RNA 多聚酶，阻碍 mRNA 的合成。

五、阻碍细菌叶酸代谢

磺胺类及甲氧苄啶分别通过抑制细菌二氢叶酸合成酶和二氢叶酸还原酶而阻碍细菌叶酸代谢，抑制细菌的生长繁殖。

工作项目三 病原微生物对抗菌药物的耐药性

耐药性可造成抗菌药物对耐药菌感染的疗效降低或无效，其产生机制有下列几种方式。

一、细菌产生灭活抗菌药物的酶

灭活酶可分为水解酶和合成酶两类。水解酶如β-内酰胺酶，能使青霉素类和头孢菌素类抗生素β-内酰胺环水解裂开而灭活。合成酶又称钝化酶，如乙酰转移酶，能使部分革兰阴性杆菌对氨基苷类抗生素耐药。

二、细菌体内抗菌药原始靶位结构改变

链霉素耐药菌株的核蛋白体上链霉素作用靶位蛋白质发生了构象变化，使链霉素不能与之结合而产生耐药；利福霉素类抗生素的耐药性是其作用靶位的细菌 RNA 多聚酶的 β 亚基结构发生改变，而与其结合能力降低造成耐药。

三、细菌胞质膜通透性发生改变

细菌可通过多种方式阻止抗菌药物透过胞质膜进入菌体内,如对氨基苷类抗生素耐药的革兰阴性杆菌除产生钝化酶外,也可因细胞壁水孔改变,药物不易渗透至菌体内而耐药。

四、细菌代谢途径的改变

细菌对磺胺类药物的耐药,是由于其不再自行合成叶酸,而直接利用叶酸。

工作任务二 抗生素

工作项目一 β-内酰胺类抗生素

学习目标

1. 熟悉 β-内酰胺类抗素的分类,掌握青霉素的抗菌谱、临床用途、不良反应。
2. 掌握各类半合成青霉素的代表药、抗菌特点、不良反应。
3. 熟悉各代头孢菌素类的代表药及临床用途,了解非典型 β-内酰胺类抗生素。

案例分析

患者,女,38岁,因急性胆囊炎入院,拟给予青霉素治疗。既往无青霉素过敏史。青霉素皮试阴性,予青霉素800万U,加入250ml生理盐水中静脉滴注,10s后患者全身瘙痒,3min后口唇发绀,痉挛性咳嗽,呼吸带哮鸣音。继而意识丧失,四肢厥冷,呼吸浅表,脉搏细弱。查体:血压40/10mmHg,心率110次/min,心音弱。

问题:
1. 青霉素过敏反应有何特点及表现?
2. 防治青霉素过敏反应的措施有哪些?

β-内酰胺类抗素(β-lactas)是指其化学结构中具有一个β-内酰胺环的一类抗生素(图2-7-4),临床最为常用的有青霉素类抗生素与头孢菌素类抗生素,但近年来新开发的β-内酰胺酶抑制剂及非典型的β-内酰胺类抗生素如头霉素、硫霉素及单环β-内酰胺类抗生素,由于它们除对革兰阳性、阴性菌有作用外,还对部分厌氧菌亦有抗菌作用,并具抗菌活性强、毒性低、适应证广及临床疗效好的优点,故已日益受到重视。

各种 β-内酰胺类抗生素都能与青霉素结合蛋白(penicilin binding protein,PBPS)结合,抑制细菌细胞壁粘肽合成酶的活性,从而阻碍细胞壁粘肽的合成,使细菌胞壁缺损,菌体膨胀裂解。由于哺乳动物无细胞壁,不受β-内酰胺类抗生素的影响,故对机体的毒性小。

一、青霉素类

本类抗生素的基本结构是由母核6-氨基青霉烷酸(6-aminopenicillanic acid,6-APA)和侧链(R-C-)组成(图2-7-4A),母核中的β-内酰胺环对抗菌活性起重要作用,但不同的侧链将影响其抗菌谱及某些药理特性,如几百种侧链的人工半合成青霉素,就具有耐酸、耐酶及广谱等特点,为青霉素类抗生素开辟了更广阔的临应用前景。

天然青霉素

天然青霉素是从青霉菌的培养液中提取的,含有G、K、X、F和双氢F等五种青霉素,其中青霉素G(简称青霉素)产量较高,抗菌作用较强,故临床常用。青霉素G(penicillin G)又名青霉素,常用其钠盐或钾盐。其晶粉在室温中稳定,易溶于水,但水溶液不稳定,在室温中放置24h大部分失效,且可生成具抗原性的降解产物,如青霉烯酸,故临床应用时需临时配制。

【体内过程】口服后大部分被胃酸破坏,不宜口服给药。肌内注射吸收迅速,可随血流迅速分布到全身各组织,但不易透入细胞内和透过血-脑屏障。但当脑膜有炎症时,因血管通透性增加,大剂量静脉给药

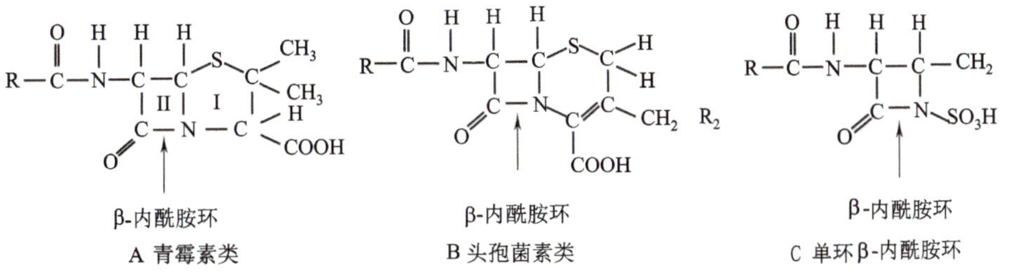

图2-7-4 β-内酰胺类抗生素结构示意图

可达有效治疗浓度。主要以原形经肾排泄，$t_{1/2}$ 0.5~1h，但有效作用时间可维持 4~6h。一般感染，每日肌内注射 2 次，即可获显著疗效。肾功能不全者 $t_{1/2}$ 可延长至 7~10h。

长效制剂吸收缓慢，有效浓度维持较久，但血药浓度较低，只适用于轻症感染或预防感染。如普鲁卡因青霉素 G（procaine penicillin G）和苄星青霉素 G（benzathine penicillin G）它们的水溶液或混悬剂肌内注射后，在注射部位缓慢吸收，普鲁卡因青霉素 G 适用于轻度感染，苄星青霉素 G 主要用于预防风湿热。

【作用】青霉素 G 为窄谱杀菌药，其抗菌谱为：①大多数革兰阳性球菌如溶血性链球菌、肺炎球菌、葡萄球菌等；②革兰阳性杆菌如白喉杆菌、炭疽杆菌、产气荚膜杆菌及破伤风杆菌等；③革兰阴性球菌如脑膜炎奈瑟菌和淋病奈瑟菌，但对后者敏感的已日益减少；④螺旋体如梅毒、钩端螺旋体；⑤放线菌。

【用途】是敏感的革兰阳性菌、革兰阴性球菌、螺旋体及放线菌所致感染的首选药。

1.溶血性链球菌感染引起的咽炎、扁桃体炎、肺炎、猩红热、蜂窝织炎、败血症等。

2.肺炎球菌感染所致的大叶性肺炎、脑膜炎、支气管炎。

3.对青霉素敏感的葡萄球菌感染所致的疖、痈、呼吸道感染、脑膜炎、心内膜炎。

4.革兰阳性杆菌感染所致的白喉、破伤风、炭疽、气性坏疽，应同时合用相应的抗毒素。

5.脑膜炎奈瑟菌感染所致的流行性脑脊髓膜炎，可单用青霉素 G，也可与磺胺嘧啶合用。由淋病奈瑟菌所致的淋病，目前青霉素 G 已不再作为首选药，应首选头孢曲松、头孢噻肟或大观霉素等。

6.螺旋体感染所致的钩端螺旋体病、梅毒、回归热。

7.放线菌感染所致的脓肿、多发性瘘管、脑脓肿、肺部感染、局部肉芽肿样炎症等，应大剂量、长疗程用药。

8.预防感染 青霉素 G 为预防细菌性心内膜炎的首选药，也用于预防风湿性心脏病、先天性心脏病及进行口腔、牙科、胃肠道、泌尿道手术或某些操作时。

【不良反应】

1.过敏反应 是青霉素最常见的不良反应，发生率较高，为 0.7%~10%。表现为荨麻疹、皮炎、药热、血管神经性水肿等，停药或服用 H_1 受体阻断药可消失；严重者可发生过敏性休克，表现为面色苍白、出冷汗、胸闷、呼吸困难、血压下降、脉搏细弱、昏迷、惊厥等若抢救不及时，可引起呼吸困难、循环衰竭而死亡。为防止过敏反应的发生，应用青霉素时应采取以下措施：①详细询问患者有无药物过敏史，对青霉素过敏者禁用。②凡初次注射或 3 天以上未使用青霉素者以及用药过程中更换不同批号或不同厂家生成的青霉素均需作皮试。皮试阳性者禁用。皮试阴性者注射青霉素后也可能发生过敏性休克，故注射后须观察 20min 后方可离去。③过敏性休克的抢救：一旦发生过敏性休克，必须及时抢救，立即皮下或肌内注射 0.1% 肾上腺素 0.5~1ml，必要时可用 5%葡萄糖注射液或生理盐水 10ml 稀释后静脉注射。若症状无改善，30min 后重复一次；有呼吸困难者应给氧或人工呼吸，喉头水肿明显者，应及时做气管插管或气管切开；心跳停止者，可心内注射肾上腺素 0.5~1ml，同时静滴大剂量氢化可的松，并补充血容量；血压持久不升者给予多巴胺等血管活性药；应用中枢兴奋药及抗过敏药，防止复发。

2.青霉素脑病 长期大剂量使用时，可引起肌肉痉挛、抽搐、昏迷等反应，称青霉素脑病。一旦出现上述情况，应立即停药，给予高渗葡萄糖溶液和糖皮质激素防治脑水肿，并进行对症处理。

3.局部反应 肌内注射时可出现局部红肿、疼痛、硬结，甚至引起周围神经炎。

4.赫氏反应 青霉素 G 在治疗梅毒或钩端螺旋体病时，可有症状加剧现象，一般发生于治疗后 6~8h，表现为全身不适、寒战、高热、咽痛、肌痛、心率加快等。

5.其他 大剂量应用青霉素钾盐或钠盐时可引起高钾或高钠血症。

半合成青霉素

天然青霉素 G 虽具有为疗效高、毒性小、价格低等优点，但也有不耐酸，口服易被胃酸破坏，不耐 β-内酰胺酶，且抗菌谱较窄等缺点。在青霉素的基本结构 6-APA 上人工接上不同侧链，即产生了半合成青霉素，以克服青霉素的上述缺点。根据其不同特点，可分为耐酸、耐酶、广谱、抗绿脓杆菌、抗革兰阴性菌等不同品种。但均与青霉素存在交叉过敏反应，对青霉素过敏者不得应用，用药前须做皮试，方法同青霉素 G。

1.耐酸青霉素类 为苯氧青霉素类，包括青霉素 V（penicillin V，苯氧甲青霉素）和非奈西林（phenethicillin，苯氧乙青霉素）。它们耐酸，口服吸收好，但不耐酶，抗菌谱与青霉素 G 相同，抗菌活性较青霉素 G 弱，故不宜用于严重感染。

2.耐酶青霉素类 常用的有苯唑西林（oxacillin）、氯唑西林（cloxacillin）、双氯西林（dicloxacillin）与氟氯西林（flucloxacillin）等。它们对革兰阳性细菌的作用不及青霉素 G，但耐酸、耐酶，可口服，胃肠道吸收较好，主要用于耐青霉素 G 的金葡菌感染。

3.广谱青霉素类 本类青霉素对革兰阳性和阴性

细菌均有杀菌作用,且耐酸可口服,但因不耐酶而对耐药金葡菌感染无效。

(1)氨苄西林(ampicillin):对革兰阳性菌的作用略逊于青霉素G,对革兰阴性菌,如伤寒杆菌、大肠杆菌、变形杆菌感染均有效,临床主要用于伤寒、副伤寒的治疗,也可用于尿路和呼吸道感染的治疗。有轻微的胃扬反应。

(2)阿莫西林(amoxycillin,羟氨苄西林):口服吸收好,其抗菌谱和抗菌活性与氨苄西林相似,但对肺炎双球菌与变形杆菌的杀菌作用较氨苄西林强,由于它的血药浓度较高和易进入支气管的分泌液中,故对慢性支气管炎的疗效优于氨苄西林。

(3)匹氨西林(pivampicillin):口服吸收较氨苄西林好,吸收后迅速水解为氨苄西林发挥抗菌作用。

4.抗绿脓杆菌广谱青霉素类

(1)羧苄西林(carbenicillin):因不耐酸不能口服,其抗菌谱与氨苄西林相似,但对绿脓杆菌及变形杆菌作用较强,故适用于烧伤患者绿脓杆菌感染的治疗,另外亦可用于大肠杆菌、变形杆菌引起的各种感染,但因单用易产生耐药性而常与庆大霉素合用,但不能混合静注,以防相互作用导致药效降低。

(2)磺苄西林(sulbenicillin):其抗菌谱与羧苄西林相似,抗菌活性较强。主要用于治疗泌尿道及呼吸道感染。不良反应多为胃肠道反应,偶有皮疹、发热等。

(3)替卡西林(ticarcillin):抗菌谱与羧苄西林相似,但抗绿脓杆菌活性较其强2~4倍。主要用于绿脓杆菌所致的各种感染。

(4)呋布西林(furbenicillin):抗绿脓杆菌的作用较羧苄西林强6~10倍;另对金葡菌、链球菌、痢疾杆菌亦有强的抗菌作用。

(5)阿洛西林(azlocillin):抗菌谱与羧苄西林相似,抗菌活性强于羧苄西林。对绿脓杆菌、多数肠杆菌科细菌及肠球菌均有强的抗菌作用,对耐羧苄西林和庆大霉素的绿脓杆菌也有较好的作用。主要用于敏感细菌所致的感染。

(6)哌拉西林(piperacillin):抗菌谱与羧苄西林相似而抗菌作用较强,并对各种厌氧菌也有一定的抗菌作用。

5.主要作用于革兰阴性菌的青霉素类

(1)美西林(mecillinam)和匹美西林(pivmecillinam):对革兰阴性菌产生的β-内酰胺酶稳定,主要用于革兰阴性菌感染的治疗,对革兰阳性菌的作用甚微。不良反应除胃肠反应外,个别患者可出现皮疹、嗜酸粒细胞增多等。

(2)替莫西林(temocillin):对肠杆菌科和其他一些革兰阴性菌有较好的抗菌作用,淋球菌、脑膜炎球菌等革兰阴性球菌亦敏感。主要用于敏感革兰阴性菌所致的尿路和软组织感染。不良反应以变态反应为主。

二、头孢菌素类

头孢菌素类抗生素是以头孢菌素母核7-氨基头孢烷酸(7-ACA)用化学方法接上不同侧链而成的半合成抗生素,其基本结构如图2-7-4B。该类抗生素具有抗菌谱广、抗菌作用强、耐青霉素酶、毒性低、过敏反应较青霉素少等优点,与青霉素类存在部分交叉过敏现象。本类药物之间存在交叉过敏反应,凡对某一品种过敏者,不宜再用其他品种。用药前应做皮试,皮试阴性者仍有发生过敏的可能,故用药期间应密切观察,如发生过敏反应,应立即停药,并按青霉素过敏方法处理。

【分类】根据头孢菌素类抗生素的抗菌谱、对革兰阴性杆菌活性、对β-内酰胺酶的稳定性、对肾毒性及临床应用的不同,可分为四代。第一代:头孢噻吩(cephalothin sodium)、头孢氨苄(cephalexin)、头孢唑啉(cefazolin)、头孢拉定(cefradine)。第二代:头孢孟多(cefuroxime)、头孢呋辛(cefamandole)、头孢克洛(cefaclor)。第三代:头孢噻肟(cefotaxime)、头孢曲松(ceftriaxone)、头孢拉定(ceftazidime)、头孢哌酮(cefoperazone)。第四代:头孢匹罗(cefpirome)、头孢吡圬(cefepime),头孢利定(cefclidin),头孢噻利(cefoselis)。

第一代头孢菌素:对G^+菌作用仅次于青霉素G,较二、三代强,对G^-菌作用弱。虽对青霉素酶稳定,但仍可为许多革兰阴性菌产生的β-内酰胺酶破坏;对肾有一定的毒性。

第二代头孢菌素:对G^+菌作用与第一代相仿或稍逊,对多数G^-菌作用较第一代明显增强,对绿脓杆菌无效;对革兰阴性菌产生的β-内酰胺酶稳定,对肾的毒性较第一代有所降低。

第三代头孢菌素:对G^+菌作用不及第一、二代,对G^-菌包括肠杆菌属和绿脓杆菌及厌氧菌如脆弱拟杆菌均有较强的作用,对多种β-内酰胺酶有较高的稳定性;对肾基本无毒性;穿透力强,体内分布广泛。

第四代头孢菌素:广谱、高效,对G^-菌作用与第三代头孢菌素相似,对G^+菌作用比第三代头孢强。对β-内酰胺酶高度稳定,无肾毒性。主要用于重症耐药革兰阴性杆菌感染,特别是威胁生命的严重革兰阴性杆菌感染及免疫能力低下的重症患者。

头孢菌素类抗生素为杀菌药,作用机制与青霉素类抗生素相同,其作用靶点亦是细菌细胞膜上不同的青霉素结合蛋白(PBPs)。细菌对头孢菌素类抗生素的耐药机制亦与青霉素类抗生素相同。

【用途】

1.第一代 主要用于耐青霉素G金葡菌感染及其

他敏感菌所致感染。①呼吸道、泌尿道、软组织感染、败血症等；②常与氨基糖苷类抗生素合用治疗流感嗜血杆菌所致的脑膜炎；③亦可预防外科手术前、后感染。

2.第二代　主要用于大肠埃希菌、克雷伯菌、吲哚阳性变形杆菌所致的呼吸道、胆道、皮肤软组织感染、败血症、腹膜炎、盆腔炎等，头孢呋辛对脑膜炎有效。

3.第三代　主要用于治疗泌尿道感染，以及危及生命的（败血症、脑膜炎、胆囊炎、肺炎等）严重感染，头孢他啶是目前抗铜绿假单胞菌作用最强的抗生素。

4.第四代　主要用于对第三代耐药的革兰阴性菌感染及其他敏感菌所致的严重感染。因为穿透力强，脑脊液浓度高，治疗细菌性脑膜炎疗效更好。

【不良反应】

1.过敏反应　多为皮疹、荨麻疹、药热、血管神经性水肿，偶有过敏性休克，与青霉素有部分交叉过敏反应，对青霉素过敏者应慎用或禁用。

2.胃肠道反应　可见有恶心、呕吐、食欲减退、腹泻等。

3.二重感染　主要见于第三代头孢菌素类。

4.肾毒性　血尿素氮、肌酐增高、肾小管坏死，第一代头孢菌素类肾毒性大，尤与氨基糖苷类抗生素、强效利尿药合用更易发生。肾功能不全者禁用。

三、新型β-内酰胺类抗生素

头霉素类

头霉素（cephamycin）为自链霉菌获得的β-内酰胺类抗生素。目前临床广泛使用的是其衍生物头孢西丁（cefoxitin）、头孢美唑（cefmetazole）、头孢米诺（cefminox）等。其抗菌谱广，对革兰阴性菌产生的β-内酰胺酶有较高的耐受性，故对革兰阴性菌作用较强。适用于盆腔感染、妇科感染及腹腔等需氧与厌氧菌混合感染。与其他β-内酰胺类抗生素有部分交叉过敏现象，有一定肾毒性，不宜与有肾毒性的抗生素合用。

碳青霉烯类

本类抗生素系目前β-内酰胺类抗生素中抗菌谱最广者，抗菌作用强，尤其对铜绿假单胞菌作用显著，耐酶性能好，与其他β-内酰胺类抗生素无交叉耐药性。对肾有一定毒性。甲砜霉素（thienamycin）为此类药的先导，作用强、毒性低。但在体内易被去氢肽酶水解失活，稳定性极差而不能用于临床。目前临床应用的有亚胺培南、帕尼培南、美罗培南、比阿培南（biapemen）等。

亚胺培南

亚胺培南（亚胺甲砜霉素，imipenem）为甲砜霉素的衍生物，对革兰阴性菌细胞膜有良好的穿透力，能抑制细胞壁合成，迅速产生杀菌作用，对多数需氧菌及厌氧菌均有效。主要用于严重的细菌混合感染或厌氧菌感染。常见不良反应为胃肠道反应，可发生有皮疹、药热、瘙痒等变态反应表现，与青霉素类有交叉过敏现象，未见过敏性休克的报道。临床应用制剂为本品与去氢肽酶抑制剂西司他丁的复方制剂，称为泰能（tienam），二者重量之比为1∶1，稳定性好，供静脉给药。可用于革兰阳性、阴性的需氧和厌氧菌所致的尿路、皮肤软组织、呼吸道及妇科感染、败血症、骨髓炎、腹腔感染等。常见有轻微的胃肠反应、药疹、静脉炎、一过性转氨酶升高。

帕尼培南（panipenem）与亚胺培南抗菌谱相似，对铜绿假单胞菌的作用略逊于亚胺培南。

美罗培南（meropenem）对铜绿假单胞菌、流感嗜血杆菌、淋病奈瑟菌的作用强于亚胺培南，对去氢肽酶稳定，可单独给药。

氧头孢烯类

拉氧头孢（latamoxef）抗菌谱广，对革兰阳性、阴性菌及厌氧菌，尤其是脆弱拟杆菌的作用强，对多种β-内酰胺酶稳定，因半衰期长而有效血药浓度维持较久，可用于尿路、呼吸道、妇科、胆道感染及脑膜炎、败血症等的治疗。

单环β-内酰胺类抗生素

本类抗生素基本结构仅具β-内酰胺单环（图2-7-4C），对β-内酰胺酶稳定，对革兰阴性菌作用强，对铜绿假单胞菌作用与头孢哌酮相似，对革兰阳性菌及厌氧菌无效。与青霉素类、头孢菌素类无明显交叉过敏，毒性小。

氨曲南

氨曲南（菌克单，aztreonam）对革兰阴性菌细胞膜有良好穿透力，为杀菌剂。抗菌谱窄，对脑膜炎奈瑟菌、淋病奈瑟菌、流感嗜血杆菌、铜绿假单胞菌作用强，主要用于严重的革兰阴性菌感染，尤其适用于不宜用氨基糖苷类抗生素者。口服不吸收，常肌内注射或静脉给药。体内分布广泛，脑膜炎症时脑脊液中可达有效浓度，主要以原形经肾排泄，尿中浓度高，能透过胎盘。最常见的不良反应是静脉注射部位疼痛和静脉炎，其次是胃肠道反应。

四、β-内酰胺酶抑制剂

本类药通过与β-内酰胺酶结合，抑制β-内酰胺酶的作用，拮抗耐药性。临床常与β-内酰胺类抗生素合用，以增强抗菌效果。

克拉维酸

克拉维酸（棒酸，clavulanic acid）为广谱 β-内酰胺酶抑制剂，可与 β-内酰胺酶牢固结合，产生不可逆的抑制作用。临床常与阿莫西林、替卡西林等不耐酶抗生素合用，以达增强抗菌效果的目的。常用制剂有阿莫西林-克拉维酸片（奥格门汀，augmentin）、替卡西林-克拉维酸注射液（泰门汀，timentin）。

舒巴坦

舒巴坦（舒巴克坦，青霉烷砜，sulbactam）对淋病奈瑟菌、脑膜炎奈瑟菌有抗菌活性，对其他病原菌作用微弱，对 β-内酰胺酶有较强的不可逆的抑制作用，可保护 β-内酰胺类抗生素免遭破坏。与氨苄西林联用可使其对葡萄球菌、大肠埃希菌、肺炎杆菌的最低抑菌浓度下降，并可使产酶菌株对氨苄西林恢复敏感性。因其与氨苄西林体内过程一致，临床常用其复合制剂舒他西林（优立新，sultamicillin, unasyn）、舒巴哌酮（sulperazome）。用于敏感菌所致的呼吸道、泌尿道、胸、腹腔、盆腔软组织感染。

制剂和用法

青霉素 G 钾盐或钠盐 临用前配成溶液，一般 40～80 万 U/次，肌内注射，普通感染 2 次/日，严重感染 4 次/日。严重感染时可用作静脉滴注，但钾盐忌静脉推注。

青霉素 V 口服，成人 125～500mg（20 万～80 万 U）/次，每 6～8 小时 1 次。

苯唑西林钠 成人 0.5～1.0g/次，4～6 次/日，儿童每日 50～100mg/kg，分 4～6 次用。宜在饭前 1h 或饭后 2h 服用，以免食物干扰吸收。肌内注射剂量同口服，静脉滴注，成人 4～6g/日，儿童每日 50～100mg/kg。

氯唑西林钠 成人 250～500mg/次，2～4 次/日；儿童每日 30～60mg/kg，分 2～4 次口服。肌内注射剂量同口服。

双氯西林 成人 1～3g/日，儿童每日 30～50mg/kg，分 4 次服用。

氟氯西林 成人 0.125～0.25g/次，每日 4 次或 0.5～1.0g，每日 3 次口服。

氨苄西林 静脉注射或静脉滴注，成人 2～6g/日，儿童每日 50～150mg/kg。

阿莫西林 成人 0.03～0.6g/次，每日 3～4 次口服，儿童 10 岁以下，病情轻者 0.15g/次，3 次/日，口服。

匹氨西林 轻、中度感染，成人 1.5～2.0g/日，严重感染 3～4g/日，儿童每日 40～80mg/kg，3～4 次服。

羧苄西林 静脉注射或静脉滴注用于绿脓杆菌感染，成人 10～20g/日，儿童每日 100～400mg/kg。

呋布西林 成人 4～8g/日；儿童每日 50～150mg/kg，分 4 次静脉注射或静脉滴注。

磺苄西林 成人 2～4g/日，严重者可用 8～13g/日，分次肌内注射、静脉注射或静脉滴注，儿童每日 40～160mg/kg。

替卡西林 肌内注射或静脉注射，剂量同羧苄西林或磺苄西林。

哌拉西林 成人 4～8g/日，儿童每日 100～150mg/kg；静脉注射，成人 8～16g/日，儿童 100～300mg/kg/日，皆分 4 次注射。

美西林 成人 1.6～2.4g/日，儿童每日 30～50mg/kg，分 4 次静脉或肌内注射。

匹美西林 口服，轻症 0.25g/次，每日 2 次，必要时可用 4 次，重症用量加倍。

替莫西林钠 静注或肌内注射。0.5～2g/次，每日 2 次。

头孢噻吩钠 成人 0.5g/次，4 次/日，肌内注射；严重感染每日 2～4g，静脉推注或静脉滴注。

头孢氨苄 成人 1～4g/日，分 3～4 次服。

头孢唑啉 成人 500mg/次，2～4 次/日，肌内注射或静脉注射，病情严重或耐药菌株感染，剂量可增大为 3～5g/日。儿童剂量为 20～100mg/日。

头孢拉定 成人 1～2g/日，分 4 次口服。

头孢克洛 成人 2～4g/日，分 4 次口服。

头孢噻肟 肌内注射，成人 2～6g/日，儿童每日 50～100mg/kg，分 3～4 次；静脉注射，成人 2～8g/日，儿童每日 50～150mg/kg，分 2～4 次。

头孢曲松 静脉滴注，成人 0.5～2g/日，一次溶于生理盐水或 5% 葡萄糖液中，30min 滴完。

头孢他定 成人 1.5～6g/日，儿童每日 50～100mg/kg，分 3 次静脉注射，快速静脉滴注。

头孢哌酮 成人 2～4g/日，儿童每日 50～150mg/kg，分 2～3 次静脉滴注。

头孢西丁 成人 3～8g/日，分 3～4 次，儿童每日 45～120mg/kg，分 4～6 次静脉滴注。

拉氧头孢 成人 1～2g/日，分 2 次静脉注射，静脉滴注或肌内注射，重症者 4g/日或更高剂量。

注射用亚胺培南/西司他丁钠 商品名泰能，是按 1∶1（重量）组成的复方制剂，可静滴或肌内注射。用量以亚胺培南计，根据病情，0.25～1.0g/次，2～4 次/日。对中度感染一般可用 1.0g/次，2 次/日。

阿莫西林-克拉维酸钾片 一般感染用 2∶1（含阿莫西林 0.25g）片剂，1 片/次，每 8 小时 1 次。**替卡西林钠克拉维钾** 1 瓶/次，每 4～6 小时 1 次，溶于 13ml 等渗氯化钠注射液或注射用水中，缓慢静脉推注，或溶于适量溶剂中静滴，30min 内滴注完毕。

氨苄西林钠舒巴坦钠　是按 2∶1（重量）组成的复方注射剂，每瓶含氨苄西林 0.5g 或 1g。轻、中度感染可肌内注射、静注或静滴，1 瓶/次，1 次/日。重度感染静注或静滴 1 瓶/次，3～4 次/日。

头孢哌酮钠舒巴坦钠　静注或滴注，1～2 瓶/日，分 2 次给予。

工作项目二　大环内酯类、林可霉素类及多肽类抗生素

学习目标

1. 熟悉大环内酯类药物的分类、代表药的抗菌谱。
2. 掌握大环内酯类药物临床用途、不良反应及用药注意事项。
3. 熟悉林可霉素类抗生素、多肽类抗生素的抗菌谱和临床用途。

案例分析

1. 患者，男，3 岁，因发热、咽痛 3 天前来就诊，医生拟用青霉素治疗，但患儿有青霉素过敏史，请问可以改用何种药物，为什么？
2. 患儿，女，6 岁。受凉后出现间断发热，伴鼻塞、咳嗽、流涕 3 天，家人给予阿莫西林＋布洛芬口服，效果不佳，近 1 天又出现咳嗽加重，有痰，不能平卧。经查：肺炎支原体 IgM 抗体（＋），X 线片显示：右肺上叶及下叶见大片状高密度影。诊断：支原体肺炎。应选用何药治疗最佳？使用时需注意什么？

一、大环内酯类抗生素

大环内酯类抗生素为一类具有大环内酯环基本化学结构的抗生素，最早应用于临床的是红霉素，以后陆续开发了螺旋霉素、麦迪霉素、交沙霉素、吉他霉素等。近年来新开发红霉素的衍生物，包括罗红霉素、阿奇霉素、克拉霉素、罗沙米星、地红霉素等。这类抗生素抗菌机制是能与细菌核蛋白体的 50s 亚基结合，抑制转肽作用和抑制信息核糖酸（mRNA）的移位，从而阻碍细菌蛋白质的合成而起到抑菌作用，为速效抑菌剂。

红霉素

红霉素（erythromycin）在酸性条件下易被破坏，碱性条件下抗菌作用增强。口服吸收较好，体内分布广，不易通过血-脑屏障。主要在肝中代谢、灭活，少部分以原型经肾排泄。

【作用】其抗菌谱与青霉素 G 大致相似，对革兰阳性菌有强大的抗菌作用，如金葡菌、肺炎球菌、白喉杆菌、梭状芽孢杆菌等；对革兰阴性菌如脑膜炎球菌、淋球菌、流感杆菌、百日咳杆菌、布氏杆菌等及军团菌亦有强的作用；对螺旋体、肺炎支原体、立克次体、衣原体也有抑制作用。

【用途】主要用于耐青霉素的轻、中度金葡菌感染及对青霉素过敏的患者。还可用于下列疾病的首选药：支原体肺炎、沙眼衣原体所致的婴儿肺炎及结肠炎；军团菌、弯曲杆菌所致败血症或肠炎；白喉带菌者。

【不良反应及用药护理】

1. 局部刺激　口服大剂量可出现胃肠道反应，如恶心、呕吐、腹痛和腹泻，饭后服药可减轻。静注乳糖酸盐可发生血栓性静脉炎。
2. 肝毒性　大剂量或长期使用时可致胆汁淤积、肝肿大和转氨酶升高。

肝功能不全者禁用。

3. 耳毒性　每日剂量服依托红霉素或琥乙红霉素可引起肝损害。

乙酰螺旋霉素

乙酰螺旋霉素（acetylspiramycin）耐酸，对金葡、表葡球菌和链球菌属的抗菌活性与红霉素相近，对李斯特菌属、淋球菌、弯曲菌、流感和百日咳杆菌、消化球菌和消化链球菌、支原体、衣原体、弓形体等亦有较强的抑制作用。临床主要用于防治革兰阳性菌所致的呼吸道和皮肤软组织感染，亦可用于军团菌病、弓形体病的治疗。不良反应较红霉素轻，大剂量可产生胃肠道反应。

吉他霉素

吉他霉素（kitasamycin）又称柱晶白霉素（leucomycin）抗菌谱与红霉素相似，但抗菌活性不如红霉素，金葡菌对其亦可产生耐药，但较红霉素慢。临床主要用于耐红霉素的革兰阳性菌所致感染。不良反应较少，口服时可发生胃肠道反应，偶见皮疹和瘙痒。

麦迪霉素与麦白霉素

麦迪霉素（medecamycin）由链丝菌产生，我国生产菌所得产品含较多量的吉他霉素，称为麦白霉素（meleumycin）。的抗菌谱与红霉素相仿，但抗菌作用略差，主要用于敏感菌引起的咽部、呼吸道、皮

肤和软组织、胆道的感染。不良反应较红霉素轻微。

米欧卡霉素

米欧卡霉素（miocamycin）为二醋酸麦迪霉素，口服吸收好，生物利用度高于麦迪霉素，在体内水解生成麦迪霉素，且血药浓度高，作用时间长，味不苦，适于儿童应用。

交沙霉素

交沙霉素（josamycin）抗菌谱、抗菌活性与红霉素相似，对革兰阳性菌和厌氧菌具较好抗菌作用；对部分耐红霉素的金葡菌仍有效。临床用于支原体肺炎及敏感菌所引起的呼吸道感染、皮肤软组织感染等的治疗。不良反应较红霉素轻，偶有药疹。

阿奇霉素

阿奇霉素（azithromycin）抗菌谱与红霉素类似，对肺炎支原体的作用是大环内酯类中最强的，特点是该药吸收后在组织中的浓度明显高于红霉素，对流感嗜血杆菌的作用比红霉素强，对嗜肺军团菌、沙眼衣原体、脆弱拟杆菌、厌氧菌、淋病奈瑟菌及幽门螺杆菌等有较强的作用。对红霉素耐药的金葡菌、链球菌，本品也耐药。对酸稳定，口服吸收好，体内分布广泛，在肾、肝、脾、胃组织中的浓度是血药浓度的12~50倍，且消除缓慢，持续时间长，血浆半衰期达40~50h。主要在肝代谢，经胆汁排出。用于敏感菌所致的呼吸系统、皮肤、软组织感染及淋病，也用于治疗幽门螺旋杆菌感染。常见不良反应为胃肠道反应，偶见皮疹、转氨酶及红细胞一过性升高。

罗红霉素

罗红霉素（roxithromycin）对革兰阳性菌和厌氧菌的作用大致与红霉素相近，对肺炎支原体、衣原体有较强的作用。临床适用于上、下呼吸道感染及皮肤组织感染治疗，也可用于非淋球菌性尿道炎的治疗。不良反应发生率较低，多为胃肠道反应。

克拉霉素

克拉霉素（clarithromycin）也称甲红霉素，对革兰阳性菌、嗜肺军团菌、肺炎衣原体的作用是大环内酯类中最强者，对沙眼衣原体、肺炎支原体和流感杆菌、厌氧菌的作用亦强于红霉素。主要用于敏感菌所致的呼吸道感染、泌尿生殖系统感染及皮肤软组织感染，与奥美拉唑合用对根除幽门螺杆菌有较好疗效。不良反应主要是胃肠反应，发生率低于红霉素，偶可发生皮疹、暂时性转氨酶升高及胆汁淤积性肝炎。

二、林可霉素类抗生素

> **案例分析**
>
> 患者，男，36岁，近日出现食欲减退、全身不适、烦躁不安和高热症状。检查发现右下肢胫骨下段有红、肿、热、痛及波动感，穿刺检查为金黄色葡萄球菌感染，诊断为急性骨髓炎。
>
> **问题：**
> 可选择何种抗菌药物控制感染？

林可霉素

林可霉素（lincomycin，洁霉素）、克林霉素（clindamycin，氯林可霉素，氯洁霉素）两者抗菌谱相同，但克林霉素抗菌作用更强，口服吸收好，且毒性较低，故临床常用。

【作用】两药对革兰阳性菌及厌氧菌具有较强的抗菌作用，渗透力强，骨组织浓度高。抗菌作用机制与红霉素类似。

【用途】主要用于治疗葡萄球菌、化脓性链球菌、肺炎球菌及厌氧菌所致的呼吸道感染、皮肤软组织感染、女性生殖道感染、盆腔感染、厌氧菌所致的腹腔感染。因其在骨组织浓度较高，常用于骨和关节感染及敏感菌所致的急性骨髓炎、胆道感染及败血症。

【不良反应】口服或肌内注射均可产生胃肠反应，以口服较为常见，但较轻微。也可发生严重的伪膜性肠炎，可用万古霉素与甲硝唑治疗。偶见中性粒细胞减少、肝损害。

三、多肽类抗生素

万古霉素与去甲万古霉素

万古霉素（vancomycin）与去甲万古霉素（demethylvancomycin）口服不吸收，肌内注射可引起剧烈疼痛及组织坏死，故只宜静脉注射。

【抗菌作用】两药对青霉素G和多种抗生素耐药的金葡菌、表葡菌以及溶血性链球菌、草绿色链球菌、肺炎球菌及肠球菌等均有强大的抗菌作用，对厌氧的难辨梭状芽孢杆菌亦有较好抗菌作用，对炭疽杆菌、白喉杆菌等亦敏感，属快效杀菌药。但多数革兰阴性菌对其耐药，不过与其他抗生素之间无交叉耐药性，抗菌作用机制是与细菌细胞壁粘肽侧链形成复合物，阻碍细菌细胞壁的合成。

【临床应用】主要用于治疗耐青霉素金葡菌引起的严重感染和对β-内酰胺类抗生素过敏者的严重感染，如败血症、肺炎、心内膜炎、骨髓炎、结肠炎及其他抗生素尤其是克林霉素引起的伪膜性肠炎。

【不良反应】毒性较大。大剂量使用可引起耳鸣、耳聋及肾损害。肾功不良者及老年人易发生。静滴时偶可发生恶心、药热及皮疹。

多黏菌素 E

多黏菌素 E（polymyxin E）又名抗敌素。

【作用】对大肠杆菌、肺炎杆菌、嗜血杆菌、肠杆菌属、沙门菌、志贺菌、百日咳杆菌等，尤其对绿脓杆菌有强大的抗菌作用，对生长繁殖期和静止期的细菌都有作用。

【用途】局部常用于敏感菌的眼、耳、皮肤、黏膜感染及烧伤后绿脓杆菌感染；口服用于肠道手术前消毒及治疗大肠杆菌性肠炎及对其他抗菌药物耐药的细菌性痢疾，可取得好的疗效。

【不良反应】毒性较大，对肾的损害较多见，如蛋白尿、血尿等，故肾功不全患者应减量使用；亦可发生神经系统方面的损害，如发生眩晕、乏力、共济失调等，停药后可消失，但大剂量、快速静脉滴注由于神经肌肉的阻滞可导致呼吸抑制。

制剂和用法

氨曲南　成人 1.5～6g/日，静注或静滴，药物加入 100ml 生理盐水中，于 30min 内滴完。

红霉素　口服 0.2～0.5g/次，4 次/日。注射用其乳糖酸盐 0.3～0.6g/次，3～4 次/日，一般用 5%葡萄糖液稀释后静脉滴注。

乙酰螺旋霉素　成人 2g/日，分 2～4 次口服，儿童每日 50～100mg/kg，分 4 次口服

吉他霉素　口服 0.8～1.2g/日，分 4～6 次用。静脉注射 0.4～0.8g/日，分 2 次，注射速度宜慢，加入静脉滴注液中应用更好。

麦迪霉素，麦白霉素　口服 0.8～1.2g/日，分 3～4 次口服。

交沙霉素　片剂，每片 0.1g，成人 0.8～1.2g，分 3～4 次口服。

阿奇霉素　口服：成人 500mg/日，每日一次连续 3 日，或第 1 日 500mg，2～5 日，每日 250mg，儿童 10mg/kg，每日一次，连用 3 日。

罗红霉素　成人服 300～600mg/日，分 2 次服。

克拉霉素　成人口服 250～500mg，每日 2 次；小儿每日为 7.5mg/kg，分 2 次给药。

林可霉素　口服：成人 1.5～2.0g/日，分 3、4 次服。儿童每日 30～60mg/kg，分 3～4 次服。肌内注射或静脉注射 0.6～1.8g/日，2～4 次/日。

克林霉素　口服：成人 0.6～1.2g/日，分 3～4 次服；儿童每日 8～16mg/kg，分 3～4 次服。肌内注射和静脉注射 0.6～1.8g/日，2～4 次/日。

万古霉素　口服：2.0g/日，分 4 次服。静脉滴注：成人 1～2g/日，儿童每日 20～40mg/kg，分 2～4 次用，一般应稀释后缓慢滴注。

去甲万古霉素　为国产品，其效价比万古霉素高 10%，成人每日剂量 0.8～1.6g，分 2 次滴注。

工作项目三　氨基糖苷类抗生素

学习目标

1. 掌握氨基苷类抗生素的共性及主要的不良反应。
2. 掌握各类氨基苷类抗生素的特点及用途。

案例分析

患儿，男，3 岁。因发热、频繁腹泻在当地医院诊治，给予庆大霉素 120mg+5%碳酸氢钠注射液 40ml+5%葡萄糖注射液 120ml 静脉滴注。患儿用药后第 3 天尿液呈酱油色，尿量减少。尿常规检查：尿蛋白（++）、红细胞（+）、潜血（+++）。

问题：

患儿出现了什么情况？为什么会出现这种情况？应用庆大霉素期间应注意什么？

一、氨基苷类抗生素的共性

氨基苷类抗生素是由 2~3 个氨基糖分子和非糖部分的苷元通过氧桥连接而成，包括由链霉菌培养液中提取得的链霉素、新霉素、卡那霉素、妥布霉素、大观霉素，由小单孢菌培养液中提取得的庆大霉素、西索米星、小诺米星等和人工半合成的阿米卡星、奈替米星等。本类抗生素均呈碱性，其盐易溶于水，性质稳定。

【作用】其抗菌谱相似，若以相同重量进行比较时，则庆大霉素和西索米星较卡那霉素、妥布霉素、奈替米星、阿米卡星的抗菌活性稍强。此类抗生素除链霉素外，主要对革兰阴性杆菌，如大肠杆菌、克雷伯菌属、肠杆菌属、变形杆菌属等具有强大的抗菌作用；流感杆菌和肺炎支原体感染，此类抗生素虽临床疗效不显著，但仍呈中度敏感；此外，对沙雷氏菌属、产碱杆菌属、布氏杆菌、沙门氏杆菌、痢疾杆菌、嗜血杆菌及分枝杆菌亦具有抗菌作用。绿脓杆菌、耐青霉素金葡菌对其中某些品种亦敏感。氨基苷类抗生素的抗菌作用机制是阻碍细菌蛋白质的合成的全过程，为静止期杀菌剂。

【体内过程】氨基苷类抗生素是强极性化合物，水溶性大而脂溶性很小，因此，在胃肠不吸收或很少吸收（<1%），因此口服后血药浓度很低，仅作胃肠消

毒用。肌内注射吸收迅速而完全，静脉内给药后的血药浓度随剂量而不同。该类药物在体内不被代谢，约90%以原形经肾小球滤过排泄，故尿药浓度高，约为血药峰浓度的25～100倍，即使停药，尿药浓度仍可维持有效水平数天。此类抗生素可进入内耳外淋巴液，肾功能减退时其半衰期将延长。

【不良反应】

1.过敏反应　本类抗生素可引起嗜酸粒细胞增多，各种皮疹、发热等过敏症状，也可引起严重过敏性休克，尤其是链霉素，其发生率仅次于青霉素G，应引起严重注意，故注射前也应先作皮试，阴性者方可使用。一旦发生可皮下或肌内注射肾上腺素或静注葡萄糖酸钙进行抢救。儿童、老年人对本类药物特别敏感应慎用，妊娠、哺乳期妇女禁用。

2.耳毒性　由于本类抗生素能在内耳外淋巴液中蓄积，半衰期又长，故可引起前庭功能与耳蜗神经的损害，前庭功能损害表现为眩晕、恶心、呕吐、眼球震颤和平衡障碍，其发生率依次为新霉素>卡那霉素>链霉素>西索米星>庆大霉素>妥布霉素>奈替米星。对耳蜗神经的损害主要发生听力减退或耳聋，其发生率依次为新霉素>卡那霉素>阿米卡星>西索米星>庆大霉素>妥布霉素>链霉素。应避免与增加其耳毒性的万古霉素、镇吐药、呋塞米、依他尼酸等合用。用药期间进行听力检测，一旦出现眩晕、耳鸣、听力减退等先兆时应及时停药。

3.肾毒性　可出现蛋白尿、管型尿，严重者可发生氮质血症及无尿等，其发生率依次为新霉素>卡那霉素>妥布霉素>链霉素，奈替米星肾毒性很低。注意尿量的改变及定期查尿常规，以防止肾损害。

4.神经肌肉接头的阻滞　这种作用可致神经肌肉麻痹，与剂量及给药途径有关，如静滴速度过快或同时使用肌肉松弛剂、全身麻醉药时易发生，重症肌无力患者尤易发生，可致呼吸停止，这是由于药物能与突触前膜钙结合部位结合，阻止钙离子参与乙酰胆碱的释放所致。如发生可采用新斯的明静注治疗。

二、常用的氨基糖苷类抗生素

链 霉 素

链霉素（streptomycin）是最早应用的氨基糖苷类性质稳定，水溶液在室温可保持一周。

【用途】链霉素具有强大的抗革兰阴性菌的作用，但因毒性和日益增多的耐药性等问题限制了它的临床使用，而被庆大霉素等替代。目前临床用于：①治疗鼠疫，为首选药；②与青霉素合用治疗草绿色链球菌、肠球菌引起的感染性心内膜炎；亦可与氨苄西林合用作为预防细菌性心内膜炎及呼吸、胃肠及泌尿系统手术后感染；③结核病的治疗，但必须与其他抗结核药联合应用，以延缓耐药性的产生。

庆大霉素

庆大霉素（gentamicin）肠道吸收极少，主要用作肌内注射及静脉滴注。常用其盐酸盐，粉末状，易溶于水，对温度和酸、碱都稳定。

【用途】①严重的革兰阴性杆菌的感染如败血症、骨髓炎、肺炎、脑膜炎等的治疗，属首选；②与羧苄西林合用治疗绿脓杆菌感染，如绿脓杆菌心内膜炎，但不宜混合滴注，免使抗菌活力下降；③与羧苄西林、头孢菌素联合用于未明原因的革兰阴性杆菌混合感染；④口服作肠道术前准备与治疗肠道感染。

卡那霉素

卡那霉素（kanamycin）抗菌谱与链霉素相似，但对绿脓杆菌无效；由于其毒性及耐药性较多见，已不作为细菌性感染治疗的首选药，目前也很少用于结核病的治疗，其应用已为庆大霉素、妥布霉素、阿米卡星所替代。

阿米卡星

阿米卡星（amikacin）又称阿米卡星，对许多肠道革兰阴性菌和绿脓杆菌所产生的钝化酶稳定，主要用于对其他氨基苷类抗生素耐药菌株所引起的感染，如对庆大霉素、卡那霉素耐药菌所致的尿路、肺部感染，以及绿脓、变形杆菌造成的败血症。与羧苄西林或头孢噻吩合用，治疗中性粒细胞减少或其他免疫缺陷者感染，疗效满意。

妥布霉素

妥布霉素（tobramycin）抗菌作用与庆大霉素相似，最突出的是对绿脓杆菌的作用较庆大霉素强2～4倍，即使是耐药株也有效，临床应用与庆大霉素相同，主要用于治疗绿脓杆菌感染，如菌血症、心内膜炎、骨髓炎与肺炎等，也用于各种严重的革兰阴性菌感染。不良反应同庆大霉素，耳、肾毒性较庆大霉素小。

西索米星

西索米星（sisomicin）抗菌谱与庆大霉素相近似，与庆大霉素相比，无显著优点，故临床少用。

奈替米星

奈替米星（netilmicin）具广谱抗菌作用。临床适用于尿路、肠道、呼吸道、皮肤软组织、骨和关节、腹腔及创口部位的感染。

小诺米星

小诺米星（micronomicin）抗菌谱与庆大霉素相似，对中耳炎、胆道感染等有较高的疗效，对泌尿系统和呼吸系统感染的疗效不亚于庆大霉素。耳、肾毒性也低于庆大霉素，其他不良反应少，偶见转氨酶升高。

新霉素

新霉素（neomycin）能产生较强的耳、肾毒性，易引起永久性耳聋和肾损害，因而现已少用，尤其是禁止注射用药；因口服吸收少，故毒性也小，而用于肠道感染或腹部手术前消毒或肝昏迷患者。

大观霉素

大观霉素（壮观霉素、淋必治，spectinomycin）的主要特点是对淋病奈瑟菌包括对青霉素耐药的淋病奈瑟菌有较强作用，但对其他细菌和梅毒螺旋体无效。是临床治疗淋病的常用药物。毒性较小。对淋球菌有高度的抗菌活性，且产青霉素酶的淋球菌对其亦敏感，临床主要用于治疗淋病。不良反应少，耳、肾毒性较少见，个别患者可出现暂时眩晕、发热、头痛等。

制剂和用法

硫酸链霉素　成人 0.75～1.0g/日，儿童每日 15～30mg/kg，分 1～2 次肌内注射。

硫酸庆大霉素　成人 16～24 万 U/日，儿童每日 3000～5000U 位/kg，分 3～4 次肌内注射。静脉滴注剂量同上，忌与青霉素等混合滴注。口服，成人 24 万～64 万 U/日，儿童每日 1 万～1.5 万 U/kg，分 4 次服。

硫酸妥布霉素　成人或儿童每次 1.5mg/kg，每 8 小时一次，肌内或静脉注射，总量不超过每日 5mg/kg，疗程一般不超过 10～14 日。

硫酸阿米卡星　成人 1.0～1.5g/日，分 2～3 次肌内注射。

硫酸西索米星　全身性感染用每日 3mg/kg，分 3 次肌内注射，尿道感染可按每日 2mg/kg，分 2 次肌内注射。

硫酸奈替米星　成人用每日 4～6mg/kg，严重感染每日 7.5mg/kg，分 2～3 次肌内注射。

硫酸小诺米星　泌尿道感染 120mg/次，2 次/日，肌内注射；其他感染 60mg/次，2～3 次/日。不可静脉推注。

硫酸新霉素　成人 1～4g/日，儿童每日 25～50mg/kg，分四次口服。

大观霉素　2g 溶于 3.2ml 特殊稀释液（0.9%苯甲醇液）深部肌内注射，1～2 次/日。

工作项目四　四环素类及氯霉素类抗生素

学习目标

1. 掌握四环素类抗生素的作用特点、用途及不良反应。
2. 熟悉氯霉素类的临床用途、不良反应及用药注意事项。

案例分析

患者，女，30 岁，因突然高热、咽痛、头痛在当地医院治疗。医生给予青霉素钠注射液 640 万 U+0.9%氯化钠注射液 250ml 静脉滴注，连用 3 天后效果不佳，改用氯霉素治疗，疗效仍不明显。转入市传染病医院就诊，经血清学检查确诊为地方性斑疹伤寒。

问题：应首选何药治疗？应用时应注意什么？

四环素类和氯霉素类抗生素的抗菌谱很广，包括革兰阳性菌、阴性菌、立克次体、支原体、衣原体、螺旋体和阿米巴原虫，故常称为广谱抗生素。

一、四环素类抗生素

本类抗生素均具有氢化并四苯母核结构，故名四环素。是一类广谱抗生素，天然品有四环素、土霉素，半合成类的有多西环素、米诺环素等。

四环素与土霉素

四环素（tetracycline）和土霉素（tetramycin）性质稳定，口服易吸收但不完全，易与 Fe^{2+}、Ca^{2+}、Mg^{2+}、Al^{3+} 等多价阳离子形成络合物而使吸收减少。吸收后广泛分布于组织和体液，并聚集于骨、牙、肝、脾等组织，但不易透过血-脑屏障。可分泌至乳汁中，易透过胎盘进入胎儿体内。主要以原形经肾排出，有利于治疗尿路感染。有部分药物经胆汁排泄，胆道中药物浓度高。

【作用】抗菌谱广，对其敏感的有革兰阳性菌、革兰阴性菌、支原体、衣原体、立克次体、螺旋体、放线菌等，且能间接地抑制阿米巴原虫。

本类抗生素能快速抑制细菌生长，高浓度时有杀菌作用，它们能阻止蛋白质合成始动复合物的形成，阻止肽链延伸和细菌蛋白质的合成。但对铜绿假单胞菌、结核分枝杆菌、伤寒杆菌、副伤寒杆菌、病毒、真菌无效。

近年来耐药的金葡菌、大肠杆菌、痢疾杆菌、溶血性链球菌、肺炎球菌等日见增多，而且它们互相间有交叉耐药性。

【用途】

1.立克次体感染（斑疹伤寒）、支原体肺炎、衣原体所致鹦鹉热等列为首选。

2.革兰阴性和革兰阳性菌引起的感染也可采用，疗效不及氨基苷类和青霉素类，仅作次选。

3.肠内阿米巴病的治疗，土霉素疗效最佳，对肠外阿米巴病无效。

【不良反应】

1.胃肠道反应 可出现恶心、呕吐、上腹不适、腹胀等反应。

2.二重感染 长期使用广谱抗生素，由于体内敏感菌受到抑制，不敏感菌乘机繁殖，破坏了体内菌群共生的平衡状态，造成新的感染，又称菌群交替症。多见于老人、小儿、机体抵抗力低下者。导致二重感染的细菌均对四环素类耐药，常见的有白色念珠菌、金葡菌等。以口腔和肠道感染多见，如鹅口疮，可用抗真菌药治疗；伪膜性肠炎，可出现肠坏死，剧烈腹泻、失水，甚至休克，一旦发生，应立即停药并选用万古霉素、甲硝唑等治疗。

3.对牙、骨的影响 四环素类抗生素易沉积在新形成的骨、牙组织中，使牙黄染，失去光泽，同时可使牙釉质发育不良而致龋齿。也可抑制胎儿和婴幼儿的骨骼生长。故孕妇、乳母及8岁以下小儿禁用。

4.肝、肾损害 长期口服或较大剂量静脉给药后可致肝肾损害，妊娠期妇女尤其是患肾盂肾炎伴有肾功能不全的妊娠妇女易发生，肝肾功能不全禁用。

5.过敏反应 可致发热、荨麻疹、光敏性皮炎等，偶可致哮喘、过敏性休克。

6.维生素缺乏 长期使用四环素类，由于肠道细菌被抑制，造成了维生素B、维生素K缺乏，应适当给予补充。

多西环素和米诺环素

多西环素（脱氧土霉素，强力霉素，doxycycline）、米诺环素（二甲胺四环素，minocycline）为半合成长效四环素类。抗菌谱同天然四环素，作用较强，对肾功能无影响，对肠道菌丛无明显影响。口服吸收完全，吸收后广泛分布于各组织和体液中，在淋巴液、腹水、眼和前列腺组织均有较高浓度，胆汁中浓度高。大部分经胆汁排入肠道，存在肝肠循环。在肠道以结合或络合的无活性形式经粪排泄，故对肠道菌丛无明显影响。肾功能不全者仍可应用。适应证和不良反应同四环素。

二、氯霉素类抗生素

氯霉素

氯霉素（chloramphenicol，chloromycetin）口服吸收良好，脂溶性高，易透过血-脑屏障进入脑脊液，脑膜炎时，脑脊液中的浓度几与血中浓度相当。可透过胎盘进入胎儿体内，也可透过血-眼屏障进入房水、玻璃体液，并可达治疗浓度。主要在肝与葡萄糖醛酸结合后失效，5%~10%以原形经肾排泄，可在尿中达有效浓度。

【作用】氯霉素是广谱抗生素，在低浓度时抑制细菌生长，高浓度具杀菌作用，对革兰阴性菌的作用较革兰阳性菌的作用强，革兰阴性菌中淋球菌、脑膜炎球菌、流感杆菌、百日咳杆菌、大肠杆菌、肺炎杆菌、产气杆菌、痢疾杆菌，包括伤寒杆菌的沙门氏菌属、布氏杆菌和霍乱弧菌等均对其敏感；革兰阳性菌中的葡萄球菌、表葡球菌、溶血链球菌、肺炎球菌、草绿色链球菌及肠球菌大多数对其敏感；白喉杆菌、炭疽杆菌、破伤风杆菌、产气荚膜杆菌、放线杆菌属、乳酸杆菌等亦大多对其敏感；厌氧菌如拟杆菌属特别是脆弱拟杆菌、梭形杆菌及梅毒螺旋体、钩端螺旋体、衣原体、肺炎支原体、立克次体等也敏感。氯霉素通过抑制肽酰基转移酶，阻止肽链延伸，使蛋白质合成受阻。

各种细菌都能对氯霉素发生耐药性，其中以大肠杆菌、痢疾杆菌、变形杆菌等较为多见，伤寒杆菌及葡萄球菌较少，耐药性产生较慢，可自动消失。

【用途】因其骨髓抑制作用，临床应用受到严格控制。

1.伤寒、副伤寒 本品为伤寒、副伤寒的常用药物。目前耐氯霉素的伤寒杆菌呈增多趋势，但对氯霉素敏感者，本品仍可选用。

2.细菌性脑膜炎、脑脓肿 作为备选药物，因其在脑脊液及脑组织中浓度高，且抗菌谱广，常用于治疗流感嗜血杆菌脑膜炎、脑膜炎奈瑟菌脑膜炎、化脓性脑膜炎或病原体不明的脑膜炎、脑脓肿。

3.外用 滴眼用于治疗敏感菌所致的砂眼、结膜炎、角膜炎、眼睑缘炎；滴耳用于治疗中耳炎、外耳炎；局部涂抹可用于痤疮、酒渣鼻、脂溢性皮炎等。

【不良反应】

1.骨髓抑制 是氯霉素最严重的不良反应，有两种不同的表现形式：①可逆性骨髓抑制较常见，与剂量有关，表现为贫血，白细胞、血小板减少，与用药剂量、用药时间有关，停药后症状消失。②不可逆性再生障碍性贫血，与剂量无关，早期症状同可逆性骨髓抑制，到后期可有血小板减少引起的出血症状，如瘀斑、鼻出血等，以及由粒细胞减少导致的感染症状，如高热、咽痛、黄疸等。用药期间应定期查血象，每日剂量不超过1g，疗程一般不超过5~7天，并避免反复应用。

2.灰婴综合征 多见于早产儿、新生儿，用药量超过25mg/(kg·d)，即可发生。因早产儿、新生儿肝、肾功能发育不全，药物消除慢，使药物在体内蓄积所致。临床表现为腹胀、呕吐、进行性苍白、发绀、微循环障碍、呼吸不规则。新生儿、早产儿、孕妇、哺乳期妇女及肝功能不全者禁用。

3.过敏反应 可出现皮疹、发热、血管神经性水肿、支气管哮喘等症状，一般较轻，停药后症状可消失。

4.其他 可见胃肠道反应、二重感染、周围神经炎、肝损害等。

甲砜霉素

甲砜霉素（thiamphenicol）的抗菌谱与氯霉素基本相同，肺炎球菌、链球菌、布氏杆菌、痢疾杆菌、流感杆菌等对其敏感，低浓度抑菌、高浓度杀菌，作用机制与氯霉素相同，与氯霉素有完全的交叉耐药性。临床主要用于呼吸道感染、尿路感染和肝胆系统感染，疗效高。也可用于伤寒、痢疾、肠道感染、布氏菌病、脑膜炎及外科感染。主要不良反应与氯霉素相同，即对造血功能的毒性较大，严重的可发生不可逆的骨髓抑制。

制剂和用法

盐酸四环素 口服：0.25～0.5g/次，3～4次/日。

盐酸土霉素 口服一次0.5g，3～4次/日。

多西环素 成人首剂0.2g，以后0.1～0.2g/次，1次/日。儿童首剂4mg/kg，以后2～4mg/kg，1次/日。

氯霉素 口服1.5g/次，每日4次，氯霉素肌内注射、静注或静滴0.5或1g，每12小时1次。

甲砜霉素 肠溶片：口服0.25～0.5g/次，每日3～4次；胶囊剂：口服1.0g/日，分4次。

工作项目五 抗生素类药物的用药护理程序

1.用药前评估

（1）明确用药目的：抗生素主要用于其敏感菌的感染，以控制感染、治愈疾病、降低死亡率。其中四环素类和氯霉素类由于耐药现象或毒性反应严重，临床选用必须明确指征、权衡利弊。

（2）掌握护理对象基本情况：了解患者过敏史。掌握患者感染性质与程度，测定患者肝肾功能，了解患者是否处于妊娠或哺乳期。使用大环内酯类、氨基糖苷类药物期了解患者听力。了解患者是否有嗜酒习惯。

（3）用药教育：①要求患者坚持按时服药，以保证有效的血药浓度和足够的疗程。教育门诊患者，不可因自觉症状好转而中断疗程，治疗结束后，多余的药物不可自行随意使用。②服用头孢类期间及停药后的5天内，叮嘱患者不宜饮酒或含酒精的饮料，以防引起颜面潮红、出汗、头痛、心动过速、恶心、呕吐、口干、胸痛、急性心衰、呼吸苦难、急性肝损伤、惊厥甚至死亡等双硫仑样反应。③红霉素片应整片吞服，服药前和服药时均不宜饮用酸性饮料，以免降低疗效及增加胃肠反应。④使用大环内酯类药物和氨基糖苷类药物时容易损伤听力，应叮嘱患者当出现眩晕、耳鸣等症状时，立即汇报，停药可望恢复。⑤使用氨基糖苷类药物期间应多喝水，并注意观察有无体重增加、尿少、尿中带血等肾功能受损症状，一旦发现须及时报告。⑥使用四环素类及氯霉素类药物前应使患者及家属了解药物的毒副反应，尤其是使用氯霉素时，当出现疲劳、发热、喉痛、黄疸、出血等症状时应及时通知医护人员。⑦应用林可霉素时，必须告知患者当出现会阴刺激感、腹泻或大便带血、或见到膜状物时，立即告知医护人员。使用期间应多饮水，保持一定尿量。使用万古霉素时，须让患者注意听力变化，出现耳鸣应立即停药。应用多黏菌素类时，因可引起眩晕及运动失调等神经症状，应告诫患者不要进行高空作业。

2.用药方法和监护

（1）药物配伍：①青霉素遇酸、碱、醇、重金属离子、氧化剂易被破坏，应避免配伍使用。第一代头孢菌素应注意避免与氨基糖苷类和强效利尿剂合用，以免增加肾毒性。②红霉素治疗泌尿道感染时合用碳酸氢钠可使疗效增强，但不宜与酸性药物配伍。③氨基糖苷类药物应避免与强利尿剂、万古霉素等肾毒性的药物合用；避免与呋塞米等损坏听神经的药物合用；不宜与强效中枢抑制药苯海拉明等合用，以免掩盖第8对脑神经损伤的表现。④四环素类一般不与含金属离子的抗酸药物等制剂同服；氯霉素不可与具有骨髓抑制作用的药物合用。⑤林可霉素静滴时不应与其他药物配伍；多黏菌素不与麻醉剂、肌松剂、氨基糖苷类药物合用，以免发生肌无力、呼吸暂停及对肾功能、听神经的损伤。

（2）药物配制与储存：①β内酰胺类抗生素的注射液须临用前配制，室温放置24h不但大部分失效，而且将产生有抗原性的致敏产物。青霉素宜以0.9%氯化钠注射液配制，以减少效价损失，如用5%葡萄糖液配制宜在2h内滴完。②乳糖酸红霉素粉针剂宜用注射用水溶解成5%溶液，再用5%葡萄糖液稀释，并随即滴注，配制的药液在冰箱中保存不得超过1周，室温不得超过24h，以防久置失效。③氨基糖苷类药物注射时应以生理盐水溶解，切勿使用葡萄糖溶液，防止发生浑浊、沉淀。④四环素类水溶液稳定性差，须临用前配制。⑤林可霉素类静滴时稀释浓度不应超过6mg/ml。

（3）给药方法：①青霉素类每次用药前必须询问药物过敏史，用前需做皮试。凡初次用药、停药3天以上或更换批号时均应做皮试；头孢菌素类应用也需做皮试。皮试阳性者禁用，并做好记录，告知患者及家属以防今后误用。口服制剂应在饭前1h或饭后2h给药，如有胃肠刺激症状，可与少量食物或牛奶同服。严禁药物混用注射器。②红霉素注射剂刺激性强，不宜肌内注射或皮下注射，静滴时采用单独的静脉通道，浓度不应超过0.1%，以减少血栓性静脉炎发生。③氨基糖苷类药物一般用药疗程7~10天，避免反复应用（结核病除外）。由于局部刺激性强，宜深部肌内注射，并经常轮换部位，减少疼痛。④四环素类宜饭后口服，用大量白开水服用，以免药物刺激食管，静滴时应稀释，并缓慢给药，以免引起恶心、呕吐、发热、高血压等症状。氯霉素不宜用于肌内注射，除特殊感染，疗程不超过2周。⑤林可霉素类口服时，应嘱患者空腹或饭后2h服用，并多饮水。万古霉素静脉给药，不宜浓度过高，滴注速度也不宜过快，严防药液外漏产生静脉炎及组织坏死。

3.急救与处理

（1）重视用药护理：①头孢菌素久用可影响肠道内维生素的合成，应观察患者有无出血倾向，必要时酌情补充维生素K。用药3天后病情无改善甚至加剧的，应及时告知医生，结合药敏试验更换药物。②使用大环内酯类药物时应注意观察患者是否出现皮肤、巩膜黄染和全身不适、恶心、厌食、腹胀等症状，如出现应立即停药。③使用氨基糖苷类药物时，对平衡失调的患者应加强护理，防止摔倒。如出现肢端麻木等反应，可静注钙剂。④长期应用四环素类药物可致溶血性贫血、嗜酸粒细胞减少等血液病，也可使肌酐、尿素氮、转氨酶等检验值升高，应注意监测。氯霉素用于肝、肾功能不全及12岁以下儿童、妇女时应告诉警惕，严密观察骨髓抑制的先期症状，如发热、咽痛、易疲劳等，一旦出现应立即停药。⑤注射林可霉素类药物时，应嘱患者斜卧位或半卧位休息，并检查血压，直至血压平稳后才能活动。应用多黏菌素时，告知患者神经毒害反应的症状，防止摔倒。

（2）急救处理：①给药开始即要密切观察患者有无过敏反应，通常注射后应观察30min。一旦发生休克，立即肌内注射或皮下注射0.1%肾上腺素0.3~0.5ml，并加用糖皮质激素和H_1受体阻断药等，配合给氧、人工呼吸等措施进行抢救。②使用多黏菌素时，如患者出现不安和呼吸困难时（呼吸少于8~10次/min），应立即停药，静脉注射氯化钙以解除呼吸抑制。

工作任务三　人工合成类抗菌药

目前临床常用的人工合成类抗菌药包括喹诺酮类、磺胺类、硝基咪唑类、硝基呋喃类等药物。

工作项目一　喹诺酮类药物

学习目标

1. 掌握喹诺酮类抗菌药的作用、用途、不良反应及用药注意事项。
2. 熟悉常用的三代喹诺酮类药的名称，比较其临床应用特点。

案例分析

患者，女，65岁。既往有支气管哮喘病史40年，青霉素、头孢类药物过敏史。患者4天前受凉后出现咳嗽、咳痰、喘息，伴发热。

诊断：支气管哮喘合并感染。

治疗：先后给予左氧氟沙星、氨茶碱静脉滴注，静脉滴注左氧氟沙星时患者无不适，静脉滴注氨茶碱约200ml时患者出现心悸、恶心，继而四肢抽搐、意识丧失等症状，立即停用氨茶碱，给予地塞米松10mg静注，盐酸异丙嗪25mg肌内注射，地西泮10mg静注，约15min后上述症状缓解。以后单独滴注左氧氟沙星未出现上述症状。

问题：

患者输注氨茶碱后为什么出现中毒症状？应用喹诺酮类药物时应注意什么？

喹诺酮类（quinolones）是含有4-喹诺酮母核的合成抗菌药。其发展很快，第一代为萘啶酸，因抗菌谱窄，口服吸收差，血药浓度低及不良反应多等，现已淘汰；第二代为吡哌酸，主要用于尿道或肠道感染，不良反应较萘啶酸少；第三代目前临床应用的有诺氟沙星（norfloxacin，氟哌酸），依诺沙星（enoxacin，氟啶酸），培氟沙星（petloxacin，甲氟哌酸），环丙沙星（ciprofloxacin，环丙氟哌酸），氧氟沙星（ofloxacin，氟嗪酸），左氧氟沙星（levofloxacin），洛美沙星（lomefloxacin），托氟沙星（tosufloxacin，多氟啶酸），氟罗沙星（fleroxacin，多氟哌酸），罗氟沙星（rufloxacin），司帕沙星（sparfloxacin）等。

一、喹诺酮类药物的共同特点

【作用】第三代喹诺酮类抗菌谱广，对革兰阴性菌，如大肠杆菌、痢疾杆菌、伤寒杆菌、产气杆菌、变形杆菌、流感杆菌、淋球菌等作用较强；对革兰阳性球菌，如金黄色葡萄球菌、链球菌等也有效，其中一些品种如环丙沙星、托氟沙星、氧氟沙星对绿脓杆菌也有效，其他品种多数较弱。托氟沙星、司氟沙星、环丙沙星抗革兰阳性菌强，托氟沙星、司氟沙星对厌氧菌作用强，司氟沙星还对支原体、衣原体、分枝杆菌等作用最强。那氟沙星、曲伐沙星对革兰阴性、阳性及厌氧菌都有效，后者对军团菌、支原体、衣原体等有较强作用。洛美沙星体内抗菌活性优于诺氟沙星。格帕沙星抗肺炎球菌作用强，对流感杆菌、卡他球菌优于环丙沙星。左氧氟沙星是氧氟沙星光学左旋异构体，作用强一倍，剂量为氧氟沙星一半。喹诺酮类通过抑制细菌DNA回旋酶作用，阻碍DNA复制导致细菌死亡。细菌耐药性以金葡菌、表皮葡萄球菌、肺炎球菌、大肠杆菌、绿脓杆菌等耐药株相对多见。其产生耐药原因是细菌DNA回旋酶突变，与回旋酶基因的单核苷酸改变有关。

【用途】

1. 泌尿生殖系统感染　环丙沙星、氧氟沙星、洛美沙星等对非复杂性和复杂性泌尿道感染、急慢性细菌性前列腺炎、淋球菌性尿道炎或宫颈炎等显效。妇女盆腔炎症性疾病常是多种细菌感染，可与其他药并用。环丙沙星、依诺沙星对软下疳也有效。

2. 消化系统感染　与消化性溃疡相关的螺杆菌，肠道常见大肠杆菌、弯曲菌、变形杆菌、志贺菌，伤寒沙门菌等较敏感，常用于细菌性肠炎、菌痢、伤寒、副伤寒等。

3. 呼吸道感染　对下呼吸道效果较好，但对绿脓杆菌、肺炎球菌、厌氧革兰阳性球菌等呼吸系统病原菌作用弱。对慢性支气管炎、肺炎有一定疗效。

4. 其他感染　如骨和关节感染、皮肤和软组织感染、外科感染及耳鼻喉科感染等有效。也可作为青霉素和头孢菌素等治疗全身感染的替换药。

【不良反应】不良反应大多轻微，氟喹诺酮类的不良反应发生率为3%~5%。

1. 胃肠道反应　较常见，主要表现为食欲缺乏、恶心、呕吐、腹痛、腹泻等，与药物对胃肠黏膜的直接刺激有关。

2. 神经系统反应　少数出现中枢兴奋症状，表现为焦虑、烦躁、神经过敏、失眠、头痛、头晕甚至惊厥等，是由于喹诺酮类药物透过血-脑脊液屏障进入脑组织，阻断γ-氨基丁酸（GABA）与受体结合，使中枢抑制性神经元功能减弱所致。尤其是脑神经疾病及癫痫患者应避免使用。

3. 过敏反应　主要表现为光照部位皮肤痒性红斑，严重者皮肤脱落糜烂。因此，在应用具有光毒性喹诺酮类药物进行治疗的过程中，应避免阳光和人造紫外线的直接或间接照射。

4. 致畸　本类药物在动物实验中发现可能潜在致畸作用及影响幼年动物关节发育，故不宜用于孕妇及18岁以下者。

二、常用的喹诺酮类药物

诺氟沙星

口服后部分吸收，血药浓度低，但尿、肠道药浓度高，对革兰阴性菌和阳性球菌引起无并发症的泌尿道感染疗效较好。此外，亦用于肠道感染。

依诺沙星

口服吸收好，血药及组织中浓度比诺氟沙星高，体内抗菌作用略强于诺氟沙星，仅用于治疗淋病、泌尿道感染、肺部感染等。

环丙沙星

抗菌谱广，为临床常用喹诺酮类中体外抗菌最强者。对革兰阴性菌作用强，对大肠杆菌、痢疾杆菌、变形杆菌、流感杆菌、军团菌、弯曲菌、绿脓杆菌、产酶淋球菌及耐药金葡菌等有较好作用。

氧氟沙星

在痰、尿液及胆汁中浓度高，抗菌谱较诺氟沙星、依诺沙星广而强，敏感细菌有葡萄球菌、化脓性链球菌、溶血性链球菌、肺炎球菌、肠球菌、淋球菌、大肠杆菌、肺炎杆菌、变形杆菌、绿脓杆菌等，对结核杆菌也有抗菌作用。多数厌氧菌不敏感，用于泌尿生殖系、下呼吸道、软组织及肠道等感染。

左氧氟沙星

为氧氟沙星的左旋体，抗菌作用较氧氟沙星强，口服后生物利用度高，不良反应较轻，具有良好的抗结核分枝杆菌作用，且与其他抗结核病药无交叉耐药性。

洛美沙星

抗菌谱广，虽体外抗菌作用与诺氟沙星、氧氟沙星相似，但体内抗菌活性强，口服生物利用度高，血及尿中药物浓度高。

氟罗沙星

抗菌谱广，虽体外抗菌稍弱于环丙沙星，但体内抗菌活性强，口服生物利用度高，口服同剂量（400mg）血浓度比环丙沙星高2~3倍，体内分布广，维持时间长。

司帕沙星

抗菌谱广，对革兰阴性菌抗菌活性与环丙沙星相似，对阳性菌强于环丙沙星和氧氟沙星，对厌氧菌、支原体、衣原体作用强，并对多种耐药菌也有效。口服吸收后在组织内浓度高，半衰期长。用于敏感菌、厌氧菌、支原体及衣原体的感染。近年有报道可发生严重光敏反应，宜慎用。

【药物相互作用】

1.喹诺酮类可减慢茶碱在体内的消除，出现茶碱中毒症状甚至惊厥，临床上应尽量避免与茶碱类合用。

2.环丙沙星与氨基糖苷类合用会加重肾毒性。

3.与抗酸药、抗胆碱药、H_2受体阻断剂合用，可降低胃液酸度，减少本类药物的吸收，应避免同服。利福平、氯霉素可使本类药物的作用降低。

工作项目二　磺胺类药和甲氧苄啶

学习目标

1. 熟悉磺胺类药的分类、作用和用途，掌握其不良反应及用药注意事项。
2. 掌握磺胺类药和甲氧苄啶复方制剂的临床应用。

一、磺胺类药

磺胺类是最早（1935年）用于防治全身性感染的合成药。后来由于各种高效、低毒的抗生素及氟喹诺酮类药物的相继出品，磺胺类药的应用已渐趋减少，但由于磺胺类在治疗某些感染，如流行性脑脊髓膜炎、鼠疫等方面具有较好疗效，且具有使用方便，性质稳定，价格低廉等优点，故仍有应用，尤其与甲氧苄啶合用。

【磺胺药的分类】依据磺胺药口服吸收难易及应用不同，可分为三大类：

1.肠道易吸收的磺胺类　口服后吸收快，作用亦快，抗菌力较强，血中和其他组织体液中浓度较高，适用于全身感染。

磺胺嘧啶

磺胺嘧啶（sulfadiazine，SD）为中效磺胺药，$t_{1/2}$为13h，抗菌力强，与血浆蛋白结合率低，脑脊液中可达有效浓度，是防治流脑的首选药。也用于治疗链球菌、肺炎球菌、葡萄球菌、大肠埃希菌、变形杆菌所致的呼吸系统感染、急慢性尿路感染、肠道感染及局部软组织感染。

磺胺甲噁唑

磺胺甲噁唑（新诺明，sulfamethoxazole，SMZ）属中效磺胺类，$t_{1/2}$为12h，常与甲氧苄啶（TMP）组成复方新诺明（SMZ-CO）用于治疗敏感菌所致的呼吸道、泌尿道、肠道感染，伤寒患者不宜用氯霉素时，可用复方新诺明。疗效与氯霉素相仿，但毒性小。也可用于治疗流感。

2.肠道不易吸收的磺胺类　如酞磺噻唑（泻疾定，PST）、柳氮磺吡啶（SASP）及琥磺噻唑（SST）等肠道吸收少，副反应小，适用于菌痢、肠炎及肠道术前用药等。

3.供局部外用的磺胺类　一般不主张局部应用磺胺药。因为局部用药增加过敏反应发生率，且药效可被脓液或坏死组织所对抗，但下列药物例外。

（1）磺胺醋酰钠（SA-Na）：抗菌作用较弱、但因本品钠盐水溶液近中性（其他磺胺水溶液呈碱性）刺激性小，故适用于滴眼治疗结合膜炎，衣原体砂眼等。

（2）磺胺米隆（甲磺灭脓，SML）：抗菌谱广，抗菌作用不受脓汁或坏死组织影响，对铜绿假单胞菌和破伤风杆菌有效，适用于烧伤感染或外科伤口感染。

（3）磺胺嘧啶银（烧伤宁，SD-Ag）：对铜绿假单胞菌和大肠埃希菌的抗菌作用较SML为强，适用于Ⅰ度和Ⅱ度烧伤。

【抗菌作用】

1.抗菌谱　抗菌谱较广，对多种革兰阳性菌和革兰阴性菌都有较强抑制作用。革兰阳性菌中高度敏感的有溶血性链球菌和肺炎球菌；革兰阴性菌中有脑膜炎奈瑟菌、淋病奈瑟菌、流感嗜血杆菌、鼠疫杆菌、大肠埃希菌，变形杆菌和伤寒沙门菌；对肺炎杆菌、沙眼衣原体、放线菌、疟原虫等亦有效。但对病毒、立克次体、螺旋体等无效。

2.抗菌机制　磺胺类药通过干扰细菌叶酸代谢而抑制细菌生长繁殖。

对磺胺类敏感的细菌不能直接利用周围环境中的叶酸，只能利用对氨苯甲酸（PABA）、二氢喋啶和L-谷氨酸，在二氢叶酸合成酶的催化下合成二氢叶酸，再在二氢叶酸还原酶的作用下形成四氢叶酸。四氢叶酸是一碳单位的传递体，在嘌呤核苷酸和嘧啶核苷酸的合成中传递一碳基团，在核酸的合成中起重要作用。磺胺类药的化学结构与PABA相似，可与PABA竞争二氢叶酸合成酶，阻碍二氢叶酸合成，从而抑制四氢叶酸的形成，使细菌核酸合成受阻（图2-7-5），其生长繁殖受抑制。因磺胺类药是与PABA竞争二氢叶酸合成酶，而PABA对二氢叶酸合成酶的亲和力远远大于磺胺药对二氢叶酸合成酶的亲和力，故首次剂量要加倍，使药物血药浓度迅速升高，达到对抗PABA的浓度。脓液及坏死组织中含大量PABA能减弱磺胺药的作用，故局部应用应清创排脓。人体能直接从食物中摄取叶酸，故磺胺类药对人体叶酸代谢无影响。

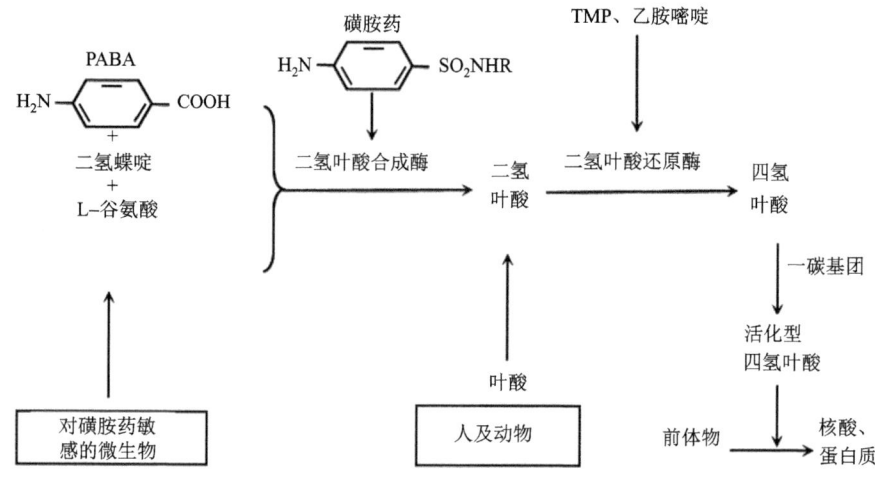

图 2-7-5 磺胺类和 TMP 抗菌作用机制示意图

3.耐药性 单用时细菌对磺胺类药易产生耐药性，本类药物之间可产生完全交叉耐药性。细菌是通过改变自身代谢途径，直接利用外源性叶酸或增加对 PABA 的利用能力而产生耐药。

【临床用途】磺胺类因抗菌作用较弱，易产生耐药，目前主要用于敏感细菌感染。

1.全身感染 如泌尿系统感染、流行性脑脊髓膜炎、呼吸系统感染等。泌尿系统感染选用尿浓度较高的 SIZ、SMZ 或含 TMP 的复方制剂；流行性脑脊髓膜炎应首选 SD；治疗选磺胺甲噁唑与甲氧苄啶合用；其他如伤寒副伤寒可选用 SMZ 与 TMP 的复方制剂，治疗鼠疫用 SD+链霉素。

2.肠道感染 SMZ 复方制剂用于细菌性痢疾，SASP 用于治疗溃疡性结肠炎。

3.局部感染 SML、SD-Ag 外用于皮肤黏膜绿脓杆菌、大肠杆菌等感染，SML 不受脓液及坏死组织影响，可用于烧伤及化脓创面，但缺点是抗菌作用弱、刺激性较强，可引起局部烧灼痛。SD-Ag 对绿脓杆菌作用强，刺激性小，又具有收敛作用，用于烧伤创面感染。磺胺醋酰钠（SA-Na）呈中性，用于眼部感染如沙眼、结膜炎和角膜炎等。

【不良反应】

1.肾损害 磺胺类药及其乙酰化物在尿中浓度较高，溶解度低，特别在酸性环境下溶解度更低，易析出结晶损害肾，引起腰痛、结晶尿、血尿、尿少、尿闭等症状。故在服用磺胺类药时应多饮水，使每日尿量不少于 1500ml，以稀释尿中的药物浓度，同时同服等量碳酸氢钠，碱化尿液以提高其溶解度。用药期间定期进行尿液检查，若发现结晶尿、血尿立即停药。老年人、肾功能不全者、脱水、少尿和休克患者慎用或禁用。

2.过敏反应 药疹多见，严重者可发生渗出性多形红斑、剥脱性皮炎及发热、关节、肌肉疼痛等血清病样反应。一旦发生，应立即停药，并用抗过敏药治疗。各磺胺药之间存在交叉过敏反应。用药前要询问患者有无磺胺药过敏史，若有则不能用。局部用药易致过敏，应尽量避免。

3.造血系统反应 对造血系统有抑制作用，可出现白细胞、血小板减少，再生障碍性贫血。患者可表现为咽痛、发热、出血倾向，用药期间应定期查血象，发现异常及时停药。

4.其他 ①肝损害，可致黄疸、肝功能不全，严重者可发生急性重型肝炎，肝功能损害者禁用。②神经系统反应，可致头晕、头痛、乏力等，驾驶员、高空作业者及操纵机器者慎用。③胃肠道反应，可引起恶心、呕吐、厌食等，一般不需停药，饭后服可减轻症状。④核黄疸，磺胺药能与胆红素竞争蛋白结合部位，使血中游离胆红素增加。新生儿对胆红素处理能力差，偶可发生核黄疸。新生儿、早产儿禁用。⑤溶血性贫血及血红蛋白尿，缺乏葡萄糖 6-磷酸脱氢酶者用磺胺药可发生溶血性贫血及血红蛋白尿。

二、甲氧苄啶

甲氧苄啶（trimethoprim，TMP）与磺胺类结构不同，属于二氢嘧啶衍生物。

【体内过程】口服吸收迅速而完全，生物利用度高，分布广泛，可通过血-脑脊液屏障，脑膜炎症时可达血药浓度的 50%~100%。$t_{1/2}$ 约 10h，与 SMZ、SD 相近。

【抗菌作用】本品属抑制剂，抗菌谱与磺胺类药相似，对多数革兰阳性和革兰阴性细菌有效，抗菌作用强于磺胺类药。抗菌机制是通过抑制细菌二氢叶酸还原酶，阻止二氢叶酸还原为四氢叶酸，从而阻止细菌核酸的合成而呈现抑菌作用。单独应用易产生耐药性，与磺胺药合用时，可使四氢叶酸的形成受到双重阻断，从而使抗菌作用明显增强，甚至可达杀菌效果，并可减少或延缓耐药性的产生。

【临床应用】常与 SMZ 或 SD 合用（通常 SMZ 与 TMP 按 5∶1 或 SD 与 TMP 按 8∶1 组成复方片剂）治疗敏感菌引起的呼吸道感染、肠道感染、泌尿道感染、脑膜炎、败血症、伤寒、副伤寒等。

【不良反应】毒性较低，偶尔可见恶心、呕吐、头晕、乏力等，长期用药少数患者会出现白细胞、血小板减少，巨幼红细胞性贫血，一旦出现应立即停药，并用亚叶酸钙治疗。肝肾功能不全者、骨髓造血功能不良者、两个月以下小儿、哺乳期、妊娠期妇女禁用。不宜与甲氨蝶呤、苯妥英钠等叶酸拮抗剂同时应用，以免导致叶酸缺乏症。

工作项目三　硝基咪唑类

硝基咪唑类药物在体内外对革兰阴性和阳性厌氧菌有效，广泛用于敏感厌氧菌引起的各种感染，还可用于治疗肠内外阿米巴病和滴虫病（详见本模块工作任务六）

工作项目四　硝基呋喃类

硝基呋喃类抗菌谱广，不易引起耐药性，常用有呋喃妥因和呋喃唑酮。

呋喃妥因

呋喃妥因（nitrofurantoin）又名呋喃坦啶（furadantin）对多数革兰阳性和阴性菌有较强作用。因在尿中浓度高，特别是在酸性尿中抗菌作用增强，适用于泌尿系统感染。常见不良反应为消化道反应。饭后服用可减轻。

呋喃唑酮

呋喃唑酮（furazolidone）又名痢特灵。口服吸收少，肠内可保持高浓度，主要用于肠炎、菌痢等肠道感染。治疗幽门螺菌所致胃溃疡亦取得较好效果。

工作项目五　人工合成类抗菌药的用药护理程序

1.用药前评估

（1）明确用药目的：喹诺酮类、磺胺类及其与甲氧苄啶的复方制剂主要用于敏感菌所致的泌尿道、呼吸道等部位感染，硝基呋喃主要用于泌尿道及肠道敏感菌感染。

（2）掌握护理对象基本情况：了解患者肝、肾功能，了解神经功能状况，询问患者是否处于妊娠或哺乳期。了解患者过敏史，患者是否有嗜酒、饮茶及咖啡的习惯。询问患者是否有癫痫或惊厥史。

（3）用药教育：①用喹诺酮类及磺胺类药物期间须多饮水，每日不少于 2000ml。②不要进行驾驶或高空作业，避免影响反应能力出现事故。③教育患者及其家属服用磺胺类药物时，注意是否有尿色加深、皮疹等反应，一旦出现须及时报告。

2.用药方法和监护

（1）药物配伍：①局麻药普鲁卡因、丁卡因可在体内水解释出 PABA，降低磺胺类药疗效，故不宜合用。脓液和坏死组织中含大量 PABA，需清创排脓后方可使用。②喹诺酮类与抗酸药合用可减少在胃肠道内吸收，不宜合用。环丙沙星与茶碱、咖啡因合用可使后者血液中浓度升高引起中毒，应减量。

（2）给药方法：①喹诺酮类在规定时间空腹服用，服后多饮水，服用期间不应饮用咖啡与浓茶，以防导致失眠、神经过敏、心动过速等。静滴时速度不宜过快，防止诱发惊厥或癫痫。②磺胺类药物竞争二氢叶酸能力比对氨苯甲酸（PABA）差，临床常采用首剂加倍的方法保证疗效。必要时同服碳酸氢钠，多饮水，以减少肾毒性。

（3）用药监测：①喹诺酮类长期应用，应监测肝、肾功能。②磺胺类药物用药超过一周，必须注意肾功能监测，久用时须定期检查血象。

3.急救与处理

（1）用氟喹诺酮类 4 周以上者，应注意是否出现关节病样症状，一旦出现须及时处理。嘱咐患者氟喹诺酮类可致光敏反应，服药期间应避免日光直射。

（2）用磺胺类药或甲氧苄啶期间，应交待患者注意有无喉痛、发热、全身乏力、苍白等造血系统反应，如出现应停药并处理。

制剂和用法

诺氟沙星　成人 0.4g/次，2 次/日。静滴每次 200mg，2～3 次/日。

氧氟沙星　成人 0.3g/次，2 次/日。静滴每次 200mg，2～3 次/日。

左氧氟沙星　成人 0.1g/次，3 次/日。

培氟沙星　成人 0.4g/次，2 次/日。

环丙沙星　成人 0.5g/次，1～2 次/日。静滴每次 100～200mg，2 次/日。

依诺沙星　成人 0.1～0.2g/次，2 次/日。

洛美沙星　成人 0.2g/次，2～3 次/日。

氟罗沙星　成人 0.4g/次，1 次/日。

托氟沙星　成人 0.1～0.2g/次，2～3 次/日。

司帕沙星　成人 0.3g/次，1 次/日。

磺胺嘧啶　治疗流脑小儿每日 0.2～0.3g/kg，成人 2g/次，4 次/日。钠盐可深部肌内注射或用生理盐水稀释，使浓度低于 5%，缓慢静脉滴注或静脉注射。

复方磺胺甲噁唑片（复方新诺明）　片剂：0.5g/片（每片含 SMZ0.4g、TMP0.08g）。口服：成人 2 片/次，2 次/日。

磺胺醋酰钠　用 10%～30%水溶液滴眼用。

磺胺米隆　5%～10%溶液湿敷或 5%～10%软膏涂敷。

磺胺嘧啶银　用 1%～2%软膏或乳膏涂敷创面，也可用乳膏油纱布包扎创面。

呋喃妥因　成人 0.05～0.1g/次，4 次/日；儿童 5～10mg/kg/日，分 4 次服，不宜超过 2 周。

工作任务四　抗真菌药及抗病毒药

学习目标

熟悉常用抗真菌药、抗病毒药的临床应用、不良反应及用药注意事项。

案例分析

患者，男，60 岁。糖尿病史 9 年，近期因合并感染应用头孢类药物 15 天，3 天前发现口腔黏膜出现白色薄膜，细菌学检查为白色念珠菌感染，医生诊断为鹅口疮。

问题：

给予制霉菌素治疗，是否合理？

工作项目一　抗真菌药

真菌感染分为浅部真菌感染和深部真菌感染。前者主要由表皮癣菌、毛癣菌、小孢霉菌引起，后者主要由念珠菌、隐球菌等引起深部组织及内部器官

真菌感染可分为浅部感染和深部感染两类，浅部感染常见致病菌是各种癣菌，多侵犯皮肤、毛发、指（趾）甲等部位，导致头癣、足癣、股癣、体癣及指（趾）甲癣等，发病率高。治疗药物有灰黄霉素、制霉菌素或局部应用咪康唑和克霉唑等。深部感染常见致病菌为白色念珠菌、新型隐球菌等，主要侵犯深部组织和内器官官如肺、胃肠道、泌尿道等处的感染，严重者可导致真菌性脑膜炎、心内膜炎、败血症等，危害极大。随着临床上广谱抗生素、肾上腺皮质激素及免疫抑制剂的广泛应用，深部真菌病日趋增加。根据抗真菌药的化学结构可分为抗生素类、咪唑类及其他类。

一、抗生素类

灰黄霉素

灰黄霉素（griseofulvin）口服易吸收，吸收后分布全身，以皮肤、脂肪和毛发等组织含量较高，对病变组织亲和力大，并能渗入皮肤角质层，与角蛋白结合，可阻碍癣菌继续侵入。对各种浅表皮肤癣菌（表皮癣菌属、小孢子菌属和毛癣菌属）有较强抑制作用，通过干扰敏感真菌的有丝分裂，抑制其生长。主要用于治疗各种癣病，对头癣、体股癣和手足癣等效果好，对指（趾）甲癣效差。不良反应常见消化道有恶心、呕吐，神经系统有嗜睡、眩晕、失眠。偶见白细胞减少、黄疸等。对本药过敏者、妊娠和哺乳妇女禁用。

制霉菌素

制霉菌素（nystan）对白色念珠菌及隐球菌等各种真菌均有抑制作用，对阴道滴虫也有效。因毒性大，主要以局部用药治疗皮肤、口腔及阴道念珠菌感染和阴道滴虫病。口服也用于胃肠道真菌感染。

两性霉素 B

两性霉素 B（二性霉素 B，庐山霉素，amphotericin B）对多种深部真菌如白色念珠菌、新型隐球菌、组织胞质菌等有强大的抑制作用，高浓度有杀菌作用。本药能与真菌细胞膜的类固醇（麦角固醇）相结合，而增加细胞膜通透性，导致胞质内的电解质、氨基酸等重要物质外漏，使真菌死亡。主要用于各种真菌性肺炎、心内膜炎、脑膜炎及尿路感染等。也可局部用于皮肤及黏膜真菌感染。不良反应较多，毒性较大，常可出现不同程度的肾损害及血液系统毒性反应。静滴初期及静滴过程可出现高热、寒战、头痛、恶心、呕吐等。静滴液应稀释，防止静滴过快引起惊厥和心律失常等。应定期作血钾，血、尿常规，肝肾功能和心电图检查。

二、唑　　类

唑类是一类含有咪唑基的抗真菌药物，通过抑制真菌细胞膜的合成而产生作用，对深部和浅部真菌感染均有明显作用。唑类包括咪唑类及三唑类，咪唑类有克霉唑、咪康唑和酮康唑等，主要为局部用药；三唑类有氟康唑和伊曲康唑，其中氟康唑用作治疗深部真菌药。

克霉唑

克霉唑（三苯甲咪唑，clotrimazole）为广谱抗真菌药，对深部、浅部真菌感染均有较好疗效。口服吸收差，且不良反应较多，主要局部应用于皮肤黏膜真菌感染，局部用药可穿透表皮，但极少吸收。

咪康唑

咪康唑（miconazole）为广谱抗真菌药，抗菌谱和抗菌强度与克霉唑相似。静脉滴注用于治疗多种深部真菌病，局部应用治疗皮肤黏膜真菌感染。静注可致血栓性静脉炎，也可出现恶心、呕吐、发热、寒战、心律失常及过敏反应等。

酮康唑

酮康唑（ketoconazole）为广谱抗真菌药，口服易吸收，治疗多种浅表皮肤黏膜念珠菌病，疗效类似或优于灰黄霉素。由于其肝毒性，故全身应用受限。外用有较好疗效。不良反应有胃肠反应，肝功能异常及肝坏死。

氟康唑

氟康唑（nuconazole）为广谱抗真菌药，抗菌谱与酮康唑相似，体内抗菌活性比酮康唑强5～20倍。本品可供口服及注射用。主要用于各种念珠菌、隐球菌病及各种真菌引起的脑膜炎及艾滋病患者口腔、消化道念珠菌病等。不良反应在本类药中较低，患者易耐受，常见轻度消化道反应、头痛、头晕及肝功能异常等。孕妇忌用。

伊曲康唑

伊曲康唑（itraconazole）具广谱抗真菌作用，对深部及浅部真菌感染均有效。与酮康唑相比，抗真菌活性更强，抗菌谱更广，毒性较小。主要用于手足癣、体癣、股癣、甲癣等浅部真菌感染及真菌性结膜炎、口腔念珠菌感染、阴道念珠菌感染。常见不良反应有恶心、呕吐、腹泻、腹痛、厌食及发热、水肿、皮肤瘙痒等症状。少数患者用后出现头痛、头晕、嗜睡、蛋白尿、肝功能异常等症状。孕妇、哺乳期妇女禁用。用药期间应定期检查肝功能。

三、其他类

特比萘芬

特比萘芬（terbinafine）属丙烯胺类抗皮肤真菌药。脂溶性高，口服吸收良好，分布广泛，主要分布于皮肤角质层，可很快弥散和聚集于皮肤、毛发和指（趾）甲等部位并可长时间维持高浓度。对各种浅部真菌如表皮癣菌属、小孢子菌属、毛癣菌属等有杀菌作用，对白色念珠菌有抑制作用。具有作用快、疗效高、复发少、毒性低等特点。用于治疗体癣、股癣、手癣、足癣及甲癣。不良反应发生率低且轻微，主要为胃肠道反应，也可出现荨麻疹及一过性转氨酶升高。

氟胞嘧啶

氟胞嘧啶（5-氟胞嘧啶，flucytosine）为广谱抗真菌药。主要用于治疗隐球菌、念珠菌等敏感真菌所致的深部真菌感染，对真菌性脑膜炎有较好疗效，但单用易产生耐药性，宜与两性霉素B合用以发挥协同作用。常见不良反应为恶心、呕吐、腹痛、腹泻等消化道反应。有肝毒性，用药期间应定期查肝功能。大剂量应用或与两性霉素B合用时可致白细胞、血小板减少，偶可发生全血细胞减少等骨髓抑制现象，用药期间应定期检查血象。骨髓造血功能低下或正在接受免疫抑制剂治疗者禁用。偶可致暂时性精神失常。孕妇应避免应用。

工作项目二　抗病毒药

病毒是病原微生物中最小的一种，核心含有核酸（DNA或RNA），以蛋白质为外衣组成病毒颗粒，必须依赖宿主细胞提供能量、酶系统及代谢必需物质才能生长繁殖。抗病毒药是一类用于预防和治疗病毒感染的药物，可通过以下途径发挥作用：①阻止病毒进入细胞内，如丙种球蛋白、金刚烷胺等；②抑制病毒核酸复制，如阿昔洛韦、阿糖胞苷、利巴韦林等；③抑制病毒释放或增强宿主抗病毒能力，如干扰素等。抗病毒药可据其抗病毒谱分为：①抗疱疹病毒药；②抗反转录病毒药；③其他抗病毒药。

一、抗疱疹病毒药

阿昔洛韦

阿昔洛韦（无环鸟苷，aciclovir）及伐昔洛韦（valacyclovir）属嘌呤核苷类化合物，进入体内后可被感染细胞选择性摄取，抑制病毒DNA合成。对其敏感的病毒有单纯疱疹病毒、带状疱疹病毒、非洲淋巴病毒。主要用于：①单纯疱疹脑炎，为首选；②生殖器疱疹病毒感染；③皮肤黏膜疱疹病毒感染；④水痘、带状疱疹病毒感染感染等。不良反应较少，大剂量静脉滴注可引起结晶尿而致肾小管阻塞，甚至出现急性肾衰竭。故静脉滴注速度不宜过快。用药期间多饮水，以促进药物排泄。肾功能不全者不宜用本品滴注。口服可致恶心、呕吐、腹泻等，偶见发热、头痛、皮疹、下肢抽搐、手足麻木、低血压等，停药后症状迅速消失。部分患者出现轻度肝功能损害。孕妇及哺乳妇女慎用，因可透过胎盘，也可从乳汁分泌。

碘苷

碘苷（疱疹净，idoxuridine，IDU）可有效抑制DNA病毒，如单纯疱疹病毒Ⅰ型、Ⅱ型和带状疱疹病毒。作用强度不如阿昔洛韦，且毒性大，仅限于局部应用。临床用于单纯性疱疹角膜炎、结膜炎或皮肤、口角疱疹病。滴眼有刺激感，长期应用对角膜有损伤作用，不宜与皮质激素类药物合用。

二、抗反转录病毒药

抗反转录病毒药（又称抗艾滋病毒药），能抑制人类免疫缺陷病毒（艾滋病毒，HIV）的复制，为治疗艾滋病毒感染的药物。艾滋病（AIDS）是由艾滋病毒感染引起的以人类免疫功能丧失为特征的一种全身性传染病，患者终因机体免疫功能急剧下降，各种病原菌侵入，感染难以控制而死亡。抗反转录病毒药能不同程度地抑制艾滋病毒，改善临床症状，延长艾滋病患者的存活时间。但本类药物不能完全杀灭艾滋病毒、也不能根治艾滋病。

齐多夫定

齐多夫定（zidovudine，ZDV）又称叠氮胸苷（azidothymidine，AZT）是用于治疗获得性免疫缺陷综合征（艾滋病）的第一个药物，能竞争性抑制艾滋病毒的反转录酶，阻碍艾滋病毒的DNA合成。延长艾滋病患者的存活时间，改善临床症状，降低感染的发生率。主要用于晚期艾滋病伴有卡氏肺囊虫感染的患者，多与其他抗艾滋病感染药合用，以增强疗效，减少耐药性产生。本品毒性反应较大，主要表现为骨髓抑制，可出现贫血，中性粒细胞减少，应定期查血象。大剂量可出现中枢抑制。偶见肝功能异常。

扎西他滨

扎西他滨（双脱氧胞苷，zalcitabine）作用机制同齐多夫定，是目前抗艾滋病感染作用最强的核苷类衍生物。常见的不良反应还有发热、皮疹、口腔溃疡、关节疼痛等，偶见血小板减少或中性粒细胞减少。

去羟肌苷

去羟肌苷（双脱氧肌苷，didanosine）作用机制同齐多夫定，其最大优点是不抑制骨髓造血系统。用于对齐多夫定产生耐药性和不能耐受齐多夫定的艾滋病患者。毒性较小，少数患者发生急性胰腺炎，用药期间应监测胰腺功能，一旦发现异常立即停用。偶见肝毒性，慢性酒精中毒者不宜应用。

利托那韦、韦奈非那韦、沙奎那韦、英地那韦和安普那韦

利托那韦（ritonavir）、奈非那韦（nelfinavir）、沙奎那韦（saquinavir）、英地那韦（indinavir）和安普那韦（amprenavir）为蛋白酶抑制剂（PIs）。蛋白酶是HIV复制过程中产生成熟HIV所必需的酶。此类药通过抑制病毒编码的蛋白酶，产生无功能病毒而发挥抗病毒作用。

三、其他抗病毒药

利巴韦林

利巴韦林（病毒唑，ribavirin）为广谱抗病毒药，对多种RNA病毒和DNA病毒如流感病毒、鼻病毒、带状疱疹病毒和肝炎病毒等均有明显抑制作用。临床用于防治流行性出血热，流感、疱疹、麻疹、腺病毒肺炎及甲型肝炎等。不良反应有腹泻、白细胞减少及可逆性贫血等。对动物可致畸胎，孕妇禁用。

阿糖腺苷

阿糖腺苷（vidarabine）具广谱抗病毒作用，能抑制病毒DNA合成。临床静滴用于治疗单纯疱疹病毒性脑炎，局部外用治疗疱疹病毒性角膜炎。不良反应有眩晕、恶心、呕吐、腹泻、腹痛，偶见骨髓抑制，白细胞和血小板减少等。有致畸作用，孕妇忌用。

干扰素

干扰素（interferon）分为α、β、γ三种，为广谱抗病毒药。α-干扰素临床用于乙型肝炎、丙型肝炎的治疗，也用于预防和治疗呼吸道感染及免疫缺陷患者合并单纯疱疹病毒、带状疱疹病毒、巨细胞病毒感染；β-干扰素常需静脉给药。不良反应少，肌内注射可见发热、头痛、肌痛等，静脉注射可见高热、呕吐、心率加快、血压波动等。

金刚烷胺

金刚烷胺（金刚胺，amantadine）对甲型流感病毒有效，适用于预防和治疗甲型流感。进入脑组织后可

促使脑组织释放多巴胺并延缓多巴胺的分解代谢，可用于治疗震颤麻痹综合征。不良反应较小，剂量较大时可致不安、头痛、幻觉、运动失调等。孕妇、哺乳妇女、精神病、癫痫患者禁用。

工作项目三　抗真菌药及抗病毒药的用药护理程序

1. 用药前评估

(1) 明确用药目的：抗真菌药用于预防和治疗浅部或深部的真菌感染；抗病毒药用于病毒感染。

(2) 掌握护理对象基本情况：检测患者心、肝、肾、血液、神经系统的正常指标，确诊真菌感染部位。了解患者是否处于妊娠及哺乳期。

(3) 用药教育：①使用抗真菌药时，教育患者坚持药物治疗，不能随意停药，指导患者自我护理皮肤及防止真菌感染的方法。②使用抗病毒药时，要求患者坚持按时服药。让患者及家属了解病毒感染具有传染性，治疗期间应注意疾病的预防和家属的隔离。

2. 用药方法和监护

(1) 药物配伍：①酮康唑不应与 H_2 受体阻断剂等抗酸制剂合用，以免降低胃内酸度，影响吸收。②阿糖腺苷不宜与血液、血浆和含蛋白质的输液配伍，也不宜与有免疫抑制作用的药物合用。阿昔洛韦不宜与氨基糖苷类等有肾毒性的药物配伍。

(2) 药物配置与储存：①两性霉素 B 应用 5% 葡萄糖注射液稀释，临用前配制。②阿糖腺苷供注射时，以较大量葡萄糖溶液配制，可加温到 35~40℃ 使其溶解到澄清后供静滴。阿昔洛韦粉针剂，先用注射用水配成 2% 溶液再用生理盐水或葡萄糖溶液加至 60ml，于 1h 内恒速静注。

(3) 给药方法：①为减少口服抗真菌药物引起的胃肠反应，可采用饭后或餐中服用。为减少两性霉素 B 毒性，防止所配的溶液见光分解，应避光缓慢滴入。②阿糖腺苷静滴时，应定时摇动输液瓶，防止发生沉淀。利巴韦林每日的剂量不应超过 0.9g，以防引起贫血或白细胞减少。

(4) 用药监测：①应用氟胞嘧啶、两性霉素 B 等药物期间，应定期监测肝肾功能，出现异常应停药。应用氟胞嘧啶要定期查血象，注意是否有抑制骨髓的毒性反应。②阿糖腺苷用药时，应注意监测心率、呼吸、体液平衡情况及体重。

3. 急救与处理

(1) 为减轻两性霉素 B 滴注过程中出现寒战、高热等反应，滴注前给患者服用解热镇痛药和抗组胺药，滴注液中加入生理量的氢化可的松或地塞米松。应用全身性抗真菌药时，应监护如视觉模糊、头痛、头晕等听、视觉改变及对神经系统损害的症状，及时发现报告医护人员作出处理。

(2) 应用金刚烷胺要防止患者因眩晕、体位性低血压引起跌倒、损伤。应用阿昔洛韦后，应教患者加强口腔卫生，预防牙龈增生。

制剂和用法

灰黄霉素　成人 500~600mg/日，儿童每日 10~15mg/kg，分 2~4 次口服。疗程 10~14 日。

两性霉素 B　静脉滴注时溶于 5% 葡萄糖液中，稀释为 0.1mg/ml，必要时可在滴注液中加入地塞米松。药液宜避光缓慢滴入。

制霉菌素　成人 50 万~100 万 U/次，4 次/日，儿童酌减。此外，尚有软膏、阴道栓剂、混悬剂供局部用。

克霉唑　成人 0.5~1.0g/次，3 次/日；儿童每日 20~60mg/kg，分 3 次服。软膏、栓剂、霜剂可供外用。

咪康唑　成人静脉点滴 200~400mg，每 8 小时 1 次，最大剂量不宜超过每日 30mg/kg 或 2g 药物稀释于生理盐水或 5% 葡萄糖液 200mg 中，30~60min 内静滴。

酮康唑　成人 200mg/次，1 次/日，必要时剂量可加大至每日 600mg/次。疗程根据真菌感染的性质而定，可达 5~6 月以上。

氟康唑　胶囊剂（或片剂），50、100、150mg/粒，1 次/日，每次 50 或 100mg，必要时 150 或 300mg/日。注射剂 100mg/50mg 静滴，100~200mg/日。

氟胞嘧啶　片剂，每片 260mg、500mg，每日 100~150mg/kg，分 3~4 次服，疗程数周。

特比萘芬　口服 250mg/次，1 次/日；或 125mg/次，1 日 2 次，具体疗程由医师决定。

盐酸金刚烷胺　成人早、晚各服 1 次，0.1g/次。

阿昔洛韦　片剂：0.2g/片。口服：成人 0.2g/次，1 次/4h。注射剂：0.25g/支、0.5g/支。成人常用量，5mg/(kg·次)，1 次/8h，静滴：疗程 7~10 日。另有眼膏、软膏供外用。

碘苷　0.1% 滴眼液，0.5% 眼膏。眼用：治疗疱疹性角膜炎，白天 1 次/1h，夜间 1 次/2h，症状显著改善后，改为白天 1 次/2h，夜间 1 次/4h。

利巴韦林　片剂：0.05g/片、0.1g/片，口服：成人 0.1~0.2g/次，3 次/d。注射液：0.1g/1ml，静脉注射：10~15mg/(kg·d)，分 2 次。

工作任务五　抗结核病药及抗麻风病药

> **学习目标**
> 1. 掌握一线抗结核病药的作用特点、临床用途、主要不良反应及防治。
> 2. 熟悉抗结核病药的应用原则。

> **案例分析**
>
> 患者，男，29岁。因发热、胸痛、咳嗽、血痰1周就诊。患者近3个月来有低热，午后体温增高，咳嗽，给予抗感冒治疗，疗效欠佳。1周来体温增高，咳嗽加剧，痰中带血。半年来有明显厌食，消瘦，夜间盗汗。查体：体温38℃，脉搏88次/分，呼吸28次/分，发育正常，营养稍差，消瘦，神志清楚，查体合作。X线检查可见双肺纹理增粗，右肺间有片状阴影，取痰液做细菌培养和抗酸检查均为阳性，PPD（结核菌素）试验强阳性。
>
> 诊断：肺结核（浸润型）。
>
> 治疗：异烟肼 0.4g/日，利福平 0.45g/日，乙胺丁醇 0.75g/日，一次晨顿服。2月后改为每周2次，联用异烟肼及利福平。总疗程9个月。注重生活护理。
>
> 问题：为何要首选异烟肼及利福平治疗？并分析为何要联合用药治疗结核病。

工作项目一　抗结核病药

结核病是由结核分枝杆菌引起的慢性传染性疾病，严重危害人民健康。结核病可累及全身多器官系统，最常见的患病部位是肺脏，占各器官结核病总数的80%~90%，也可以累及肝、肾、脑、淋巴结等器官。随着抗结核病药的应用及生活条件的改善，结核病已显著减少，但是近年来结核病的发病率有所上升。理想的抗结核病药应对结核分枝杆菌有杀灭作用或有很强的抑制作用，毒性小，应用方便，用药后不仅能达到有效血药浓度，而且能渗入到病灶组织细胞内，且不易致耐药性产生。异烟肼、利福平、吡嗪酰胺、乙胺丁醇、链霉素，因疗效好、毒性相对较小，被列为一线抗结核药；对氨水杨酸、卷曲霉素、卡那霉素、阿米卡星及环丝氨酸等，因毒性大或疗效较差列为二线抗结核药，仅在细菌对一线药耐药时才考虑应用。

一、常用抗结核病药

异烟肼

异烟肼（isoniazid，INH）又名雷米封（rimifon），口服吸收快而完全，分布于全身组织和体液，可透过血-脑屏障，脑脊液中可达有效浓度。穿透力强，可透入关节腔、胸腹水、纤维化、干酪化、淋巴结的结核病灶中。

【作用】对结核杆菌有很强的抑制和杀灭作用，对静止期结核杆菌有抑制作用，对繁殖期结核杆菌有杀灭作用。对细胞内外结核杆菌都有强的作用。其机制尚未阐明，认为该药可抑制分枝杆菌细胞壁特有重要成分分枝菌酸的生物合成，因此对结核杆菌具有高度选择性，而对其他细菌无作用。单用易产生耐药性，与其他抗结核药间无交叉耐药性，故常联合用药以增加疗效和延缓耐药性发生。

【用途】为防治各种类型结核病的首选药。除早期轻症肺结核或预防时可单用外，常需与其他一线药合用，对粟粒性结核和结核性脑膜炎应加大剂量，必要时注射用药。

【不良反应】发生率与剂量相关，治疗量时不良反应少而轻。

1.神经系统　常见周围神经炎，表现为手或脚麻木、震颤、步态不稳等，可能因异烟肼与维生素 B_6 结构相似，增加维生素 B_6 排泄，造成维生素 B_6 缺乏所致。用维生素 B_6 可防治周围神经炎及其他神经功能异常。对嗜酒、精神病及癫痫者慎用。

2.肝毒性　可发生药物性肝损害，多数在用药4~8周后出现氨基转移酶值升高，极少数可发生黄疸。饮酒能加重肝损害，用药期间应禁酒。转氨酶持续升高或出现黄疸时应停药，并进行护肝治疗。

3.其他　可发生胃肠反应，偶见过敏反应及贫血、白细胞减少等。

利福平

利福平（rifampicin，甲哌利福霉素，rifampin）空腹服药吸收完全，穿透力强，能进入细胞、结核空洞、痰液及胎儿内。因本药及其代谢物是橘红色，患者尿、粪、泪液、痰等均染成橘红色。应事先告诉患者。

【作用】具有广谱抗菌作用，对结核杆菌和麻风杆菌作用强。低浓度抑菌，高浓度杀菌。对静止期和繁殖期细菌均有效，抗结核作用与异烟肼相当。此外，对多种革兰阴性和阳性球菌如金葡菌等有强大抗菌作用。对阴性菌如大肠杆菌、变形杆菌、流感杆菌等有抑制。此外对沙眼衣原体和某些病毒也有抑制作用。单独使用易产生抗药性，与其他抗结核药合用，延缓耐药产生。抗菌机制是特异性与细菌依赖于DNA的

RNA多聚酶的β亚单位结合，阻碍mRNA合成。对人和动物细胞的RNA多聚酶无影响。

【用途】主要与其他抗结核药合用，治疗各种结核病，包括初治及复治；也用于耐药金葡菌及其他敏感细菌所致感染，如胆道感染；外用治疗沙眼及敏感菌所致的眼部感染；还可用于治疗麻风病。

【不良反应】常见恶心、呕吐、腹痛、腹泻等胃肠反应。少数出现药热、皮疹，较严重者出现肝损害，可见黄疸、肝大。用药期间应定期查肝功能。本品诱导肝药酶，可加速皮质激素和雌激素等药代谢，能降低肾上腺皮质激素、雌激素、口服避孕药、双香豆素、甲苯磺丁脲、洋地黄毒苷、奎尼丁、普萘洛尔等作用。本药对动物有致畸胎作用，妊娠早期妇女禁用。

利福喷汀和利福定

利福喷汀（rifapentine）和利福定（rifadin）抗菌谱和利福平相同，对结核杆菌作用比利福平强，与其他抗结核药，如异烟肼、乙胺丁醇等有协同作用。本品与利福平有交叉耐药，不适于后者治疗无效病例。

乙 胺 醇

乙胺丁醇（ethambutol）选择性对结核杆菌有较强抑制作用，对异烟肼或链霉素耐药的结核杆菌也有效，对其他细菌无效。单用时可产生抗药性，但较慢，与其他抗结核药间无交叉抗药性。常与异烟肼或利福平等合用于治疗各种结核。不良反应较少见，严重毒性反应是球后神经炎，引起弱视，视野缩小，红绿色盲或分辨能力减退等，其发生率与剂量、疗程相关。应定期检查视力和视野。

链 霉 素

链霉素（streptomycin）是第一个有效的抗结核病药。仅有抑菌作用，抗结核作用仅次于异烟肼和利福平。其穿透力弱，不易渗入细胞、纤维化、干酪化及厚壁空洞病灶。与其他抗结核药合用于浸润性肺结核、粟粒性结核等。随着其他抗结核药的出现，用于结核病已大为减少。

吡嗪酰胺

吡嗪酰胺（pyrazinamide，PZA）与利福平和异烟肼合用，有明显协同作用。常用于其他抗结核药治疗失败的复治患者。高剂量、长疗程常见严重的毒性反应是肝损害，出现氨基转移酶值升高、黄疸、肝大甚至肝坏死，减少用量可降低毒性反应，应定期查肝功能。本药现作为一线低剂量、短疗程的三联或四联强化治疗方案中的组合用药。

对氨基水杨酸

对氨基水杨酸常用其钠盐（sodium aminosalicylate，PAS-Na）对结核杆菌作用弱于异烟肼、利福平、乙胺丁醇和链霉素等，但耐药性产生较慢。不良反应较多，常见胃肠反应及过敏反应。现作为二线药与其他抗结核药合用治疗结核。

氨 硫 脲

氨硫脲（thioacetazone，TB_1）对结核杆菌作用弱，以代替PAS，可与异烟肼和链霉素合用治疗肺结核和淋巴结核等，不良反应为皮疹、白细胞减少及肝肾损害，用药期间应定期查血象、尿及肝功能。

二、抗结核病药的应用原则

1.早期用药　早期病灶内结核杆菌生长旺盛，对药物敏感。早期病变以炎性细胞浸润、渗出为主，有利药物渗入病灶内，机体防御功能较好可获良效。

2.联合用药　联合用药可提高疗效，降低毒性，延缓耐药性产生。至少两药合用。

3.坚持全疗程规律用药　患者时用时停或随意变换用量常是结核病化疗失败的主要原因，难以保证抗结核药效果，而且易产生耐药或复发。在强化治疗阶段联合应用作用强的药物。

4.适宜的剂量　用药剂量过大，不良反应多而严重，剂量过小，不仅难见疗效，易使细菌产生耐药性导致失败。

工作项目二　抗麻风病药

麻风病是一种由麻风分枝杆菌引起的慢性传染病。常用抗麻风病药主要包括氨苯砜、利福平和氯法齐明等，多采用联合用药，以防止耐药性和减少不良反应。

氨 苯 砜

氨苯砜（dapsone，DOS）口服吸收迅速而完全，全身分布广泛，病变皮肤中药物浓度远高于正常皮肤。

抗菌谱及作用机制与磺胺类药物相似，但对麻风杆菌有较强的抑制作用，为治疗麻风病的首选药。

不良反应多见溶血和发绀，葡萄糖-6-磷酸脱氢酶缺乏者更容易发生。亦可引起胃肠道反应、肝毒性、中毒性精神病及变态反应。治疗早期或剂量增加太快，患者可发生麻风症状加剧的反应（称麻风反应）。

利 福 平

对麻风杆菌包括对氨苯砜耐药的菌株有杀菌作用。单独应用易致耐药性，为联合治疗麻风病的重要组成药物。

氯法齐明

氯法齐明对麻风杆菌有抑制作用，常与氯苯砜、利福平联合治疗各种麻风病，亦作为抗麻风反应的治疗药物。主要不良反应为皮肤色素沉着。

麻风杆菌易产生耐药性，麻风病皮肤病变及神经损害的恢复需要较长的时间，因此，多采用长期有规律的联合用药，以提高疗效、减少或延缓耐药性的产生、降低毒性。对多菌型患者的联合疗法多采用WHO推荐的方案，即氨苯砜100mg/D.口服，利福平600mg、氯法齐明300mg，每月一次间服。

工作项目三 抗结核病药及抗麻风病药的用药护理程序

1. 用药前评估

（1）明确用药目的：抗结核药主要用于预防及治疗各种类型的结核病。

（2）掌握护理对象基本情况：了解患者的年龄、营养、精神状况、妊娠期妇女的孕龄，记录肝功能指标，了解消化系统及听力情况。了解患者吸烟、酗酒史。

（3）用药教育：①对患者及家属进行结核病知识的宣传，克服患者的恐惧心理，使患者树立正确的治疗观，配合医护人员完成治疗方案。②在治疗期间培养良好的卫生习惯，预防疾病的传播，注意饮食结构的调整，加强富含维生素食物的摄入。建议患者在治疗期间改正抽烟的不良习惯，严禁饮酒。③告知患者严格按照治疗要求服药，不能擅自停药。④告知患者药物不良反应。

2. 用药方法和监护

（1）药物配伍：①抗酸药不宜与异烟肼同服，以免降低后者吸收率。②乙胺丁醇和含铝盐的抗酸药合用可降低其吸收，故宜间隔2~3h服用。

（2）药物配置与储存：药物应避光、防潮、避热，利福平胶囊遇湿不稳定，光照易氧化，如发现变色、变质应弃之。

（3）给药方法：①口服给药对消化道有刺激症状时，可和食物同服。利福平、吡嗪酰胺应晨起顿服，其他药物应在每日相同时间餐前1h或餐后1h顿服，亦可晨起顿服。②异烟肼应尽量采用口服，静脉给药应注意控制滴速。

（4）用药监测：用药期间定期监测肝肾功能变化，视力改变。

3. 急救与处理

（1）异烟肼、利福平、吡嗪酰胺、乙胺丁醇单用或联用，应注意肝功能变化，有肝区不适、皮肤、巩膜黄染等要及时告知医生。

（2）异烟肼长期服用每日剂量超过0.5g时，注意观察有无周围神经炎的症状，同时加服维生素B_6。

（3）服用乙胺丁醇每隔2~4周做一次眼科检查，观察视力及红绿色分辨力，一旦出现异常应立即停药。

（4）使用利福平后，患者尿液、泪液、唾液等分泌物会变成橘红色，提醒患者该现象对健康无影响，停药后可恢复。

（5）若患者规律、系统服药后三周，病情无好转，应及时告知医生做进一步检查、确诊。

制剂和用法

异烟肼 300~400mg/日，分1~3次服。粟粒性结核、结核型脑膜炎、干酪性肺炎等重症应增加剂量至200mg/次，3次/日。儿童一般每日10~20mg/kg。

利福平 450~600mg/日，清晨空腹顿服。儿童每日20mg/kg。用于其他急性细菌性感染，600mg/日，分2次早晚空腹服用。

利福喷汀 胶囊剂，每粒300mg，成人每次600mg，每周1~2次空腹服用。

利福定 成人每日150~200mg，晨一次空腹口服，儿童3~4mg/kg。

乙胺丁醇 初期病例每日15mg/kg，一次或分2~3次服。复治病例每日25mg/kg，2月后减为每日15mg/kg。

吡嗪酰胺 0.25~0.5g/次，3次/日。

目标检测

一. 选择题

（一）A型题（单项选择题）

1. 化疗药物的概念是（　）
   A. 治疗各种疾病的化学药物
   B. 治疗恶性肿瘤的化学药物
   C. 防治细菌感染、寄生虫病和恶性肿瘤的化学药物
   D. 防治病原微生物引起感染的化学生药物
   E. 人工合成的化学药物

2. 化疗指数指（　）
   A. ED_{50}/LD_{50} B. ED_{90}/LD_{10}
   C. LD_{90}/ED_{10} D. LD_{50}/ED_{50}
   E. LD_{95}/ED_5

3. 天然抗生素是（　）
   A. 直接从微生物培养液中提取 B. 直接化学合成
   C. 从动、植物中直接提取 D. 从某些微生物物体内提取
   E. 人工半合成而得

4.有关青霉素G描述错误的是（　　）
   A．性质不稳定　　　　B．对人毒性小
   C．对革兰阳性球菌有效　D．对革兰阳性杆菌及革兰阴性杆菌均无效
   E．对繁殖期细菌作用强

5.青霉素G属杀菌剂是因为（　　）
   A．影响细菌蛋白质合成
   B．抑制细菌细胞壁粘肽合成
   C．抑制核酸合成
   D．影响细菌叶酸合成
   E．影响细菌胞质膜的通透性

6.抗铜绿假单胞菌感染下列有效药物是（　　）
   A．头孢氨苄　　　　B．青霉素
   C．阿莫西林　　　　D．羧苄西林
   E．头孢呋辛

7.抗铜绿假单胞菌感染时，下列无效的药物是（　　）
   A．羧苄西林　　　　B．头孢呋辛
   C．头孢哌酮　　　　D．庆大霉素
   E．第三代头孢菌素

8.青霉素G对下列哪一病原体感染无效（　　）
   A．溶血性链球菌　　B．螺旋体
   C．白喉棒状杆菌　　D．立克次体
   E．脑膜炎奈瑟菌

9.治疗暴发型流行性脑脊髓膜炎，应首选（　　）
   A．SD+SMZ　　　　B．青霉素G+SD
   C．头孢氨苄　　　　D．SMZ+TMP
   E．复方新诺明

10.青霉素G水溶液不稳定，久置可引起（　　）
   A．药效下降及诱发过敏反应　B．中枢神经毒性
   C．赫氏反应　　　　D．阻塞性黄疸
   E．高铁血红蛋白症

11.青霉素过敏性休克抢救应首选（　　）
    A．肾上腺素　　　　B．去甲肾上腺素
    C．肾上腺皮质激素　D．抗组胺药
    E．多巴胺

12.头孢菌素类用于抗铜绿假单胞菌感染的药物是（　　）
    A．头孢氨苄　　　　B．头孢唑啉
    C．头孢呋辛　　　　D．头孢曲松
    E．头孢拉啶

13.下列能口服的青霉素类药物是（　　）
    A．青霉素G　　　　B．氨苄西林
    C．阿莫西林　　　　D．羧苄西林
    E．匹氨西林

14.下列不能口服的头孢菌素类药物是（　　）
    A．头孢氨苄　　　　B．头孢拉定
    C．头孢羟氨苄　　　D．头孢克洛
    E．头孢哌酮

15.下列不属于大环内酯类的药物是（　　）
    A．红霉素　　　　　B．麦迪霉素
    C．万古霉素　　　　D．麦白霉素
    E．阿奇霉素

16.克林霉素优于林可霉素的方面是（　　）
    A．耐药性产生慢　　B．口服吸收好
    C．毒性较小　　　　D．抗菌作用更强
    E．B+C+D

17.治疗胆道感染可选用（　　）
    A．林可霉素　　　　B．红霉素
    C．克林霉素　　　　D．庆大霉素
    E．氯霉素

18.用于金葡菌引起的急慢性骨髓炎最佳选药应是（　　）
    A．红霉素　　　　　B．庆大霉素
    C．青霉素　　　　　D．螺旋霉素
    E．林可霉素

19.红霉素对下列哪类细菌感染属非首选（　　）
    A．大肠埃希菌　　　B．砂眼衣原体
    C．军团菌肺炎　　　D．支原体肺炎
    E．白喉带菌者

20.红霉素的主要不良反应有（　　）
    A．胃肠道反应，肝损害，肾损害
    B．胃肠道反应，刺激性强，肾损害
    C．胃肠道反应，肝损害，刺激性强
    D．胃肠道反应，骨髓抑制，肝损害
    E．胃肠道反应，骨髓抑制，刺激性强

21.青霉素G过敏患者，革兰阳性菌感染可换用以下药物（　　）
    A．红霉素　　　　　B．庆大霉素
    C．羧苄西林　　　　D．氨苄西林
    E．头孢菌素

22.下列药物中对支原体肺炎首选药物是（　　）
    A．红霉素　　　　　B．异烟肼
    C．呋喃唑酮　　　　D．对氨基水杨酸
    E．诺氟沙星

23.以下哪类药不属氨基糖苷类抗生素（　　）
    A．庆大霉素　　　　B．阿米卡星
    C．多黏菌素　　　　D．小诺米星
    E．大观霉素

24.氨基糖苷类抗生素对以下哪类细菌无效（　　）
    A．厌氧菌　　　　　B．铜绿假单胞菌
    C．大肠埃希菌　　　D．真菌
    E．结核分枝杆菌

25.庆大霉素与呋塞米合用时会引起（　　）
    A．抗菌作用增强　　B．肾毒性减轻
    C．耳毒性加重　　　D．利尿作用增强
    E．肾毒性加重

26.鼠疫首选药物是（　　）
    A．庆大霉素　　　　B．林可霉素+SD

C. 红霉素+SD D. 链霉素+SD

E. 卡那霉素

27. 氨基糖苷类抗生素治疗泌尿系感染是因为（　）

A. 对尿道感染常见致病菌敏感

B. 大量原形药物由肾排出

C. 使肾皮质激素分泌增加

D. 对肾毒性低

E. 尿碱化可提高疗效

28. 支原体肺炎首选药物是（　）

A. 青霉素 B. 四环素

C. 氯霉素 D. 头孢孟多

E. 利福平

29. 下列不易引起二重感染的药物是（　）

A. 四环素 B. 多西环素

C. 氯霉素 D. 青霉素G

E. 头孢曲松

30. 可引起幼儿牙釉质发育不良并黄染的药（　）

A. 红霉素 B. 四环素

C. 青霉素 D. 林可霉素

E. 头孢呋辛

31. 应用氯霉素时要注意定期检查（　）

A. 血象 B. 肝功能

C. 肾功能 D. 查尿常规

E. 查肝、脾大

32. 氯霉素吸收后分布于下列何处浓度高（　）

A. 脑脊液 B. 胆汁

C. 前列腺 D. 细胞外液

E. 唾液腺

33. 治疗立克次体引起的斑疹伤寒应首选（　）

A. 氯霉素 B. 红霉素

C. 四环素 D. 磺胺密啶

E. 甲氧苄啶

34. 磺胺类药物对以下哪类细菌不敏感（　）

A. 大肠埃希菌 B. 溶血性链球菌

C. 梅素螺旋体 D. 脑膜炎奈瑟菌

E. 砂眼衣原体

35. 磺胺类药物作用机制是与细菌竞争（　）

A. 二氢叶酸还原酶 B. 二氢叶酸合成酶

C. 四氢叶酸还原酶 D. 一碳单位转移酶

E. 叶酸还原酶

36. 甲氧苄啶长期大量服用会引起人体叶酸缺乏症，原因是人体的哪种酶被抑制（　）

A. 二氢叶酸还原酶 B. 四氢叶酸还原酶

C. 二氢叶酸合成 D. 一碳单位转移酶

E. 葡萄糖-6-磷酸脱氢酶

37. 环丙沙星最适用于（　）

A. 骨关节感染 B. 泌尿系感染

C. 呼吸道感染 D. 皮肤疖肿等

E. 细菌性脑膜炎

38. 氟喹诺酮类作用机制是（　）

A. 抑制细菌细胞壁粘肽的合成

B. 抑制细菌二氢叶酸合成酶

C. 抑制细菌DNA回旋酶，阻碍DNA复制和转录

D. 抑制细菌蛋白合成

E. 抑制mRNA的合成

39. 主要用于治疗头癣的药物是（　）

A. 灰黄霉素 B. 制霉菌素

C. 两性霉素 D. 酮康唑

E. 氟胞嘧啶

40. 主要用于全身性深部真菌感染的药物是（　）

A. 灰黄霉素 B. 两性霉毒B.

C. 制霉菌素 D. 酮康唑

E. 克霉唑

41. 主要用于急性疱疹性角膜炎的药物是（　）

A. 金刚烷胺 B. 阿昔洛韦

C. 利巴韦林 D. 碘苷

E. 吗啉胍

42. 既抗RNA病毒，又抗DNA病毒的广谱抗病毒药物是（　）

A. 金刚烷胺 B. 阿昔洛韦

C. 利巴韦林 D. 碘苷

E. 吗啉胍

43. 一线抗结核病药物的共同特点是（　）

A. 抗菌谱广 B. 穿透力强

C. 抗结核作用强 D. 诱导肝药酶

E. 单独应用易产生耐药性

44. 有关异烟肼抗结核病作用叙述错误的是（　）

A. 有杀菌作用

B. 抗结核作用强大

C. 穿透力强，易进入细胞内

D. 对结核分枝杆菌有高度选择性

E. 结核分枝杆菌不易产生耐药性

45. 应用异烟肼时常合用维生素B_6的目的是（　）

A. 增强疗效 B. 防治周围神经炎

C. 延缓耐药性 D. 减轻肝损害

E. 加速其排泄减轻毒性

46. 主要毒性为视神经炎的药物（　）

A. 利福平 B. 链霉素

C. 异烟肼 D. 乙胺丁醇

E. 吡嗪酰胺

47. 四环素类的不良反应无（　）

A. 胃肠道反应 B. 肝损害

C. 二重感染 D. 骨髓抑制

E. 影响骨及牙的发育

48. 下列抗艾滋病毒无效的药为（　）

A. 齐多夫定   B. 去羟肌苷
C. 扎西他滨   D. 司坦夫定
E. 利巴韦林

49.一线抗结核病药不包括（ ）
A. 异烟肼   B. 利福平
C. 吡嗪酰胺   D. 对氨基水杨酸钠
E. 链霉素

50.渗透力强，对骨关节感染作用较好的药是（ ）
A. 红霉素   B. 克林霉素
C. 氨苄西林   D. 四环素
E. 哌拉西林

（二）X 型题（多项选择题）

1.β-内酰胺类抗生素包括（ ）
A. 多黏菌素类   B. 青霉素类
C. 头孢菌素类   D. 大环内酯类
E. β-内酰胺酶抑制剂

2.半合成青霉素的特点是（ ）
A. 保留青霉素 G 的主要结构
B. 人工改造侧链
C. 抗菌谱比青霉素广
D. 与青霉素间有交叉过敏反应
E. 与青霉素间无交叉耐药性

3.防治青霉青 G 过敏反应的措施（ ）
A. 注意询问过敏史
B. 先用肾上腺素
C. 做皮肤过敏试验
D. 换用其他半合成青霉素
E. 出现过敏性休克时首选肾上腺素抢救

4.第三代头孢菌素的特点是（ ）
A. 广谱对铜绿假单胞菌及厌氧菌有效
B. 抗菌力比第一、二代更强
C. 对肾基本无毒性
D. 耐药性产生更慢
E. 对革兰阳性菌的抗菌力小于第一、二代

5.具有抗铜绿假单胞菌的抗生素有（ ）
A. 头孢呋新   B. 羧苄西林
C. 头孢哌酮   D. 庆大霉素
E. 头孢拉定

6.以下抗生素中可口服应用的是（ ）
A. 青霉素 G   B. 阿莫西林
C. 头孢氨苄   D. 羧苄西林
E. 头孢拉啶

7.流行性脑脊髓膜炎可选用哪些药物（ ）
A. 乙胺丁醇   B. 磺胺嘧啶
C. 青霉青 G   D. 多黏菌素 E
E. 氯霉素

8.天然青霉素的主要缺点是（ ）

A. 抗菌谱较广   B. 抗菌谱窄
C. 不能口服   D. 肾毒性小
E. 易被细菌产生的青霉素酶破坏

9.支原体肺炎患者可选用哪些药物（ ）
A. 氯霉素   B. 红霉素
C. 四环素   D. 青霉素
E. 磺胺嘧啶

10.大环内酯类抗生素的特点是（ ）
A. 对革兰阳性菌作用强
B. 能对抗青霉素水解酶
C. 碱性环境中抗菌作用增强
D. 容易透过血脑屏障
E. 易产生耐药性

11.氨基糖苷类抗生素的主要不良反应是（ ）
A. 耳毒性   B. 肝毒性
C. 肾毒性   D. 神经毒性
E. 肌松作用

12.下列哪些药物属氨基糖苷类抗生素（ ）
A. 小诺米星   B. 链霉素
C. 庆大霉素   D. 阿米卡星
E. 妥布霉素

13.易引起过敏性休克的药物是（ ）
A. 青霉素 G   B. 卡那霉素
C. 红霉素   D. 链霉素
E. 庆大霉素

14.对结核分枝杆菌有治疗作用的氨基糖苷类药物是（ ）
A. 庆大霉素   B. 妥布霉素
C. 链霉素   D. 卡那霉素
E. 阿米卡星

15.可能引起二重感染的药物是（ ）
A. 青霉素   B. 土霉素
C. 四环素   D. 多西环素
E. 氯霉素

16.四环素为下列哪些感染的首选药物（ ）
A. 金葡菌感染   B. 立克次体感染
C. 斑疹伤寒   D. 伤寒副伤寒
E. 支原体肺炎

17.下列对氯霉素的叙述不正确的是（ ）
A. 为强效抑菌药
B. 耐药性产生快，与其他药物有交叉耐药性
C. 为伤寒、副伤寒的常用药物
D. 可引起骨髓抑制等严重不良反应
E. 可用于新生儿、早产儿

18.多西环素的作用特点是（ ）
A. 抗菌作用强于四环素、土霉素   B. 与四环素无交叉耐药性
C. 口服吸收不受多价金属影响   D. 半衰期长，一日服药两次即可
E. 可引起骨髓抑制的不良反应

二、填空题

1. 青霉素引起的过敏性休克应首选_____抢救。
2. 与青霉素G比较，氨苄西林的抗菌谱特点是____，羧苄西林的抗菌谱特点是____。
3. 红霉素主要不良反应有____、____、____等。
4. 氨基糖苷类的不良反应有____、____、____、____等。
5. 链霉素引起的过敏性休克应首选_____抢救。
6. 四环素类药物的主要不良反应有____、____、____等。
7. 氯霉素不良反应主要有____、____、____等。
8. 复方新诺明由____和____组成，前者抑制____酶，后者抑制____酶。
9. 喹诺酮类通过抑制细菌____酶，从而阻碍细菌____而产生杀菌作用。
10. 氟康唑主要用于治疗____和____引起的感染。
11. 单纯疱疹病毒引起的急性疱疹性角膜炎可选用____治疗，此药对____病毒有效，对____病毒无效。
12. 异烟肼又名____，具有____、____、____和____的优点。

工作任务六　消毒防腐药

学习目标

1. 了解消毒防腐药的概念。
2. 熟悉乙醇、过氧乙酸、碘酊、过氧化氢、甲紫、苯扎溴铵等常用消毒防腐药的作用特点、临床应用及用药注意事项。

工作项目一　常用消毒防腐药

消毒药是指能杀灭病原微生物的药物，防腐药是指具有抑制病原微生物生长繁殖的药物，二者之间没有严格界限，低浓度消毒药仅有防腐作用，防腐药在较高浓度时也可能有杀菌作用，故称为消毒防腐药。消毒防腐药对各种生活机体（包括微生物、病原微生物和人体组织）无明显选择性，往往具有强烈毒性，故不能作全身感染，主要用于体表（皮肤、黏膜、伤口）、器械、病原排泄物和周围环境的消毒。常用消毒防腐药作用

一、醇　类

醇类能使蛋白质变性、沉淀而产生抗菌作用，但对芽孢、病毒、真菌无效。

乙　醇

乙醇（酒精，alcohol）为无色透明液体，易挥发。通过使菌体蛋白质凝固变性而发挥杀菌作用，但对芽孢无效。20%~30%乙醇溶液擦浴常用于物理降温；50%乙醇溶液用于涂搽局部受压皮肤，用于防止压疮发生；75%浓度的乙醇穿透力最强，故杀菌力也最强，用于皮肤消毒、体温计及手术器械消毒（需浸泡半小时以上）。乙醇对组织有较强的刺激性，不宜用于伤口破损的表皮及黏膜的消毒。不宜用于外科手术器械消毒。本品易挥发和易吸收空气中的水分而使其浓度下降，应置于密闭容器中。

二、醛　类

醛类能与蛋白质的氨基酸结核而是蛋白质变性、沉淀，从而杀灭细菌、真菌、芽孢及病毒。其杀菌作用强大，但对皮肤、黏膜刺激性强，对人体毒性也大，主要用于房屋、器械消毒。

甲　醛

甲醛（formaldehyde，福尔马林）为无色透明液体，毒性大，为广谱杀菌剂，对细菌、芽孢、病毒均有效。常用其10%的溶液保存尸体和生物标本，用于房室消毒时，每1m³取本品1~2ml加等量水加热蒸发，牙科用甲醛配成干髓剂，填入髓洞，使牙髓失活。本药挥发性强，对黏膜和呼吸道有强烈刺激。

戊二醛

戊二醛（glutaral）为无色或淡黄色油状液体，具广谱、高效杀菌作用。对细菌、真菌、病毒及芽孢均有效，作用较甲醛强2~10倍，且毒性较小，腐蚀性小。其2%水溶液用于医疗器械消毒，浸泡4~6h即可，金属器械、塑料制品、橡胶用具、牙科器械、内窥镜、人工呼吸器等医疗器械均可用本品浸泡消毒。对皮肤黏膜有刺激性，但较甲醛轻。其溶液剂分为碱性和酸性两种，碱性溶液用于医疗器械消毒应浸泡4~10h，用于内窥镜等物品消毒，浸泡20~45min。酸性戊二醛杀病毒作用较碱性戊二醛强。经本品浸泡消毒的物品、器械，应用灭菌蒸馏水冲洗干净方可使用。

三、酚　类

酚类能使菌体蛋白质变性、凝固而呈抗菌作用，对细菌和真菌有效，对芽孢、病毒无效，有的药物能扩张血管改善局部血液循环。

甲　酚

甲酚（煤酚，cresol）为无色或淡黄色透明液，有刺激性气味，煤酚皂溶液又称来苏儿（lysol），为常用消毒剂。2%来苏儿用于洗手和皮肤、橡胶手套消毒，3%~5%用于器械消毒，10%~15%用于排泄物、厕所及用具消毒，对皮肤和黏膜有刺激性和腐蚀性。

鱼石脂

鱼石脂（ichthammol）作用温和，有抑菌、消炎、消肿作用，对皮肤有轻微刺激，其10%~30%的软膏剂用于疖肿、丹毒等皮肤软组织感染。

四、酸 类

酸类可解离出氢离子与菌体蛋白中的氨基结合，形成蛋白质盐类化合物，使蛋白质变性或沉淀而发挥抗菌作用。有些药物可改变细菌周围环境的酸碱度而影响细菌的生长繁殖。

过氧乙酸

过氧乙酸（peroxyacetic acid）为强氧化剂，遇有机物放出新生态氧而起氧化作用，对细菌及芽孢、病毒、真菌均有较强杀灭作用。0.1%~0.2%的溶液用于洗手消毒，浸泡1min即可；0.3%~0.5%的溶液用于器械消毒，浸泡15min；0.04%的溶液喷雾或熏蒸，用于食具、空气、房室、家具及垃圾物消毒；1%溶液用于衣物、被单消毒，浸泡2h。对皮肤有腐蚀性。

乙酸

乙酸（acetic acid）为弱有机酸，以每立方米2ml的食醋加热蒸发，消毒房间及空气。

水杨酸

水杨酸（salicylic acid）对细菌、真菌有杀灭作用。有刺激性，10%~20%的溶液可溶解角质，用于治疗鸡眼、疣及局部角质增生，3%醇溶液或5%的软膏用于表皮癣病。

苯甲酸

苯甲酸（安息香酸，benzoic acid）毒性小，无味。有较强的抗真菌作用，抗细菌作用弱，常用作药物或食品的防腐剂。外用可治疗皮肤真菌感染，常与水杨酸配伍制成复方醇溶液治疗体癣、手足癣。

硼酸

硼酸（boric acid）系弱酸，刺激性小，毒性小，抑菌作用弱，其2%~5%溶液用于洗眼、漱口及冲洗伤口。

五、卤素类

卤素类药通过使菌体蛋白质活化基团卤化或氧化而发挥抗菌作用。

碘酊

碘酊（碘酒）为含2%碘和1.5%碘化钾的醇溶液，有强大的消毒杀菌作用。2%碘酊用于皮肤消毒；3%~5%碘酊用于手术野皮肤消毒；5%~10%碘酊用于毛囊炎、甲癣、传染性软疣等。2%碘甘油局部涂擦治疗牙龈感染和咽炎。高浓度碘酊可刺激皮肤、黏膜造成损失，涂抹后1min应用75%乙醇脱碘，对碘过敏者禁用。

聚维酮碘

聚维酮碘（络合碘，碘伏，povidone iodine，iodophor，PVP-I）为聚维酮和碘的有机复合物，含有效碘9%~12%，当接触到皮肤黏膜时缓慢分解，释放出碘而杀菌，属广谱杀菌剂，对细菌、乙肝病毒、芽孢均有效，与碘酊比较，性质稳定，毒性小，无刺激性，无过敏性，用后无需用酒精脱碘，可用于黏膜消毒，为目前常用的皮肤黏膜消毒剂。

含氯石灰

含氯石灰（漂白粉，chlorinated lime）为含有效氯25%~35%的灰白色粉末。受潮易分解失效，应密闭、干燥保存。在水中生成次氯酸和次氯酸离子，具很强的氧化作用，能快速杀灭细菌、真菌、病毒、阿米巴等病原微生物。用于饮用水消毒时，每1000ml水加入本品16~32mg；用于排泄物消毒时，用量为排泄物的1/5~2/5；用于食具器皿消毒时用其0.5%~1%的溶液浸泡，对衣物有漂白和腐蚀作用。

六、氧化剂

本类药物遇有机物释放新生态氧，使菌体内活性基团氧化而杀菌。

高锰酸钾

高锰酸钾（potassium permanganate）为紫色晶体，溶于水，溶液久置失效，应临用时配制。为强氧化剂，有较强的杀菌作用，高浓度有腐蚀和刺激作用。0.1%~0.5%溶液用于膀胱及创面冲洗；0.01%~0.02%溶液用于某些药物中毒洗胃及阴道冲洗和坐浴、足癣浸泡等。

过氧化氢

过氧化氢（hydrogen peroxide solution，双氧水）含过氧化氢3%，为无色无臭透明液体。遇光、热或久置均易失效。杀菌力强，遇有机物放出氧分子可产生气泡，3%溶液用于松动痂皮、消除脓血块及坏死组织，对用药部位产生除臭和清洁作用。尤其适用于厌氧菌感染的伤口，1%溶液含嗽用于口腔炎、扁桃体炎、咽喉炎、牙龈炎。

七、表面活性剂

本类药物常用者为阳离子表面活性剂，可降低表面张力，使油脂乳化和油污清除，所以又称清洁剂；

而且能改变细菌胞质膜通透性，使菌体成分外渗而杀菌。其特点为抗菌谱广，显效快、刺激性小、性质稳定。其效力可被血浆、有机物、阴离子表面活性剂如肥皂、合成洗涤剂所降低。

苯扎溴铵

苯扎溴铵（benzalkonium bromide，新洁尔灭）为季铵类阳离子表面活性剂，快速广谱杀菌剂，对革兰阳性菌较敏感；对真菌和某些病毒也有效；但对芽孢、结核分枝杆菌及铜绿假单胞菌无效。对皮肤和组织无刺激性，对金属和橡胶制品无腐蚀性。0.01%苯扎溴铵用于创面消毒，0.1%苯扎溴铵用于皮肤、黏膜及真菌感染；0.05%~0.1%苯扎溴铵用于术前泡手消毒，0.1%苯扎溴铵用于医疗器械消毒，一般煮沸 15min 再浸泡 30min，0.005%以下溶液用于膀胱及尿道灌洗。浓溶液具有腐蚀性，与皮肤接触可致损伤甚至坏死。冲洗体腔应注意防止吸收中毒。长期反复使用可引起过敏反应。

氯己定

氯己定（chlorhexidine，洗必泰）为含氯的清洁剂。能迅速吸附于菌体表面，破坏菌体细胞膜而呈杀菌作用。杀菌效力强于季铵类阳离子表面活性剂，对细菌、真菌有效，但对芽孢及病毒无效。0.5%~1%的醇溶液用于术前手术区皮肤消毒；0.02%的溶液用于术前洗手消毒（浸泡 3min 以上）；0.05%的溶液用于冲洗伤口；0.1%的溶液浸泡用于器械消毒；0.5%的水溶液用于房间、家具消毒，可喷雾或擦拭。

度米芬

度米芬（domiphen bromide）杀菌作用似新洁尔灭，其 0.5%的乙醇溶液外涂用于皮肤消毒；0.02%的溶液外涂或冲洗，用于伤口及黏膜消毒；0.05%~1%的溶液浸泡用于器械消毒。

八、染 料 类

本类药物有酸、碱两性染料，分子中阳离子或阴离子分别与细菌蛋白质羧基或氨基结合，从而抑制细菌的生长繁殖。

甲 紫

甲紫（methylrosaniline chloride，龙胆紫）为碱性染料类消毒防腐药。对革兰阳性菌有较强的杀菌作用，对革兰阴性菌作用不明显，对真菌有较强的杀灭作用，对铜绿假单胞菌也有效。毒性小，对组织无刺激性，能在创伤表面形成保护膜而起收敛作用，减少渗出，并促进创面愈合。其 0.1%~1%的溶液外涂用于小面积轻度烫伤或烧伤及皮肤黏膜创伤感染；1%~2%的溶液外涂，用于手足癣及白色念珠菌所致的鹅口疮。

依沙吖啶

依沙吖啶（雷佛奴尔、利凡诺，ethacridine） 为黄色结晶粉末，溶于水，对革兰阳性菌和某些阴性菌有抑制作用。毒性小，对组织无刺激性，其 0.1%~0.3%的溶液用于皮肤黏膜及创伤的消毒及口腔、咽喉炎症的含嗽；化脓性中耳炎时，可用其 0.2%的溶液滴耳。妇产科常用于中期妊娠引产。

九、重金属化合物

低浓度的重金属离子能抑制菌体内含巯基酶系统的活性，影响细菌代谢而抑菌。高浓度的重金属离子则能与细菌蛋白质结合产生沉淀而杀菌。高浓度对人体组织产生收敛、刺激甚至腐蚀作用。卤素或碱性物质（肥皂）可使之失效，不可合用。

红 汞

红汞（mercurochrome，汞溴红）易溶于水，水溶液呈红色。汞离子解离后与蛋白质结合而发挥作用，作用较弱，杀菌力不如碘酊。对组织无刺激性，其 2%的溶液用于皮肤黏膜及创面消毒。

硝酸银

硝酸银（silver nitrate）易溶于水和乙醇，在溶液中析出银离子使菌体蛋白质变性而呈杀菌作用。腐蚀性强，不同用途时，浓度相差很大，应特别注意。0.25%~0.5%滴眼剂用于结膜炎及砂眼的急性期；1%滴眼剂用于预防新生儿淋菌性眼炎；0.5%的溶液外敷用于严重烧伤防止铜绿假单胞菌及其他细菌感染；其 5%~20%的溶液局部涂抹用于腐蚀肉芽组织、疣及鸡眼，用后应立即用生理盐水冲洗，以免损伤正常组织。稀释和配制须用蒸馏水，同时避光保存。

硫酸锌

硫酸锌（zinc sulfate）有抑菌和收敛作用，0.25%~0.5%滴眼液用于砂眼、结膜炎。

炉甘石

炉甘石（calamine）其主要有效成分为氧化锌，有轻度收敛、消炎、止痒作用，并有中和皮肤酸性分泌物的作用，常用于皮炎、湿疹、痱子、痤疮等。

十、其 他 类

环氧乙烷

环氧乙烷（ethypeneoxide）对细菌、芽孢、真菌、病毒、立克次体均有杀灭作用，也可破坏肉毒杆菌毒素和杀死昆虫及虫卵。作用强而迅速。目前使用的多为气体消毒剂，主要用于不适宜于用其他灭菌方法消毒的物品，如电子器械、医疗仪器、橡胶制品等忌热、忌湿的物品。其气体对眼及黏膜有严重刺激性，吸入过量可致中毒，不适宜于房间消毒。消毒时应密闭，应储存于16~21℃的阴凉通风处，严禁烟火。

84消毒液

本品含有效氯5%，为广谱消毒剂，可杀灭细菌、真菌、病毒、芽孢等。用于各型肝炎、流脑、流感、结核、梅毒、淋病及医院内污染物品的消毒。1∶500稀释液消毒瓜果、餐具、厨房用品；1∶300稀释液擦洗衣物5~10min，可去除衣物上顽固污垢；1∶25稀释用于肝炎、病毒性感冒、病毒肺炎患者污染消毒，泡洗60min病毒即可杀灭。本品具有漂白作用，对带色衣物和纺毛织品易脱色、变黄等，原液对金属易腐蚀，勿直接使用；接触皮肤用水冲淡即可。

工作项目二 消毒防腐药的合理选用

消毒防腐药在临床各科、卫生防疫、食品及制药等方面应用广泛，必须注意合理使用，才能达用药目的，避免或减少其毒性作用。

1. 皮肤消毒 选用作用快、消毒力强、刺激性较小的药物，如碘酊、聚维酮碘、乙醇、苯扎溴铵、氯己定等。

2. 黏膜消毒 选用作用快、毒性小、无刺激性和无腐蚀性的药物，如络合碘、苯扎溴铵、红汞、甲紫、高锰酸钾、依沙吖啶等。

3. 环境消毒 选用作用强，便于熏蒸或喷洒的药物，如甲醛、煤酚皂、乙酸等。

4. 排泄物消毒 选用作用不受有机物影响的药物，如含氯石灰、煤酚皂等。

5. 金属器械消毒 选用作用强，对金属无腐蚀性的药物，如戊二醛、苯扎溴铵、氯己定、过氧乙酸等。

工作项目三 消毒防腐药的用药护理程序

一、用药前评估

1. 治疗目的 使用消毒防腐药目的是杀灭或消除外环境或人体表的病原体，切除传播途径。

2. 基本资料 选择消毒防腐药是根据药物的杀菌或抑菌能力以及其应用部位，因而在用药前必须评估病原微生物对该药的敏感性，使用药物的部位和对象，药物禁忌证、注意事项和药物相互作用等，以期达到较理想的消毒防腐作用。

3. 识别高危人群 用药前要核对药物是否有配伍禁忌，使用新洁尔灭，阴离子的肥皂和洗涤剂能减弱或抵消其活性，需用水或酒精将皮肤上的肥皂擦洗干净；禁用阳离子表面活性剂与碘化物，高锰酸盐和生物碱等配伍。

二、给 药

1. 各类药物的不同给予与使用药物制剂接触的部位及时程有关。

2. 防腐药对眼及黏膜有刺激性，一般不用于以上部位。如药物误入眼睛，立即用大量清水冲洗。

3. 药物必须醒目表明有毒或只供外用，并放于适当的儿童不能拿到的地方，一面患者或儿童误服以致中毒。

三、不断评价疗效及安全性

1. 监测用药后在注射部位或手术切口等是否发生感染，感染切口是否逐渐愈合和症状消失，以确定所选药物是否恰当。

2. 消毒的物品和器械能否达到灭菌或减少不致病程度。

3. 浸泡消毒的器械，使用前必须清洗干净。

工作任务七 抗寄生虫药

工作项目一 抗疟药

学习目标

1. 了解抗疟药的分类及药名。
2. 熟悉氯喹的作用、用途、不良反应及用药注意事项。
3. 熟悉伯氨喹、乙胺嘧啶的作用、用途、不良反应及用药注意事项。

疟疾是由疟原虫引起，由雌性按蚊传播的传染病，以间歇性寒战、高热、出汗和脾大、出血等为特征。寄生于人体的疟原虫主要有三种，即间日疟原虫、三日疟原虫和恶性疟原虫，分别引起间日疟、三日疟和恶性疟。抗疟药（antimalarial drugs）通过作用于疟原虫生活史的不同环节，发挥防治疟疾的作用，分为三类：①主要用于控制疟疾症状的药物，如氯喹、奎宁、青蒿素等；②主要用于控制疟疾复发和传播的药物，如伯氨喹；③主要用于疟疾病因预防的药物，如乙胺嘧啶。

一、疟原虫的生活史及抗疟药的作用环节

疟原虫的不同发育阶段对不同抗疟药的敏感性不同。现有抗疟药中尚无一种能对疟原虫生活史的各个环节都有杀灭作用。因此，必须了解各种抗疟药对疟

原虫生活史的不同环节的作用，以便根据不同目的正确选择药物。

1. 人体内的无性生殖阶段

（1）原发性红细胞外期：受感染按蚊叮咬人时，子孢子随唾液输入人体。子孢子侵入肝细胞中开始其红细胞前期发育和裂体增殖，生成大量裂殖子。此期不发生症状，为疟疾的潜伏期。对此期有杀灭作用的药物，如乙胺嘧啶，可起病因预防作用。

（2）红细胞内期：原发性红细胞外期在肝细胞内生成的大量裂殖子破坏肝细胞而进入血液，侵入红细胞，经滋养体发育成裂殖体，并破坏红细胞，释放出大量裂殖子及其代谢产物，再加上红细胞破坏产生的大量变性蛋白，至一定程度，刺激机体，引起寒战、高热等症状。从红细胞内逸出的裂殖子又再进入红细胞进行发育。如此周而复始，每完成一个无性生殖周期，引起一次症状发作。对此期疟原虫有杀灭作用的药物，如氯喹、奎宁、青蒿素等，有控制症状发作和症状抑制性预防作用。

（3）继发性红细胞外期：间日疟原虫在进行红细胞内期无性生殖时，在肝细胞内仍有疟原虫生长、发育。间日疟原虫的子孢子在遗传学上有不同的两个型，即速发型子孢子和迟发型子孢子。它们同时进入肝细胞，速发型子孢子完成原发性红细胞外期后，即全部由肝细胞释放，进入红细胞内期。而迟发型子孢子则在相当长的时间内处于休眠状态（称休眠子），然后才开始并完成其红细胞外期裂体增殖，并向血液释放裂殖子，引起间日疟复发。能杀灭继发性红外期的药物，如伯氨喹，对间日疟有根治（阻止复发）作用。

2. 雌按蚊体内的有性生殖阶段

细胞内期疟原虫一方面不断进行裂体增殖，同时也产生雌、雄配子体。按蚊在吸入血时，雌、雄配子体随血液进入蚊体。二者结合成合子，进一步发育产生子孢子，移行至唾液腺内，成为感染人的直接传染源。能抑制雌、雄配子体在蚊体内发育的药物，如乙胺嘧啶，则有控制疟疾传播和流行的作用（图 2-7-6）。

二、常用抗疟药

此类药物是主要杀灭红细胞内期疟原虫的药物。

1. 控制症状药　主要包括氯喹、奎宁、甲氟喹、青蒿素、蒿甲醚、本芬醇等。

氯　喹

氯喹（chloroquine）是人工合成的 4-氨喹啉类衍生物。

【作用和用途】

1. 抗疟作用　氯喹对间日疟和三日疟原虫，以及敏感的恶性疟原虫的红细胞内期的裂殖体有杀灭作用，

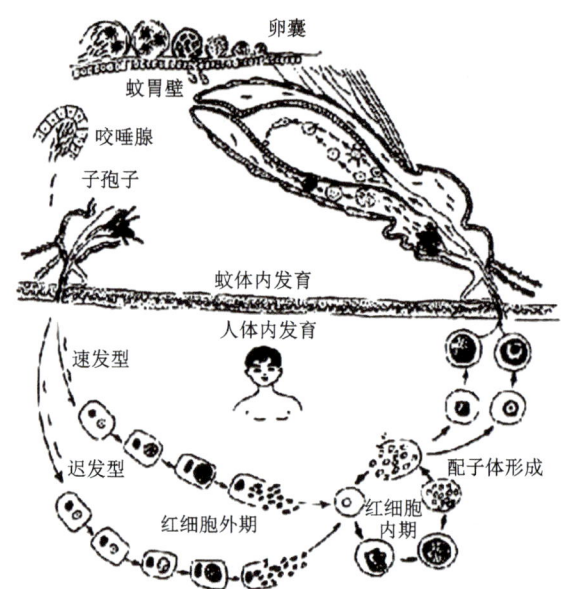

图 2-7-6　疟原虫的生活史

能迅速治愈恶性疟；有效地控制间日疟的症状发作，也可用于症状抑制性预防。其特点是疗效高、生效快。多数病例在用药后 24～48h 内发作停止，48～72h 内血中疟原虫消失，且作用持久。用于间日疟，症状复发较迟。用于症状抑制性预防，每周服药一次即可。

2. 抗肠道外阿米巴病作用　氯喹在肝组织内分布的浓度比血药浓度高数百倍，对阿米巴肝脓肿有效。

3. 其他作用　氯喹偶用于类风湿性关节炎，也常用于蝶形红斑狼疮。

【不良反应】氯喹用于治疗疟疾时，仅有轻度头晕、头痛、胃肠不适和皮疹等，停药后迅速消失。大剂量、长疗程用药可引起视力障碍，以及对肝和肾的损害。

其 他 药

奎宁（quinine）奎宁对各种疟原虫的红细胞内期滋养体有杀灭作用，能控制临床症状。但疗效不及氯喹而毒性较大。主要用于耐氯喹或耐多药的恶性疟，尤其是严重的脑型疟。不良反应较多且严重，主要有：金鸡纳反应，表现为恶心、呕吐、耳鸣、头痛、听力和视力减弱，甚至发生暂时性耳聋；心肌抑制作用。奎宁降低心肌收缩力、减慢传导和延长心肌不应期。静脉注射时可致血压下降和致死性心律失常。用于危急病例时，仅可静脉滴注；特异质反应。少数恶性疟患者即使应用很小剂量也能引起急性溶血，发生寒战、高热、背痛、血红蛋白尿（黑尿）和急性肾衰竭，甚至死亡；奎宁对妊娠子宫有兴奋作用，故孕妇忌用。

甲氟喹（mefloquine）只用于耐药感染株的防治，其特点是血浆半衰期较长（约 30 天）。

青蒿素（artemisinin）是根据中医"蒿截疟"的记

载而发掘出的新型抗疟药,对红细胞内期滋养体有杀灭作用,对红细胞外期无效。用于治疗间日疟和恶性疟,即期症状控制率可达100%。可透过血脑屏障,对凶险的脑型疟疾有良好抢救效果。与磺胺多辛与乙胺嘧啶合用,可延缓耐药性的发生。

蒿甲醚(artemether)为青蒿素的衍生物。其溶解度较大,稳定,可制成澄明的油注射剂肌内注射或油丸口服。抗疟活性比青蒿素强,与伯氨喹合用,可降低复发率。

不良反应少见,偶见四肢麻木感和心动过速。未见对重要内脏有损害作用。

本芴醇(benflumetol)是我国创制的甲氟喹类新药,对间日疟有性体和无性体有明显的杀灭作用,对间日疟有良好的防治作用。对恶性疟无性体也有杀灭作用,但起效较慢。能降低血中配子体率,抑制配子体在蚊体内的发育。该药杀虫彻底,作用持久,但控制症状较慢。临床未见不良反应。

2.控制复发和传播的药物 主要为伯氨喹等。

伯 氨 喹

伯氨喹(primaquine)主要对间日疟红细胞外期(或休眠子)和各种疟原虫的配子体有较强的杀灭作用,是根治间日疟和控制疟疾传播最有效的药物。对红细胞内期无效,不能控制疟疾症状的发作。通常均需与氯喹等合用。疟原虫对此药很少产生耐药性。毒性较大是此药的一大缺点,但目前尚无适当药物可以取代之。治疗量即可引起头晕、恶心、呕吐、发绀、腹痛等。停药后可消失。严重的反应是少数特异质者发生的急性溶血性贫血和高铁血红蛋白血症。现已查明,此特异质的本质是红细胞内缺乏葡萄糖6-磷酸脱氢酶(G6PD)。因为伯氨喹的氧化代谢产物能引起氧化应激反应,产生高铁血红蛋白、自由基和过氧化物,以及氧化型谷胱甘肽。正常时,在G6PD催化下,可迅速补充NADPH,后者使GSSG还原为谷胱甘肽(GSH)。GSH对红细胞膜、血红蛋白和红细胞内的某些含巯基的酶有保护作用,使之免受伯氨喹氧化代谢物引起的氧化应激反应的损害。但红细胞内缺乏G6PD的个体不能迅速补充NADPH,因此不能保护红细胞膜而发生溶血。

3.用于病因性预防的抗疟药 主要为乙胺嘧啶、磺胺类和砜类。

乙胺嘧啶

乙胺嘧啶(pyrimethamine)是目前用于病因性预防的首选药。

【作用和用途】对恶性疟和间日疟某些虫株的原发性红细胞外期有抑制作用,用作病因预防药,作用持久,服药一次,预防作用可维持一周以上。对红细胞内期的未成熟裂殖体也有抑制作用,对已成熟的裂殖体则无效。此药并不能直接杀灭配子体,但含药血液随配子体被按蚊吸入后,能阻止疟原虫在蚊体内的孢子增殖,起控制传播的作用。

乙胺嘧啶对疟原虫的二氢叶酸还原酶有较大的亲和力,并能抑制其活性,从而阻止四氢叶酸的生成,阻碍核酸的合成。

【不良反应】治疗量时基本无不良反应。此药略带甜味,易被儿童误服而中毒,表现恶心、呕吐、发热、发绀、惊厥,甚至死亡。成人长期大量服用时,可因二氢叶酸还原酶受抑制而引起巨细胞性贫血。偶可引起皮疹。

磺胺类和砜类

磺胺类和砜类与PABA竞争二氢叶酸合成酶,从而抑制疟原虫二氢叶酸的合成。单用时效果较差,仅抑制红细胞内期,主要用于耐氯喹的恶性疟。对红细胞外期无效。与乙胺嘧啶或TMP等二氢叶酸还原酶抑制剂合用,可增强疗效。常用制剂为磺胺多辛和氨苯砜。

工作项目二 抗阿米巴病药及抗滴虫病药

学习目标

1. 掌握甲硝唑的作用、用途、不良反应和注意事项。
2. 熟悉其他抗阿米巴药的作用和用途。

一、抗阿米巴病药

抗阿米巴病药的选用主要根据感染部位和类型。急性阿米巴痢疾和肠外阿米巴病首选甲硝唑;而依米丁和氯喹只在甲硝唑无效或禁忌时偶可使用。对于排包囊者肠腔内的小滋养体和阿米巴痢疾急性症状控制后肠腔内残存的小滋养体,则宜选用主要分布于肠腔内的二氯尼特,偶可考虑应用卤化喹啉类、巴龙霉素和四环素等。

甲 硝 唑

甲硝唑(metronidazole,灭滴灵)口服吸收迅速而完全,在体内各组织和体液中分布均匀,主要在肝中代谢,由肾排出。

【作用和用途】

1.抗阿米巴作用 甲硝唑对阿米巴大滋养体有直

接杀灭作用。治疗急性阿米巴痢疾和肠外阿米巴病效果最好。

2.抗滴虫作用 甲硝唑对阴道滴虫亦有直接杀灭作用。口服后可出现于阴道分泌物、精液和尿中,故对女性和男性泌尿生殖道滴虫感染都有良好疗效。通常采用2g一剂疗法,对男性和女性同样有效。

3.抗贾第鞭毛虫作用 甲硝唑是目前治疗贾第鞭毛虫病最有效的药物。成人每次 250mg,儿童每次 10～15mg/kg,每日 3 次,5 天一疗程,治愈率均在 90%以上。

4.抗厌氧菌作用 对厌氧性革兰阳性和阴性杆菌和球菌都有较强的抗菌作用,对口腔及盆腔和腹腔内厌氧菌感染及由此引起的败血症,以及气性坏疽等,本品均有良好的防治作用。通常静脉注射给药。

【不良反应】甲硝唑不良反应一般较少而轻。最常见者为恶心和口腔金属味,偶见呕吐、腹泻、腹痛、头痛、眩晕、肢体麻木。少数患者可出现白细胞暂时性减少。极少数人可出现脑病、共济失调和惊厥。啮齿动物试验证明,长期、大量口服有致癌作用。对细菌有致突变作用。因此,妊娠早期禁用,以防引起胎儿畸形。

其他药

替硝唑(tinidazole)与甲硝唑相比,其半衰期较长(12～24h)。口服一次,有效血药浓度可维持72h。对阿米巴痢疾和肠外阿米巴病的疗效与甲硝唑相当而毒性略低。也可用于阴道滴虫症。

二氯尼特(diloxanide)是目前最有效的杀包囊药,口服后主要靠其未吸收部分杀灭阿米巴原虫的囊前期,对于无症状或仅有轻微症状的排包囊者有良好疗效。对于急性阿米巴痢疾,单用二氯尼特疗效不佳;但在甲硝唑控制症状后再用二氯尼特肃清肠腔内的小滋养体,可有效地预防复发。对肠外阿米巴病无效。本品对阿米巴原虫有直接杀灭作用,对脊椎动物无明显作用,不良反应轻微,偶尔出现呕吐和皮疹等。

喹碘方(chiniofon)、双碘喹啉(diiodohydroxyquinoline)和氯碘羟喹(clioquinol)。此类药物有直接抗阿米巴作用,口服吸收较少,曾广泛用作肠腔内抗阿米巴药,用于排包囊者,或与甲硝唑合用于急性阿米巴痢疾。此类药物一般毒性低,但可致腹泻。

依米丁(emetine)主要对组织中的阿米巴滋养体有直接杀灭作用。由于其刺激性很强,口服可致吐,只能深部肌内注射。除引起胃肠道反应外,对心肌有严重毒性。仅在急性阿米巴痢疾和肠外阿米巴病病情严重,甲硝唑疗效不满意时才考虑使用。

氯喹为抗疟药,也有杀灭阿米巴滋养体的作用。口服后肝中浓度比血浆浓度高数百倍,而肠壁的分布量很少。对肠阿米巴病无效,仅用于甲硝唑无效或禁忌的阿米巴肝炎或肝脓肿患者,并同时应用治肠阿米巴病的药物,以防复发。

二、抗滴虫病药

滴虫病主要指阴道滴虫病,但阴道毛滴虫也可寄生于男性尿道内。甲硝唑是治疗滴虫病最有效的药物。此外还有乙酰胂胺(acetarsol)。其复方制剂称乙酰胂胺(devegan)。以其片剂置于阴道穹窿部,有直接杀滴虫作用。此药有轻度刺激作用,使阴道分泌物增多。

工作项目三 抗血吸虫病药和抗丝虫病药

学习目标

1. 了解常用抗血吸虫病和抗丝虫病药分类。
2. 熟悉吡喹酮的作用、用途和不良反应。

一、抗血吸虫病药

血吸虫病是常见危害人类健康的寄生虫病,我国流行的是日本血吸虫,疫区主要分布在长江中下游,钉螺是日本血吸虫唯一的中间宿主。近年来,我国血吸虫病疫情反复出现,钉螺扩散明显。消灭钉螺和药物治疗是消灭血吸虫病的两大主要措施。

综合防治的主要措施包括:消灭传染源(普查、普治患者和病牛)、切断传播途径(查螺、灭螺、加强水源和粪便管理)、加强健康教育、保护易感人群。

吡喹酮

吡喹酮(praziquantel)口服吸收迅速而完全,为广谱抗吸虫药和驱绦虫药,尤以对血吸虫有杀灭作用而受重视。对线虫和原虫感染无效。

【作用和用途】吡喹酮对血吸虫成虫有良好杀灭作用,但对未成熟的童虫则无效。对慢性日本血吸虫病,远期治愈率可达 90%以上。对急性血吸虫病,有迅速退热和改善全身症状的作用,远期疗效也可达 87%。有心、肝等并发症的晚期患者多能顺利完成疗程。

【不良反应】不良反应轻微、短暂。可在服药后短期内发生腹部不适、腹痛、恶心、头昏、头痛以及肌束颤动等。少数出现心电图改变。

二、抗丝虫病药

乙胺嗪

乙胺嗪(diethylcarbamazine,海群生)服用后,班

氏丝虫和马来丝虫的微丝蚴迅速从患者血液中减少或消失。对淋巴系统中的成虫也有毒杀作用，但需较大剂量或较长疗程。乙胺嗪本身毒性较低而短暂，可引起厌食、恶心、呕吐、头痛、无力等。但因丝虫成虫和幼虫死亡释出大量异体蛋白引起的过敏反应则较明显，表现为皮疹、淋巴结肿大、血管神经性水肿、畏寒、发热、哮喘，以及心率加快、胃肠功能紊乱等。

伊维菌素

伊维菌素（ivermectin）具有广谱抗寄生虫和抗虱、螨、昆虫等节肢动物作用，其中尤以抗丝虫作用受重视。抗丝虫作用与乙胺嗪相比，本品疗效高而快。但不能消灭体内的成虫。另外，对类圆线虫病、蛔虫症、鞭虫症和蛲虫症均有较好的疗效。伊维菌素本身对人体毒性轻微。用于治疗丝虫症时，由于微丝蚴死亡、解体，引发宿主免疫反应。

工作项目四　抗肠蠕虫药

学习目标

1. 了解常用的抗蠕虫药的名称。
2. 熟悉常用抗蠕虫药的作用、用途及不良反应。

甲苯达唑

甲苯达唑（mebendazole）为一高效、广谱驱肠蠕虫药。对蛔虫、蛲虫、鞭虫、钩虫、绦虫感染的疗效常在90%以上，尤其适用于上述蠕虫的混合感染。显效缓慢，给药后数日才能将虫排尽。无明显不良反应。少数病例可见短暂腹痛、腹泻。大剂量时偶见过敏反应、脱发、粒细胞减少等。大鼠试验发现本品有明显的致畸胎作用和胚胎毒作用，故孕妇忌用。对2岁以下儿童和对本品过敏者不宜使用。

阿苯达唑

阿苯达唑（albendazole）具有广谱、高效、低毒的特点。对肠道寄生虫，如线虫类的蛔虫、蛲虫、钩虫、鞭虫和粪类圆线虫，绦虫类的猪肉绦虫、牛肉绦虫、短膜壳绦虫等有驱杀作用。不良反应轻，一般耐受良好。可出现消化道反应和头晕、思睡、头痛等。多在数小时内自行缓解。少数可见肝功能障碍，1～2周内恢复。本品也有致畸和胚胎毒作用。禁用于孕妇和2岁以下儿童。

吡喹酮

吡喹酮（praziquantel）为一广谱抗蠕虫药。此处仅介绍其抗其他蠕虫的作用。对牛肉绦虫、猪肉绦虫、阔节裂头绦虫和短膜壳绦虫都有良好的疗效。姜片虫、华支睾吸虫和其他肝吸虫，也有良好疗效。

哌嗪

哌嗪（piperazine）对蛔虫和蛲虫有较强的驱除作用。治蛔虫，1～2天疗法的治愈率可达70%～80%。对蛲虫，需用药7～10天，远不如使用阿苯达唑等方便。

噻嘧啶

噻嘧啶（pyrantel）为一广谱驱线虫药，对蛔虫、钩虫、蛲虫和毛圆线虫感染均有较好疗效，但对鞭虫无效。口服不易吸收。不良反应轻而短暂，主要为胃肠不适。

氯硝柳胺

氯硝柳胺（niclosamide）绦虫药，对牛肉绦虫、猪肉绦虫、阔节裂头绦虫和短膜壳绦虫感染都有良好疗效，尤以对牛肉绦虫的疗效为佳。本品口服不易吸收，也无直接刺激作用，仅偶见消化道反应。

其他驱肠蠕虫药

左旋咪唑(levamizole) 波吡维铵（pyrviniumembonate，蛲灵）有驱肠蠕虫作用。

工作项目五　抗寄生虫病药的用药护理程序

一、抗疟药的用药护理程序

1. 用药前评估

（1）明确用药目的：主要用于预防和控制疟疾的急性发作，防止疟疾传播。

（2）掌握基本资料：①了解患者的年龄、性别、血涂片结果、血液常规指标、肝肾功能及水电解质平衡情况。②熟悉患者有无无蚊子叮咬史、有否发热及发热类型。是否曾用抗疟药预防及治疗，治疗中有无药物过敏史及特殊不良反应，如溶血反应。③询问患者生活、工作是否疟疾流行区，家居、工作等环境有否蚊蝇滋生地。

2. 用药期间护理

（1）氯喹长期用药可引起角膜浸润，表现为视物模糊，少数可导致视力障碍，用药中应密切观察患者的视力情况,定期进行眼科检查。

(2)氯喹、奎宁静滴速度快会引起严重低血压和心律失常,故应慢速点滴,并密切观察患者的心脏和血压的变化。

(3)伯氨喹毒性大,患者用药时如出现深色尿应立即报告医生,如有贫血或溶血需立即停药。有粒细胞缺乏倾向、蚕豆病史及家族史者禁用本药。

(4)用乙胺嘧啶治疗时,应定期查血象,并嘱咐患者多食富含叶酸的食物,以防止叶酸的缺乏。

(5)氯喹、乙胺嘧啶有致畸的作用,孕妇禁用。

3.用药后护理评价 患者体温恢复正常,血涂片应无疟原虫,停药后无疟疾复发。无明显药物不良反应。

二、抗阿米巴病药及抗滴虫病药的用药护理程序

1.用药前评估

(1)明确用药目的:用于阿米巴痢疾,肠内或肠外阿米巴病以及滴虫病。

(2)掌握护理对象基本情况:根据患者症状和实验诊断,确诊为阿米巴病或滴虫病,并需了解患者近期用药史,如曾用抗生素可干扰阿米巴的诊断。

识别高危人群:①有本类药物过敏史者禁用;②心、肾功能不良者禁用依米丁;③孕妇怀孕前3个月、哺乳期及1岁以下婴儿禁用甲硝唑。

2.用药期间护理

(1)服用甲硝唑前24h及至疗程结束后48h内禁酒。

(2)急性期患者须卧床休息,每天记录饮水量、大便次数及体重,婴幼儿、老年人及衰弱者还需监测其水及电解质平衡,及时给予辅导治疗。

(3)治疗期间定期检测粪便、阴道分泌物或其他标本,但必须小心处理、以免感染。

(4)治疗阿米巴痢疾如腹泻持续或更严重,或有不良反应,立即改变治疗方案。

(5)使用甲硝唑过程中注意一些不敏感菌的过快繁殖和产生二重感染,如出现黑色舌苔、白色阴道排出物及阴道炎等。

3.用药后护理评价 患者临床症状是否消失,营养是否恢复正常,大便中应无虫体排出,镜检正常。应无明显药物不良反应。

三、用药护理程序

1.用药前评估

(1)明确用药目的:主要用于防治血吸虫、丝虫及各种肠道寄生虫病。

(2)掌握基本资料:①了解患者大便中虫卵及虫体检查结果,患者的年龄、血常规、心、肝肾功能指标。②询问患者曾用何药治疗,疗效如何,有无药物过敏史。③询问患者是否注意个人卫生,有无血吸虫疫水接触史,有无进食不熟食品等;儿童有否不洁饮食习惯,居住环境是否卫生等。

2.用药期间护理

(1)服用吡喹酮应注意患者有无心电图改变及肝功能异常,心、肝功能不全患者慎用。

(2)服用甲苯达唑、阿苯达唑期间,患者有胃肠道反应时可和食物同服。用药过程中了解患者大便排虫情况,检查疗效。

(3)哌嗪大剂量应用可出现中枢神经中毒症状,表现为眩晕、震颤、共济失调、乏力、幻觉和惊厥等,一旦出现应立即停药,用药前应向患者说明用药方法及大剂量时可能发生的不良反应。

(4)孕妇和2岁以下小儿禁用甲苯达唑、阿苯达唑、噻嘧啶。肝肾功能不全者禁用左旋咪唑。

3.用药后护理评价 患者临床症状是否消失,营养是否恢复正常,贫血症状是否改善,大便中应无虫体排出,镜检正常。

制剂和用法

磷酸氯喹 口服,治疗疟疾(3日疗法):第1日先服1.0g,8小时后再服0.5g;第2、第3日各0.5g。预防:0.5g/次,1次/周。

硫酸奎宁 口服,0.3~0.6g/次,3次/日,连续服5~7日。

二盐酸奎宁 静滴:0.25~0.5g/次,用葡萄糖液稀释成0.5~1mg/ml后,缓慢静滴。切忌静注。

甲氟喹 口服,耐药恶性疟治疗,成人1000~1500m/次;儿童25mg/kg,/次。耐药恶性疟预防,250mg/周,连用4周,以后每周125mg。

青蒿素油混悬剂 肌内注射,间日疟及恶性疟总量为500~800mg,疗程2~3日。

磷酸伯氨喹 口服,四日疗法:4片/日,连服4日。

乙胺嘧啶 口服,25mg/次,1次/周。

苯芴醇 首剂800mg,以后400mg/(次·日),连续3日。

甲硝唑 片剂:250、500mg。阿米巴痢疾,0.4~0.8g/次,3次/日,共5日;肠外阿米巴病,0.75g/次,3次/日,共10日;阴道滴虫病和男性尿道滴虫感染,250mg/次,3次/日,共7日,或2g顿服;厌氧菌感染:7.5mg/kg,每6小时1次,首剂加倍,共7~10日,静注。

二氯尼特糠酸酯 成人:500mg,3次/日,共10日;口服给药。

喹碘方 0.25~0.5g/次,3次/日,共10日;口服给药。

氯碘羟喹 0.25g/次,3次/日,共10日;口服

给药。

双碘喹啉 0.6g/次，3次/日，共14～21日。

去氢依米丁 成人：每日1～1.5mg/kg，极量90mg，深部肌内注射，连用5日；重复宜间隔30日。

磷酸氯喹 肠外阿米巴病：0.25g/次，3～4次/日。

乙酰胂胺 每次1～2片塞入阴道穹窿部，1～3次/日，10～14日一疗程。

吡喹酮 片剂，每片0.2mg；口服，血吸虫病，10mg/kg/次，3次/日，连服2日；囊虫症，总量120mg/kg，4日疗法；华支睾吸虫病和其他肝吸虫病，总量100mg/kg，一天疗法；姜片虫，5～15mg/kg一剂疗法。

枸橼酸乙胺嗪 口服，1日疗法：1.5g，分1～2次服。7日疗法：0.2g/次，3次/日，连服7日。

依维菌素 片剂，每片6mg。口服0.1～0.2mg/（kg·次）。

甲苯达唑 成人和2岁以上儿童服用同样剂量，100mg，早晚各一剂，连服3天。

阿苯达唑 蛔虫、钩虫、鞭虫感染，400mg顿服；蛲虫感染，100mg顿服；牛、猪肉绦虫感染，800mg/日，连用3日；囊虫症，推荐剂量为每天15mg/kg，分次给药，28日/疗程，一般给予2～3个疗程，疗程间隔15～21日；包虫病（棘球蚴病），5～7mg/kg，2次/日，30日/疗程；华支睾吸虫病，8mg/（kg·日），顿服，共7日；旋毛虫病，24或32mg/（kg·日），5日/疗程，给予1～2个疗程。

枸橼酸哌嗪 钩虫症：75mg/kg/日，顿服；儿童75～150mg/（kg·日），空腹顿服，连用2日。蛔虫症：成人1.0～1.2g/次，2次/日；儿童60mg/kg/日，分2次，连用7日。

双羟萘酸噻嘧啶 钩虫症：5～10mg/kg，顿服，连服2～3日。蛔虫症：剂量同上，用药一次。

氯硝柳胺 晨空服1g，顿服，1小时后再服一剂，12小时后服硫酸镁导泻。

目标检测

一．选择题

（一）A型题（单项选择题）

1.控制疟疾临床症状的首选药是（　　）
  A. 奎宁　　　　B. 伯氨喹
  C. 氯喹　　　　D. 青蒿素
  E. 乙胺嘧啶

2.由我国学者首先研制出来的抗疟药是（　　）
  A. 奎宁　　　　B. 伯氨喹
  C. 氯喹　　　　D. 青蒿素
  E. 乙胺嘧啶

3.抑制二氢叶酸还原酶产生抗疟作用的是（　　）
  A. 氯喹　　　　B. 奎宁
  C. 青蒿素　　　D. 伯氨喹
  E. 乙胺嘧啶

4.最易引起少数人发生急性溶血性贫血或高铁血红蛋白症的药是（　　）
  A. 氯喹　　　　B. 奎宁
  C. 青蒿素　　　D. 伯氨喹
  E. 乙胺嘧啶

5.抗血吸虫病首选药是（　　）
  A. 甲硝唑　　　B. 替硝唑
  C. 甲苯达唑　　D. 阿苯达唑
  E. 吡喹酮

6.钩、蛔、蛲、鞭虫混合感染应首选（　　）
  A. 噻嘧啶　　　B. 阿苯达唑
  C. 氯硝柳胺　　D. 恩波维胺
  E. 哌嗪

7.对肠内外阿米巴病均有效的药物是（　　）
  A. 氯喹　　　　B. 甲硝唑
  C. 喹碘方　　　D. 土霉素
  E. 巴龙霉素

8.伯氨喹引起急性溶血性贫血或高铁血红蛋白症的患者，其红细胞内缺乏（　　）
  A. 二氢叶酸合成酶　B. 二氢叶酸还原酶
  C. 腺苷环化酶　　　D. 6-磷酸葡萄糖脱氢酶
  E. 磷酸二酯酶

9.甲硝唑的用途不包括（　　）
  A. 治疗血吸虫病　　B. 治疗厌氧菌感染
  C. 治疗阴道滴虫病　D. 治疗阿米巴病痢疾
  E. 治疗阿米巴肝脓肿

10.对钩虫、蛔虫、蛲虫都有效的药不包括（　　）
  A. 哌嗪　　　　B. 左旋咪唑
  C. 甲苯达唑　　D. 阿苯达唑
  E. 噻嘧啶

（二）X型题（多项选择题）

1.甲硝唑的作用有（　　）
  A. 抗阿米巴原虫　B. 抗疟原虫
  C. 抗阴道滴虫　　D. 抗厌氧菌
  E. 抗贾第鞭毛虫

2.驱牛绦虫的首选药是（　　）
  A. 甲苯达唑　　B. 槟榔
  C. 槟榔+南瓜子　D. 氯硝柳胺
  E. 吡喹酮

3.伯氨喹的不良反应有（　　）
  A. 肝毒性　　　B. 肾毒性

C. 急性溶血性贫血　D. 心脏毒性
E. 高铁血红蛋白症

4.吡喹酮可用于治疗（　　）
A. 蛔虫病　　　　　B. 血吸虫病
C. 绦虫病　　　　　D. 蛲虫病
E. 华支睾吸虫病

5.下列是广谱驱肠虫作用的药物（　　）
A. 甲苯咪唑　　　　B. 阿苯达唑
C. 氯硝柳胺　　　　D. 噻嘧啶
E. 恩波维铵

二、填空题

1.主要用于控制疟疾临床症状的抗疟药有_____、_____、_____等。

2.既有抗疟作用又有抗阿米巴原虫作用的药物是_____。

3.对肠内、外阿米巴病都有效的药是_____、_____。

（李　琴）

工作任务八　抗恶性肿瘤药

恶性肿瘤是严重威胁人类健康的常见病、多发病。因其病因、发病机制等尚未完全阐明，防治效果不甚理想。目前治疗恶性肿瘤主要采取综合疗法，将手术切除、放射治疗、化学治疗及免疫治疗等方法结合起来，显著提高了疗效及患者的生活质量，延缓并减少了恶性肿瘤患者的死亡率。其中抗恶性肿瘤药在恶性肿瘤的治疗中占重要地位，对部分恶性肿瘤如绒毛膜上皮癌、睾丸癌、急性淋巴细胞白血病和恶性淋巴瘤等疗效较高。但由于多数抗恶性肿瘤药作用选择性较差，在杀伤肿瘤细胞的同时也能损害正常组织器官，不良反应多且严重，故积极研究开发新型药物及基因治疗已成为当务之急。

工作项目一　抗肿瘤药物的作用机制及其分类

学习目标

1. 了解细胞增殖动力学。
2. 熟悉抗恶性肿瘤药物的作用机制、分类及代表药名。
3. 掌握抗恶性肿瘤药物的不良反应及用药注意事项。
4. 熟悉常用抗恶性肿瘤药的临床应用，能指导患者合理用药。

案例分析

患者，女，77岁。因咳嗽、乏力、逐渐消瘦1年，血痰伴胸痛二周入院。患者自述有30多年吸烟史。检查：CT检查示，右肺门增宽，右肺下叶见不规则肿块影，大小为6.8cm×6.0cm；支气管镜检查示，右肺下叶基底干口被结节样肿物阻塞，右下背段口肿胀狭窄。

诊断：右下肺中心型肺癌。活检病理报告：小细胞肺癌。

治疗：CAV方案：环磷酰胺（CTX）+阿霉素（ADM）+长春新碱（VCR）联合化疗。经上述治疗，患者症状逐渐减轻，7个周期化疗后CT复查，肺部阴影消失，患者精神体力日渐好转，食欲睡眠好，生活如正常人。

问题：

1.为何要给此患者选用CAV方案？CAV方案治疗小细胞肺癌有哪些优点？

2.还可选用什么方案治疗小细胞肺癌？试述原理。

工作项目二　细胞增殖周期动力学

细胞的生长、繁殖和死亡有一定的周期性，称为细胞增殖周期；细胞增殖动力学即是研究细胞增殖周期的动态规律。了解这一规律，有助于区分肿瘤细胞和正常细胞群的生物学特点，对制定化疗方案、合理用药、控制癌细胞及有效治疗癌症具有十分重要的意义。

根据肿瘤细胞生长繁殖的特点将细胞群分为增殖细胞群和非增殖细胞群（图2-7-7）。

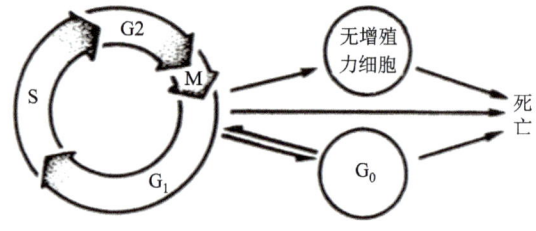

图2-7-7　细胞增殖周期示意图

1.增殖细胞群　指增殖周期中的细胞，能不断地按指数分裂增殖，是肿瘤增长的指标。这部分细胞在肿瘤全细胞群中的比率称生长比率（growth fraction，GF）。根据GF大小，又可将其分为两型：

增长迅速的肿瘤细胞群，GF值较大（接近1），对药物敏感，如急性白血病，霍奇金病等。

增长缓慢的肿瘤细胞群，GF值较小（0.01～0.5），对药物不敏感，如慢性白血病和多数实体瘤。

一般早期 GF 值大，对化疗药敏感性高，疗效也较好。

又按细胞内 DNA 含量变化，可将增殖细胞群中细胞生长繁殖周期分为 4 个时期：

（1）M 期，又称有丝分裂期，此期结束时，增殖细胞分裂成二个子细胞。新生成的细胞，一部分进入增殖周期，另一部分则暂时处于静止期。

（2）G_1 期，又称 DNA 合成前期，指从上次细胞分裂结束到开始合成DNA这段时期。此期时间较长，约占细胞增殖周期的 1/2。G_1 期为 S 期准备条件。

（3）S 期，又称 DNA 合成期，此期主要是合成新的 DNA，也需合成 RNA 和蛋白质。此期约占细胞增殖周期的 1/4~1/3。在此期染色体数目增倍。

（4）G_2 期，又称 DNA 合成后期或有丝分裂准备期，此期停止合成 DNA，为细胞进行有丝分裂（M 期）做准备。约占增殖周期的 1/5。

2.非增殖细胞群　分为三群：

（1）静止期又称 G_0 期细胞，此类细胞有增殖能力，但暂时处于静止状态，不进行分裂，当周期中细胞被药物大量杀灭时，G_0 期细胞即可进入增殖期成为增殖期细胞。G_0 期细胞对药物不敏感，是肿瘤复发的根源，应设法消灭。

（2）无增殖能力细胞群，他们不进行分裂，通过分化最后死亡，在化疗中无意义。

（3）死亡细胞。

工作项目三　抗恶性肿瘤药物的作用机制及其分类

根据抗恶性肿瘤药物的作用机制（图 2-7-8）可将其分为五类：

1.干扰核酸（RNA 和 DNA）合成的药又称抗代谢药　核酸的基本结构单位是核苷酸，其合成需要嘧啶、嘌呤类前体物质。本类药分别在不同环节阻止核酸合成，抑制蛋白质的合成，影响细胞分裂增殖。根据其影响生化过程不同，又可分为：

（1）二氢叶酸还原酶抑制药（抗叶酸制剂），如甲氨蝶呤等。

（2）阻止嘧啶类核苷酸生成药（抗嘧啶药），如氟尿嘧啶等；

（3）阻止嘌呤类核苷酸生成药（抗嘌呤药），如巯嘌呤等。

（4）抑制 DNA 多聚酶药，如阿糖胞苷等。

（5）抑制核苷酸还原酶药，如羟基脲等。

2.破坏 DNA 结构和功能的药物　如烷化剂、丝裂霉素、博来霉素、顺铂及喜树碱等。

3.干扰转录过程阻止 RNA 合成的药物　如放线菌素 D、柔红霉素、多柔比星等。

4.干扰蛋白质合成的药物　又可分为：

（1）影响纺锤丝形成和功能的药物，如长春碱类、鬼臼毒素类、紫杉醇等。

（2）干扰核蛋白体功能的药物，如三尖杉碱。

（3）影响氨基酸供应的药物，如 L-门冬酰胺酶。

5.影响体内激素平衡药　如肾上腺皮质激素、雄激素、雌激素、他莫昔芬等

工作项目四　抗恶性肿瘤药的主要不良反应

大多数抗肿瘤药的治疗指数较小，且选择性低，在杀伤肿瘤细胞的同时，也损伤正常组织，尤其是增殖迅速的组织，故在治疗量时即可引起不良反应。

1.抑制骨髓　常见白细胞、血小板及红细胞减少，可导致出血、贫血、感染等。见于大多数抗肿瘤药，但长春新碱、博来霉素此毒性较小，而激素类、门冬酰胺酶无骨髓抑制作用。应定期监测血常规、白细胞及血小板计数，如白细胞低于 4×10^9/L，血小板低于 80×10^9/L，应停止用药。

2.胃肠反应　多数抗肿瘤药可引起恶心、呕吐、食欲减退，也能直接损害消化道黏膜引起口腔炎、溃疡、腹痛、腹泻及消化道出血等。应给予高蛋白、高热能的饮食，避免进食过硬、过热及刺激性食物；因严重恶心、呕吐而影响进食者，可给予止吐药。

3.损害皮肤及毛发　多数抗肿瘤药可损伤毛囊上皮细胞，引起脱发；损害皮肤引起红斑、浮肿等。应保持患者皮肤及毛发清洁，经常检查皮肤有无淤点、红斑，定时翻身以防止褥疮。

4.肝、肾毒性　多数抗肿瘤药经肝代谢、由肾排泄，可引起肝损害，出现肝大、黄疸、肝功能异常等；肾损害可引起血尿、蛋白尿、血尿素氮升高等。应定期检查肝、肾功能，肝、肾功能不良者应避免使用有肝、肾损害的药物，如环磷酰胺、顺铂等。

5.免疫抑制　多数抗肿瘤药可抑制机体的免疫功能，杀伤和抑制免疫细胞，使机体抵抗力下降而易遭致感染。应注意预防感染，避免和消除引起感染的途径，如静脉穿刺、导尿等操作应严格消毒；病房及房内物品也应定期消毒；如有感染，应及早加用抗生素。

6.其他　阿霉素、顺铂等有心脏毒性；甲氨蝶呤、博来霉素等可引起肺纤维化；环磷酰胺可致出血性膀胱炎；长春碱类可引起周围神经炎；顺铂有耳毒性等。

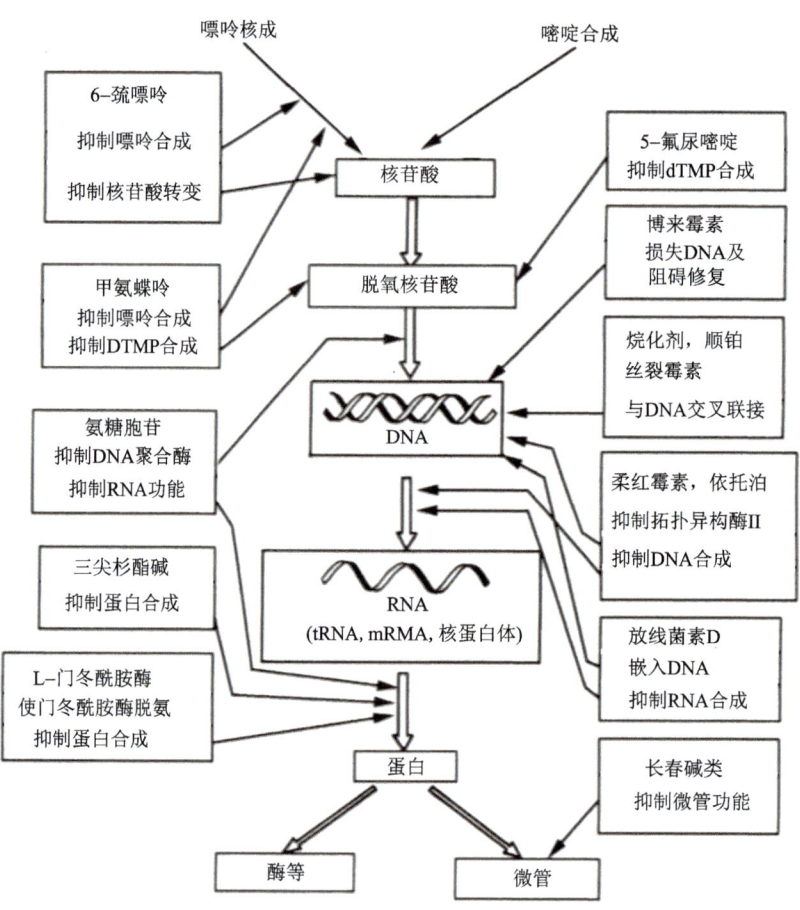

图 2-7-8 抗恶性肿瘤药的作用示意图

工作项目五　常用恶性抗肿瘤药

一、干扰核酸生物合成的药物

本类药物又称抗代谢药，它们的化学结构和核酸代谢的必需物质如叶酸、嘌呤碱、嘧啶碱等相似，能与体内代谢物发生特异性结合，从而影响代谢功能。尤其是干扰 DNA 的生物合成，阻止瘤细胞的分裂繁殖，它们是细胞周期特异性药物，主要作用于 S 期细胞（图 2-7-9）。

1.叶酸拮抗药　主要为甲氨蝶呤（methotrexate，MTX）。

甲氨蝶呤

【药理作用】甲氨蝶呤的化学结构与叶酸相似，为二氢叶酸还原酶抑制剂，能阻断二氢叶酸（FH$_2$）还原成四氢叶酸，从而使 5,10-甲撑四氢叶酸（甲酰 FH$_4$）不足，脱氧胸苷酸（dTMP）合成障碍，使 DNA 合成受阻，抑制肿瘤细胞增殖。

【临床应用】用于治疗儿童急性白血病，疗效显著；也用于治疗绒毛膜上皮癌、恶性葡萄胎、头颈部肿瘤、消化道癌、卵巢癌等。此外，本药是强的细胞免疫抑制剂，用于同种骨髓移植、器官移植、类风湿性关节炎等。

【不良反应】常见口腔及肠道黏膜损伤，如口腔炎、胃炎、腹泻、便血甚至死亡等；对骨髓抑制较明显，表现为白细胞、血小板减少及全血细胞下降。用药前应监测肝、肾及骨髓功能。

2.嘌呤拮抗药　主要为 6-巯嘌呤（6-mercaptopurine，6-MP）。

6-巯嘌呤

【药理作用】6-巯嘌呤的化学结构与次黄嘌呤相似，为嘌呤核苷酸合成抑制药，其在体内经次黄嘌呤-鸟苷酸酶的催化转变为伪苷酸-6-硫代肌苷酸，后者可阻止肌苷酸转变为腺苷酸和鸟苷酸，从而干扰嘌呤代谢，阻碍 DNA 合成，使肿瘤细胞不能增殖。

【临床应用】主要用于儿童急性淋巴母细胞性白血病的维持治疗，也用于治疗急、慢性非淋巴细胞性白血病。

【不良反应】主要为消化道黏膜损害和骨髓抑制，

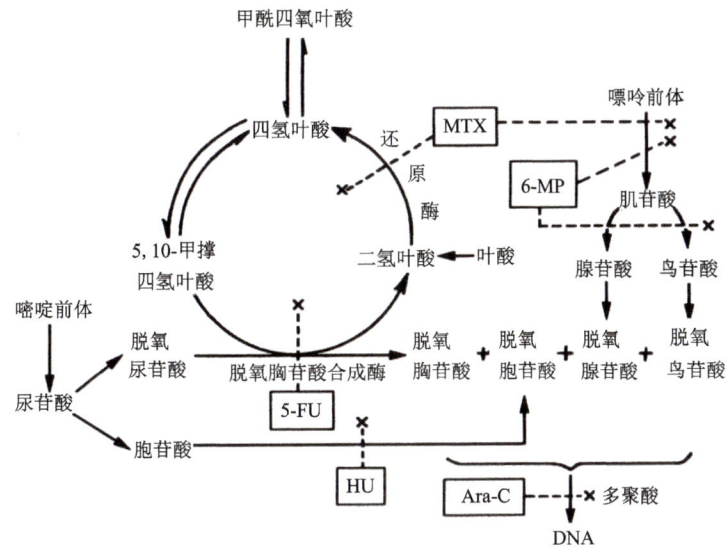

图 2-7-9 抗代谢药作用环节示意图

部分患者出现黄疸，停药后可消失。

3.嘧啶拮抗药　主要为5-氟尿嘧啶（5-fluorouracil，5-FU）。

5-氟尿嘧啶

【药理作用】5-氟尿嘧啶为拮抗嘧啶代谢功能药，在细胞内转变为 5-氟尿嘧啶脱氧核苷酸（5F-dUMP），5F-dUMP 抑制脱氧胸苷酸合成酶，使脱氧尿苷酸不能甲基化变为脱氧胸苷酸（dTMP）而影响 DNA 的合成；5-FU 还在体内可转化成 5-氟尿嘧啶核苷（5F-FUR），以伪代谢物掺入 RNA 中，阻碍 RNA 和蛋白质合成，故对各期细胞有作用。

【临床用途】用于治疗消化道癌，如食管癌、胃癌、结肠癌、直肠癌、胰腺癌及肝癌，疗效好；也用于乳腺癌、子宫癌、卵巢癌、绒毛膜上皮癌、膀胱癌、鼻咽癌及前列腺癌的治疗。

【不良反应】消化道反应有恶心、口腔炎、吞咽困难，重者出现血性腹泻，应立即停药；骨髓抑制、脱发及皮肤色素沉着等。

4.DNA 多聚酶抑制药　主要为阿糖胞苷（cytarabine，Ara-C）。

阿糖胞苷

【药理作用】阿糖胞苷在体内被脱氧胞苷激酶及磷酸或二磷酸嘧啶核苷酸激酶催化为二磷酸或三磷酸胞苷（Ara-CDP 或 Ara-CTP），抑制 DNA 多聚酶的活性，阻止 DNA 合成。此外，还干扰、抑制与 DNA 修复有关的 β-DNA 多聚酶。

【临床用途】用于治疗急性粒细胞白血病或单核细胞白血病，疗效较好；对其他白血病也有效。

【不良反应】主要为骨髓抑制及消化道反应，静注可致静脉炎。

5.核苷二磷酸还原酶抑制药　主要为羟基脲（hydroxycarbamide，HU）。

羟基脲

羟基脲能抑制核苷二磷酸还原酶，阻止胞苷酸还原为脱氧胞苷酸，从而抑制脱氧胞苷酸掺入 DNA，也能直接损伤 DNA。主要用于慢性粒细胞白血病和黑色素瘤，对白消安无效者仍有效；还可用于细胞同步化，使细胞集中于 G_1 期，然后用对 G_1 期敏感的放疗或化疗，可提高疗效。主要不良反应为骨髓抑制，大剂量可引起恶心、呕吐、腹泻及肝损害。

二、破坏 DNA 结构和功能的药物

1.烷化剂　烷化剂（alkylating agents）是一类分子中有烷化功能基团、化学性质活泼的化合物，其烷化基团易与细胞中功能基团如 DNA 或蛋白质分子中氨基、巯基、羧基、羟基和磷酸基起烷化反应，以烷基取代上述基团的氢原子，常可形成交叉联结或引起脱嘌呤，使 DNA 链断裂，或使复制时碱基配对错码，造成 DNA 结构和功能的损害，重者可使细胞死亡。

环磷酰胺

【药理作用】（cyclophosphamide，CTX）环磷酰胺在体外无抗肿瘤作用，进入体内后经肝微粒体酶系氧化生成中间产物醛磷酰胺，在肿瘤细胞内，分解出磷酰胺氮芥，与DNA发生烷化并形成交叉联结，影响DNA功能，从而显著抑制肿瘤细胞的生长繁殖。对各期细胞均有杀伤作用，属周期非特异性药物。另外，本药还有免疫抑制作用，能抑制 T 及 B 淋巴细胞的功能。

【临床用途】

(1) 对恶性淋巴瘤、急性淋巴细胞白血病、儿童神经母细胞瘤疗效好。

(2) 对其他多种肿瘤如肺癌、乳腺癌、卵巢癌、多发性骨髓瘤等均有一定疗效。

(3) 也可作为免疫抑制剂用于某些自身免疫性疾病及器官移植排斥反应等。

【不良反应】常见骨髓抑制如白细胞、血小板减少；消化道反应如恶心、呕吐、胃肠黏膜出血；脱发及出血性膀胱炎，表现为尿频、尿急、血尿及蛋白尿等。

塞 替 派

塞替派（thiotepa，thiophosphoramide，TSPA）为细胞周期非特异性药，属乙撑亚胺类。其化学结构中有 3 个乙撑亚胺基，能与细胞内的 DNA 组成的碱基结合，抑制瘤细胞分裂。特点为选择性高，抗瘤谱广，作用快而强。主要用于治疗乳腺癌、卵巢癌、膀胱癌（膀胱内灌注）、肝癌等。不良反应主要为骨髓抑制。

白 消 安

白消安（busulfan，myleran，马利兰）属磺酸酯类，为细胞周期非特异性药。其在体内解离后起烷化作用，其烷化作用发生在 DNA 双螺旋链内的鸟嘌呤上，明显抑制粒细胞的生成。用于慢性粒细胞白血病疗效显著，对急性白血病无效；也用于治疗原发性血小板增多症和真性红细胞增多症。主要不良反应为骨髓抑制，长期应用可致肺纤维化、闭经、睾丸萎缩等。

亚硝脲类

亚硝脲类（nitrosourea）有卡莫司汀（carmustine，BCNU，卡氮芥）、洛莫司汀（lomustine，CCNU，环己亚硝脲）和司莫司汀（semustine）。本类药脂溶性高，易透过血脑屏障，其活性代谢物对增殖细胞各期均有作用，属细胞周期非特异性药。抗瘤谱广，作用快而强。主要用于治疗中枢神经系统肿瘤，如脑瘤；对黑色素瘤及胃肠道瘤等也有效。不良反应主要为骨髓抑制及消化道反应，偶见肝肾毒性及神经炎。

2.抗生素类　主要为博来霉素和丝裂霉素 C。

博来霉素

博来霉素（bleomycin，BLM，争光霉素）为广谱抗肿瘤药，$t_{1/2}$ 为 3h，由肾排泄，注射给药后皮肤、肺脏分布较多。作用于 G_2 和 M 期，主要在腺嘌呤-胸腺嘧啶（A-T）配对处与 DNA 结合，引起 DNA 单链或双链断裂，阻止 DNA 复制，干扰细胞分裂繁殖，为周期非特异性药物。主要用于治疗鳞状上皮癌（头、颈、口腔、食管、阴茎、外阴及宫颈等部位癌），也用于治疗淋巴瘤和睾丸癌。主要不良反应为肺毒性，可引起肺间质炎性病变甚至肺间质纤维化。少数患者出现过敏性休克样反应，如发热、恶心、呕吐、手足指（趾）肿胀等。老年患者，肺功能不全者慎用。

丝裂霉素 C

丝裂霉素 C（mitomycin，MMC，丝裂霉素，自立霉素）抗瘤谱广，其化学结构中有乙撑亚胺及氨甲酰酯基团，具有烷化作用，能与 DNA 双链交叉联结，抑制 DNA 复制，也能使部分 DNA 断裂，属周期非特异性药物。临床用途有：与多柔比星、5-FU 合用治疗胃、胰腺癌和肺癌；与博来霉素、长春新碱合用治疗子宫颈癌；治疗慢性粒细胞性白血病、恶性淋巴瘤等。不良反应主要是明显的骨髓抑制和胃肠道反应，偶见过敏反应及间质性肺炎等。应避免长期应用。

3.铂类配合物　铂类配合物包括顺铂、卡铂、异丙铂及奥沙利铂，为细胞周期非特异性药物，主要通过破坏 DNA 结构和功能而发挥抗肿瘤作用。

顺 铂

顺铂（cisplatin，顺氯氨铂）为二价铂与两个氯原子和两个氨基结合的重金属化合物。进入体内将氯解离后，二价铂与 DNA 上的碱基鸟嘌呤、腺嘌呤和胞嘧啶形成交叉联结，破坏 DNA 的结构和功能。

对多种实体肿瘤有效，如睾丸肿瘤、卵巢癌、膀胱癌、乳腺癌、肺癌、头颈部癌、前列腺癌等，尤对非精原细胞性睾丸瘤最为有效。也可用于治疗恶性淋巴瘤及肺癌，为联合化疗较常用的药物，常与环磷酰胺、长春碱和博来霉素等合用。不良反应主要为消化道反应、肾毒性、骨髓抑制及听力减退。

卡 铂

卡铂（carboplatin，碳铂）为第二代铂类抗肿瘤药，其抗癌作用与顺铂相似，但消化道、肾及耳毒性比顺铂低，主要毒性反应是骨髓抑制。用于小细胞及非小细胞肺癌、卵巢癌、睾丸癌及头颈部肿瘤等。与顺铂有交叉抗药性。

3.喜树碱类　主要为喜树碱（camptothecin，CPT）和羟喜树碱（hydroxy-camptothecin，10-OH-CPT）。

两药能干扰 DNA 拓扑异构酶 I，破坏 DNA 结构，并抑制 DNA 的合成。主要作用于 S 期，也作用于 G_2 期，为周期特异性药物。喜树碱用于胃癌、肠癌、绒毛膜上皮癌和急、慢性粒细胞白血病等。羟喜树碱用于原发性肝癌、头颈部癌和白血病。喜树碱的不良反应主要有胃肠道反应、骨髓抑制，少数有脱发、皮疹等，重者出现膀胱毒性，引起尿频、尿痛及血尿等。羟喜树碱不良反应少且较轻，几乎无膀胱毒性。

三、干扰转录过程阻止 RNA 合成的药物

放线菌素 D

放线菌素 D（actinomycin D，放线菌素 D）抗瘤谱窄，属细胞周期非特异性药物。能嵌入到 DNA 双螺旋链中，在相邻的鸟嘌呤和胞嘧啶（G-C）碱基对之间形成非共价键，阻碍 mRNA 的合成，从而妨碍蛋白质合成，抑制肿瘤细胞生长。用于肾母细胞瘤、横纹肌肉瘤、神经母细胞瘤等，常与长春碱等合用；也可与氟尿嘧啶合用治疗睾丸癌。不良反应以恶心、呕吐、口腔炎较为常见；骨髓抑制明显；其他可见脱发、皮炎、色素沉着等。

柔红霉素

柔红霉素（daunorubicin，DNR）在胃肠中易分解失效，对组织有较强的刺激性，故仅能静脉给药。它能与 DNA 碱基对结合，破坏 DNA 的模板功能，阻止转录过程，抑制 DNA 复制和 RNA 转录。主要用于治疗急性淋巴细胞白血病和急性粒细胞白血病，尤其适合于儿童患者。不良反应有消化系统反应，骨髓抑制，重者可致心脏毒性，也可引起脱发。

多柔比星和柔红霉素

多柔比星（doxorubicin，adriamydn，ADM，阿霉素）和柔红霉素同属蒽环类抗生素，属周期非特异性药物，对 S 期及 M 期作用最强，对 G_1 期及 G_2 期也有作用。其作用机制为它能插入 DNA 双螺旋中，阻止双链分离，影响 DNA 复制和 RNA 转录。用于急性及慢性白血病、恶性淋巴瘤；对胃癌、乳腺癌、肺癌、睾丸癌、膀胱癌、宫颈癌、骨肉瘤、肝癌等也有效，常需与其他药合用以提高疗效。主要不良反应类似柔红霉素，对心脏毒性较轻。

四、干扰蛋白质合成的药物

长春碱和长春新碱

长春碱（vinblastine，VLB）和长春新碱（vincristine，VCR）为夹竹桃科植物所含的生物碱，口服吸收不完全，适合静脉给药。

【药理作用】二药能抑制肿瘤细胞的有丝分裂，使细胞分裂停止于 M 期。抑制有丝分裂的机制为干扰纺锤丝微管蛋白的合成，使其变性，从而影响微管装配和纺锤丝的形成。VLB 较 VCR 强，是作用于 M 期的周期特异性药物。

【临床用途】VLB 主要用于急性白血病、恶性淋巴瘤及绒毛膜上皮癌；对乳腺癌、头颈部肿瘤、肾母细胞瘤等也有效。

VCR 对儿童急性淋巴细胞白血病疗效较好，起效快，常与泼尼松合用作为诱导缓解药。其他适应证与 VLB 同，常与其他类抗癌药合用以提高疗效，并能减缓毒性的发生。

【不良反应】VLB 主要引起骨髓抑制，引起白细胞及血小板减少；少数有脱发、恶心等；偶有外周神经炎；静注部位可发生静脉炎，漏出血管外可使局部组织坏死。VCR 对骨髓抑制不明显，但神经毒性突出，表现为指、趾麻木，肌无力，腱反射抑制，外周神经炎等。

依托泊苷和替尼泊苷

【药理作用】依托泊苷（etoposide）和替尼泊苷（teniposide）是小檗科西藏鬼臼的有效成分鬼臼毒素的半合成衍生物。两药的化学结构、作用和抗肿瘤谱相似，其作用机制是干扰拓扑酶 II（Topo-II）的功能，阻止 DNA 开链及重新联结，使 DNA 双链断裂致细胞死亡。主要作用于 S 期，也作用于 G_1 期。

【临床用途】依托泊苷的用途是与其他抗癌药如顺铂或博来霉素合用治疗睾丸癌，与顺铂合用治疗小细胞肺癌。替尼泊苷用于儿童白血病，特别是婴儿单核细胞性白血病。

【不良反应】不良反应为骨髓抑制及胃肠道反应等，少见过敏反应，大剂量引起肝毒性。

紫杉醇

紫杉醇（paclitaxel）为一结构新颖作用机制独特的新型抗癌药。它能选择性地促进微管蛋白聚合并抑制其解聚，从而影响纺锤体的功能、抑制瘤细胞的有丝分裂。适用于转移性卵巢癌和乳腺癌，尤其是对顺铂耐药的卵巢癌仍有较好疗效；也用于食管癌、肺癌、头颈部癌及脑肿瘤等。不良反应主要为骨髓抑制，其次是周围神经性病变、肌肉痛及心脏毒性等，肠穿孔罕见。

三尖杉碱和高三尖杉酯碱

三尖杉碱（harringtonine）和高三尖杉酯碱（homoharringtonine）是从三尖杉属植物的枝、叶和树皮中提取的有效成分，属周期非特异性药。二药可抑制蛋白质合成起始阶段，并使核糖体分解，释放出新生肽链，抑制肿瘤的有丝分裂。主要用于急性粒细胞白血病和急性非淋巴细胞白血病，疗效明显，常需与长春新碱、阿糖胞苷及强的松合用。不良反应为骨髓抑制及胃肠道反应；少数有心动过速、心肌缺血而致心肌损害。

门冬酰胺酶

门冬酰胺酶（asparaginase，ASP，L-asparaginase，L-ASP，L-门冬酰胺酶）是从大肠杆菌培养液中提取的水解酶，主要影响某些肿瘤细胞氨基酸的供给而抑制蛋白质合成。

门冬酰胺是机体蛋白质合成所必需的氨基酸。有些肿瘤细胞不能自身合成其生长必要的门冬酰胺，需从细胞外摄取，门冬酰胺酶可将血清中的门冬酰胺水解，使肿瘤细胞缺乏门冬酰胺供应而阻碍蛋白质合成，抑制肿瘤细胞的生长繁殖。而正常细胞能自身合成门冬酰胺，故几无消化道损害及骨髓抑制。主要用于急性淋巴细胞白血病，有效率约为60%，与长春新碱等合用可提高疗效并延缓耐药性产生。不良反应主要为过敏反应，可有荨麻疹、血管神经性休克，甚至导致过敏性休克，临用前应做皮试；也可出现低蛋白血症及出血等；偶有精神症状、脱发及胃肠反应。

五、激素类

某些内分泌腺体及生殖器官的肿瘤如乳腺癌、前列腺癌、甲状腺癌、宫颈癌、卵巢和睾丸肿瘤等与相应的激素平衡失调有关，可应用某些激素或对抗药改变其失调状态，能抑制这些肿瘤的生长，且无骨髓抑制等不良反应。

1.肾上腺皮质激素　肾上腺皮质激素能抑制淋巴组织，使淋巴细胞溶解。对急性淋巴细胞白血病和恶性淋巴瘤有较好疗效，作用快但不持久，易产生耐药性。常与影响DNA代谢类的药物合用，以增强疗效。还可用于缓解癌瘤患者的高热不退，毒血症状等，应短期少量使用，且应合用有效抗癌药及抗生素。对其他癌无效。因肾上腺皮质激素能抑制机体免疫功能，可诱使癌瘤扩散，故应慎重使用。

2.雌激素　雌激素类药可抑制下丘脑及垂体释放促间质细胞激素（ICSH）的分泌，减少睾丸间质细胞和肾上腺皮质网状带的雄激素分泌；它们还可直接对抗雄激素对前列腺癌组织的生长促进作用。主要用于前列腺癌，还可用于晚期、绝经5年以上的转移性乳癌患者。

3.雄激素　雄激素类药能抑制垂体分泌促性卵泡激素，减少卵巢释放雌激素；还有对抗雌激素的作用。用于治疗晚期乳腺癌，对乳腺癌有骨转移者疗效较好。

4.抗雌激素药　抗雌激素药有氯米芬（clomiphen）、他莫昔芬（tamoxifen，三苯氧胺）及雷洛昔芬（raloxifen），为人工合成的雌激素竞争性拮抗剂。它们有较强的抗雌激素作用，能阻断雌激素对乳腺癌的促进作用，抑制乳腺癌生长。主要用于治疗乳腺癌，其疗效与雄激素相当，但无雄激素的男性化不良反应。

工作项目六　抗恶性肿瘤药的应用原则

根据抗恶性肿瘤药物的作用机制、细胞增殖动力学及临床实践，设计出一系列联合用药方案，不仅可提高疗效、延缓耐药性的产生，而且毒性增加不多。

一、序贯疗法

即按预先设计的用药程序，依次给药。对增长缓慢的实体瘤，因其 G_0 期细胞较多，一般先用周期非特异性药物，杀灭增殖期及部分 G_0 期细胞，使瘤体缩小而驱动 G_0 期细胞进入增殖周期。再用周期特异性药物杀死之。相反，对生长比率高的肿瘤如急性白血病，则先用杀灭S期或M期的周期特异性药物，再用周期非特异性药物杀灭其他各期细胞。待 G_0 期细胞进入增殖周期，可重复上述疗程。

二、联合应用

瘤细胞群中的细胞往往处于不同时期，若将作用于不同时期的药物联合应用，可收到各药分别杀伤各期细胞的效果。

1.作用机制不同的抗肿瘤药合用，可产生协同作用。

2.主要毒性不同的抗肿瘤药合用，可增强疗效，降低毒性反应。

三、大剂量间歇疗法

通常采用机体能耐受的最大剂量，特别是对病期较早、健康状况较好的肿瘤患者应用环磷酰胺、多柔比星、卡莫司汀、甲氨蝶呤等时，大剂量间歇用药法往往比小剂量连续法的效果好。因为前者杀灭瘤细胞数更多，而且间歇用药也有利于造血系统等正常组织的修复与补充，有利于提高机体的抗瘤能力，另外也减少小量多次给药所诱导产生的耐药性。

工作项目七　抗恶性肿瘤药的用药护理程序

一、用药前评估

1.明确用药目的　抗恶性肿瘤药用于减少或杀灭瘤细胞，控制和缓解瘤细胞的增殖，可使大多数肿瘤病情得到缓解，症状减轻，提高患者的生存质量，使患者能正常生活或接近正常生活。少数可达治愈。

2.掌握基本资料

（1）用药前应了解患者的一般情况，包括年龄、体重、营养状况、血常规、血电解质及肝肾功能等情况。

(2) 了解患者用药史和药物过敏史，询问患者是否患有严重心、肝、肾疾病、感染及其他严重并发症。

(3) 了解患者有无吸烟、饮酒及不良饮食习惯等。

二、用药期间护理

1. 在用药期间应定期监测血常规 白细胞及血小板对药物最为敏感，当白细胞、血小板大幅度降低时，应停用有骨髓抑制作用的抗肿瘤药。

2. 注意监测肝、肾功能 如环磷酰胺应注意观察排尿情况，顺铂应注意监测血液尿素氮和肌酐水平，治疗后要记录患者摄水量及排尿量。有心肌毒性的药物如阿霉素，在治疗前、中、后均应作心功能检查。

3. 因多数抗肿瘤药如长春碱和长春新碱有较强的局部刺激性，静注给药后应注意观察 怀疑外渗时应立即停止给药，如已发生外渗应立即局部注射生理盐水稀释；出现红肿热痛时应对症治疗，必要时采用局部皮下封闭疗法。

4. 不良反应严重时，应酌情减量或停药，并采取相应治疗措施 如胃肠道反应严重者应注意补液或补充电解质，并进行对症治疗；骨髓抑制严重者还应给予抗生素预防感染。

5. 癌症患者的心理护理 恶性肿瘤的发生、发展、恶化及预后与患者的情绪密切相关，不良的情绪往往导致患者的生活质量下降，影响治疗效果。护士要态度和蔼，耐心细致，及时观察与疏导，做好解释工作。强调情绪不稳定对机体免疫的影响。

6. 疼痛的护理 疼痛是患者产生抑郁等不良情绪的主要因素之一。疼痛达一定程度，可引起胃癌患者生理和心理的变化，影响患者的生活质量。可通过安慰癌症患者、放松疗法、转移注意力等方式减轻患者疼痛。晚期癌性疼痛按三级止痛原则，按时按量给予止痛药。生物学治疗和心理行为干预同时应用可达到减轻患者身心症状和缓解疼痛的目的。

三、用药后护理评价

用药后是否达到预期治疗效果，病情是否缓解，症状是否减轻，肿瘤是否缩小。有无不良反应发生，患者能否适应和耐受化疗。

制剂和用法

氟尿嘧啶 注射剂：0.25g/10ml。静注，一日10～12mg/kg，连用3～5日后改为隔日5～6mg/kg，总量5～10g为一疗程。

巯嘌呤 片剂：25mg、50mg、100mg。白血病，口服，一日1.5～2.5mg/kg，分2～3次口服，疾病缓解后用原量1/3～1/2维持；绒癌，一日6.0～6.5mg/kg，10日为一疗程。

甲氨蝶呤 片剂：2.5mg、5mg、10mg。白血病，口服，成人一次5～10mg，4岁以上一次5mg，4岁以下一次2.5mg，一周2次，总量50～150mg；绒毛膜上皮癌，静滴，一日10～20mg，5～10次为一疗程。

盐酸阿糖胞苷 粉针剂：50mg、100mg，临用前溶解。静注或静滴，一日1～3mg/kg，10～14日为一疗程。

羟基脲 胶囊剂：400mg。片剂：500mg。口服，每日20～40mg/kg，分次服，或每3日60～80mg/kg，4～6周为一疗程。

环磷酰胺 粉针剂：0.1g、0.2g，临用前溶解。静滴，每日4mg/kg，每日或隔日一次，总量8～10g为一疗程。大剂量冲击疗法，每次10～20mg/kg，每周一次，8g为一疗程。每日口服2～4mg/kg维持，分次服用。

噻替派 粉针剂：10mg，临用前溶解。静注、肌内注射，一日0.2mg/kg，连用5～7日，以后改为每周2～3次，总量200～400mg。

白消安 片剂：0.5mg、2mg。口服，一日2～8mg，分3次空腹服用，有效后用维持量，一日0.5～2mg，一日1次。

卡莫司汀 注射剂：125mg/2ml。静滴，一日125mg，溶于5%葡萄糖溶液或生理盐水，3日为一疗程，疗程间隔6～8周。

罗莫司汀 胶囊剂：40mg、100mg。口服，每次100mg/m^2，每6～8周用一次。

司莫司汀 胶囊剂：10mg、50mg。口服，每次100～200mg/m^2，每6～8周用一次。

博来霉素 注射剂：10mg、15mg。静脉或肌内注射，一次15～30mg，每日或隔日一次，总量450mg。

丝裂霉素 粉针剂：2mg、4mg。静注或静滴，一日30mg，连用5日为一疗程，疗程间隔2～4周，可用药4～5个疗程。或以一次50～100mg/m^{2}静注或静滴，间隔3～4周再用。

顺铂 粉针剂：10mg、20mg、30mg。静注或静滴，一日30mg，连用5日为一疗程，疗程间隔2～4周，可用药4～5个疗程。

卡铂 粉针剂：100mg；注射剂：50mg、150mg。静滴，每次100～400mg/m^2，用5%葡萄糖稀释。每4周重复一次。

放线菌素D 粉针剂：200μg。静注，一日200μg，10～14日为一疗程。

柔红霉素 注射剂：10mg、20mg。静注或静滴，开始每日0.2mg/kg，增至每日0.4mg/kg，每日或隔日一次，3～5日为一疗程，间隔5～7日再给下一个疗程。最大总量60mg/m^2。

多柔米星　注射剂：10mg、20mg、50mg。静注，30mg/m²，连用2日，间隔3周后可重复应用。60～75mg/m²，每3周应用一次，间隔4周后可再用。积累总量不得超过550mg/m²。

长春碱　注射剂：10mg、15mg。静注，一次6mg/m²，一周1次，60～80mg为一疗程。

长春新碱　注射剂：1mg。静注，一次1.4mg/m²，g周一次，总量20～30mg为一疗程。

三尖杉碱　注射剂：1mg、2mg。静滴，一日1～4mg，7日为一疗程，停2周后再用。

紫杉醇　注射剂：30mg、150mg。静滴，150～170mg/m²，先溶于生理盐水或5%葡萄糖液500～1000ml，静滴时间为3h，每3～4周1次。给药前先服用地塞米松、苯海拉明及西咪替丁以防止对溶媒发生过敏反应。

依托泊苷　注射剂：50mg、100mg；胶囊剂：50mg、100mg。静注，60～100mg/m²，一日1次，连续5日。或口服相同剂量，连服10日，或加倍剂量连服5日。

替尼泊苷　注射剂：50mg。用5%葡萄糖或生理盐水稀释到0.5～1.0mg/ml，静滴1h，每次50～100mg，一日1次，连用3～5日。

L-门冬酰胺酶　注射剂：1000U、2000U、10 000U。肌内注射或静注，每次20～200U/kg，每日或隔日一次，10～20次为一疗程。用药前皮内注射10～50U作过敏试验，观察3h。

目标检测

一、选择题

（一）A型题（单项选择题）

1.在细胞增殖周期中能特异地抑制有丝分裂的抗癌药为（　）
   A.5-氟尿嘧啶　　B.环磷酰胺
   C.博来霉素　　　D.长春新碱
   E.顺铂

2.环磷酰胺对何种恶性肿瘤疗效显著（　）
   A.多发性骨髓瘤　B.急性淋巴细胞性白血病
   C.卵巢癌　　　　D.乳腺癌
   E.恶性淋巴瘤

3.下列哪药不是抗癌药（　）
   A.5—FU　　　　B.VCR
   C.DDP　　　　　D.MTX
   E.TMP

4.恶性肿瘤化疗后易复发的原因（　）
   A.G_1期细胞对抗癌药不敏感
   B.S期细胞对抗癌药不敏感
   C.G_2期细胞对抗癌药不敏感
   D.M期细胞对抗癌药不敏感
   E.G_0期细胞对抗癌药不敏感

5.白消安最适用于（　）
   A.急性粒细胞性白血病
   B.慢性粒细胞性白血病
   C.急性淋巴细胞性白血病
   D.慢性淋巴细胞性白血病
   E.恶性淋巴瘤

6.S期特异性抑制药是（　）
   A.甲氨蝶呤　　　B.噻替派
   C.丝裂霉素　　　D.长春新碱
   E.更生霉素

7.易引起出血性膀胱炎的抗癌药是（　）
   A.环磷酰胺　　　B.柔红霉素
   C.羟基脲　　　　D.阿糖胞苷
   E.甲氨蝶呤

8.体外无药理活性，需经体内转化后，才具有抗癌作用的药物是（　）
   A.长春碱　　　　B.高三尖杉碱
   C.环磷酰胺　　　D.L-门冬酰胺酶
   E.长春新碱

9.甲氨蝶呤的作用机制（　）
   A.抑制嘧啶碱的合成　B.抑制嘌呤碱的合成
   C.抑制二氢叶酸还原酶　D.抑制二氢叶酸合成酶
   E.直接破坏DNA的结构和功能

10.抗癌药最常见的严重不良反应是（　）
   A.肝损害　　　　B.神经毒性
   C.抑制骨髓　　　D.脱发
   E.过敏反应

11.周期特异性抗癌药是（　）
   A.环磷酰胺　　　B.更生霉素
   C.长春新碱　　　D.白消安
   E.博来霉素

（二）X型题（多项选择题）

1.属于烷化剂的抗癌药有
   A.6-巯嘌呤　　　B.甲氨蝶呤
   C.亚硝脲类　　　D.环磷酰胺
   E.放线菌素D

2.治疗绒毛膜上皮癌有效的药物（　）
   A.甲氨蝶呤　　　B.喜树碱
   C.5-氟尿嘧啶　　D.6-巯嘌呤
   E.长春碱

3.对骨髓抑制作用较轻的抗癌药有（　）
   A.甲氨蝶呤　　　B.泼尼松龙
   C.环磷酰胺　　　D.博来霉素
   E.长春新碱

4.久用可引起肺纤维化的抗癌药（　）
   A.阿霉素　　　　B.博来霉素

C.羟基脲 D.白消安
E.长春碱
5.需在体内转化后才能发挥药理作用的药物有（ ）
A.环磷酰胺 B.泼尼松
C.可的松 D.青霉素
E.卡比马唑
6.通过抑制二氢叶酸还原酶而起作用的药物是（ ）
A.甲氨蝶呤 B.磺胺类
C.乙胺嘧啶 D.TMP
E.硝基呋喃
7.属于周期非特异性的抗癌药有（ ）
A.噻替派 B.白消安
C.氮芥 D.环磷酰胺
E.丝裂霉素

二、填空题
1.干扰DNA合成的抗癌药有____、____、____、____和____。
2.抗癌药的主要不良反应有_____和_____。
3.根据肿瘤细胞增殖动力学原理，把抗恶性肿瘤药物分为____和____。

【附】

影响免疫功能的药物

一、免疫增强药

免疫增强药是一类能激活一种或多种免疫细胞，增强机体免疫功能的药物，用于治疗与免疫功能低下有关的疾病，如免疫缺陷疾病、肿瘤、某些慢性病毒或真菌感染等。

卡介苗（bacillus Calmette-Guerin, BCG） 除用于预防结核病外，可刺激多种免疫细胞的功能，增强机体的细胞与体液免疫。主要用于肿瘤的辅助治疗，如白血病、黑色素瘤、肺癌等。不良反应较多，局部注射可见红斑、硬结和溃疡；瘤内注射、胸腔内注射及皮肤划痕均可引起全身反应，有寒战、高热、全身不适等。瘤内注射偶有过敏性休克，甚至死亡。

左旋咪唑（levamisole, LMS） 能促进免疫功能低下者抗体的生成，恢复低下的细胞免疫功能，还能增强巨噬细胞的趋化和吞噬功能。临床主要用于免疫功能低下者，以恢复其免疫功能，增强机体抗病能力；与抗癌药合用治疗肿瘤，可巩固疗效，减少复发，延长缓解期；改善多种自身免疫性疾病如类风湿性关节炎、系统性红斑狼疮等的症状。不良反应主要有恶心、呕吐、腹痛等，少有发热、头痛、乏力等现象，偶见有肝功能异常、白细胞及血小板减少等。

白细胞介素-2（interleukin-2, IL-2） 能促进T细胞增殖，诱导细胞毒性T细胞分化及B细胞增殖；诱导激活杀伤细胞、淋巴毒素、干扰素等产生。临床用于肾细胞瘤、黑色素瘤、结肠和直肠癌，效果较好。不良反应可出现寒战、高热及胃肠道等反应。

干扰素（interferon, IFN） 可分为α、β、γ三类，具有抗病毒、抑制细胞增殖、抗肿瘤及调节免疫作用。临床用于防治病毒性疾病，如疱疹性角膜炎、病毒性眼病、带状疱疹等皮肤疾患等；也用于治疗某些肿瘤，如成骨肉瘤、肾细胞癌、卡波西（Kaposi）肉瘤等。不良反应有胃肠道反应、流感样症状、神经系统症状、皮疹、肝功能损害等。

转移因子（transfer factor, TF） 可将供体的细胞免疫信息转移给未致敏受体，使之获得供体样的特异及非特异的细胞免疫功能。临床用于治疗先天性及获得性免疫缺陷病，也用于病毒和真菌感染性疾病及肿瘤的辅助治疗。

胸腺素（thymosin） 可诱导T细胞分化成熟，还可调节成熟T细胞的多种功能。用于治疗胸腺依赖性免疫缺陷疾病（如艾滋病）、肿瘤、某些自身免疫性疾病及病毒感染等。少数出现过敏反应。

二、免疫抑制药

免疫抑制药是一类非特异性地抑制机体免疫功能的药物，其作用特点主要有：①大多数药物缺乏选择性和特异性，对正常和异常的免疫反应均有抑制作用，长期应用，易降低机体抵抗力而诱发感染。②对初次免疫应答反应的抑制作用较强，对再次免疫应答反应抑制作用较弱。③多数免疫抑制药尚有非特异性抗炎作用。

环孢素（ciclosporin, cyclosporin A, CsA） 能选择性抑制T细胞活化，而不影响骨髓的正常造血功能，对B细胞、粒细胞及巨噬细胞影响小。它选择性抑制辅助性T细胞产生细胞因子，对初次和再次细胞免疫反应均有抑制作用。另外，对免疫介导的炎性反应也有抑制作用。临床广泛用于防治各种器官组织移植的抗排斥反应，也试用于治疗类风湿性关节炎、系统性红斑狼疮等自身免疫疾病。主要的不良反应为肝、肾毒性，高血压，胃肠反应，神经系统功能紊乱及多毛等。

肾上腺皮质激素（详见肾上腺皮质激素类药物）能抑制免疫反应的多个环节，抑制巨噬细胞对抗原的吞噬和处理；抑制淋巴细胞的合成和分裂，破坏淋巴细胞，使外周淋巴细胞数量减少；抑制辅助性T细胞和B细胞，使抗体生成减少；抑制细胞因子如IL-2等生成，减轻效应期的免疫性炎症反应等。用于器官移植的抗排斥反应和自身免疫疾病。

环磷酰胺（cyclophosphamide） 是烷化剂类免疫抑制剂。能破坏DNA的结构和功能，抑制细胞分裂和增殖，主要通过杀伤多种免疫细胞而抑制机体的免疫功能，本药对T细胞和B细胞均有细胞毒作用，对B细胞影响更大。常用于糖皮质激素不能缓解的自身免疫性疾病，如肾病综合征、系统性红斑狼疮、类风湿性关节炎及器官移植的排斥反应等。不良反应详见抗恶性肿瘤药。

制剂和用法

环孢素 胶囊剂：25mg、100mg。口服，一日 10~15mg/kg，于器官移植前 3h 开始应用并持续 1~2 周，然后逐渐减至维持量 5~10mg/kg。注射剂：50mg/5ml。静脉滴注，将 50mg 用生理盐水或 5%葡萄糖注射液 200ml 稀释后于 2~6h 缓慢点滴。

卡介苗 注射剂：2ml 含 75mg 菌体。皮肤划痕接种。

左旋咪唑 片剂：25mg、100mg。自身免疫性疾病，2~3 次/日，50mg/次，连续用药。治疗肿瘤，每两周用药 3 天或每周用药 2 天，3 次/日，50mg/次。

胸腺素 注射剂：2mg/2ml、5mg/2ml。肌内注射，2~10mg/次，一日或隔日 1 次。

转移因子 注射剂：1μ/2ml、3μ/2ml。肌内注射，每次 2ml，1~2 次/周。

（张 杨）

工作模块八 解 毒 药

解毒药是能解除毒物对机体的毒害作用的药物。根据其适用范围可分为二类：一类为非特异性解毒药，其适应范围广、专一性低，如高锰酸钾、黏膜保护剂等；另一类为特异性解毒药，其解毒作用具高度专一性、疗效好，能起到对因治疗作用，在急性中毒的解救中具有重要意义，如有机磷中毒用碘解磷定和阿托品解救、铅中毒用依地酸钙钠解救等。本模块只介绍特异性解毒药。

工作项目一 有机磷酸酯类中毒及其解救药

学习目标

1. 了解有机磷酸酯类中毒的机制。
2. 熟悉有机磷酸酯类中毒的临床表现。
3. 掌握有机磷酸酯类中毒的解救方法、解救过程中的观察及处理。

案例分析

患者，女，53岁，因女儿遇车祸死亡而自服乐果农药250ml，3h后被家属送到医院抢救。入院时患者神志不清，面色发绀，瞳孔缩小，流涎，出汗，大小便失禁，HR 50次/min，Bp 70/40mmHg，全身肌束颤动。抢救经过：立即给予2%碳酸氢钠反复洗胃，直至洗出液中无农药味，然后给予大剂量氯解磷定、阿托品静注及给氧等支持对症治疗。治疗12h后患者出现呼吸循环衰竭，Bp 80/50mmHg，立即给予气管插管，呼吸机辅助呼吸，血管活性药物维持血压。经积极抢救，患者转危为安，出院后愈后良好。

问题：
1. 有机磷酸酯类中毒的抢救措施有哪些？
2. 在抢救用药中为何要联合应用大剂量氯解磷定和阿托品？

一、有机磷酸酯类中毒

有机磷酸酯类主要作为农用杀虫剂，常用的有甲拌磷（3911）、内吸磷（1059）、对硫磷（1605）、敌敌畏（DDVP）、乐果、美曲膦酯（敌百虫）、马拉硫磷等。神经毒剂塔崩、沙林和梭曼等亦属于此类。

【中毒途径】有机磷酸酯类可通过皮肤、呼吸道及消化道吸收进入体内。多数有机磷酸酯类易挥发，故易经呼吸道吸入中毒；一定量的有机磷酸酯类沾染皮肤，经皮肤吸收也可引起中毒反应，此两种途径见于职业性中毒者。非职业性中毒则大多经口摄入。经消化道吸收引起中毒者，多是因直接服用本类药物或误食被有机磷酸酯类污染的食物所致。有机磷酸酯类被吸收后可分布于全身，肝中浓度最高，大部分经肾排出。

【中毒机制】有机磷酸酯类化合物分子中的磷原子与胆碱酯酶酯解部位丝氨酸上的羟基以共价键方式牢固结合，生成难以水解的磷酰化胆碱酯酶，使AchE失活而失去水解Ach的能力，导致Ach在体内大量堆积，激动胆碱受体，引起一系列中毒症状。若不及时抢救，酶在几分钟或几个小时内"老化"。"老化"可能是由于磷酰化胆碱酯酶的磷酰化基团上的一个烷基或烷氧基断裂，生成更加稳定的单烷基磷酰化胆碱酯酶或单烷氧基磷酰化胆碱酯酶。此时，即使再用胆碱酯酶复活药，也不能恢复酶活性，需待新生的AchE出现，方能恢复水解Ach的能力。因此，一旦发生有机磷酸酯类中毒，必须争分夺秒，立即进行抢救。

【中毒表现】轻度中毒以M样症状为主，中度中毒可同时有M和N样症状，重度中毒除外周M和N样症状外，还出现中枢神经系统症状（表2-8-1）。中毒死亡的主要原因为呼吸衰竭及继发性心血管功能障碍。

二、有机磷酸酯类中毒的解救

1. 迅速清除毒物避免继续吸收，发现中毒时，应立即将患者移出有毒场所，对经皮肤吸收中毒者，应用温水或肥皂水清洗皮肤；对经口中毒者，可用2%碳酸氢钠或1%生理盐水反复洗胃，直至洗出液不再有农药的特殊气味为止，然后再用硫酸镁或硫酸钠导泻。敌百虫口服中毒时，不能用碱性溶液洗胃，因在碱性溶液中此药可变成毒性更强的敌敌畏。对硫磷中毒者忌用高锰酸钾洗胃，否则该药可氧化成毒性更强的对氧磷。眼部染毒时，可用2%碳酸氢钠溶液或生理盐水冲洗数分钟。

2. 解毒药

（1）M受体阻断药

表 2-8-1　有机磷酸酯类急性中毒的临床表现

作用	中毒症状
M 样作用	
虹膜括约肌及睫状肌收缩	瞳孔缩小，视力模糊，眼痛
腺体分泌增加	流涎、流泪、流涕、口吐白沫、多汗、呼吸道分泌物增加、肺部湿啰音
呼吸道平滑肌收缩	胸闷、气短、呼吸困难，严重者肺水肿
胃肠道平滑肌收缩	恶心、呕吐、腹痛、腹泻、大便失禁
膀胱括约肌收缩	小便失禁
心脏抑制	心动过缓，脉细弱
血管扩张	血压下降
N 样作用	
N_2 受体兴奋	肌肉震颤、抽搐，重者肌无力，甚至麻痹
N_1 受体兴奋	心动过速，血压升高
中枢神经系统	
先兴奋后抑制	早期兴奋，出现烦躁不安、失眠、谵妄、惊厥等；后期抑制，出现昏迷、血压下降、呼吸抑制、循环衰竭

阿托品

【药理作用和临床用途】阿托品可阻断 M 受体，迅速解除 M 样症状；并能通过血脑屏障对抗部分中枢症状；大剂量阿托品还能阻断神经节的 N_1 胆碱受体，对抗有机磷酸酯类对神经节的兴奋作用。但阿托品不能阻断 N_2 受体，故不能制止骨骼肌震颤，对中毒晚期的呼吸肌麻痹也无效。也无复活胆碱酯酶作用，疗效不易巩固，故对中度和重度中毒患者，需与胆碱酯酶复活药合用。

阿托品的剂量按病情轻重而定，对轻度中毒者可肌内注射 0.5~1.0mg，每日 2~3 次；对中度中毒者，可肌内注射或静脉注射，每次 1~2mg，0.5~2h 一次，病情好转后，再酌情减量；对重度中毒者，可静脉注射 2~3mg，每 15~30min 一次，直至 M 样中毒症状缓解出现轻度阿托品化，如出现散瞳、颜面潮红、心率加快、口干、轻度躁动不安等。

（2）胆碱酯酶复活药（AchE 复活药）：胆碱酯酶复活药是一类能使已被有机磷酸酯类抑制的 AchE 恢复活性的药物，它不但能解救单用阿托品所不能控制的严重中毒，而且可以显著缩短中毒的病程。常用的胆碱酯酶复活药有碘解磷定和氯解磷定等，均为肟类化合物。

碘解磷定

碘解磷定（pralidoxime iodide，PAM，派姆）为最早用于临床的 AchE 复活药，其水溶性低，性质不稳定，久置可释放出碘。在碱性溶液中易水解生成剧毒的氰化物，因此忌与碱性药物合用。

【体内过程】静脉注射后在肝、肾、脾、心等组织的含量较高，血、骨骼肌、肺中次之，仅有少量进入中枢神经系统。本药主要经肾排泄，部分在肝代谢。静脉注射碘解磷定后 30min，尿中即有原形物排出，6h 内约排出 60%，其 $t_{1/2}$ 不到 1h，故需反复用药。

【药理作用】碘解磷定分子中带正电荷的季铵氮与磷酰化 AchE 的阴离子部位以静电引力相结合，进而其肟基（=N-OH）与磷酰化 AchE 的磷酰基形成共价键结合，生成磷酰化 AchE 和碘解磷定的复合物，进一步裂解成磷酰化碘解磷定由尿排出，使 AchE 游离出来，恢复其水解 Ach 的活性。

此外，碘解磷定还能与体内游离的有机磷酸酯类直接结合，形成无毒的磷酰化碘解磷定经肾排泄，从而阻止游离的有机磷酸酯类进一步与 AchE 结合，避免中毒过程继续发展。

使酶复活的作用在神经肌肉接头处最为显著，可迅速制止中毒所致的肌束颤动；对自主神经系统功能的恢复较差。也能改善中枢神经系统的中毒症状，使昏迷患者迅速苏醒、停止抽搐。

【临床用途】碘解磷定易使刚形成不久的磷酰化 AchE 复活，若用药不及时，此酶已"老化"，则解救无效或效差，故应及早用药。对轻度有机磷酸酯类中毒患者，可采用本药 0.5~1g，缓慢静脉注射给药。中度中毒，缓慢静脉注射 1~2g，并可根据患者中毒情况反复给药。重度中毒，可缓慢静脉注射 2~3g，0.5~1h 后酌情重复注射 1~1.5g。由于碘解磷定不能直接对抗体内积聚的 Ach 的作用，故应与阿托品合用。另外，碘解磷定使酶复活的效果也因有机磷酸酯类不同而异，对内吸磷、马拉硫磷和对硫磷中毒的疗效较好，对敌百虫、敌敌畏中毒的疗效稍差，对乐果中毒则无效。故抢救乐果中毒应以阿托品为主。

【不良反应】治疗量时其不良反应少。但如剂量过大或静脉注射速度过快（每分钟超过 500mg），则可抑制 AchE，产生轻度乏力、视物模糊、眩晕，有时出现恶心、呕吐和心动过速等症状。此外，由于本药含磷，可引起口苦、咽痛及其他碘反应。

氯解磷定

氯解磷定（pralidoxime chloride，PAM-CI）的药理作用、临床用途与碘解磷定相似，但复活 AchE 的作用较强，为碘解磷定的 1.5 倍。本品水溶性高，溶液较稳定，可肌内注射或静脉给药。肌内注射 12min 生效，适用于农村基层使用和初步急救。对轻度有机磷酸酯类中毒者，可采用本品 0.5~1.0g 肌内注射。中度中毒，肌内注射 1~2g，必要时 1~2h 后再肌内注射 1g。重度中毒，肌内注射或静脉注射 2~2.5g，0.5~1h 后可酌情重复注射给药，每次 1~1.5g，同时合用阿托品。本药不良反应较碘解磷定轻，且价格低廉，故现已取代碘解磷定成为胆碱酯酶复活药中的首选药。

双 复 磷

双复磷（obildoxime，DMO$_4$）的药理作用和用途似碘解磷定，但它具有两个肟基，故作用强而持久，且较易透过血脑屏障，还兼有阿托品样作用，对有机磷酸酯类中毒所致 M、N 样作用和中枢症状均有一定疗效。对轻度有机磷酸酯类中毒者，可采用本品 0.25~0.5g 肌内注射。中度中毒，肌内注射 0.5~0.75g，必要时 2h 后再重复肌内注射 1 次。重度中毒，肌内注射或缓慢静脉注射 0.75~1.0g，1h 后可酌情重复注射 0.5~0.75g。主要不良反应有口周、四肢及全身发麻，恶心、呕吐、颜面潮红、脉快及血压波动等，不需处理，数小时即可消失。但剂量过大可出现神经肌肉传导阻滞，还可引起室性早搏和传导阻滞，甚至心室纤颤。偶可引起中毒性黄疸，应予重视。

工作项目二 金属和类金属中毒的解毒药

学习目标

1. 熟悉常用的金属和类金属中毒解毒药的分类。
2. 掌握含巯基解毒药的作用、应用及主要不良反应。
3. 了解其他类解毒药。

金属和类金属主要包括铜、铅、锑、汞及砷等，其毒性主要是由于它们能和机体内含巯基（-SH）的酶结合而抑制酶的活性所致。

一、含巯基解毒药

本类解毒药包括二巯丙醇、二巯基丙磺酸钠、二巯基丁二钠、青霉胺等，它们的分子中都含有巯基。

二巯丙醇

二巯丙醇（dimercaprol，BAL，巴尔）为无色或几乎无色的透明液体，其水溶液不稳定，故需配成油溶液肌内注射用。

【药理作用和临床用途】本药分子中有两个巯基，能与金属或类金属结合成无毒化合物由尿排出，以防止金属或类金属与含巯基的酶结合；还能夺取和酶已结合的金属或类金属，使酶恢复活性，防止继续中毒。主要用于解救砷、汞、铬、铋、铜等中毒。对砷的解救效果最好，对酒石酸锑钾中毒亦有疗效。由于二巯丙醇与金属的结合物仍可发生一定程度的离解，如其排出太慢，离解出来的二巯丙醇迅速被氧化，游离的金属仍能引起中毒。故治疗中必须足量反复应用，使游离的金属再度被结合直至排出，方能取得较好的解毒效果。

【不良反应】不良反应较多，常见者有恶心、呕吐、头痛、腹痛等；还可引起心跳加快、小动脉收缩、血压升高等反应。多次应用亦可引起过敏反应。因其和金属的结合物从肾排泄时可游离出部分金属而损害肾，故肾功能不良者慎用。

二巯基丙磺酸钠

二巯基丙磺酸钠（sodium dimercapto-sulfonate，二巯丙磺钠）为白色结晶性粉末，易溶于水，性质稳定。其解毒作用原理及用途和二巯丙醇相同，但对汞中毒疗效较好。不良反应偶见恶心、头昏、心悸等反应；个别患者可发生过敏反应。

二巯基丁二钠

二巯基丁二钠（sodium dimercaptosuccinate，二巯琥钠）为白色至微黄色粉末，易溶于水，但其水溶液不稳定，故应临用时配制。正常时其水溶液为无色或微红色，如变为土黄色或混浊，则已变质，不能使用。解毒作用原理和二巯丙醇相同，但对酒石酸锑钾的解毒效力较之强10倍。可用于锑、铅、汞、铜、砷等中毒。毒性比二巯丙醇小，可引起头痛、恶心等不良反应。

青霉胺

青霉胺（penicillamine）是青霉素的分解产物，为含巯基的氨基酸。临床应用者为盐酸D-青霉胺。它能与铜、汞、铅等金属离子络合，促使其由尿排出，故可治疗铜、汞、铅中毒。对铜中毒效果明显，且使用方便（口服用）。毒性较小，与青霉素有交叉过敏反应，故用前应做青霉素过敏试验，对青霉素过敏者禁用。

二、其他解毒药

依地酸钙钠

【药理作用和临床用途】依地酸钙钠（calcium disodium edetate，EDTA-CaNa$_2$，依地酸钠钙，解铅乐）是依地酸钠与钙的络合物。依地酸钠与金属铅、铜、铬、镉等离子的络合力比钙强，这些金属可置换钙生成稳定的络合物而失去毒性，最终由尿排出。可治疗铅、铜、铬、镉等金属中毒。主要用于铅中毒。

【不良反应】部分患者用后出现头晕、恶心、关节酸痛、乏力等反应。有时可致肾损害（因大量金属络合物从肾排出而引起），故用药期间应注意查尿常规，禁用于肾病患者。

工作项目三 有机氟中毒解毒药

学习目标

熟悉有机氟中毒解救的方式及常用的解救药。

农业杀虫用的氟乙酰胺（FCH$_2$CONH$_2$）和杀鼠用的氟乙酸钠（FCH$_2$COONa）都属有机氟类。有机氟类侵入人体后，氟乙酰胺可被酰胺酶分解而形成氟乙酸（FCH$_2$COOH），氟乙酸钠也转化成氟乙酸。这样形成的氟乙酸可同辅酶A起反应生成氟乙酰辅酶A，后者再与草酰乙酸起反应生成氟柠檬酸。氟柠檬酸可竞争性地抑制乌头酸酶而妨碍柠檬酸的正常转化，从而阻断三羧酸循环的正常进行，使柠檬酸堆积，结果导致组织代谢发生障碍而出现中毒，可引起神经系统和心脏的功能紊乱。对此中毒患者，除采用一般治疗措施外，可用乙酰胺解救。

乙酰胺

乙酰胺（acetamide，解氟灵）为白色结晶性粉末，溶于水。它与氟乙酰胺化学结构相似，故两者可争夺酰胺酶。乙酰胺夺取酰胺酶后，一方面使氟乙酰胺不能分解产生氟乙酸；另一方面乙酰胺却能被此酶分解产生乙酸而对已形成的氟乙酸呈现干扰作用，从而起到解毒作用。因此，乙酰胺能解救氟乙酰胺和氟乙酸钠中毒。

工作项目四 氰化物中毒解毒药

学习目标

1. 了解氰化物中毒的机制。
2. 熟悉常用的氰化物中毒解救药的作用和用途。
3. 掌握氰化物中毒解救药的不良反应。

案例分析

1983年12月22日下午7时，上海某化工厂电焊工李某（男，21岁）在该厂丙酮氰醇车间对堵塞的管道进行切割时，不慎管内余存的氢氰酸逸出，李某由此而吸入氰化氢气体，致头晕、乏力，进而呼吸困难、意识丧失，皮肤黏膜呈樱桃红色。经厂内初步急救后送市有关职防专业机构救治，诊断为急性氢氰酸中毒。抢救：立即将亚硝酸戊酯2支在手帕中压碎，置患者口鼻前吸入，反复应用2～3次；另用亚硝酸钠、硫代硫酸钠或美兰等进行抢救。经较长时间的住院治疗后才渐趋康复。

问题：

氰化物中毒的解救药有哪些？有哪些应用注意事项？

工业生产使用的氰化钠、氰化钾、氢氰酸等均为毒性很强的氰化物。桃仁、苦杏仁、枇杷仁等含有氰苷，水解后产生氢氰酸，若大量误食也可引起中毒。其毒性作用是由于氰化物中的氰离子（CN$^-$）能与体内细胞色毒氧化酶结合所致。细胞色素氧化酶是组织生物氧化过程中所需的电子传递体之一，它可将电子由细胞色素传递给氧，使后者变成氧离子（O^{2-}）而与氢离子结合成水。CN$^-$能与细胞色素氧化酶结合成氰化细色素氧化酶而使该酶失去传递电子的活性。这样细胞就不能利用血中的氧,产生细胞内窒息而表现中毒症状。

对氰化物中毒的解救,除采取一般措施外,可首先使用亚硝酸化合物(亚硝酸异戊酯或亚硝酸钠)或大剂量亚甲蓝,将血中部分血红蛋白氧化成高铁血红蛋白而与 CN^- 结合成氰化高铁血红蛋白,以防止 CN^- 对细胞色素氧化酶的毒害;高铁血红蛋也能与氰化细胞色素氧化酶中的氰结合成氰化高铁血红蛋白,而恢复细胞色素氧化酶的活性。但氰化高铁血红蛋白仍可解离出 CN^-,故还应使用硫代硫酸钠,使已经和高铁血红蛋白结合的及游离的 CN^- 转化为几乎无毒的硫氰酸盐,由尿排出,而达解毒目的。

氰化物中毒及对其解毒的原理可归纳如下:

1. 中毒原理 CN^- +细胞色素氧化酶→氰化细胞色素氧化酶(酶失活)。

2. 解毒原理

$$血红蛋白 \underset{氧化}{\overset{亚硝酸化合物或大剂量亚甲蓝}{\rightleftharpoons}} 高铁血红蛋白$$

高铁血红蛋白 + CN^- + 氰化细胞色素氧化酶 ⇌ 氰化高铁血红蛋白 + 细胞色素氧化酶(复活)

硫代硫酸钠 + CN^- + 氰化细胞色素氧化酶 + 氰化高铁血红蛋白 ⇌ 细胞色素氧化酶(复活) + 高铁血红蛋白 + 亚硫酸钠 + 硫氰酸盐

亚硝酸异戊酯

亚硝酸异戊酯(amylis nitris)为氧化剂,能使血红蛋白氧化成高铁血红蛋白,故可治疗氰化物中毒,疗效迅速而短暂,可应急使用。

亚硝酸钠

亚硝酸钠(sodium nitrite)也为氧化剂,作用与亚硝酸异戊酯相似,能使血红蛋白氧化成高铁血红蛋白,故可治疗氰化物中毒,但其作用较慢且持久。因本药能松弛血管平滑肌而使血管扩张,故可引起血压下降和头痛等反应。静注不宜过快,以免引起血压骤降。

亚甲蓝

亚甲蓝(methylene blue,美蓝)为深绿色结晶或结晶性粉末,水溶液呈深蓝色。

【药理作用和临床用途】亚甲蓝在体内借酶的帮助可起递氢作用,其本身可加氢而被还原为无色的还原型亚甲蓝,后者又可再脱氢而被氧化成蓝色的氧化型亚甲蓝。

氧化型亚甲蓝和还原型亚甲蓝对血红蛋白有相反的作用。用药后的效应随剂量不同而异。若用小剂量亚甲蓝,其在还原型辅酶Ⅰ脱氢酶的催化下迅速还原成还原型亚甲蓝,后者能使高铁血红蛋白还原成血红蛋白,故可治疗非那西汀、伯氨喹、亚硝酸化合物等中毒引起的高铁血红蛋白血症;而用大剂量亚甲蓝时,还原型辅酶Ⅰ脱氢酶不能迅速、全部地将亚甲蓝还原成还原型亚甲蓝,氧化型亚甲蓝多,后者可使血红蛋白氧化成高铁血红蛋白,则可治疗氰化物中毒。

$$氧化型亚甲蓝 \underset{-2H(氧化)}{\overset{+2H(还原)}{\rightleftharpoons}} 还原型亚甲蓝$$

硫代硫酸钠

硫代硫酸钠(sodium thiosulfate,大苏打)硫代硫酸钠为无色透明结晶或结晶性细粒,极易溶于水。本药具有活泼的硫原子,在转硫酶的作用下能使 CN^- 转化为几乎无毒的硫氰酸盐而随尿排出,故可治疗氰化物中毒,与亚硝酸盐合用可明显提高疗效;也能和砷、汞、铋等起反应生成低毒性的硫化物,和碘起反应生成碘化钠随尿排出,所以也可治疗砷、汞、铋和碘中毒。本药可引起头晕、乏力等反应。静注过快时可使血压下降,故静注宜缓慢。

工作项目五 解毒药的用药护理程序

一、用药前评估

1. 明确用药目的 解磷定和阿托品用于解救有机磷中毒,依地酸钙钠用于铅中毒解救,二巯丙醇用于解救砷、汞中毒,亚甲蓝和硫代硫酸钠用于治疗氰化物中毒等。

2. 掌握基本资料 了解患者中毒的时间、地点及中毒性质,记录患者的生命体征及意识状态。

二、用药方法和监护

1. 解救有机磷中毒时,在早期应足量使用阿托品,使患者能在1~2h内达到"阿托品化",表现为意识障碍减轻或昏迷者开始清醒,颜面潮红、干燥,瞳孔由小到大,不再缩小,体温由不升或37℃以下开始上升,心率加快,全身皮肤温暖,肺部啰音减少或消失。应报告医生,可改为维持量。

2. 在阿托品维持量期间,应使患者保持在阿托品化状态。如患者出现表情淡漠,冒汗,流涎,心率慢,

【不良反应】大剂量静注可引起眩晕、头痛、恶心、腹部及心前区痛等反应。皮下肌内注射可致组织坏死,故禁忌皮下及肌内注射。

应警惕阿托品量不足，应及时报告医生以增加阿托品用量。

3.在恢复期，注意患者有无精神萎靡，脸色由红转白，心慌，胸闷，乏力，气短，食欲缺乏，唾液明显增加，脐周闷痛等，应警惕反跳发生。如发现以上病情变化应及时报告医生处理，防止患者病情再度恶化。

4.护士应密切观察病情及用药后反应，使阿托品的应用剂量既能达到阿托品化，又不会造成中毒，达到最佳效果，抢救患者生命。

三、急救与护理

急救阿托品中毒者可皮下注射新斯的明 0.5~1mg，每 15min 一次，直至瞳孔缩小、症状缓解为止。

制剂和用法

硫酸阿托品　片剂：0.3mg。0.3~0.6mg/次，3次/日。注射剂：0.5mg1ml、1mg1ml、5mg/1ml。0.5~1mg/次，皮下、肌内注射或静注。治疗感染性休克、有机磷酸酯类中毒及锑剂所致的阿斯综合征时，剂量不受此限。

碘解磷定　注射剂：0.4g/10ml；粉针剂：0.4g/支。一次 0.4~1g，缓慢静注，需重复给药。重度中毒，每次 1~1.2g，溶于生理盐水中，静滴，一般需重复给药。

氯解磷定　注射剂：0.25g/2ml、0.5g/2ml。轻、中度中毒者每次 0.25~0.75g，肌内注射或静注，必要时 2h 后可重复。重度中毒者每次 1g，静注，必要时 30min 后重复给药或溶于 500ml 生理盐水中静滴。

双复磷　注射剂：0.25g/2ml。每次 0.5~1g，肌内注射或缓慢静注，需重复给药。

二巯丙醇　注射剂：0.1g/1ml、0.2g/2ml。2.5~5mg/(kg·次)，开始二日 4 次/日，以后 2 次/日，肌内注射，7~14 日/疗程。

二巯基丙磺酸钠　注射剂：0.25g/5ml。急性中毒者，一 5mg/(kg·次)，肌内注射或静注，第一日用 4次，第二日用 2~3次，以后每日 1~2 次，7 日/疗程；慢性中毒者，2.5~5mg/(kg·次)，肌内注射，1 次/日，一周用 3 日停 4 日为一疗程，可用 3~4 个疗程。

二巯基丁二钠　注射剂：0.5g、1g。用时以注射用水或生理盐水或 5%葡萄糖注射液配成 5%~10%的溶液于 10~15min 内缓慢静注。急性中毒者，首次 2g，以后 1g/次，2~3 次/日；慢性中毒者，1g/次，1 次/日，5~7 日/疗程。因其水溶液不稳定，应临用时现配。

D-青霉胺　片剂：0.1g。1g/日，分 3~4 次服用。

依地酸钙钠　注射剂：1g/5ml。铅中毒，0.5~1g/日，静注、静滴或肌内注射，连用 3~4 日，再停用 3~4 日，为一疗程。一般可用 3~5 个疗程。小儿可一日静滴 60mg/kg。

乙酰胺　注射剂：2.5g/5ml。一次 2.5~5g，一日 2~4 次，或一日 0.1~0.3g/kg，分 2~4 次，肌内注射。

亚硝酸异戊酯　安瓿剂：0.2ml/支。0.2ml/次，吸入，给药次数依病情而定。

亚硝酸钠　注射剂：0.3g/10ml。0.3g/次，缓慢静注。

亚甲蓝　注射剂：20mg/2ml、50mg/10ml、100mg/10ml。高铁血红蛋白血症，1~2mg/(kg·次)，静注。氰化物中毒，10~20mg/(kg·次)，静注。

硫代硫酸钠　注射剂：0.5g/10ml、1g/20ml。氰化物中毒，先用亚硝酸化合物或亚甲蓝，再用本药，12.5~25g/次，静注。不能与亚硝酸钠混合注射。用于其他毒物中毒时，0.5~1g/次，1 次/日，静注。

工作项目六　解毒药的实践教学

有机磷酸酯类中毒及解救

【目的】观察有机磷农药中毒的症状，比较阿托品与解磷定的解救效果，分析其作用原理。

【器材】注射器（5ml）3 支，头皮针 1 个，兔秤 1 台、量瞳尺 1 把、滤纸 1 张、酒精棉球、静脉夹 1 个。

【药品】5%美曲膦酯、2.5%碘解磷定（PAM）、0.1%的阿托品。

【动物】家兔一只。

【方法】

1.取家兔 1 只，称重，观察其正常活动。测量并记录每分钟呼吸次数、测量瞳孔大小，用滤纸轻擦兔口、鼻，看有无唾液分泌，用手触兔臀部，是否有肌震颤，有无大小便等。

2.耳静脉注射 5%美曲膦酯 2.5ml/kg，观察上述各项指标的变化，并准备好解救药品。

3.待中毒症状明显时（瞳孔极度缩小），耳静脉注射 0.1%阿托品 1.5ml/kg，观察哪些症状已消失？哪些症状还存在？

4.再耳静脉注射 2.5%PAM 2ml/kg，观察中毒症状是否全部解除？

【结果】填入表 2-8-2。

【提示】注射美曲膦酯后，用清水洗手，切勿用肥皂，否则美曲膦酯可转变成毒性更强的敌敌畏。

【思考题】有机磷酸酯类中毒有哪些表现？应用何药解救，说明理由。

表 2-8-2　有机磷酸酯类中毒及解救实验结果

药物	瞳孔（mm）	呼吸（次/min）	唾液	大小便	肌震颤	其他
给药前						
给美曲膦酯后						
给阿托品后						
给 PAM 后						

目标检测

一、选择题

（一）A 型题（单项选择题）

1. 以下哪个药物中毒可用新斯的明来解救（　　）
   A. 玻珀胆碱　　　B. 敌敌畏
   C. 筒箭毒碱　　　D. 毒扁豆碱
   E. 毛果芸香碱

2. 氯解磷定对有机磷中毒的哪一症状缓解最快（　　）
   A. 大小便失禁　　B. 视物不清
   C. 血压下降　　　D. 中枢神经激动
   E. 骨骼肌震颤

3. 氯解磷定对以下哪一药物中毒解救无效（　　）
   A. 敌敌畏　　　　B. 美曲膦酯
   C. 乐果　　　　　D. 对硫磷
   E. 内吸磷

4. 有机磷中毒的机制是（　　）
   A. 直接激动 M 受体　　B. 直接激动 N 受体
   C. 持久地抑制磷酸二酯酶　D. 持久地抑制 AchE
   E. 持久地抑制 MAO

5. 阿托品不能拮抗有机磷中毒的下列表现（　　）
   A. 出汗　　　　　B. 缩瞳
   C. 腹痛　　　　　D. 肌震颤
   E. 心率减慢

（二）X 型题（多项选择题）

1. 以下哪些药物可用于解救有机磷中毒（　　）
   A. 阿托品　　　　B. 东莨菪碱
   C. 毛果芸香碱　　D. 新斯的明
   E. 氯解磷定

2. AchE 复活药用于解救有机磷中毒时，有哪些特点（　　）
   A. 能使被抑制的 AchE 复活
   B. 能与游离的有机磷结合使其失去毒性
   C. 作用迅速而持久，一般用药一次即可
   D. 缓解 N 样症状最为迅速
   E. 不能直接对抗蓄积的乙酰胆碱

二．填空题

1. 有机磷中毒表现为_____、_____和_____三大症状。
2. 常用的 AchE 复活药有_____和_____等。
3. 解救有机磷中毒的两类特异性解毒药分别为_____和_____。

（廖作亚）

参考文献

陈新谦. 2003. 新编药物学. 第15版. 北京：人民卫生出版社.
何月光，张生皆. 2009. 护理药理学. 北京：北京科学技术出版社.
何月光，薛明. 2011. 护理药理学. 北京：高等教育出版社.
李端. 2005. 药理学. 第5版. 北京：人民卫生出版社.
鹿怀兴. 2008. 药理学. 北京：科学出版社.
王开贞. 2012. 药理学. 北京：科学出版社.
向继洲. 2002. 药理学. 北京：科学出版社.
徐淑云. 1997. 现代实用临床药理学. 北京：华夏出版社.
杨宝峰. 2008. 药理学. 第7版. 北京：人民卫生出版社.
杨藻宸. 2000. 药理学和药物治疗学. 北京：人民卫生出版社.
中华人民共和国国家药典委员会. 2010. 中华人民共和国药典（二部）. 北京：中国医药科技出版社.
中华人民共和国国家药典委员会. 2010. 中华人民共和国药典注释（二部）. 北京：化学工业出版社.

教学基本要求

一、课程的性质和基本内容

《用药护理》是护理专业课程体系中的专业基础课，主要服务于后期的护理专业和医疗临床课程，是护理职业岗位任职所必需的主要专业基本知识和技能之一。通过本课程的学习，使学生掌握药物学的基础知识和临床应用，为指导临床安全用药提供理论依据。用药护理的基本内容是以药物学理论为基础，以合理用药为目的，突出护理用药监护，要求护理人员在工作中不但熟悉药物学的基本理论，还应掌握以护理程序来评价药物疗效和及时发现并正确处理药物的不良反应，确保临床用药安全有效。

二、课程的基本任务

护理人员是医生的合作者，在疾病防治、药物实施和用药前后的监护中起重要作用。在《用药护理》的教学中，通过介绍药物的药理作用、作用机制、临床应用、主要不良反应及用药监护等内容，使护理人员掌握临床各类常用药物的基本知识和基本理论，了解和熟悉药物的不良反应和用药监护、禁忌证、防治措施，了解剂量和用法，并联系其临床实际，以达到指导临床合理用药，发挥药物最佳疗效和减少药物毒副反应的目的。

本课程的前修课是"人体形态学"及"人体功能学"等医学基础课，后续课是护理学各科专业课。

三、课程的教学基本要求

《用药护理》是一门实验性很强的学科，在学习理论的同时必须组织相应的实验，以培养学习者动手能力、观察、分析问题的能力和解决问题的能力，培养严谨的科学态度和工作作风。教学大纲中对教学内容的要求分为三个层次，"掌握"、"熟悉"、"了解"，要求掌握和熟悉的内容是用药护理的基本概念、基本知识、基本理论，约占考核内容的90%，了解的内容约占考核内容的10%。"掌握"、"熟悉"、"了解"的具体内容已在各工作任务的学习目标中列出。

四、媒体的选择与配合

本课程的主媒体是《用药护理》教材及《用药护理强化训练题》（用药护理教材编委编写），辅助媒体是与《用药护理》教材相配套的CAI课件（用药护理教材各编委制作）及网上教学辅导；考试辅导资料有考核说明、期末复习提要、模拟试卷等。